Johannes W. Flume

Vermögenstransfer und Haftung

Johannes W. Flume

Vermögenstransfer und Haftung

Eine Studie zur Nutzbarmachung der Universalsukzession für die Unternehmenspraxis

RECHT

De Gruyter Recht · Berlin

Dr. iur. *Johannes W. Flume*, Köln

♾ Gedruckt auf säurefreiem Papier,
das die US-ANSI-Norm über Haltbarkeit erfüllt.

ISBN 978-3-89949-539-3

Bibliografische Information der Deutschen Nationalbibliothek

Die Deutsche Nationalbibliothek verzeichnet diese Publikation in der Deutschen Nationalbibliografie; detaillierte bibliografische Daten sind im Internet über http://dnb.d-nb.de abrufbar.

Printed in Germany

Datenkonvertierung: jürgen ullrich typosatz, Nördlingen
Druck und Bindung: Hubert & Co., Göttingen

„Between my finger and my thumb
The squat pen rests.
I'll dig with it."

Seamus Heaney, Digging,
Death of a Naturalist (1966)

Für meine Eltern

Vorwort

Die Möglichkeit einer gewillkürten universalsukzessiven Vermögensübertragung hat sich erst im Zuge der Einführung des Umwandlungsgesetzes als gängiges Gestaltungsinstrument für die Praxis etablieren können. Die fortschreitende Nutzbarmachung der Verfügungstechnik der Universalsukzession für die Unternehmenspraxis soll nachgezeichnet und weiteres Entwicklungspotenzial aufgezeigt werden. Die markanteste Auswirkung liegt dabei nicht so sehr, wie man denken könnte, in der Ermöglichung einer Vermögensübertragung *uno actu*, sondern darin, dass Schuldverhältnisse ohne die Zustimmung des betroffenen Vertragspartners auf den jeweils übernehmenden Rechtsträger grundsätzlich frei übertragen werden können. Dies stellt die eigentliche Herausforderung der Rechtstechnik der rechtsgeschäftlichen Universalsukzession dar.

Die Arbeit wurde im Sommersemester 2008 von der Rechtswissenschaftlichen Fakultät zu Köln als Doktorarbeit angenommen. Sie befindet sich auf dem Stand von September 2008.

Ohne die engagierte Betreuung durch meine verehrte Doktormutter, Frau Prof. Dr. *Barbara Dauner-Lieb*, wäre diese Arbeit nicht möglich gewesen. Sie hat mich während meiner Tätigkeit an ihrem Lehrstuhl auf vielfältige Weise unterstützt, gefördert, durch berechtigte Kritik angespornt und mir dabei auch jeden möglichen Freiraum gelassen. Für die äußerst schnelle Erstattung des Zweitvotums danke ich ganz herzlich Herrn Prof. Dr. *Martin Henssler*. Großen Dank schulde ich ferner Herrn Prof. Dr. *Manfred Lieb*, der sich auf meine Thesen – insbesondere zu den §§ 25 ff. HGB – eingelassen und diese kritisch begleitet hat. Herr Dr. Dr. h.c. *Georg Maier-Reimer* hat mich auf die Fragestellungen des Umwandlungsrecht aufmerksam gemacht, zu einem Zeitpunkt, in dem ich noch nicht im entferntesten daran denken konnte, einmal selber in diesem Bereich zu arbeiten. Herrn Prof. Dr. *Martin Avenarius* danke ich für seine Gesprächsbereitschaft und die Überlassung der Transkription der Savigny Obligationenrechtsvorlesung.

Die stete Unterstützung und Begleitung von *Marc Grotheer*, *Isabelle Ingels*, *Hanns Hermann Lagemann* und *Christoph Trebesch* hat erst die Vollendung der Arbeit erlaubt. Für vielfältige Anregungen und Diskussionen danke ich meinen ehemaligen und heutigen Kölner Kollegen und Freunden: Prof. Dr. *Arnd Arnold* (Kiel), Dr. *Christine Budzikiewicz*, *Johanna Servatius*, Dr. *Peter W. Tettinger* und Prof. Dr. *Marc-Philippe Weller* (Mannheim). Zu erwähnen sind schließlich die Anregungen, die ich durch die Gespräche mit meinem Großvater, Herrn Prof. Dr. Dr. h.c. *Werner Flume*, erfahren habe.

Herrn Dr. *Schremmer* vom Verlag De Gruyter Rechtswissenschaften danke ich für die umsichtige und äußerst zuvorkommende Verlegung der Arbeit. Die Drucklegung der Arbeit wurde durch einen großzügigen Druckkostenzuschuss des Stifterverbands für die deutsche Wissenschaft unterstützt, wofür ich insbesondere dem Generalsekretär des Stifterverbands, Herrn Prof. Dr. *Andreas Schlüter*, zu Dank verpflichtet bin. Weiterhin wurde die Arbeit durch einen großzügigen Druckkostenzuschuss der Johanna und Fritz Buch-Gedächtnisstiftung gefördert.

Köln, im Oktober 2008 *Johannes W. Flume*

Inhaltsübersicht

Inhaltsverzeichnis

Abkürzungsverzeichnis

A.C.	Law Reports, Appeal Cases (Third Series) (England & Wales)
ABGB	Allgemeines bürgerliches Gesetzbuch (Österreich)
ABl.	Amtsblatt der Europäischen Gemeinschaft
AcP	Archiv für die civilistische Praxis
ADHGB	Allgemeines Deutsches Handelsgesetzbuch
AG	Die Aktiengesellschaft (Zeitschrift)
AJP	Aktuelle Juristische Praxis (Schweiz)
AktG 1937	Gesetz über Aktiengesellschaften und Kommanditgesellschaften auf Aktien (Aktiengesetz) v. 30. Januar 1937 (RGBl. I., S. 107 ff.)
AktG 1965	Aktiengesetz vom 6. September 1965 (BGBl. I. 1965, S. 1089 ff.)
Am.J.Comp.L.	The American Journal of Comparative Law
Amtl. Bull.	Amtliches Bulletin der Bundesversammlung (Schweiz)
AnwBl.	Anwaltsblatt
AnwK	Anwaltkommentar (nach Lit. Verz.)
Archiv f. bürgl. Recht	Archiv für bürgerliches Recht (1888/89-1919)
Art(t).	Artikel (Plural)
BayOblGZ	Entscheidungen des Bayerischen Obersten Landesgerichts in Zivilsachen, Neue Folge
BB	Betriebs-Berater
BBl.	Bundesblatt (Schweiz)
BG	Bundesgericht (Schweiz)
BGB-E I.	Entwurf eines bürgerlichen Gesetzbuchs für das Deutsche Reich, erste Lesung, 1888
BGBl.	Bundesgesetzblatt
BiRiLiG	Bilanzrichtlinien-Gesetz
BJM	Basler Juristische Mitteilungen (Schweiz)
BN	Der Bernische Notar (Schweiz)
Botschaft	Botschaft zum Bundesgesetz über Fusion, Spaltung, Umwandlung und Vermögensübertragung, BBl. 2000, 4337 ff. (Schweiz)
BS-FusG	Basler Kommentar zum Fusionsgesetz (Schweiz) (nach Lit. Verz.)
BS-OR	Basler Kommentar zum Obligationenrecht (nach Lit. Verz.)
Busch's. Archiv	Archiv für Theorie und Praxis des allgemeinen deutschen Handels- und Wechselrechts (1863-1888)
c.	Contra
Colum. L. Rev.	Columbia Law Review
Das Recht	Rundschau für den deutschen Juristenstand (1897-1944)
DB	Der Betrieb
DCFR	Draft Common Frame of Reference
Denkschrift	Denkschrift zu dem Entwurf eines Handelsgesetzbuchs (nach Lit. Verz.)
Der Konzern	Zeitschrift für Gesellschaftsrecht, Steuerrecht, Bilanzrecht und Rechnungslegung der verbundenen Unternehmen

Disk-E UmwG	Diskussionsentwurf eines Gesetzes zur Bereinigung des Umwandlungsrechts, 1988
DJ	Deutsche Justiz (1933-1945)
DJZ	Deutsche Juristen Zeitschrift (1896-1936)
DNotI	Deutsches Notarinstitut
DNotI-Report	Informationsdienst des deutschen Notarinstituts
DNotZ	Deutsche Notar-Zeitschrift
DStJG	Deutsche Steuerjuristische Gesellschaft
DStR	Deutsches Steuerrecht
ecolex	Fachzeitschrift für Wirtschaftsrecht (Österreich)
E.R.	English Reports (England & Wales)
Ehrenbergs Hdb.	Handbuch des gesamten Handelsrechts, herausg. von Victor Ehrenberg (nach Lit. Verz.)
EHUG	Gesetz über das elektronische Handelsregister und Genossenschaftsregister sowie das Unternehmensregister (BGBl. I. 2006, S. 2553ff.)
Erläuterungen zum UGB-E	Erläuterungen zum Entwurf eines Unternehmensgesetzbuchs, 2003 (nach Lit. Verz.)
EuZW	Europäische Zeitschrift fur Wirtschaftsrecht
EWiR	Entscheidungen zum Wirtschaftsrecht Kurzkommentare
f. (ff.)	Folgende (Plural)
FamRZ	Zeitschrift fur das Gesamte Familienrecht
FusG	Fusionsgesetz (Schweiz)
Ges aktuell	Zeitschrift für Gesellschafts- und Steuerrecht (Österreich)
GesKR	Gesellschafts- und Kapitalmarktrecht (Schweiz)
GesRZ	Der Gesellschafter (Österreich)
GK-AktG	Großkommentar Aktiengesetz (nach Lit. Verz.)
GmbHR	GmbH-Rundschau
GP	Gesetzgebungsperiode
GRUR	Gewerblicher Rechtsschutz und Urheberrecht
Harv. L. Rev.	Harvard Law Review
HGB	Handelsgesetzbuch
HGB 1897	Handelsgesetzbuch i.d.F. vom 10. Mai 1897 (RGBl.I. 437ff.)
HKK	Historisch-kritischer Kommentar zum BGB (nach Lit. Verz.)
Holdheim	Monatsschrift für Handelsrecht und Bankwesen, Steuer- und Stempelfragen (1897-1919)
HRefG	Gesetz zur Neuordnung des Kaufmanns- und Firmenrechts und zur Änderung anderer handels- und gesellschaftsrechtlicher Vorschriften, Handelsrechtsreformgesetz v. 22.6.1998 (BGBl. I. 1998, S. 1474ff.)
HRegV-CH	Handelsregisterverordnung (Schweiz)
HRR	Höchstrichterliche Rechtsprechung (1928-1942)
HwbStW	Handwörterbuch der Staatswissenschaften (nach Lit. Verz.)
JBl.	Juristische Blätter (Österreich)
JherJb.	Jherings Jahrbucher fur die Dogmatik des bürgerlichen Rechts (1857-1919)
Johns.	Johnson's Chancery Reports (England & Wales)
J.Comp.Leg.	Journal of Comparative Legislation and International Law
JR	Juristische Rundschau
JurA	Juristische Analysen
jurisPK-BGB	juris Praxiskommentar BGB (nach Lit. Verz.)
JuS	Juristische Schulung
JW	Juristische Wochenschrift (1872-1939)
JZ	Juristenzeitung

KapErhG	Gesetz über die Kapitalerhöhung aus Gesellschaftsmitteln
K.B	Law Reports, King's Bench (England & Wales)
K.C.L.J.	King's College Law Journal
KK-AktG	Kölner Kommentar zum Aktiengesetz (nach Lit. Verz.)
Krit.Z.f.g.Rechts-wiss.	Kritische Zeitschrift für die gesammte Rechtswissenschaft (1853-1859)
LM	Nachschlagewerk des Bundesgerichtshofs, hrsg. v. *Lindenmaier*, *Mohring* u. a.
LMK	Lindemaier-Möhring Kommentierte BGH-Rechtsprechung
Lutz, Protokolle	Protokolle der Kommission zur Berathung eines allgemeinen deutschen Handelsgesetzbuches (nach Lit. Verz.)
LZ	Leipziger Zeitschrift fur Deutsches Recht (1907-1933)
MDR	Monatsschrift für Deutsches Recht
MedR	Medizinrecht
Mer.	Merivale's Chancery Reports (England & Wales)
Mot.	Motive zu dem Entwurfe eines Bürgerlichen Gesetzbuches (nach Lit. Verz.)
MünchKomm	Münchener Kommentar zum Bürgerlichen Gesetzbuch (nach Lit. Verz.)
MünchKomm AktG	Münchener Kommentar zum Aktiengesetz (nach Lit. Verz.)
MünchKomm EuWettbR	Münchener Kommentar zum Europäischen und Deutschen Wettbewerbsrecht (Kartellrecht) (nach Lit. Verz.)
MünchKomm HGB	Münchener Kommentar zum Handelsgesetzbuch (nach Lit. Verz.)
NJW	Neue Juristische Wochenschrift
NJW-RR	Neue Juristische Wochenschrift – Rechtsprechungs Report: Zivilrecht
NZG	Neue Zeitschrift für Gesellschaftsrecht
NZZ	Neue Züricher Zeitung
öAktG	Aktiengesetz (Österreich)
ÖBA	Österreichisches Bankarchiv
öBGBl.	Österreichisches Bundesgesetzblatt
öEO	Österreichische Exekutionsordnung
öFBG	Firmenbuchgesetz (Österreich)
öGmbHG	GmbH-Gesetz (Österreich)
öHGB	Handelsgesetzbuch für Österreich, in der bis zum 31. 12. 2006 geltend Fassung
ÖJZ	Österreichische Juristen Zeitung
OLGR	Die Entscheidungen der Oberlandesgerichte auf dem Gebiete des Zivilrechts
OR	Obligationenrecht (Schweiz)
PECL	Principles of European Contract Law
Pol.HGB 1934	Polnisches Handelsgesetzbuch v. 27. Juni 1934, nach der Übersetzung von *Chodzidlo* (nach Lit. Verz.)
Preußischer Entwurf	Entwurf eines Handelsgesetzbuches für die preußischen Staaten 1857 (nach Lit. Verz.)
Prot.	Protokolle (nach Lit. Verz.)
RabelsZ	Rabels Zeitschrift fur Auslandisches und Internationales Privatrecht
REPRAX	Zeitschrift zur Handelsregisterpraxis (Schweiz)
RK-UGB	Reform-Kommentar UGB (nach Lit. Verz.)
ROHG	Entscheidungen des Reichs Oberhandelsgericht
RvHwb	Rechtsvergleichendes Handwörterbuch für das Zivil- und Handelsrecht des In- und Auslands (nach Lit. Verz.)
sc.	scilicet

sec.	section
Seuff. A.	Seuffert's. Archiv, Archiv für Entscheidungen der obersten Gerichte in den deutschen Staaten (1847-1944)
SJZ	Schweizer Juristen Zeitschrift
SpaltG	Spaltungsgesetz (Österreich)
SpaltRL	Spaltungsrichtline
SR	Systematische Sammlung des Bundesrechts (Schweiz)
ST	Der Schweizer Treuhänder
SZ	Entscheidungen des österreichischen Obersten Gerichtshof in Zivilsachen
SZ Ger. Abt.	Zeitschrift der Savigny-Stiftung für Rechtsgeschichte, Germanistische Abteilung
SZ Rom. Abt.	Zeitschrift der Savigny-Stiftung für Rechtsgeschichte, Romanistische Abteilung
SZW/RSDA	Schweizer Zeitschrift für Wirtschaftsrecht/Revue suisse de droit des affaires
UGB	Unternehmens Gesetzbuch (Österreich)
UGB-E	Entwurf eines Unternehmensgesetzbuchs (2003) (nach Lit. Verz.)
UmwG	Umwandlungsgesetz
UmwG-DisKE	Umwandlungsgesetz Diskussionsentwurf 1988
UmwG-RefE	Diskussionsentwurf eines Gesetzes zur Bereinigung des Umwandlungsrechts, v. 15. April 1992
VerschmRL	Verschmelzungsrichtlinie
VersR	Versicherungsrecht
VGR	Gesellschaftsrechtliche Vereinigung
wbl.	Wirtschaftsrechtliche Blätter (Österreich)
WM	Wertpapier-Mitteilungen
WuB	Entscheidungssammlung zum Wirtschafts- und Bankrecht
ZBH	Zentral Blatt für das Handelsrecht (1926-1933)
Zeitschrift f. Gesetzgebung und Rechtspflege	Zeitschrift für Gesetzgebung und Rechtspflege in Preußen (1867-1871)
ZEuP	Zeitschrift fur Europäisches Privatrecht
ZfRV	Zeitschrift fur Rechtsvergleichung, Internationales Privatrecht und Europarecht
ZGB	Zivilgesetzbuch (Schweiz)
ZGR	Zeitschrift für Unternehmens- und Gesellschaftsrecht
ZHR	Zeitschrift für das gesamte Handelsrecht und Wirtschaftsrecht
ZIP	Zeitschrift für Wirtschaftsrecht
ZK-OR	Züricher Kommentar zum Obligationenrecht (nach Lit. Verz.)
ZMR	Zeitschrift fur Miet- und Raumrecht
ZSR	Zeitschrift für Schweizer Recht
ZZP	Zeitschrift für Zivilprozessrecht

§ 1 Anlass, Gegenstand und Aufbau der Untersuchung

Thema dieser Arbeit ist die „Universalsukzession kraft Rechtsgeschäft".[1] Dass es sich dabei um einen lohnenden Untersuchungsgegenstand handelt, ist nicht selbstverständlich, da der rechtsgeschäftliche Güterverkehr nach der gesetzlichen Ordnung des Bürgerlichen Gesetzbuchs ausschließlich auf die Übertragung einzelner Gegenstände im Wege der Singularsukzession hin ausgerichtet ist. Das BGB kennt zwar eine Reihe von Fällen – allen voran der prominente Fall der Erbfolge gem. § 1922 BGB –, in denen ein Vermögen *uno actu* übergeht, sie beruhen jedoch ausnahmslos auf einer zwingenden, gesetzlichen Anordnung. Der bürgerlichrechtlichen Ausgangslage entsprechend ist das noch vorherrschende zivilrechtliche Verständnis davon geprägt, dass es eine rechtsgeschäftliche Verfügung über ein Vermögen nicht geben soll.[2] Vielmehr müssen danach die zu übertragenden Verfügungsobjekte, den Anforderungen des Spezialitätsprinzips entsprechend, jeweils einzeln übertragen werden.[3] Im Gegensatz zu dem rein singularsukzessiven System der Verfügungsgeschäfte nach dem Bürgerlichen Gesetzbuch wird hingegen für die Unternehmenspraxis die Rechtstechnik der Universalsukzession schon lange als eigenständige Verfügungstechnik nutzbar gemacht. Die „Keimzelle des Rechts der rechtsgeschäftlichen Universalsukzession" waren dabei, wie *Karsten Schmidt*[4] ausgeführt hat, die Verschmelzungsregeln der Artt. 215 II, 247 ADHGB. Von den fragmentarischen Regelungen des ADHGB war es freilich noch ein langer Weg zu einem im Wesentlichen geschlossenen System der Umwandlungen von Gesellschaften nach dem heutigen Umwandlungsgesetz.[5] Die Möglichkeiten der Übertragung von Vermögen bzw. Teilen eines Vermögens im Wege der Universalsukzession gehören heute zum Alltagsgeschäft des geltenden Verbandsrechts, die nicht mehr wegzudenken sind. Nach dem Umwandlungsgesetz können Gesellschaften ihr Vermögen verschmelzen (vgl. §§ 2ff. UmwG), spalten (vgl. §§ 123ff. UmwG) oder auch auf Sonderrechtsformen nach den §§ 174ff. UmwG übertragen. Die Einsicht, dass es sich in allen diesen Fällen um rechtsgeschäftliche

---

1 So der Titel des Aufsatzes von *Karsten Schmidt*, AcP 191 (1991), 495ff.

2 *Larenz/Wolf*, AT, § 21 Rdn. 19, siehe aber auch § 14 Rdn. 33; *Bork*, AT, Rdn. 231; *Wilhelm*, SaR, Rdn. 20; und davor bereits *v. Tuhr*, AT II./1., § 46 (= S. 84ff.); *Enneccerus/Nipperdey*, AT I./1., § 132 IV. (= S. 845); *Heck*, SaR, § 26 6. (= S. 102) (zu den Sachgesamtheiten).

3 *Wilhelm*, SaR, Rdn. 21; *Habersack*, SaR, Rdn. 16.

4 AcP 191 (1991), 495, 503.

5 Ausführlich hierzu *Veil*, in: Aktienrecht im Wandel, Bd. II., 24. Kapitel, Rdn. 1ff.; *J. W. Flume*, in: KK-UmwG Einl. B, A.ff.

Übertragungsformen handelt, wurde dabei insbesondere durch die Einführung des Instituts der Spaltung befördert und gehört im gesellschaftsrechtlichen Schrifttum[6] zum selbstverständlichen dogmatischen Fundus.[7] Die Parteien eines Spaltungsvertrags können nämlich, den Anforderungen an den Bestimmtheitsgrundsatz genügend, festlegen (vgl. § 126 I Nr. 9 UmwG), welche Vermögensgegenstände mit der Eintragung im Handelsregister auf den übernehmenden bzw. neu gegründeten Rechtsträger übergehen sollen (vgl. § 131 I Nr. 1 UmwG). Die Parteien können also durch Einigung und Eintragung des Spaltungsvertrags im Handelsregister erreichen, dass die aufgelisteten Vermögensgegenstände übergehen.

Die Institute des Umwandlungsrechts dienen, mit Ausnahme der auf Sonderrechtsformen bezogenen Vermögensübertragung nach den §§ 173ff. UmwG,[8] dazu, gesellschaftsrechtliche Sacheinbringungsvorgänge zu erleichtern. Im Gegensatz zu diesen Gestaltungsmöglichkeiten entspricht es dem heute geltenden Rechtszustand, dass Unternehmensübertragungen wie auch Sacheinbringungsvorgänge, die nicht unter die §§ 152ff. UmwG fallen, ausschließlich im Wege der Singularsukzession durchführbar sind. Einen Ansatz dies anders zu sehen bildet die Möglichkeit die §§ 25, 28 HGB bereits *de lege lata* als Tatbestände zu verstehen, die auf der Verfügungstechnik der Universalsukzession beruhend die Übertragung bzw. Einbringung unternehmensbezogener Schuldverhältnisse erleichtern sollen. Für die h.M. gilt freilich die Disparität zwischen den umwandlungsrechtlichen Regelungen einerseits und den handelsrechtlichen Vorschriften der §§ 25, 28 HGB andererseits als eine ausgemachte Sache.[9] Während das Umwandlungsgesetz nämlich unstreitig das Ziel verfolgt Unternehmensumstrukturierungen zu befördern, stellen die §§ 25ff. HGB nach der h.M. lediglich ein primär dem Gläubiger- (vgl. §§ 25 I S. 1, § 28 I S. 1 HGB), wie auch dem Schuldnerschutz (vgl. §§ 25 I S. 2, 28 I S. 2 HGB) dienendes System dar, das bei singularsukzessiven Unternehmensübertragungen eingreift. Mit der Übertragung von Schuldverhältnissen haben die §§ 25ff. HGB demgegenüber nach der h.M. nichts zu tun. Lässt man

---

6 Grundlegend *Karsten Schmidt*, AcP 191 (1991), 495, 503f., 510ff.; *Mertens*, Umwandlung und Universalsukzession, 61ff.; *Teichmann*, ZGR 1993, 396, 398f.; *ders.*, in: Lutter, UmwG, § 123 Rdn. 8; *Hennrichs*, Formwechsel und Gesamtrechtsnachfolge, S. 36; *Voigt*, Umwandlung und Schuldverhältnis, S. 11ff.; *Rieble*, ZIP 1997, 301, 303; *Petersen*, Gläubigerschutz im Umwandlungsgesetz, S. 321ff., 350; *Wiedemann*, GeslR II., § 6 II. 1 b) (= S. 533f.); *Werhahn*, Der Kreditvertrag in der Umwandlung, S. 27; siehe auch rechtsvergleichend zum Schweizer Recht *Watter/Kägi*, SZW/RSDA 2004, 231, 234; *Büchi*, Spin-off, S. 163ff.; zum österreichischen Recht OGH JBl. 2006, 40, 42: „privatautonom gestaltbare Gesamtrechtsnachfolge" (anders noch OGH wbl. 2005, 585, 586: „Vermögensübergang ex lege"); *Grünwald*, Umwandlung-Verschmelzung-Spaltung, S. 69ff., 138f.; *Hochedlinger*, GesRZ 2002, 1, 15; *ders.*, GesRZ 2007, 345, 346.

7 Dazu unter § 4 B. II. 1. (= S. 78ff.).

8 Dazu noch ausführlich § 4 B. III. (= S. 85ff.).

9 Siehe nur *Canaris*, HR, § 7 Rdn. 48: „Während das UmwG die Umstrukturierung von Unternehmen im Interesse der Organisationsfreiheit seiner Träger erleichtern soll [...], verfolgt § 25 I S. 1 HGB das ganz andersartige Ziel des Schutzes der Verkehrserwartungen in die Haftung des neuen Unternehmensinhabers..."; siehe demgegenüber aber *Karsten Schmidt*, in: Krejci/Karsten Schmidt, Vom HGB zum Unternehmergesetz, S. 130.

die mit der zivilrechtlichen Erfassung des Unternehmens einhergehenden Probleme einmal außer Betracht,[10] so bestimmt sich die materiell-rechtliche Seite der Übertragung eines Unternehmens einzig und allein nach den bürgerlichrechtlichen Übertragungstatbeständen. Für den geltenden Rechtszustand haben die Ausführungen *Martin Wolffs*[11] nicht an Aktualität verloren:

> „The "alienation" of the commercial property – as opposed to the contract of sale – must be made by the transfer of all the individual rights of which it is composed, i.e. not *uno actu* but *singulis actibus*: conveyance of immovables, delivery of movables, notably of inventory and stock, assignments of rights, endorsement and delivery of bills of exchange."

Völlig in Vergessenheit ist dabei geraten, dass noch zu Anfang des 20. Jahrhunderts die zu dieser Zeit bestehenden Regelungen der Verschmelzung und des Formwechsels[12] wie auch die Vorschriften der §§ 25ff. HGB ganz selbstverständlich insgesamt als Regelungsgebiete verstanden wurden, die dem „Erhalt" von Unternehmenswerten dienen und auch insbesondere die Übertragung von Unternehmen befördern sollten.[13] Nach der damaligen Rechtsprechung und h.L. bewirkten dabei die §§ 25, 28 HGB den Übergang der Forderungen und Schulden.[14] Daraus wurde – auf der Grundlage des damals vorherrschenden zerlegungstheoretischen Verständnisses der Vertragsübernahme – auch auf den Übergang der Schuldverhältnisse auf den Erwerber geschlossen.[15] Als einer der ersten hatte dabei *Andreas Heusler*[16] 1885 die „Übernahme eines Handelsgeschäftes mit Activen und Passiven" zu einem Fall der „Universalsuccession" erklärt. Andere Autoren, wie insbesondere *Karl Wieland*[17] wiesen auf die Nähe des Vorgangs zum Fall der Universalsukzession hin, beschränkten sich jedoch darauf, dass die Grundsätze der Handelsgeschäftsübernahme zu einem Gesamtrechtsnachfolgetatbestand ausgebaut werden sollten. Zu nennen ist insbesondere der Vorschlag *Karl Lehmanns*[18] in der Festschrift für *Cohn* (1915), Unternehmensübertragungen in Anknüpfung an ein Registerverfahren zu erleichtern. Ferner die Forderung *Hans Oppikofers*,[19] die Unternehmensübertragung

---

[10] Dazu ausführlich unter § 3 (= S. 39ff.).

[11] In: Manual of German Law I., Part II. Nr. 53 (= S. 226) (Hervorh. auch im Original).

[12] Zum damaligen Rechtszustand *J. W. Flume*, in: KK-UmwG, Einl. B, C. II. und D.

[13] *K. Lehmann*, ZHR 50 (1900), 1ff., insb. 42ff.; *ders.*, FS Cohn, S. 395ff.; siehe auch davor noch zum ADHGB *Wiener*, ZHR 27 (1882), 333ff.; ferner *Wieland*, HR I., §§ 23, 24 (= S. 262ff.), HR II., §§ 78ff. (= S. 795ff.), § 122 (= S. 354ff.).

[14] Ausführlich hierzu § 4 C. IV. 1. (= S. 116ff.).

[15] *Demelius*, JherJb. 72 (1922), 241, 287f.; *ders.*, in: Staub/Pisko, AHGB, Zusatz Art. 22 § 12.

[16] Institutionen dPR, § 175 m. Fn. 2 (= S. 534); *Heusler* ergänzt dabei: „sollte dies nicht anerkannt werden [...] wird sicherlich der Handelsverkehr in nächster Zeit diese Anerkennung erzwingen."; siehe aber dagegen *Regelsberger*, PandR Bd. I., § 122 II. 2. m. Fn. 5 (= S. 448) der in Bezug auf die Ausführungen *Heuslers* fragt: „Tritt denn hier ein Schuldnerwechsel ein?".

[17] HR I., § 24 IX. (= S. 294ff.), § 24 X. (= S. 296); siehe auch *Beyerle*, AcP 127 (1927), 368, 371.

[18] FS Cohn, S. 395, 414f.; dem zustimmend *Wieland*, HR I., § 24 X. (= S. 296).

[19] Unternehmensrecht, S. 148; zur Arbeit *Oppikofers* siehe auch Fn. 221; wie noch unter § 3 C. II. 3. (= S. 58 ff.) zu zeigen sein wird, sind die Ansätze *K. Lehmanns* und *Oppikofers* aber klar voneinander zu unterscheiden, da *Lehmann* eine Vermögensübertragung vorschwebte, wohingegen *Oppikofer* die Übertragung „des" Unternehmens bewirken wollte.

durch eine „Verkörperung des Unternehmens in einem nach deutschem Buchrecht aufgebauten Unternehmensregister“ zu ermöglichen. *Franz Wieacker*[20] unterbreitete 1943 den Vorschlag, die Möglichkeit einer rechtsgeschäftlichen Gesamtrechtsnachfolge sämtlicher Unternehmensgüter unter Ausschluss der Grundstücke neu zu schaffen. Und schließlich plädierte *Hügel*,[21] soweit ersichtlich ohne Bezugnahme auf die vorherigen Stimmen, 1982 „für den Ausbau des § 25 HGB zu einer Regelung, die – bei fortbestehender Haftung des früheren Unternehmensträgers – die Übertragung eines vollkaufmännischen Unternehmens mit einer Gesamtrechtsnachfolge verbindet“. *Lehmann, Wieacker* und *Hügel* hatten ihre Vorschläge nur *de lege ferenda* formuliert. *Heusler* hatte die Handelsgeschäftsübernahme zwar schon als einen Fall der Universalsukzession gekennzeichnet, ließ jedoch offen, wie diese Vorstellung auch praktisch umzusetzen sei. Die weiteren Untersuchungen werden zeigen, dass zumindest die Erleichterung der Übertragung unternehmensbezogenen Schuldverhältnisse bereits *de lege lata* umsetzbar ist.

Zwei der grundlegenden Probleme, die dabei zu bewältigen sind, sind schon an dieser Stelle aufzuwerfen: Bewirken die §§ 25, 28 HGB ihrer Rechtsfolge nach den Übergang von unternehmensbezogenen Schuldverhältnissen? Und sollte die erste Frage zu bejahen sein: Ist der Rechtsübergang als auf der Verfügungstechnik der Universalsukzession beruhend anzusehen? Für die Beantwortung der ersten Frage kann sich die Arbeit auf wichtige Beiträge aus der Literatur stützen. Zu nennen sind hier insbesondere die Beiträge von *Karsten Schmidt*,[22] *Lieb*[23] und *Krejci*,[24] die freilich auf ganz unterschiedliche Art und Weise dargelegt haben, dass § 25 HGB als eine Norm zu verstehen ist, die den Übergang unternehmensbezogener Schuldverhältnisse bewirkt. Wichtiges Anschauungsmaterial, insbesondere bei der Behandlung der zweiten Frage, ergibt sich ferner auf einer rechtsvergleichenden Ebene aus dem Schweizer und dem österreichischen Recht. Die historische Entwicklung der Rechtsgrundsätze der Handelsgeschäftsübernahme ist in allen drei Rechtsordnungen auf das engste miteinander verbunden.[25] Darüber hinaus zeigt die unübertroffene rechtsvergleichende Darstellung dieses Themas im 1921 erschienenen Handelsrechtslehrbuch von *Karl Wieland*,[26] wie lohnend eine

---

[20] AcP 148 (1943), 57, 64; *ders.*, System des deutschen Vermögensrechts, S. 41 f. = Zivilistische Schriften (1934-1942), S. 400 f.; vgl. zu den angeführten Arbeiten *Wieackers* unten § 2 C. I. (= S. 25 ff.).

[21] Gesamtrechtsnachfolge und Strukturverbesserungsgesetz, S. 49.

[22] ZHR 145 (1981), 2 ff.; *ders.*, ZIP 1989, 1025 ff.; *ders.*, ZGR 1992, 621 ff.; *ders.*, JuS 1997, 1069 ff.; *ders.*, AcP 198 (1998), 516 ff.; *ders.*, FS Medicus, S. 555 ff.; *ders.*, HR, § 8 (= S. 211 ff.); *ders.*, FS Krejci, Band I., S. 325 ff.; *ders.*, in: Krejci/Karsten Schmidt, Vom HGB zum Unternehmergesetz, S. 129 ff.; *ders.*, GS Sonnenschein, S. 497 ff.; *ders./Schneider*, BB 2003, 1961, 1967.

[23] Die Haftung für Verbindlichkeiten aus Dauerschuldverhältnissen bei Unternehmensübergang, Heidelberg 1992; *ders.*, FS Börner, S. 747 ff.; *ders.*, FS Vieregge, S. 557 ff.; *ders.*, in: MünchKommHGB, § 25 Rdn. 80 ff.

[24] *Krejci*, Betriebsübergang und Arbeitsvertrag, S. 212 ff.; *ders.*, ÖJZ 1975, 449, 458 f.; *ders.*, FS Canaris Bd. II., S. 735 ff.

[25] Dazu unter § 4 C. (= S. 87 ff.).

[26] HR I., § 24 (= S. 276 ff.).

rechtsvergleichende Analyse sein kann.[27] Neben dieser historisch begründeten Verbundenheit können auch den aktuellen Entwicklungen in der Schweiz und in Österreich Impulse für die Fortentwicklung des deutschen Rechts entnommen werden. Zu nennen ist hier insbesondere das Schweizer Fusionsgesetz aus dem Jahre 2003. Der Schweizer Gesetzgeber hat dabei in Fortentwicklung des Art. 181 OR, der das funktionale Äquivalent zum deutschen § 25 HGB darstellt, ein allgemeines Institut der Vermögensübertragung in den Artt. 69ff. FusG geschaffen, mit dessen Hilfe im Wege der partiellen Universalsukzession auch ein *Asset Deal* durchführbar ist. Schließlich ist die österreichische Handelsrechtsreform aus dem Jahre 2007 zu erwähnen. Dort wurde beruhend auf der weitestgehend wortlautidentischen Fassung des § 25 öHGB[28] der § 38 UGB geschaffen, der als gesetzgeberischer Ritterschlag für diejenigen Stimmen in der Literatur anzusehen ist, die für eine vertragsüberleitende Wirkung des § 25 HGB eingetreten sind. Denn § 38 UGB führt nun als *„Restatement"* des § 25 HGB aus, dass, „sofern nichts anderes vereinbart ist, zum Zeitpunkt der Unternehmensfortführung die unternehmensbezogenen, nicht höchstpersönlichen Rechtsverhältnisse des Veräußerers" auf den Erwerber übergehen.

Anzusprechen ist schließlich, dass das Thema von der „Universalsukzession kraft Rechtsgeschäft" neben der konstruktiven Frage, wie der Rechtsübergang dogmatisch zu erfassen ist, auch grundsätzliche Probleme des allgemeinen Vertrags- und Schuldrechts aufwirft. Die Vorzüge der Rechtstechnik der Universalsukzession werden zumeist mit dem Hinweis auf den mit der Gesamtrechtsnachfolge einhergehenden „Erleichterungseffekt" begründet. Die einzelnen zu einem Vermögen gehörenden Verfügungsgegenstände müssen nicht mehr den Anforderungen an den Spezialitätsgrundsatz entsprechend übertragen werden, sondern können *uno actu* übergehen. Ob in Hinsicht auf die Übereignung von Sachenrechten eine relevante Erleichterung bei einer *uno actu* Übertragung anzunehmen ist, erscheint zweifelhaft,[29] da sich hier die Vereinfachungseffekte auf die zwischen den Parteien vorzunehmenden Übertragungsakte beschränken, das Erfordernis der Bestimmtheit aber zwingenderweise weiterhin zu beachten ist.[30] Der wirklich aufsehenerregende „Erleichterungseffekt" liegt hingegen im Bereich des Vertrags- bzw. Schuldrechts. Grundsätzlich geht man nach bürgerlichem Recht davon aus, dass wenn auch gesetzlich nicht geregelt,[31] unstreitig eine Vertragsüberleitung nur durch einen dreiseitigen Vertrag oder einen zweiseitigen Vertrag mit vorangegangener Einwilligung bzw. nachträglicher Genehmigung durch den Vertragspartner

---

[27] Zur Bedeutung des Werkes *Wielands* siehe zuletzt die am 7. 7. 2007 von *Karsten Schmidt* gehaltene „Erste Karl-Wieland-Vorlesung" mit dem Titel „Morgenröte des Unternehmensrechts? Ein Streifzug durch Wielands «Handelsrecht» von 1921 und 1931" (abgedruckt in: BJM 2008, 61ff.).

[28] Zu den Gründen siehe unten § 4 C. III. 1. (= S. 111f.).

[29] Vgl. hierzu statt vieler *Doralt*, FS Kastner, S. 123, 143.

[30] Insbesondere sind nach der Entscheidung BGHZ 175, 123ff. an die Übertragung von Grundstücken keine geringeren Anforderungen zu stellen als bei der Einzelrechtsnachfolge.

[31] Hierzu auch noch unter § 2 C. III. 4 m. Fn. 194 (= S. 32ff.).

erfolgen kann.[32] Dass der Vertragspartner beim gewillkürten Wechsel seines Partners beteiligt werden muss, wird ganz einhellig auf den Grundsatz der Abschlussfreiheit zurückgeführt.[33] Eine Rechtsübertragung im Wege der Universalsukzession führt demgegenüber ganz grundsätzlich – unabhängig davon, ob ein Erbfall, eine Verschmelzung oder eine Spaltung dem Übertragungsvorgang zugrunde liegt – dazu, dass die Zustimmung des (außenstehenden) betroffenen Vertragspartners[34] nicht mehr erforderlich ist. Dass Rechtsübertragungen im Wege der Universalsukzession einen solchen Effekt haben, ist gleichwohl nicht neu. Wie auch beim Erbfall[35] war es bereits zur Zeit des Verschmelzungsrechts[36] im Handelsgesetzbuch von 1897 (§§ 303ff. HGB 1897) im Wesentlichen unstreitig, dass gleichermaßen vertragliche wie auch gesetzliche Schuldverhältnisse auf die übernehmende Gesellschaft übergehen. Aufgrund des Totalübergangs beim Erbfall, wie auch im Fall der Verschmelzung, war und ist der Übergang auch von Schuldverhältnissen in diesen Konstellationen wenig umstritten.[37] Anders sieht die Situation bei der Spaltung aus. Hier können nämlich Schuldverhältnisse aufgrund der durch das UmwG gewährten Spaltungsfreiheit grundsätzlich frei zugeordnet werden.[38] Gleiches würde gelten, wenn man die §§ 25, 28 HGB als Tatbestände, die eine Rechtsübertragung der unternehmensbezogenen Schuldverhältnisse bewirken, verstehen würde. Daher wird man nicht umhin kommen die Frage zu klären, ob im unternehmerischen Rechtsverkehr auch Schuldverhältnisse, unter Berücksichtigung etwaiger Grenzen, mittlerweile als „frei übertragbare Verfügungsobjekte" anzusehen sind.[39] Dass man Schuldverhältnisse als Verfügungsobjekte begreifen kann, ist dabei kein Novum des Spaltungsrechts, sondern entspringt der allgemeinen zivilrechtlichen Überlegung – die auch ganz überwiegend in der Literatur[40] geteilt wird – dass

---

32 Vgl. nur *Nörr*, in: Nörr/Scheyhing/Pöggler, Sukzessionen, § 19 I. 1. (= S. 191f.); siehe jetzt auch die ausdrückliche Regelung in Art. III. – 5:301 DCFR und davor Art. 12:201 PECL.

33 *Piper*, Vertragsübernahme und Vertragsbeitritt, S. 193; *Krejci*, Betriebsübergang und Arbeitsvertrag, S. 191; *Hügel*, Gesamtrechtsnachfolge, S. 21; *Nörr*, in: Nörr/Scheyhing/Pöggler, Sukzessionen, § 17 I. (= S. 183f.).

34 Die Ausführungen gelten freilich auch für gesetzliche Schuldverhältnisse. Zu Erleichterungszwecken wird aber – wie dies auch gängigerweise getan wird – auf die vertraglichen Schuldverhältnisse abgestellt.

35 *Flad*, in: Planck, Vorbemerkungen zu Bd. V., Anm. II. 4; *Leipold*, in: MünchKomm § 1922 Rdn. 20; *A. Stein*, in: Soergel, § 1922 Rdn. 38; *v. Lübtow*, ErbR, S. 669; *Lange/Kuchinke*, ErR, § 5 III. 3. b) (= S. 91); *Muscheler*, Universalsukzession und Vonselbsterwerb, S. 6; *Oetker*, Dauerschuldverhältnis, S. 636; siehe auch *J. Schröder*, JZ 1979, 379f.

36 *R. Goldschmidt*, Sofortige Verschmelzung, S. 75ff.; *Saacke*, Gesamtrechtsnachfolge bei der Fusion, S. 43ff., 52ff.; *Hamburger*, in: RvHwb, Bd. III., Eintrag „Fusion", S. 586; *Breit*, ZHR 92 (1928), 337ff.; *ders.*, ZHR 95 (1930), 1, 34.

37 Eine Ausnahme bilden hier die Bierlieferungsverträge (hierzu noch unter § 5 A. III. 2. b. cc. γ (αα) (= S. 173ff.)); ferner die Behandlung von Rückversicherungs- und Kartellverträgen, wie auch die Behandlung von Wettbewerbsvereinbarungen, siehe hierzu *R. Goldschmidt*, Sofortige Verschmelzung, S. 78ff.

38 Zur Bedeutung der Spaltungsfreiheit ausführlich unter § 4 B. II. 1. (= S. 78ff.).

39 Dazu unter § 5 (= S. 137ff.).

40 *Larenz/Wolf*, AT, § 23 Rdn. 37; *Karsten Schmidt*, FS Medicus, S. 55, 561f.; *ders.*, DB 2001, 1019; *ders.*, FS Hadding, S. 1093, 1094f.; *Schramm*, in: MünchKomm, § 185 Rdn. 9; *Gursky*,

Schuldverhältnisse als umfassende Rechtsverhältnisse zu verstehen sind. Zurückzuführen ist dies auf die Lehre von *Heinrich Siber*, der auf die „Blindheit" des Gesetzgebers „gegenüber dem als Organismus gedachten Schuldverhältnis"[41] aufmerksam gemacht und herausgeabeitet hatte, dass es auch eine Verfügungen über Schuldverhältnisse gebe. Vielfach wird freilich nicht unzutreffenderweise auf die Verfügung über die Vertragspartnerstellung abgestellt.[42] Das Schuldverhältnis als einheitliches Verfügungsobjekt zu verstehen, ist im Ergebnis jedoch überzeugender, da bei der Übertragung von Schuldverhältnissen – insbesondere im unternehmensrechtlichen Kontext – die Zuordnung zu einem neuen Rechtsträger in Frage steht.[43] Man sollte daher mit vollem Recht auch von der Verfügung über ein Schuldverhältnis sprechen, um damit zum Ausdruck zu bringen, dass das Schuldverhältnis in seiner Gesamtheit einem neuen Rechtssubjekt zugeordnet wird.[44]

Das eigentliche Novum des Spaltungsrechts, wie auch der §§ 25ff. HGB, wenn man sie als Übertragungstatbestände versteht, ist damit nicht, dass Vertragsverhältnisse als Verfügungsobjekte verstanden werden, sondern, dass sie als „frei" verfügbare Verfügungsobjekte erscheinen. Die durch die Spaltung eröffneten Möglichkeiten wird man aber nur vor dem Hintergrund des vom Umwandlungsgesetz vorgesehenen Gläubigerschutzinstrumentariums verstehen können. Der Gesetzgeber hat nämlich die Interessen der am Spaltungsverfahren beteiligten Parteien einerseits und die des betroffenen (außenstehenden) Vertragspartners andererseits dadurch versucht in Einklang zu bringen, dass die Zustimmung des Vertragspartners als grundsätzlich entbehrlich angesehen wird, dies jedoch nur zum Preis eines ausgeklügelten Gläubigerschutzsystems.[45] Die wesentlichen Instrumente des Gläubigerschutzes sind dabei die Spaltungshaftung gem. § 133 UmwG und der Anspruch auf Sicherheitsleistung gem. § 22 UmwG. Die Vorstellung, dass nur einzelne Verträge auf einen anderen Rechtsträger übertragen werden können, relativiert sich, wenn man bedenkt, dass auch der übernehmende Rechtsträger für die Altverbindlichkeiten des übertragenden Rechtsträgers 5 Jahre (vgl. § 133 III S. 1 UmwG) bzw. für Versorgungsverbindlichkeiten 10 Jahre (vgl. § 133 III S. 2 UmwG) mithaftet. Bei den Überlegungen zu den §§ 25ff. HGB wird darzulegenen sein, ob das Handelsgesetzbuch bereits vergleichbare Schutzmechanismen enthält und inwieweit darüber hinausgehend Nachbesserungsbedarf bestehen könnte.

Vor dem Hintergrund dieser Problemskizze kann der Gang der Untersuchung erläutert werden. In § 2 soll es zunächst darum gehen, die bürgerlich-rechtliche Ausgangslage der Verfügungstechniken über Rechte herauszuarbeiten.[46] Es wird

---

in: Staudinger, § 185 Rdn. 6; *Leptien*, in: Soergel, § 185 Rdn. 7; *Haedicke*, JuS 2001, 966, 967; *Thiele*, Zustimmung, 39ff.; *Voigt*, Umwandlung und Schuldverhältnis, S. 36ff., 39; siehe auch schon *v. Tuhr*, AT II./1., § 54 I. (= S. 239f.).

[41] *Siber*, JherJb. 79 (1921), 223, 294.

[42] Siehe etwa *Nörr*, in: Nörr/Scheyhing/Pöggler, Sukzessionen, § 17 III. 1. (= S. 186f.).

[43] In diesem Sinne auch *Karsten Schmidt*, FS Medicus, S. 55, 561f.; *ders.*, DB 2001, 1019.

[44] Siehe auch zur vergleichbaren Diskussion über die Rechtsnachfolge in die Mitgliedschaft einer Personengesellschaft *W. Flume*, FS Larenz, S. 769ff., insb. 775.

[45] Siehe hierzu auch *Petersen*, Gläubigerschutz im Umwandlungsgesetz, S. 122ff.

[46] Siehe § 2 (= S. 11ff.).

darzulegen sein, wie sich, ausgehend von der Lehre *Savignys* vom abstrakten dinglichen Vertrag, das singularsukzessive System der Verfügungsgeschäfte nach dem BGB entwickelt hat. Auch wird dabei der dogmatische Unterschied zwischen den Übertragungsformen der Singularsukzession und der Universalsukzession zu erörtern sein.

Dem schließen sich Überlegungen über die juristische Erfassung des Unternehmens als Gegenstand des Rechtsverkehrs in § 3 an.[47] Für die weiteren Überlegungen wird dabei herausgearbeitet, warum die zivilrechtliche Erfassung des Unternehmens seit jeher Schwierigkeiten bereitet. Begründet wird dabei auch, warum vom juristischen Standpunkt aus von der Dichotomie zwischen Unternehmen und Unternehmensträger nicht abgewichen werden kann. Ferner ist der Frage nachzugehen, auf welche Art und Weise Unternehmensübertragungen erleichtert werden können. Dabei wird sich vor allem das Problem stellen, inwieweit das Unternehmen als einheitlicher Verfügungsgegenstand verstanden werden kann oder ob es letztendlich nur darum gehen kann, das Unternehmenssubstrat *uno actu* zu übertragen.

Auf der Grundlage der Analyse des bürgerlich-rechtlichen Systems der Verfügungsgeschäfte und der Einordnung des Verhältnisses von Unternehmen und Unternehmensträger wird in § 4 dargestellt, wie die Rechtstechnik der Universalsukzession für den Unternehmensverkehr nutzbar gemacht worden ist und darüber hinaus auch noch nutzbar gemacht werden kann.[48] Den Ansatz bildet die Darstellung der Dogmengeschichte des Umwandlungsgesetzes seit dem ADHGB von 1861. Dabei wird der Fokus auf der Ausgestaltung des Rechtsübertragungsvorgangs liegen. Dem schließen sich Ausführungen zur Entwicklung der Handelsgeschäftsübernahme im 19. und 20. Jahrhundert an, die sowohl auf die deutsche, Schweizer, wie auch österreichische Rechtsentwicklung eingehen werden. Es soll dabei insbesondere der Versuch unternommen werden zu begründen, dass die §§ 25, 28 HGB nicht als schwer verständliche Gläubigerschutzinstrumente zu verstehen sind, sondern vielmehr als Verfügungstatbestände, die es ermöglichen unternehmensbezogene Schuldverhältnisse zu übertragen.

Im abschließenden § 5 steht die Frage im Mittelpunkt, welche Konsequenzen aus der freien Übertragbarkeit von Schuldverhältnissen im Wege der gewillkürten Universalsukzession zu ziehen sind.[49] Es geht hier um die grundsätzliche Frage, inwieweit die „freie" Übertragbarkeit unternehmensbezogener Schuldverhältnisse mit dem geltenden Verständnis von der Privatautomie zu vereinbaren ist. Behandelt wird dabei insbesondere die zum Teil sehr umstrittene Frage nach den etwaigen „Grenzen" einer Rechtsübertragung im Wege der Universalsukzession.[50] Dem schließen sich Überlegungen an, wie der Gläubigerschutz bei der Übertragung unternehmensbezogener Schuldverhältnisse gewährleistet werden kann. Dabei wird die Spaltungshaftung gem. § 133 UmwG ganz im Zentrum der Aufmerksamkeit

---

[47] Siehe § 3 (= S. 39ff.).
[48] Siehe § 4 (= S. 67ff.).
[49] Siehe § 5 (= S. 137).
[50] Dazu unter § 4. A. III. 2. (= S. 150 ff.).

stehen. Behandelt wird aber auch die Bedeutung des § 26 HGB als eine die Rechtsübertragung im Wege der Universalsukzession begleitende „Transferhaftung“.

§ 2 Zur Entwicklung der Verfügungstechnik über Rechte – die bürgerlich-rechtliche Ausgangslage

> „In vielen [...] Fällen [...] kann zwar
> die Absicht auf die Übertragung eines ganzen Vermögens gerichtet seyn; sie geht aber nicht unmittelbar in Erfüllung, weil von der Universalsuccession nicht willkührlich Anwendung gemacht werden kann; vielmehr müssen in solchen Fällen alle Bestandtheile des Vermögens einzeln übertragen werden."
> *Friedrich Carl v. Savigny*, System Bd. III., § 104 4)

A. Einleitung

Kann über ein Vermögen einheitlich verfügt werden? Auf der Grundlage des Bürgerlichen Gesetzbuchs muss die Antwort klar verneint werden.[51] Ein Vermögen kann rechtsgeschäftlich nicht *uno actu*, sondern nur *singulis actibus* übertragen werden. Das BGB kennt lediglich – als den prominentesten Fall – den gesetzlichen Vermögensübergang beim Erbgang gem. § 1922 BGB, den Übergang des Vermögens bei der Bildung der ehelichen Gütergemeinschaft gem. § 1416 BGB[52] und schließlich den „Vermögensanfall" eines aufgelösten Vereins (§ 46 BGB) oder einer erloschenen Stiftung (§ 88 BGB) an den Fiskus.[53, 54] Ein rechtsgeschäftlicher

---

[51] So die ganz einhellige Meinung *v. Tuhr*, AT II./1., § 46 (= S. 84 ff.); *Enneccerus/Nipperdey*, AT I./1., § 132 IV. (= S. 845); *Larenz/Wolf*, AT, § 21 Rdn. 19; *Bork*, AT, Rdn. 231; *Wilhelm*, SaR, Rdn. 20; *Heck*, SaR, § 26 6. (= S. 102) (zu den Sachgesamtheiten); ferner aus der Kommentarliteratur *Jickeli/Stieper*, in: Staudinger, Vorbem zu §§ 90-103, Rdn. 25; *Fritzsche*, in: Bamberger/Roth, § 90 Rdn. 22; *Marly*, in: Soergel, Vor § 90 Rdn. 3, 10; siehe auch *Boehmer*, in: Staudinger[11. Aufl.], § 1922 Rdn. 88; siehe auch bereits davor aus der Literatur des 19. Jahrhunderts *Savigny*, System Bd. III., § 105 4) (= S. 15); *Wächter*, PandR Bd. I., § 68 III. B. 2) (= S. 315); *Unger*, System des österreichischen allgemeinen Privatrechts, Bd. II., § 74 II. a. E. (= S. 22 f.).

[52] Wobei man sich letztendlich fragen könnte, ob es sich hierbei nicht um einen rechtsgeschäftlichen, durch die Ehegatten bestimmten Übertragungsvorgang handelt. Dem steht freilich die Regelung des § 1416 II BGB entgegen. Siehe hierzu *Karsten Schmidt*, AcP 191 (1991), 495, 500 mit Hinweis auf *Dölle*, FamR Bd. I., § 67 I. 1. a. (= S. 876) und *Tiedtke*, FamRZ 1976, 510, 511 f.

[53] *Reuter*, in: MünchKomm, §§ 45-47 Rdn. 3, § 88 Rdn. 5 i. V. m. § 88 Rdn. 16 a. E. (mit Zweifeln an der Möglichkeit, dass die Landesgesetzgeber besondere Gesamtrechtsnachfolger benennen können).

[54] Vgl. hierzu auch die ausführliche Darstellung bei *v. Tuhr*, AT II./1., § 46 III. (= S. 87 ff.); ferner *K. Lehmann*, FS Cohn, S. 395, 411 f.; nicht (mehr) hier zuzuzählen ist die Anwachsung

Vermögenstransfer im Wege der Universalsukzession ist hingegen nach der gesetzlichen Ordnung des Bürgerlichen Gesetzbuchs als eigenständiger Verfügungstatbestand (unter Lebenden) nicht vorgesehen. Vielmehr ist der rechtsgeschäftliche Güterverkehr auf die Einzelrechtsübertragung hin ausgerichtet. Dies kommt zum Ausdruck, wenn gesagt wird, dass nach dem allgemeinen verfügungsrechtlichen Prinzip der Spezialität[55] die Rechtsübertragung nach den für den jeweiligen Gegenstand einschlägigen Voraussetzungen durchzuführen ist. Dabei bestimmt § 413 BGB den Grundsatz – wenn auch an etwas versteckter Stelle –, dass für die Rechtsübertragung die Einigung der Parteien ausreichend ist.[56] Abweichend hiervon ist etwa für die Übertragung der Schuld[57] gem. § 414 BGB die Zustimmung des betroffenen Schuldners und insbesondere im Sachenrecht – zur Wahrung der Publizität – das Hinzutreten eines Publizitätsaktes, sei dies nun in Form eines Registereintrags für Immobilien (§ 925 BGB) oder der Übergabe von Mobilien[58] (§ 929 BGB) erforderlich. Die Einigung über den Rechtsübergang bewirkt dabei eigenständig oder als Gesamtakt unter Hinzutreten weiterer Voraussetzungen (wie z.B. der Übergabe nach § 929 S. 1 BGB) die Rechtsübertragung.[59] Für das deutsche Recht ist die gewillkürte Rechtsübertragung dabei gleichbedeutend mit dem Abschluss eines Verfügungsgeschäfts.[60] Einem Rechtsgeschäft nämlich, durch das nach der gängigen Formulierung ein Recht unmittelbar übertragen, belastet, geändert oder aufgehoben wird.[61] Das Verfügungsgeschäft ist dabei konstruktiv vom Verpflichtungsgeschäft zu trennen („Trennungsprinzip"). Und schließlich ist die

---

gem. § 738 I S. 1 BGB; nach dem modernen Verständnis von der Rechtsfähigkeit der Personengesellschaften ergibt sich mit Selbstverständlichkeit, dass der Vorgang der Anwachsung nicht auf das Gesellschaftsvermögen, sondern ausschließlich auf die Mitgliedschaft zu beziehen ist, *Karsten Schmidt*, GeslR, § 8 IV. 2. (= S. 207f.); *ders.*, FS U. Huber, S. 969ff.; und davor *W. Flume*, AT I./1., § 17 VIII. (= S. 369ff.).

[55] Denn es handelt sich nicht um ein sog. „sachenrechtliches" Prinzip, vgl. vorerst nur *Wilhelm*, SaR Rdn. 20; dazu noch sogleich unter § 2 C. III. 1. (= S. 30f.).

[56] *Wilhelm*, SaR Rdn. 9; *Habersack*, SaR Rdn. 19; *Busche*, in: Staudinger, § 413 Rdn. 5; *Haedicke*, Rechtskauf und Rechtsmängelhaftung, S. 37; *Scheying/Nörr*, in: Nörr/Scheyhing/Pöggler, Sukzessionen, § 15 I. 1. (= S. 176).

[57] Dabei ist freilich streitig, ob es sich bei der Schuldübernahme um ein Verfügungsgeschäft handelt; so aber die h.M. *Rieble*, in: Staudinger, § 415 Rdn. 5; *Meyer-Pritzl*, in: HKK, §§ 414-418 Rdn. 22.

[58] Von keiner Bedeutung ist in diesem Zusammenhang die – ohnehin nicht sonderlich weiterführende – Diskussion inwieweit durch die Übergabesurrogate der §§ 929ff. BGB der Publizitätsgrundsatz „durchbrochen" wird; siehe hierzu *Wiegand*, FG 50 Jahre BGH, Bd.I., S. 753, 766ff.

[59] Dazu auch noch unter § 2 C. I. (= S. 25ff.).

[60] So bereits, wenn auch vielfach missverstanden, *Sohm*, Gegenstand, S. 5ff.; dazu sogleich unter § 2 C. I. (= S. 25ff.).

[61] BGHZ 1, 294, 304; *W. Flume*, AT II., § 11 5. a) (= S. 140); *Enneccerus/Nipperdey*, AT I./1., § 143 II. (= S. 882); *Medicus*, AT, Rdn. 208; *Larenz/Wolf*, AT, § 23 Rdn. 35; *Gursky*, in: Staudinger, § 185 Rdn. 4; *Haedicke*, JuS 2001, 966, 967; und davor *Flad*, in: Planck, vor §§ 104ff. Anm. VII. 4.; *v. Tuhr*, AT II./1., § 54 I. (= S. 238); *Coing*, in: Staudinger[11.Aufl.], Einl. Vor §§ 104ff. Rdn. 63; siehe auch *W. Wilhelm*, Begriff und Theorie der Verfügung, S. 213, 221 m.w.N.

Rechtsübertragung in ihrer Wirksamkeit abstrakt von der kausalen Ebene – sc. dem Verpflichtungsgeschäft – zu bewerten („Abstraktionsprinzip“).[62]

Diese Zusammenfassung beschreibt, was man als die bürgerlich-rechtlichen Grundsätze des rechtsgeschäftlichen Güterverkehrs bezeichen kann. Die Verfügungstechnik der Universalsukzession kommt dabei nicht zum Einsatz. Dem stehen eine Reihe von unternehmensrechtlichen Sondertatbeständen gegenüber, die eine rechtsgeschäftliche Vermögensübertragung im Wege der Universalsukzession ermöglichen. Zu nennen sind hier zunächst die Institute der Verschmelzung, Spaltung und des Vermögensübergangs nach dem Umwandlungsgesetz, aber auch – wie noch zu zeigen sein wird – die Vorschriften der §§ 25, 28 HGB. Bevor jedoch ausführlich auf die Entwicklung der angesprochenen unternehmensrechtlichen Sondertatbestände eingegangen werden soll,[63] sind Überlegungen zur Ausbildung der singularsukzessiven Verfügungstatbestände anzustellen. Denn vor dem Hintergrund der dogmengeschichtlichen Entwicklung des bürgerlich-rechtlichen Güterverkehrs können die modernen Gestaltungsmittel des Umwandlungsgesetzes und Handelsgesetzbuchs weitaus besser gewürdigt werden. Probleme, die sich im Zusammenhang mit den unternehmensrechtlichen Sondertatbeständen ergeben, lassen sich so weitaus besser auf ihre allgemeinen zivilrechtlichen Wurzeln zurückführen (z.B. die Frage, welche verfügungsrechtlichen Anforderungen an die Vermögensübertragung im Wege der Universalsukzession zu stellen sind). Ferner lassen sich Abweichungen von allgemeinen zivilrechtlichen Anschauungen, paradigmatisch etwa das Problem, in welchem Verhältnis die Möglichkeit der zustimmungsfreien Übertragung von Verträgen in der Spaltung zum allgemeinen Zivilrecht steht, weitaus besser erklären. Den Ausgangspunkt für die weiteren Überlegungen bildet dabei die Entwicklung des dinglichen Vertrags zu Anfang des 19. Jahrhunderts. Denn die Annahme, dass ein gesondert bestehender Vertrag die Rechtsübertragung des Eigentums an einer Sache bewerkstelligen soll, kann als die „Keimzelle“ des Rechts der Verfügungen des Bürgerlichen Gesetzbuchs bezeichnet werden.[64] Hieraus erklärt sich unter anderem auch, warum vielfach die Rede von den sog. „Sachenrechtsgrundsätzen“ oder einem „dinglichen“ Geschäft ist und nicht von den allgemeinen Grundsätzen der Verfügung über Rechte bzw. einem Verfügungsgeschäft.[65] Der kurze Verweis auf die Bedeutung des dinglichen Vertrags lässt aber auch erkennen, dass es sich hierbei um ein sehr komplexes Themengebiet handelt. Die nachfolgende Darstellung muss sich daher auf die wesentlichen Eckpunkte be-

---

[62] Zum Verhältnis von Abstraktions- und Trennungsprinzip siehe zuletzt die Ausführungen von *U. Huber*, FS Canaris, Bd. I., S. 471, 474 ff. und insb. Fn. 26, 27.

[63] Unter § 4 (= S. 67 ff.).

[64] *Heck*, SaR, § 28 4. (= S. 109): „Die dinglichen Rechtsgeschäfte sind vom Standpunkt der Dogmengeschichte aus betrachtet, das Urbild der Verfügung.“; *Crome*, System des bürgl. Rechts, Bd. I., § 74 II. 3. (= S. 326 f.); *v. Tuhr*, AT I., § 12 I. (= S. 219 f.); *W. Wilhelm*, Begriff und Theorie der Verfügung, S. 213, 220: „definitorische Leitfigur ist der sogenannte dingliche Vertrag“; siehe auch *W. Flume*, AT II., § 33 3. (= S. 603 f.).

[65] Vgl. hierzu bereits *Heck*, SchuldR, § 66 6. a) (= S. 200); *ders.*, SaR, § 28 4. (= S. 109); ferner *Sohm*, Gegenstand, S. 8; *ders.*, Archiv f. bürgl. Recht 28 (1906), 173, 192.

schränken. Als Ausgangspunkt der Erläuterungen wird dabei die Vermögenslehre *Savignys* dienen.

B. Die Rechtsübertragung in der Vermögenslehre *Savignys*

Es gibt drei gute Gründe, für die Erörterung der Konstruktion von Rechtsübertragungen bei der Vermögenslehre *Savignys* anzuknüpfen. Im dritten Band des „System des heutigen römischen Rechts" werden die Unterschiede zwischen den Sukzessionsformen der Singular- und Universalsukzession in einer Schärfe dargelegt, die ihresgleichen sucht und noch heute Bestand hat.[66] Dieses baut auf einer im ersten Band des Systems getroffenen Systematisierung des zivilrechtlichen Rechtsstoffs auf, die auch Einfluss auf die Abfassung der Bücher des Bürgerlichen Gesetzbuchs hatte.[67] Und schließlich stellt die Konstruktion der Eigentumsübertragung durch *Savigny*, als einem abstrakten dinglichen Vertrag die Grundlage für die weitere Entwicklung dar, die – wie noch zu zeigen sein wird – in einem „geschlossenen" System der Verfügungsgeschäfte über Gegenstände im Bürgerlichen Gesetzbuch mündet.[68]

I. Zu den sog. juristischen Tatsachen der „Successionen"

Anzusetzen ist bei der konzeptionellen Erfassung der „Succession" im dritten Band des „System des heutigen römischen Rechts". Der Begriff der „Succession" ist nach der Darstellung einer der Fälle der sog. juristischen Tatsachen. Unter den sog. juristischen Tatsachen sind nach *Savigny* all diejenigen Themen einzuordnen, die dem „allgemeinen Theil des Rechtssystems"[69] angehören.[70] Dazu zählen zunächst all diejenigen Ereignisse, die den „Anfang oder das Ende der Rechtsverhältnisse bewirken".[71] Zu ihnen soll aber auch die „Umwandlung oder Metamorphose der Rechtsverhältnisse"[72] gerechnet werden. Bei der „Succession" geht es

---

[66] *Savigny*, System Bd. III., § 105 (= S. 8ff.).

[67] *Savigny*, System Bd. I., §§ 52ff. (= S. 331ff.); vgl. hierzu zunächst nur *Wiegand*, AcP 190 (1990), 112, 114ff. der jedoch für das geltende Recht zur sehr die Autonomie des Sachenrechts propagiert; dagegen *Wilhelm*, SaR, Fn. 9; hierzu noch ausführlich unten § 2 C. II. (= S. 27ff.).

[68] Vgl. zunächst nur *Hammen*, Savignys Bedeutung für die dogmatischen Grundlagen des BGB, S. 146ff., 172f.; zur Zession *C. Hattenhauer*, in: HKK, §§ 398-413 Rdn. 31.

[69] *Savigny*, System Bd. III., § 104 (= S. 3).

[70] Eine Auflistung der verschiedenen Formen der juristischen Tatsachen findet sich im System Bd. III., § 104 a.E. (= S. 8); siehe hierzu auch *Hammen*, Savignys Bedeutung für die dogmatischen Grundlagen des BGB, S. 69ff.; *Avenarius*, Savignys Lehre vom intertemporalen Privatrecht, S. 54f.

[71] *Savigny*, System Bd. III., § 104 (= S. 3).

[72] *Savigny*, System Bd. III., § 104 2) (= S. 4); so auch im Wesentlichen übernommen u.a. von *Unger*, System des österreichischen allgemeinen Privatrechts, Bd. II., § 71 (= S. 1f.).

um die subjektive Umwandlung eines Rechtsverhältnisses:[73] „Subjektiv, in Beziehung auf Personen, indem dasselbe Rechtsverhältnis auf andere Personen übertragen, folglich durch neu eintretende Subjecte fortgesetzt wird".[74]

Savigny führt aus, dass von einer „Succession" nur dann die Rede sein könne, wenn die „Identität" des Rechtsverhältnisses auch nach der „subjektiven Umwandlung eines Rechtsverhältnisses" bestehen bleibe.[75] Im Gegensatz zu den teilweise haarspalterischen Diskussionen um das Erfordernis der Identitätswahrung bei der Forderungszession[76] hat der Begriff im System einen klaren Inhalt. *Savigny* geht es darum, den Begriff der „Succession" – wie es auch dem Verständnis im geltenden Recht entspricht – auf die Fälle des abgeleiteten Rechtserwerbs zu beziehen.[77] *Savigny* demonstriert dies am Beispiel der Eigentumsübertragung: Für die Rechtsnachfolge kann nicht alleine die zeitliche Nachfolge ausschlaggebend sein. Denn bei der Dereliktion und dem anschließenden Erwerb des Eigentums durch einen Dritten wie auch der Ersitzung (*usucapio*) bestehe „keine juristische Verbindung"[78] zwischen den Eigentümern. Der Erwerber einer herrenlosen Sache, wie auch der Ersitzende, gründen ihren Eigentumserwerb nicht auf einer (subjektiven) Nachfolge in ein Rechtsverhältnis, sondern auf einen besonderen originären Erwerbsgrund. Anders sei dies bei der Eigentumsübertragung durch Tradition.[79] Hier sei gerade der Erwerb und Bestand des Eigentums abhängig vom Rechtsvorgänger. Der Begriff der Identität ist somit nach den Ausführungen *Savignys* in Beziehung zu setzen mit dem Vorgang des derivativen Rechtserwerbs. Die Frage nach der Identität kann sich logischerweise nur beim abgeleiteten Rechtserwerb stellen und nicht bei der Neubegründung eines Rechts infolge eines originären Erwerbs. Die Wichtigkeit des Vorgangs des derivativen Rechtserwerbs stellt nach *Savigny* auch den Grund dar, warum man sich eines eigenen „Kunstausdrucks (Successio)"[80] überhaupt bedient.

II. Die Anwendungsfälle der Singularsukzession

Der Stellenwert, der den „Successionen" im System zukommt, wird erst sichtbar, wenn man sie mit den konkreten Anwendungsfällen in Verbindung bringt. Nach

[73] Dem stellt *Savigny* (System Bd. III., § 104 2) B. Note (c) (= S. 4f.)) die „objectiv" auf den Inhalt eines Rechtsverhältnisses bezogene Umwandlung entgegen. *Savigny* führt dabei die Lehre von Dolus, Culpa, Casus und Interesse an.

[74] *Savigny*, System Bd. III., § 104 2) A. (= S. 4).

[75] *Savigny*, System Bd. III., § 105 (= S. 9).

[76] Siehe nur die Nachweise bei *Windscheid*, PandR Bd. I., § 64 Fn. 6; ferner *v. Olshausen*, Gläubigerrecht und Schuldnerschutz bei Forderungsübergang und Regreß, S. 7f.

[77] In diesem Sinne danach auch, teils unter Anführung *Savignys Sintenis*, Das practische gemeine Civilrecht Bd. I., § 16 I. (= S. 133); *Puchta*, Vorlesungen Bd. I., § 47 2) (= S. 103f.); *Wächter*, PandR Bd. I., § 68 I. 2) (= S. 312), PandR Bd. II., § 269 I. (= S. 662); *Unger*, System des österreichischen allgemeinen Privatrechts, Bd. II., § 72 (= S. 5), § 74 (= S. 17).

[78] *Savigny*, System Bd. III., § 105 (= S. 9f.).

[79] *Savigny*, System Bd. III., § 105 (= S. 10).

[80] *Savigny*, System Bd. III., § 105 (= S. 9f.); siehe auch Note (b).

Savigny ist das „wahre Gebiet“ der „Successionen“ das „Vermögensrecht“.[81] Das „Vermögensrecht“ ist im Kontext des hier nur anzudeutenden Verständnisses *Savignys* vom Privatrecht als einem „System der Privatrechtsverhältnisse“[82] zu sehen. *Savigny* bestimmt das „Wesen der Rechtsverhältnisse“ „als ein Gebiet unabhängiger Herrschaft des individuellen Willens“. Gegenstand der Willensherrschaft können dabei – unter Ausscheidung der eigenen Person[83] – die „unfreye Natur“ oder „fremde Personen“ sein. Mit der „unfreyen Natur“ sind die Sachenrechte und insbesondere das Eigentum in Verbindung zu setzen:

> „Die unfreye Natur kann von uns beherrscht werden nicht als Ganzes, sondern nur in bestimmter räumlicher Begränzung; ein so begränztes Stück desselben nennen wir Sache, und auf diese bezieht sich daher die erste Art möglicher Rechte: das Recht an einer Sache, welches in seiner reinsten und vollständigsten Gestalt Eigenthum heißt.“[84]

Dem Eigentum steht die Obligation gegenüber. Die Willensmacht über eine „fremde Person“ kann jedoch keine „absolute“ sein, sondern ist auf „einzelne Handlungen“ beschränkt. Andernfalls würde man nämlich nicht über eine Person herrschen, sondern Eigentum an ihr besitzen, gleich dem römischen Sklavenverhältnis.[85] Die „Gesamtheit der Verhältnisse“ von Obligationen- und Sachenrechten bilden schließlich das „Vermögen“[86] einer Person und die auf diese Rechte bezogenen „Rechtsinstitute“ das Vermögensrecht.[87]

---

[81] *Savigny*, System Bd. III., § 105 (= S. 11); siehe auch S. 12 a.E.; so auch danach neben anderen *Windscheid*, PandR Bd. I., § 64 2. a. (= S. 177).

[82] So *Kiefner*, FS Coing, S. 148, dort auch zur Entstehung der §§ 52ff. des Systems; siehe ferner *Rückert*, FS Canaris, Bd. II., S. 1263, 1285ff.; siehe ferner *Avenarius*, Savignys Lehre vom intertemporalen Privatrecht, S. 41f., der – entgegen einem weitverbreiteten Irrglauben – darauf hinweist, dass subjektive Rechte keinesfalls gleichzusetzen seien mit dem Begriff des Rechtsverhältnisses, aber auch zu unterscheiden seien vom modernen Verständnis des subjektiven Rechts.

[83] Vgl. hierzu *Coing*, Europ. PrivR II., § 43 I. (= S. 270f.).

[84] *Savigny*, System Bd. I., § 53 (= S. 338).

[85] *Savigny*, System Bd. I., § 53 (= S. 338f.).

[86] *Savigny*, System Bd. I., § 53 (= S. 339f.); den Begriff des Vermögens bezeichnet *Savigny* als besonders treffend, System Bd. I., § 53 Note (b) (= S. 340): „Die deutsche Bezeichung des angegebenen Rechtsbegriffs ist die treffendste, die dafür gefunden werden konnte. Denn es wird dadurch unmittelbar das Wesen der Sache ausgedrückt, die durch das Daseyn jener Rechte uns zuwachsende Macht, das was wir durch sie auszurichten im Stande sind oder vermögen. Weniger das Wesen treffend ist der Römische Ausdruck bona, der in die neueren romanischen Sprachen übergegangen ist, und der zunächst einen Nebenbegriff bezeichnet, nämlich das durch jene Macht begründete Wohlseyn, oder die Beglückung, die sie uns gewährt.“; auf die weitere Abgrenzung *Savignys* zum Familien- und Erbrecht ist in diesem Zusammenhang nicht einzugehen.

[87] Vor dem Hintergrund der Ausführungen *Savignys* in § 53 des Systems und unter Berücksichtigung der Erörterung der Sukzessionen in § 105 erweist sich die weitverbreitete Vorstellung (vgl. etwa *Regelsberger*, PandR Bd. I., § 13 2. (= S. 71); *Dernburg*, PandR Bd. I., § 40 Fn. 2) (= S. 91); *Crome*, System des bürgl. Rechts, Bd. I., § 29 Fn. 2) (= S. 161); *Enneccerus/Nipperdey*, AT I./1., § 71 Fn. 3) (= S. 427)) *Savigny* beschränke das Rechtsverhältnis auf Obligationen, als unzutreffend.

Indem *Savigny* als das „wahre Gebiet" der „Successionen" das Vermögensrecht bezeichnet, könnte man annehmen, dass nach der Lehre *Savignys* Sachen, wie auch Forderungen und Schulden, gleichermaßen *inter vivos* im Wege der Einzelrechtsnachfolge übertragbar sind. Das entspricht jedoch nicht dem Entwicklungsstadium der Dogmatik zur Mitte des 19. Jahrhunderts und auch nicht der Auffassung *Savignys*. Vielmehr war nur das Eigentum im Wege einer Vollrechtsübertragung transferierbar. *Savigny*[88] und vor ihm *Hugo*[89] hatten bekanntermaßen die Lehre des *usus modernus* vom *modus et titulus adquirendi* fortentwickelt und die Übertragung des Eigentums durch einen eigenständigen dinglichen Vertrag postuliert. In Bezug auf die Übertragung von Forderungen und Schulden hingegen folgte *Savigny*[90] noch der herrschenden Meinung der Zeit, die in Anschluss an die Arbeiten *Mühlenbruchs*[91] vom Unübertragbarkeitsdogma ausging.[92] Eine Forderung konnte nur im Wege des Erbfalls übertragen werden.[93] *Inter vivos* war man hingegen auf verschiedene „Hilfskonstruktionen" angewiesen. Eine Möglichkeit, im wirtschaftlichen Ergebnis eine Forderungsübertragung herbeizuführen – freilich unter Verlust bestehender Sicherungsrechte – war die Novation[94] oder aber die Gewährung einer

---

88 *Savigny*, System Bd. III., § 140 (= S. 312f.), Beylage VIII. X. (= S. 354); *ders.*, ObligationenR Bd. II., S. 254ff.; siehe auch bereits *ders.*, Pandektenvorlesung, Obligationenrecht AT, 321v = *Avenarius*, Savignyana Bd. 8, S. 223: „traditio ist Vertrag"; vgl. hierzu aus der nur noch schwer zu überschauenden Literatur *Felgenträger*, Friedrich Carl v. Savignys Einfluss auf die Übereigungslehre, Leipzig 1927; *W. Flume*, AT II., § 12 III. 2. (= S. 174f.); *Ranieri*, Lehre der abstrakten Übereignung, S. 90ff.; *U. Huber*, FS Canaris, Bd. I., S. 471ff.; *Hammen*, Savignys Bedeutung für die dogmatischen Grundlagen des BGB, S. 149ff.; *Coing*, Europ. PrivR II., § 72 II. (= S. 393f.); *R. Zimmermann*, The civil law in European codes, S. 18, 36f.; *Stadler*, Gestaltungsfreiheit und Verkehrsschutz durch Abstraktion, S. 46ff.

89 Zur Bedeutung *Hugos* für die Ausbildung des dinglichen Vertrags, ausführlich *H. H. Jakobs*, SZ Rom. 119 (2002), 269ff.

90 ObligationenR Bd. I. § 23 C. (= S. 243ff.); *ders.*, ObligationenR Bd. II., § 62 (= S. 95f.) (zur Vorstellung *Savignys* von der Obligation *Avenarius*, JR 1996, 492, 493f.); siehe ferner *Wening-Ingenheim*, Lehrbuch des gemeinen Civilrechtes Bd. II., § 209 (= S. 68): „Demnach giebt es eigentlich keine wahre Veräußerung der Forderung in der Art, daß diese für den bisherigen Creditor erlöschend, völlig auf einen anderen überginge, was bei anderen Vermögensrechten der Fall ist.", siehe auch Bd. I., § 119 (= S. 287).

91 Die Lehre von der Cession der Forderungsrechte, 3. Aufl., Greifswald 1836; zu *Mühlenbruch* ausführlich *Luig*, Zur Geschichte der Zessionslehre, S. 47ff.; *ders.*, Zession und Abstraktionsprinzip, S. 112, 118f.; *R. Zimmermann*, Law of Obligation, S. 64; *C. Hattenhauer*, in: HKK, §§ 398-413 Rdn. 21.

92 Gleichwohl erkannte *Savigny* (vgl. ObligationenR Bd. II., § 62 (= S. 92ff.)) die Bedeutung der Obligationen für den Handelsverkehr. Die Lösung der Zeit war die Verkörperung der Forderung in Wertpapieren. Zu der Entwicklung des Rechts der Inhaberpapiere im 19. Jahrhundert *Coing*, Europ. PrivR II., § 116 (= S. 574ff.); siehe ferner aus der heutigen Perspektive *Richardi*, WertpapierR, § 4 A. I. (= S. 23f.), § 6 (= S. 44ff.) zur Bedeutung der Verkörperung eines Rechts in einem Wertpapier als Alternative zur Forderungszession.

93 Nach *W. Flume*, Rechtsakt und Rechtsverhältnis, S. 9f. ist dies mit der auf den Rechtsakt und nicht auf das Schuldverhältnis bezogenen Denkweise der römischen Jurisprudenz der klassischen Zeit zu erklären.

94 Ausführlich hierzu *Georg H. Maier*, in: RvHwb, Bd. V., Eintrag „Novation", S. 451ff.; siehe auch *Siber*, Schuldrecht, § 59 Fn. 8 (= S. 317).

actio utilis zur Geltendmachung eines fremden Forderungsrechts. Abzulesen ist die Haltung *Savignys* unter anderem an der Spezifizierung der Wirkungen der Universalsukzession:

> „Das eigentliche Kennzeichen der Universalsuccession ist der unmittelbare Übergang der zu diesem Vermögen gehörenden Vermögen und Schulden [...], für welche diese sogar der einzig mögliche Übergang ist, indem sie durch Singularsukzession gar nicht übertragen werden können.“[95]

Ferner heißt es in der Fußnote zu dieser Textpassage:

> „Bey den Obligationen giebt es keine Singularsuccession, sondern nur Surrogate derselben für die Zwecke des Verkehrs; nämlich Umtausch gegen eine neue Obligation von gleichem Werth (novation), oder Verfolgung der Schuld durch einen Stellvertreter (cessio actionis).“[96]

Schließlich finden sich im Manuskript der Pandektenvorlesung *Savignys* die folgenden Hinweise:

> „Vom Übergang einer Obligation auf Andere:
>
> § 43 Durch Vererbung
> Alle Obligationen gehen ipso iure ~~auf die Erben~~ über, als Theil des Vermögens, bey jeder successio universalis – nach altem Recht mehrere, z.B. adrogatio p (L 25 § 2 de usufr.) – Der wichtigste schon im alten Rom, und der einzige im neuen die Vererbung.
>
> [...]
>
> § 44 Durch Cession – allgemeine Bedingung
> Alle successio bey jedem Recht entweder universalis oder singularis – Beyspiel beym Eigentum
>
> Anwendung auf Obligationen – 1.) universalis s. § 43 – 2.) aber auch sigularis? nein, sehr merkwürdiger Grundsatz des Römischen Rechts [...]
>
> Aber dieselbe *Wirkung* erreicht auf 2 verschiedenen Wegen:
>
> a.) durch novatio – gänzliche *Vernichtung* der früheren obligatio und Substantiierung einer andern von *gleichem Inhalt* [...] dabey also gar keine successio.
> b.) durch Bevollmächtigung, in des Creditors Namen zu klagen, und das Eingeklagte zu behalten.“[97]

Vor dem Hintergrund des zuvor Gesagten erweist sich, dass die eingangs beschriebene Anführung der Eigentumsübertragung durch *Savigny* zur Veranschaulichung, dass von einer Rechtsnachfolge nur die Rede sein könne, wenn ein derivativer Erwerb stattgefunden hat, weitaus mehr ist als nur eine exemplarische Nennung: Es ist der einzige Fall der (Einzel-)Rechtsnachfolge *inter vivos* nach der Vermögenslehre *Savignys*.

---

[95] *Savigny*, System Bd. III., § 105 3) (= S. 15).
[96] *Savigny*, System Bd. III., § 105 Note (f) (= S. 9).
[97] *Savigny*, Pandektenvorlesung, Obligationenrecht AT, 301r [496r], 301v [496v] = *Avenarius*, Savignyana Bd. 8, S. 176ff.

III. Die Unterscheidung zwischen Singular- und Universalsukzession

Zu ergänzen gilt es das Bild noch in Hinsicht auf die verschiedenen Sukzessionsformen. *Savigny* unterscheidet zwischen den Fällen der Singularsukzession und der Universalsukzession:

> „Singularsuccession nennen wir diejenige, welche irgendein einzelnes Vermögensrecht zum Gegenstand hat, oder auch mehrere zusammengefaßte Vermögensrechte, jedoch so, daß jedes einzelne für sich übergeht, ohne durch diesen, zufällig gemeinschaftlichen, Übergang mit den übrigen in Verbindung zu treten. Dieser Begriff ist für sich allein weder schwierig noch erheblich, und er bekommt nur durch den Gegensatz des nachfolgenden Falles seine Bedeutung.
>
> Die Universalsuccession hat zum Gegenstand das Vermögen als ein ideales Ganzes, das heißt so daß dabey von seinem speciellen Inhalt, sowohl nach der Quantität (dem Geldwerth), als nach der Qualität (der Art der darin enthaltenen einzelnen Rechte, und den Gegenständen dieser Rechte), ganz abstrahiert wird [...]. Diese Succession also bezieht sich zwar allerdings auch auf die einzelnen in diesem Vermögen enthaltenen Rechte, jedoch nur mittelbar, das heißt nur insofern und weil sie Theile dieses Vermögens als des eigentlichen Gegenstandes der Succession sind."[98]

Hervorzuheben ist, dass die Universalsukzession ohne Bezugnahme auf den prominenten Fall des Erbrechts als ein Übertragungsvorgang beschrieben wird. Das ist erstaunlich, da der Erbfall seit jeher eine solch dominierende und prägende Rolle gespielt hat, dass auch noch heute die Universalsukzession häufig mit dem Fall des Todes bzw. dem Erlöschen eines Unternehmensträgers gleichgesetzt wird.[99] Zeitgeschichtlich ist in Hinsicht auf die Darstellung *Savignys* zu beachten, dass anders als noch im römischen Recht, das zahlreiche Fälle der Universalsukzession *mortis causa*, wie aber auch *inter vivos* kannte,[100] der Erbfall im 19. Jahrhundert für das Gebiet des Zivilrechts – anders sieht dies im Handelsrecht aus[101] – als der einzig „verbliebene" Anwendungsfall der Universalsukzession angesehen wurde.[102]

Schließlich ist zu berücksichtigen, dass es zu einer der meistdiskutierten Streitfragen des 19. Jahrhunderts zählte, inwieweit die Erbfolge nicht als Persönlichkeitsfortsetzung zu verstehen sei.[103] In diesem Zusammenhang fällt bei der

---

[98] *Savigny*, System Bd. III., § 105 (= S. 12f.).

[99] So verstehen etwa *Muscheler* (Universalsukzession und Vonselbsterwerb, Tübingen 2002) und *Windel* (Über die Modi der Nachfolge in das Vermögen einer natürlichen Person beim Todesfall, Heidelberg 1998) die Universalsukzession ausschließlich als eine Rechtstechnik, die an die Besonderheiten des Erbrechts gebunden ist.

[100] Aufzählung bei *Hasse*, AcP 5 (1822), 1, 49ff.; siehe ferner *Savigny*, System Bd. III., § 104 4) (= S. 15f.).

[101] Dazu ausführlich unter § 4 B. I. (= S. 70ff.).

[102] *Mühlenbruch*, PandR Bd. III., § 612 (= S. 190f.); *Sintenis*, Das practische gemeine Civilrecht, Bd. I., § 16 I. (= S. 133f.), Bd. III., § 158 Fn. 1) (= S. 312ff.); *Regelsberger*, PandR Bd. I., § 123 2. (= S. 448); *Unger*, System des österreichischen allgemeinen Privatrechts, Bd. II., § 75 II m. Fn. 26) (= S. 22); siehe auch *Savigny*, Pandektenvorlesung, Obligationenrecht AT, 310r [496r] = *Avenarius*, Savignyana Bd. 8, S. 176.

[103] Siehe hierzu *Boehmer*, in: Staudinger[11. Aufl.], § 1922 Rdn. 99; *v. Lübtow*, ErbR, S. 663ff.; *Giger*, Subjektwechsel Bd. I. und Bd. II., *passim;* und jetzt ausf. *Wacke*, SZ Rom. Abt., 123 (2006), 197ff.

Darstellung *Savignys* eine Besonderheit auf. *Savigny* greift erstmals im Zusammenhang mit der allgemeinen Einordnung des Erbrechts in das Zivilrecht – verstanden als ein „successives Vermögensrecht“[104] – im ersten Band des Systems die Frage auf, welche Auswirkungen die Rechtsnachfolge in ein Vermögen hat. In dieser Passage wird angeführt, dass die Erben die Person des Erblassers „fortsetzen oder repräsentieren“.[105] Damit wären eigentlich weitere Ausführungen über eine Rechtsnachfolge entbehrlich. Denn versteht man den Erbgang als einen Vorgang der Persönlichkeitsfortsetzung, so bedarf es – führt man den Gedanken strikt aus – keiner gesonderten Rechtsübertragung. Indem nämlich der Erbe die Person des Erblassers fortsetzt, bleiben die Rechtsverhältnisse zur Person des Erblassers weiterhin (unverändert) bestehen.[106] *Savigny* führt hingegen aus, dass die Annahme von der Persönlichkeitsfortsetzung zu einer „völligen Umkehr“ der Verhältnisse führe. Gehe man ursprünglich von dem Menschen als dem „Substanziellen“ aus und sehe man demgegenüber das Vermögen nur als das „Accidens“ an, wird dieses Verhältnis beim Erbfall umgekehrt. Das Vermögen erscheint dann als das Wesentliche, die Menschen hingegen nur als „vorübergehende, wechselnde Beherrscher“.[107] Im dritten Band des Systems, im Abschnitt § 105 über die „Successionen“, wird nun die gleiche Anschauung angeführt, nur unter Auswechselung der Bezugspunkte. Es ist nicht mehr die Rede von der Persönlichkeitsfortsetzung, sondern nur noch vom allgemeinen Begriff der „Succession“.[108]

---

104 *Savigny*, System Bd. I., § 57 (= S. 385).

105 *Savigny*, System Bd. III., § 57 (= S. 384).

106 Deutlich etwa *Sohm*, Institutionen des röm PR, § 95 (= S. 383) (siehe auch *ders.*, Gegenstand, S. 42f.): „Die Singularsuccession, die Nachfolge in ein einzelnes Vermögensstück, bedeutet *Wechsel* des Subjects für das gleiche Rechtsverhältnis, die Universalsuccession aber *Erhaltung* des Subjects: das Wesen der Universalsukzession ist, keine Succession (Reihenfolge der Subjecte für das nämliche Rechtsverhältnis), sondern Continuation zu sein: es bleibt für das nämliche Rechtsverhältnis das nämliche Subject. In diesem Sinne ist die Universalsuccession Persönlichkeitsnachfolge, die Singularsuccession Rechtsnachfolge“ (Hervoh. auch im Orginal); auf die unterschiedlichen Strömungen und Nuancierungen kann hier nicht weiter eingegangen werden, vgl. aber die umfangreichen Darstellungen nachgewiesen in Fn. 103.

107 *Savigny*, System Bd. I., § 57 (= S. 384f.).

108 Die beiden Passagen lauten auszugsweise wie folgt: (1) *Savigny*, System Bd. I., § 57 (= S. 384f.): „Es geht hieraus eine zwiefache Betrachtung des ganzen Erbrechts hervor, deren jede gleich wahr und wichtig ist. Es erscheint dasselbe nehmlich erstlich als eine Erwerbungsart aller einzelnen zum Vermögen gehörenden Rechte, als *adquisito per universitatem* [...]. Zweytens erscheint der Gegenstand desselben als ein eigenthümliches, für sich bestehendes Recht, als eine universitas [...]. Beide Auffassungen vereinigen sich in der Ansicht, nach welcher die Erben mit den Verstorbenen eine Person ausmachen, also denselben fortsetzen oder repräsentieren. Durch diese Ansicht wird also das ursprüngliche Verhältnis völlig umgekehrt. Denn an statt daß ursprünglich der Mensch als die Substanz gedacht werden muß, das Vermögen als Accidens, indem es die Freyheit des Menschen nur modificiert durch Erweiterung, so erscheint uns nunmehr das Vermögen als das Bleibende und Wesentliche, zu welchem sich die einzelnen Inhaber nur als vorübergehende, wechselnde Beherrscher verhalten.“; (2) *Savigny*, System Bd. III., § 105 (= S. 10f.): „Die einfachste und natürlichste Betrachtung der Rechtsverhältnisse führt dahin, die berechtigte Person als die bleibende Substanz, das Recht selbst aber als das Accidens anzusehen, welches nach wechselnden Umständen bald verbunden ist mit der

Wie sind die beiden Aussagen *Savignys* in das rechte Verhältnis zueinander zu setzen? *Hans Giger*[109] geht davon aus, dass *Savigny* einem „Fehlschluss" erlegen, gleichwohl aber zum richtigen Ergebnis gelangt sei, indem er den Fokus auf den Vorgang der Rechtsübertragung gelegt habe. Der Einschätzung *Gigers* ist, was die Interpretation der Aussage *Savignys* im ersten Band des Systems anbelangt, nicht beizupflichten. Zuzustimmen ist *Giger* jedoch hinsichtlich der Bedeutung des im System vollzogenen Perspektivenwechsels: Nicht eine zwischen dem Erblasser und dem Erben anzunehmende Personenidentität, sondern der Fortbestand des Vermögens und der Eintritt verschiedender Inhaber, und damit der Rechtsübergang auf diese, wird in den Vordergrund gerückt. Was die Ausführungen im ersten Band des Systems betrifft, betont *Savigny*, dass der Erbfall als *adquisito per universitatem* zu verstehen sei, die sich auf eine *universitas* bezieht. Wie auch vielfach gesagt wird, ist die Erbfolge eine *successio per universitatem* wie auch eine *successio in universitatem*:[110] Die Sukzessionsform ist die Universalsukzession, der umfasste Gegenstand eine *universitas*, nämlich das Vermögen des Erblassers. Vor diesem Hintergrund mag man im übertragenen Sinne davon sprechen, dass der Erbe damit im Ergebnis die Persönlichkeit des Erblassers fortsetzt. *Savigny* wollte damit aber ganz sicherlich nicht den rechtstechnischen Vorgang erklären. Zudem gilt es zu berücksichtigen, dass *Savigny* im Gegensatz zur herrschenden Meinung der Zeit die Personifizierung der *hereditas iacens* – der ruhenden bzw. noch nicht angenommenen Erbschaft – als juristische Person ablehnte.[111]

Für die Einordnung der „Successionen" bleibt festzuhalten, dass *Savigny* die Singularsukzession wie auch die Universalsukzession als Übertragungsvorgänge ansieht. Während die Singularsukzession auf einzelne Vermögensgegenstände bezogen ist und – wie gezeigt wurde – zur Zeit *Savignys* nur auf Sachenrechte bezogen werden konnte, ist der Bezugpunkt der Universalsukzession das Vermögen:

> „Das Vermögen als solches, als eine ideale Größe, ohne Rücksicht auf seinen besonderen Inhalt, ist Gegenstand dieser Art der Succession. Damit aber ist wohl vereinbar, daß dieselbe oft nicht das gesammte Vermögen, sondern nur eine Quote, daß heißt einen Rechnungstheil desselben, betrifft; denn auch ein solcher Theil bezieht sich ja nur auf den angegebenen idealen Begriff des Vermögens als seine Grundlage: das Vermögen ist die Einheit, wovon jener Theil als ein Bruch erscheint."[112]

Die Universalsukzession ist also eine besondere Übertragungsform mit deren Hilfe ein Vermögen als „ideale Größe", unabhängig davon, ob es sich auch nur um eine „Quote" des gesamten Vermögens einer Person handelt, übertragen werden kann.[113] Dabei steht *Savigny* freilich auf dem Standpunkt, dass von der Universal-

---

Person, bald nicht […]. Der Begriff der Succession führt uns auf eine Betrachtungsweise, worin die angegebene Stellung der Person gegen das ihr zukommende Recht umgekehrt erscheint. Das Recht kann nur als das Substantielle und Bleibende gelten, indem es in einer Reihe auf einander folgender wechselnder Inhaber unverändert fordauern kann.".

109 Subjektswechsel Bd. II., S. 120.

110 Siehe nur etwa *Boehmer*, in: Staudinger 11. Aufl., § 1922 Rdn. 104, 106.

111 *Savigny*, System Bd. II., § 102 (= S. 363 ff.); hierzu *W. Flume*, AT I./2., § 1 I. (= S. 7 f.).

112 *Savigny*, System Bd. III., § 105 1) (= S. 13 f.).

113 In diesem Sinne danach auch *Wächter*, PandR Bd. I., § 68 III. A. (= S. 312 f.).

sukzession nicht „willkürlich Anwendung gemacht werden kann“,[114] sondern nur in besonders geregelten Fällen.

IV. Zwischenergebnis

Nach der Lehre *Savignys* sind die „Successionen“ auf das Vermögensrecht bezogen. Der Begriff der „Successionen“ wird dabei auf den derivativen Rechtserwerb zurückgeführt. Nur derjenige, der sein Recht von seinem Vorgänger ableitet, ist Successor. In der Vermögenslehre *Savignys* ist die gewillkürte Rechtsübertragung *inter vivos* auf den – wenn auch für die weitere Entwicklung bedeutsamen – Fall des abstrakten dinglichen Vertrags beschränkt. Die Forderungen wie auch die Schulden sind demgegenüber nicht der in unserem Sinne materiell-rechtlichen Rechtsübertragung fähig. Sie wechseln den Inhaber nur im Erbfall.

Dem auf die einzelnen Vermögensrechte bezogenen Fall der Singularsukzession wird die Universalsukzession gegenübergestellt. Diese spezielle Sukzessionsfom ist der privaten Willkür entzogen. Von ihr kann also nicht beliebig Gebrauch gemacht werden. Die materielle Bedeutung dieser speziellen Übertragungstechnik wird erfasst, indem als Bezugspunkt der Übertragung ein Vermögen als „ideales Ganzes“ bezeichnet wird. Nichts anderes als eine Abstraktion ist damit die Universalsukzession, indem zum Gegenstand der Übertragung eine Vielzahl von Vermögensrechten bestimmt wird.

C. Das System der Verfügungsgeschäfte nach dem Bürgerlichen Gesetzbuch

Vergleicht man den Stand der Dogmatik in Bezug auf die Übertragung von Rechten zur Zeit *Savignys* mit dem BGB, sind signifikante Entwicklungen hinsichtlich der Ausgestaltung der Übertragungstechnik von Rechten zu verzeichnen. Zu nennen ist hier die dogmatische Ausbildung der juristischen Kategorie der Verfügungsgeschäfte – als eine Fortentwicklung des Begriffs der „Veräußerung“ des 19. Jahrhunderts[115] – und, dass nun auch die Forderungen und Schulden als materiell-rechtlich übertragungsfähige Rechte *inter vivos* aufgefasst werden. Die Anerkennung der materiell-rechtlichen Lehre von der Forderungszession und der Schuldübernahme ist das Ergebnis umfangreicher wissenschaftlicher Debatten in der zweiten Hälfte des 19. Jahrhunderts, die zur Überwindung des auf die Forderung bezogenen „Unübertragbarkeitsdogmas“ (*Bähr, Windscheid*) und zur Herausarbeitung des Instituts der Schuldübernahme (*Delbrück*) geführt haben.[116] Für das Ver-

---

[114] *Savigny*, System Bd. III., § 105 4) (= S. 16).

[115] *W. Wilhelm*, Begriff und Theorie der Verfügung, S. 213 ff.; *W. Flume*, AT II., § 11 5. a) (= S. 40).

[116] Darauf kann hier nicht näher eingegangen werden, siehe aber *v. Tuhr*, AT I., § 12 I. (= S. 219 f.); ferner aus dem reichen Schrifttum zur Forderungszession *Luig*, Geschichte der Zessionslehre, *passim*; *R. Zimmermann*, Law of Obligations, S. 58 ff.; *C. Hattenhauer*, in:

ständnis des Systems der Verfügungen nach dem BGB kommt dem dinglichen Vertrag dabei die Rolle einer „Leitfigur“[117] zu.[118] Wie *Philipp Heck*[119] formuliert hat, sind „die dinglichen Rechtsgeschäfte [...] vom Standpunkt der Dogmengeschichte aus betrachtet, das Urbild der Verfügung“. Sowohl die Forderungszession[120] als auch die Schuldübernahme[121] wurden in Anlehnung an die Konstruktion des dinglichen Vertrags konzipiert. Die Lehre vom abstrakten, dinglichen Vertrag ist damit zum gesetzlichen Grundprinzip des Güterverkehrs ausgebaut worden. Dass dies auch beim Umgang mit dem Bürgerlichen Gesetzbuch zu beachten ist, wird auch ganz deutlich bei den Ausführungen im *Heck'schen* Schuldrechts Lehrbuch:

> „Die Verfügungen wurden früher, da ihre Eigenart zuerst bei den sachenrechtlichen Geschäften zur Beobachtung gelangt war, ohne Rücksicht auf die Eigenart des von ihnen betroffenen Rechts als dingliches Rechtsgeschäft bezeichnet. Deshalb wurde auch die Zession zu den dinglichen Rechtsgeschäften gerechnet. Diese Zurechung findet sich gelegentlich, z.B. in den Motiven (2, S. 120, 143 und a.a.O.) und in den Entscheidungen des RG (98, 200). Der Sprachgebrauch ist unrichtig und irreführend und heute mit Recht allgemein aufgegeben (Tuhr II, S. 246, Cosack § 53, II u.a.).“[122]

Entgegen der Einschätzung *Hecks* hat sich aber bis heute ein überwiegend an den Gegebenheiten des Sachenrechts orientiertes Verständnis der den Güterverkehr beherrschenden Grundsätze bewahren können. Vielfach ist auch noch heute ausschließlich von den sog. Sachenrechtsgrundsätzen die Rede, und es wird oft die scharfe Trennung zwischen Schuld- und Sachenrecht hervorgehoben.[123] Es gilt geradezu als ein Gemeinplatz, dass die gesetzliche Ordnung des Bürgerlichen Gesetzbuchs rückständig sei, da das Sachenrecht als autonomes und abgeschottetes Rechtsgebiet ausgestaltet sei, indem der Sachenbegriff des Bürgerlichen Gesetzbuchs, im Anschluss an die Pandektistik und im Gegensatz zu den naturrechtlichen Kodifikationen, auf die körperlichen Gegenstände begrenzt sei. Am schärfsten hat *Franz Wieacker* im Rahmen der „nationalsozialistischen Rechtserneuerung“ die Kritik am Bürgerlichen Gesetzbuch formuliert. Die in den vierziger Jahren des

---

HKK, §§ 398-413, Rdn. 20ff.; zur Schuldübernahme *Wilhelm Fluhme*, Die Theeorien (!) der Passiv Succession, S. 5ff.; *Meyer-Pritzl*, in: HKK, §§ 414-418 Rdn. 7ff.; zu beiden auch *Coing*, Europ. PrivR II., § 94 I. und II. (= S. 468ff.).

117 *W. Wilhelm*, Begriff und Theorie der Verfügungen, S. 213, 220.

118 *Heck*, SaR, § 28 4. (= S. 109); *Crome*, System des bürgl. Rechts, Bd. I., § 74 II. 3. (= S. 326f.); *v. Tuhr*, AT I., § 12 I. (= S. 219f.).

119 SaR, § 28 4. (= S. 109).

120 *Luig*, Zession und Abstraktionsprinzip, S. 112, 120ff.; *C. Hattenhauer*, in: HKK, §§ 398-413, Rdn. 31.

121 *Meyer-Pritzl*, in: HKK, §§ 414-418, Rdn. 7ff.

122 *Heck*, SchuldR, § 66 6. a) (= S. 200).

123 In diesem Sinne *Wiegand*, AcP 190 (1990), 112ff.; *ders.*, Funktion und systematische Stellung des Sachenrechts im BGB, S. 107ff.; *ders.*, FG 50 Jahre BGH, Bd. I., S. 753ff.; siehe auch davor *ders.*, FS Kroeschell, S. 623, 630; *Füller*, Eigenständiges Sachenrecht?, S. 8ff.; *Stadler*, Gestaltungsfreiheit und Verkehrsschutz durch Abstraktion, S. 98f.; und davor bereits insbesondere *Wieacker*, System des deutschen Vermögensrechts, S. 28ff. = Zivilistische Schriften (1934-1942), S. 385ff.; *ders.*, DR 1941, 49, 61ff. = Zivilistische Schriften (1934-1942), S. 348ff.; *ders.*, AcP 148 (1943), 57ff.

20. Jahrhunderts entstandenen Schriften sind nicht frei von dem Sprachduktus und Gedankengut der Zeit. Gleichwohl ist die Kritik *Wieackers* an der pandektistischen Ordnung des Bürgerlichen Gesetzbuchs ideologisch unbelastet. Nach *Wieacker* sei es ein „Grundirrtum" des Pandektensystems, wie auch des Bürgerlichen Gesetzbuchs, dass diese nur „ein Sachenrecht, d.h. nur den Ausschnitt des Vermögensrechts, der sich auf die absoluten Rechte an körperlichen Gegenständen („Sachen") bezieht"[124] kennen.[125] Demgegenüber werden unkörperliche Gegenstände, die nicht Sachen sind, wie auch das Vermögen insgesamt weitgehend ignoriert. Wie in einer der Publikationen aus der Zeit zu lesen ist, teilt nach *Wieacker* der Begriff des Vermögens das „Aschenbrödellos" des zentralen Begriffs der Verfügung im Bürgerlichen Gesetzbuch.[126] Die „Verkümmerung des Vermögensrechts zum Sachenrecht" führt *Wieacker* darauf zurück, das mit der Lehre *Savignys* „unwiderruflich" die Willensherrschaft ausschließlich auf das Sachenrecht bezogen wurde, ohne dass dabei beachtet wurde, dass auch anderen Rechten Vermögenseigenschaften zukommen können.[127] *Wieacker* hat daher mehrfach gefordert, dass das Sachenrecht durch ein umfassendes Recht der Vermögenszuordnung zu ersetzen sei.[128] Das geltende Recht gehe nicht von einem umfassenden Begriff des Gegenstandes aus, sondern stelle auf die körperlichen Sachen ab.[129] „Das kommende Recht sollte daher inhaltlich gleichfalls vom weiteren Sachbegriff (= Gegenstand) ausgehen und demgemäß an die Stelle des heutigen Sachenrechts eine Vermögensordnung setzen."[130] Die Ausführungen müssen verwundern, denn die gesetzliche Ordnung des Bürgerlichen Gesetzbuchs stellt gerade auf den von *Wieacker* so vermissten umfassenden Gegenstandsbegriff ab. Dass dem so ist, hat als einer der ersten *Rudolph Sohm* in mehreren monographischen Abhandlungen[131] dargestellt.[132] *Sohm* hat nämlich darauf hingewiesen, dass nach dem Bürgerlichen Gesetzbuch die „neu" eingefügten Begriffe des „Gegenstandes" und der „Verfügung" in einem unzertrennbaren Zusammenhang zueinander stünden und grundlegend seien für das Verständnis des Güterverkehrs. Darauf ist nun näher einzugehen.

---

124 *Wieacker*, System des deutschen Vermögensrechts, S. 30 = Zivilistische Schriften (1934-1942), S. 388.

125 Siehe auch *Larenz*, SchuldR AT, § 33 I. (= S. 570f.), der im Zusammenhang mit der systematischen Einordnung der Forderungszession von einem „Aufbaufehler" und einer „sachlichen Unklarheit des Bürgerlichen Gesetzbuchs" spricht.

126 *Wieacker*, DR 1941, 49, 62f. = Zivilistische Schriften (1934-1942), S. 349f.

127 *Wieacker*, System des deutschen Vermögensrechts, S. 32 = Zivilistische Schriften (1934-1942), S. 389.

128 Vgl. *Wieacker*, System des deutschen Vermögensrechts, S. 38ff. = Zivilistische Schriften (1934-1942), S. 396ff., siehe auch die Übersicht am Ende der Monographie (Anlage 1. und 2. (= S. 424ff.)); *ders.*, AcP 143 (1948), 57ff.

129 *Wieacker*, AcP 148 (1943), 57f.

130 *Wieacker*, AcP 148 (1943), 57, 58.

131 Gegenstand, S. 5ff.; *ders.*, Archiv f. bürgl. Recht 28 (1906), 173ff.; *ders.*, JherJb. 53 (1908), 373ff.

132 *Wieacker* hatte Kenntnis (vgl. AcP 148 (1943), 57, 65 Fn. 9) von den Abhandlungen *Sohms*, ist aber nicht näher auf deren Inhalt eingegangen.

I. Die *Sohm'sche* Lehre vom Gegenstand nach dem BGB

Der Begriff des Gegenstandes – der bekanntermaßen gesetzlich nicht definiert ist[133] – wird im BGB mit unterschiedlicher Bedeutung benutzt: Er bezeichnet als Oberbegriff das Objekt einer möglichen Verfügung[134] (z.B. §§ 135, 161, 185, 747, 816 BGB), die möglichen Objekte schuldrechtlicher Verpflichtung (etwa §§ 256, 260, 273, 292, 387, 611 BGB) oder er wird nur im übertragenen Sinne verwand (z.B. §§ 387, 611 BGB).[135] Eine häufig anzutreffende Aussage in der Kommentarliteratur[136] ist dabei, dass – in Anknüpfung an *Wieacker*[137] – unter einem Gegenstand ein „individualisierbares vermögenswertes Objekt der natürlichen Welt" zu verstehen sei. Was mit einer solchen Vorgabe bewirkt werden soll, bleibt offen. Der Rekurs auf die „natürliche Welt" ist schief, da der Terminus des Gegenstandes, auch wenn er im sachenrechtlichen Kontext verwand wird (z.B. § 90 BGB), ein Terminus der „rechtlichen Welt" ist.[138] Das zeigt sich deutlich, wenn man den Terminus des Gegenstandes in seiner Bedeutung als Oberbegriff für die möglichen Objekte einer Verfügung, den Verfügungsobjekten,[139] versteht.[140] Dieser stellt auch den Ansatzpunkt für die *Sohm'sche* Lehre von den Gegenständen dar.[141] Nach den Ausführungen *Sohms* wurden im Bürgerlichen Gesetzbuch sowohl der Begriff des „Gegenstandes" als auch der der „Verfügung" neu eingeführt. Beide Begriffe stehen dabei in einem unzertrennlichen Zusammenhang. Gegenstände im Rechtssinne sind nur die Gegenstände des verfügungsrechtlichen Verkehrs, deren Gesamtheit das Vermögensrecht ausmachen und die in Abgrenzung zu den sog. personenrechtlichen Rechten (*Sohm*[142] führt an: Schulden, Besitz, unselbständige Rechte) zu sehen sind.[143] Indem *Sohm* den Begriff des Gegenstandes in Beziehung zu dem des Ver-

---

133 Siehe aber Mot. III., S. 33 = *Mugdan*, Bd. III., S. 18: „...da, wo eine Norm sowohl auf Sachen als auch auf Rechte sich beziehen soll, der Ausdruck „Gegenstand" gewählt ist.".

134 *Gursky*, in: Staudinger, § 185 Rdn. 6; *Schramm*, in: MünchKomm, § 185 Rdn. 7f.

135 In Anlehnung an die Zusammenfassung von *Holch*, in: MünchKomm, § 90 Rdn. 1; siehe auch *Fritzsche*, in: Bamberger/Roth, § 90 Rdn. 3; *Jickeli/Stieper*, in: Staudinger, Vorbem zu §§ 90-103, Rdn. 4.

136 *Holch*, in: MünchKomm, § 90 Rdn. 1; *Marly*, in: Soergel, Vor § 90, Rdn. 2.

137 AcP 148 (1943), 57, 65.

138 In diese Richtung auch *Michalski*, in: Erman, Vor § 90 Rdn. 2.

139 In der Literatur ist der Sprachgebrauch uneinheitlich, teils wird der Begriff des Rechts- und des Verfügungsobjekts synonym verwand (vgl. *Bork*, AT, Rdn. 227ff., 231; *Jauernig*, in: Jauernig, Vor § 90 Rdn. 1) oder aber es werden von den Rechtsobjekten die Verfügungsobjekte unterschieden (*Larenz/Wolf*, AT, § 20 Rdn. 1ff., *Habersack*, SaR, Rdn. 13); vgl. hierzu umfassend *Wendehorst*, Rechtsobjekte, S. 71, 73ff.

140 *Fritzsche*, in: Bamberger/Roth, § 90 Rdn. 4.

141 Vgl. zur Lehre Sohms *W. Wilhelm*, Begriff und Theorie der Verfügung, S. 213, 222ff.; *Haedicke*, Rechtskauf und Rechtsmängelhaftung, 59ff.; *Rüfner*, in: HKK, §§ 90-103 Rdn. 10; siehe auch *W. Flume*, AT II., § 11 5. b) (= S. 141f.).

142 Gegenstand, S. 24ff.

143 *Sohm*, Gegenstand, S. 5ff., 7ff. (zu den Verfügungsgeschäften), 16ff. (zu den körperlichen und unkörperlichen Gegenständen), 24ff. (zu den Nichtgegenständen = „Rechte des Personenrechts").

fügungsgeschäfts gesetzt hat, wird deutlich, dass es für die Verfügung nicht etwa auf die Übertragung des körperlichen Guts ankommt – so wie man etwa im alltäglichen Sprachgebrauch nicht vom Eigentumsrecht, sondern der jeweils konkreten Sache spricht – sondern stets auf das das Gut repräsentierende Recht, den Gegenstand.[144] Verfügt wird also stets über einen Gegenstand. Dabei kann es sich um einen körperlichen oder unkörperlichen Gegenstand handeln. Die Unterscheidung zwischen den körperlichen und unkörperlichen Gegenständen wirkt sich insofern nur in Bezug auf die sich aus der Körperlichkeit eines Gegenstandes abzuleitenden besonderen Publizitätserfordernissen des Übertragungsvorgangs aus.[145] Während der Übertragungsvorgang bei der Forderungszession ohne die Kenntnis des Schuldners erfolgen kann, dieser aber durch die §§ 404 ff. BGB geschützt wird, ist der Publizitätsakt im Sachenrecht grundlegend für die verschiedenen Vermutungswirkungen (§§ 891, 1006 BGB) wie auch der Möglichkeit eines gutgläubigen Erwerbs (§§ 892, 932 ff., 1032 S. 2, 1207 f. BGB).[146] Es genügt in diesen Fällen nicht mehr die schlichte Einigung (§ 413 BGB), sondern zu der Einigung treten besondere Publizitätsakte hinzu. Das kann z. B. die Übergabe im Sinne des § 929 BGB, die Eintragung im Grundbuch gem. den §§ 873, 925 BGB oder aber auch – wie noch zu zeigen sein wird – eine Eintragung im Handelsregister[147] sein. Einigung und Übergabe bzw. Eintragung bewirken in diesen Fällen als Gesamtakt das Verfügungsgeschäft. Daher sollte man auch nur in Bezug auf den Gesamtakt vom Verfügungsgeschäft sprechen und die Einigung nicht als einen „neben" dem Publizitätsakt bestehenden Vertrag auffassen.[148] Bei den mehrgliedrigen Verfügungstatbeständen handelt es sich aber nur um zusätzliche Erfordernisse, die die Anforderungen an die rechtswirksame Verfügung über einen Gegenstand modifizieren. Folgerichtig er-

[144] *W. Flume*, AT II., § 11 5. b) (= S. 141 f.); *Haedicke*, JuS 2001, 966, 967; siehe auch in diesem Sinne *v. Tuhr*, AT I., § 18 II. (= S. 318 f.); unverständlich erscheint hingegen der Vorwurf *v. Tuhrs* gegen *Sohm* (AT I. § 18 Fn. 26 (= S. 319)), der diesem den „Rückfall in die schon von der Theorie des gemeinen Rechts überwundene römische Einteilung: res corporalis (Sachen und Eigentum), res incorporalis (jedes sonstige Recht)" vorwirft.

[145] So das herrschende Verständnis von der Bedeutung des Publizitätsgrundsatzes *Henssler*, in: Soergel, Vor § 929 Rdn. 9; *Stadler*, in: Soergel, Einl. SachR, Rdn. 40; *Einsele*, JZ 1990, 1005, 1006 f.; *Habersack*, SaR, Rdn. 18; *Wilhelm*, SaR, Rdn. 33; a. A. *Füller*, Eigenständiges Sachenrecht?, S. 249 ff.

[146] Die Unterschiede werden besonders deutlich, wenn man die Forderungszession mit der Möglichkeit der Verkörperung einer Forderung in einem Inhaberpapier vergleicht (siehe hierzu *Richardi*, WertpapierR, § 1 II. 3. (= S. 5 f.), § 6 (= S. 44 ff.), vgl. auch bereits oben Fn. 92).

[147] Zu der Funktion von Handelsregistereintragungen beim Vermögenstransfer nach dem UmwG, unten § 5 B. I. 2. (= S. 187 ff.).

[148] *Wolff/Raiser*, SaR, § 38 II. und II. 2 (= S. 117 ff.); *v. Tuhr*, AT II./1., § 50 5. (= S. 151 f.); *W. Flume*, AT II., § 33 3. (= S. 604); *Enneccerus/Nipperdey*, AT I./2., § 146 II. 2. (= S. 910 f.); *Gursky*, in: Staudinger, § 873 Rdn. 34; a. A. die heute wohl h. M. *Wacke*, in: MünchKomm, § 873 Rdn. 20; *Henssler*, in: Soergel, § 929 Rdn. 16; *Prütting*, SaR, § 16 Rdn. 150; *H. P. Westermann*, in: H. Westermann, SaR, § 38 3. (= S. 279); siehe auch jedoch ohne Festlegung *Wiegand*, FG 50 Jahre BGH, Bd. I., 753, 760 f.

scheint es daher, wenn *Sohm* ausführt, dass man die Verfügungsgeschäfte auch insgesamt als „gegenständliche Rechtsgeschäfte“[149] bezeichnen könne.[150]

II. Die Güterzuordnung als Aufgabe des Schuld- und Sachenrechts

Vor dem Hintergrund der Ausführungen *Sohms* wird die vielfach beschworene These von der scharfen Trennung zwischen Schuldrecht und Sachenrecht im BGB stark relativiert.[151] Denn die Kritiker der gesetzlichen Ordnung des Bürgerlichen Gesetzbuchs übersehen, dass der ursprünglich ausschließlich auf das Sachenrecht bezogene dingliche Vertrag im BGB eine „Verbreiterung“ erfahren hat, indem er nun in der Gestalt des Verfügungsgeschäfts für die Übertragung und Abänderung von Rechten aller Art zur Anwendung kommt. Im Ausgangspunkt zutreffend wird darauf hingewiesen, dass die Trennung von Schuld- und Sachenrecht auf das gemeine Recht zur Mitte des 19. Jahrhunderts und insbesondere auf die bereits ausführlich referierte Lehre *Savignys* zurückzuführen ist. Wie gezeigt wurde, vollzog *Savigny* die Trennung zwischen Schuld- und Sachenrecht, indem er die möglichen Bezugspunkte der Willensherrschaft einerseits auf die „unfreye Natur“ und andererseits auf „fremde Personen“ festlegte.[152] Damit ging die Beschränkung des *res*-Begriffs, in Abgrenzung zu den naturrechtlichen Kodifikationen, einher.[153] Diese Konzeption *Savignys* beeinflusste maßgeblich den *Jahow'schen* Vorentwurf zum BGB (1880) und fand schließlich auch Eingang in das Bürgerliche Gesetzbuch, in

---

149 *Sohm*, Gegenstand, S. 8.

150 Den Ausführungen *Sohms* ist zur Zeit ihrer Publikation lebhaft widersprochen worden (siehe *Binder*, ZHR 59 (1906), 1ff.; *Hedemann*, Archiv f. bürgl. Recht 31 (1908), 322ff.; *Wilutzky*, Archiv f. bürgl. Recht 28 (1906), 53, 56f., 67; *Strecker*, in: Planck, Vor § 90 Anm. 1; *v. Tuhr*, AT I., § 18 Fn. 1 (= S. 313), AT II./1., § 54 Fn. 19 (= S. 240); *K. Lehmann*, HR, § 117 1. m. Fn. 7 (= S. 532)). Die Art und Weise, in der zu Beginn des 20. Jahrhunderts versucht wurde, die Anschauungen *Sohms* zu widerlegen, ist dabei zum Teil nur schwer nachzuvollziehen. Denn die Autoren reden vielfach aneinander vorbei, da ganz unterschiedliche Vorverständnisse der verschiedenen Grundbegriffe des „neuen“ Bürgerlichen Gesetzbuchs aufeinanderprallen. Zudem werden den Ausführungen *Sohms* überwiegend rein formelle, an dem Kern der Sache vorbeigehende Einwände entgegengesetzt. Viele der Widersacher sahen sich wohl durch den Absolutheitsanspruch der von *Sohm* formulierten Thesen herausgefordert. Die Diskussion um die *Sohm'schen* Abhandlungen vom „Gegenstand“ illustriert auf das Beste, wie unterschiedlich die Vorgehensweise bei der wissenschaftlichen Bearbeitung des noch „neuen“ Bürgerlichen Gesetzbuchs war (siehe hierzu insb. *W. Wilhelm*, Begriff und Theorie der Verfügung, S. 213, 227ff.; siehe auch die Einführung von *Sohm*, Archiv f. bürgl. Recht 28 (1906), 173ff. „I. Das Bürgerliche Gesetzbuch und die juristischen Grundbegriffe“). Die grundsätzliche Bedeutung der Ausführungen *Sohms* ist von den Kritikern nicht erfasst worden; vgl. die in dieselbe Richtung weisenden Einschätzungen von *W. Wilhelm*, a.a.O., S. 213, 227f. und *Haedicke*, Rechtskauf und Rechtsmängelhaftung, S. 60f.

151 Vgl. hierzu die Nachw. in Fn. 123.

152 Vgl. oben unter § 2 B. II. (= S. 15ff.).

153 Siehe auch die Kritik *Savignys* am Sachbegriffs des ABGB in: Beruf, S. 99 = *Hattenhauer*, S. 101; allgemein hierzu *Rüfner*, in: HKK, §§ 90-103 Rdn. 6.

dem der Rechtsstoff entsprechend den Systematisierungsbestrebungen der Pandektistik[154] aufgebaut ist.[155] Der grundlegende Unterschied ist jedoch, dass das System der Verfügung nach dem BGB insgesamt auf die „Gegenstände“ und damit gleichermaßen auf Schuld- und Sachenrecht zur Anwendung kommt. Anders als noch bei *Savigny* sind auch die Forderungen und Schulden Gegenstand des verfügungsrechtlichen Verkehrs.[156] Indem das System der Verfügungen also insgesamt auf die „Gegenstände“ bezogen ist, zeigt sich, dass die Trennung der Bücher keine absolute ist.[157] Sowohl das Schuldrecht wie auch das Sachenrecht haben die Zuordnung von Gegenständen zum Thema.[158] Das Sachenrecht ist dabei nur ein – wenn auch wichtiger – Teil des Rechts der Güterzuordnung. Gleichermaßen geht es im Schuldrecht, auch wenn stets die Relativität schuldrechtlicher Beziehungen hervorgehoben wird, um die Zuordnung der einzelnen schuldrechtlichen Positionen. Gerade das Beispiel der Forderungszession zeigt dies deutlich. Denn durch die Anerkennung des materiell-rechtlichen Rechtsinstituts der Forderungszession wird die Forderung zu einem – in den Grenzen des § 399 BGB[159] – frei übertragbaren Verfügungsobjekt oder, wie man im Sinne *Sohms* formulieren kann, einem Gegenstand des verfügungsrechtlichen Verkehrs. *Wieacker*[160] hat ganz im Sinne der hier vertretenen Sicht die Ausgestaltung der Forderung als Zuordnungsobjekt hervorgehoben, daraus jedoch dann gefolgert, dass die Forderungszession „systematisch unrichtig in das Schuldrecht“ einbezogen sei. Der richtige Ort wäre das um die „dingliche Vermögenszuordnung der Rechte“[161] zu erweiternde Sachenrecht. Die Zuordnung und die Möglichkeit der Übertragung von Forderungen hat jedoch nichts mit der Dinglichkeit der Rechte gemein und wäre auch nicht sinnvoll in das Sachenrecht zu überführen. Die Zuordnung von Rechten ist kein ausschließliches Merkmal des Sachenrechts, sondern ein Merkmal sämtlicher Vermögensrechte.[162] Insoweit könnte man erwägen, ob man nicht die Anordnung des Rechtsstoffes in einem Zivilgesetzbuch nach den verschiede-

---

[154] Zur Entwicklung des auf dem *Heise'schen* Grundriss (1. Aufl. 1807) aufbauenden modernen Pandektensystems *A. B. Schwarz*, SZ Rom. Abt. 42 (1921), 578 ff. = GSchr., S. 1 ff.

[155] *Wiegand*, AcP 190 (1990), 112, 113 f.; *Wieacker*, System des deutschen Vermögensrechts, S. 28 f. = Zivilistische Schriften (1934-1942), S. 385 f.

[156] Nach der Ansicht *Sohms* (Gegenstand, S. 24 ff.) stellen die Schulden freilich im Gegensatz zur heute h. M. keine Verfügungsgegenstände dar.

[157] Orientiert man sich am Gegenstandsbegriff und nicht am Sachenbegriff des § 90 BGB, relativieren sich auch die Unterschiede, die rechtsvergleichend oft gegenüber dem *Code Civil* und dem ABGB betont werden, siehe hierzu *Jickeli/Stieper*, Vorbem zu §§ 90-103, Rdn. 7; ferner *Gretton*, RabelsZ 71 (2007), 802 ff. und insb. 818 ff.

[158] *Wilhelm*, SaR, Rdn. 7 ff. und insb. Rdn. 9; *Habersack*, SaR, Rdn. 2; *Karsten Schmidt*, Redebeitrag, in: 100 Jahre BGB – 100 Jahre Staudinger, S. 129; siehe auch *Wolff/Raiser*, SaR, § 1 4. a. E. (= S. 4); *H. Westermann*, SaR, § 2 II. 2. (= S. 8 f.); *Schultze-von Lasaulx*, AcP 151 (1950/51), 449, 455.

[159] Zur Funktion des § 399 BGB noch unter § 5 A. III. 2. b. aa. α. (= S. 161 ff.).

[160] DR 1941, 49, 62 f. = Zivilistische Schriften (1934-1942), S. 350 f.; dem folgend *Larenz*, SchuldR AT, § 33 I. 3. (= S. 570 f.).

[161] *Wieacker*, DR 1941, 49, 62 = Zivilistische Schriften (1934-1942), S. 350.

[162] *Wolff/Raiser*, SaR, § 1 4. a. E. (= S. 4).

nen Formen von Vermögensrechten vornehmen sollte. Ob damit etwas gewonnen wäre, ist jedoch zu bezweifeln, da es auch innerhalb eines solchen Vermögensrechts wiederum einer Aufgliederung der verschiedenen Vermögensrechte bedürfen würde. Problematisch ist nicht die systematische Anordnung der einzelnen Rechte, sondern die mit der Erfassung des Vermögens als einer eigenständigen dogmatischen Kategorie zusammenfallenden Fragestellungen. Zu nennen ist hier exemplarisch die Behandlung von Sondervermögen[163] und der hier besonders interessierende Themenkomplex vom Vermögen als Gegenstand von Verfügungsgeschäften.[164] Insoweit ist *Wieacker* zuzustimmen, dass den mit dem Vermögen zusammenhängenden Problemfeldern bei der Ausarbeitung des Bürgerlichen Gesetzbuchs zu wenig Beachtung geschenkt wurde.

III. Das System der Verfügungsgeschäfte und die allgemeinen verfügungsrechtlichen Prinzipien

Nach den vorangegangenen Ausführungen müsste deutlich geworden sein, dass es zwar aufgrund der dem dinglichen Vertrag zukommenden Rolle als „Leitfigur" (*W. Wilhelm*) nachvollziehbar ist, warum das Recht der Verfügungen vielfach aus dem Blickwinkel des Sachenrechts betrachtet wird. Dem Entwicklungsstand des BGB wird dies jedoch nicht gerecht. Der dingliche Vertrag ist, auch wenn er ursprünglich einmal als eine eigenständige und für sich alleine stehende Übertragungstechnik entwickelt wurde, nämlich nur ein besonderer Ausschnitt aus dem allgemeinen Recht der Verfügungen nach dem BGB. Gleiches gilt für die sog. Sachenrechtsgrundsätze. Denn genau genommen gibt es keine Sachenrechtsgrundsätze, sondern nur allgemeine Prinzipien des verfügungsrechtlichen Verkehrs.[165] Die ausschließlich an den Instituten des Sachenrechts orientierte Prinzipienbildung – mag sie für sich genommen auch die Ergebnisfindung bei sachenrechtlichen Fragestellungen befördern – versperrt die Sicht auf die den Gütertransfer im Zivilrecht insgesamt umspannenden allgemeinen Grundsätze und muss zwangsläufig zu Irritationen bei der Bewertung von Einzelfragen führen.[166]

---

[163] Vgl. hierzu die Übersicht bei *Dauner-Lieb*, Unternehmen in Sondervermögen, S. 37f.

[164] Siehe auch die Themenabsteckung bei *Wieacker*, System des deutschen Vermögensrechts, S. 38ff. = Zivilistische Schriften (1934-1942), S. 396ff., der selbst für die Schaffung der Möglichkeit eintrat, Vermögen im Wege einer „rechtsgeschäftlichen Gesamtrechtsnachfolge" zu übertragen (a.a.O., S. 41 = S. 400).

[165] In diese Richtung *Wilhelm*, SaR, Rdn. 12; *Brehm/Berger*, SaR, Rdn. 41; *Habersack*, SaR, Rdn. 14.

[166] Erstaunlich ist es, dass *Füller* (Eigenständiges Sachenrecht?, *passim; ders.*, The German Property Law and its Principles, S. 197ff.; siehe auch davor *Säcker*, FS Boguslavskij, S. 805ff.), der die Vorstellung vom eigenständigen Sachenrecht als Fiktion enttarnen, das Abstraktionsprinzip abschaffen und das Sachenrecht in ein allgemeines Vermögensrecht einordnen will, an keiner Stelle anspricht, dass die sog. Sachenrechtsprinzipien nur einen Ausschnitt aus dem allgemeinen Recht der Verfügungen darstellen. Wie bereits angeführt wurde, relativiert sich die Vorstellung von der strikten Trennung von Schuld- und Sachenrecht ganz erheblich,

1. Zur Bedeutung des sog. Spezialitätsprinzips

Besonders deutlich wird dies beim sog. Spezialitätsprinzip. In der sachenrechtlichen Literatur wird dieses nämlich überwiegend dahingehend bestimmt, dass aus Gründen der „Rechtsklarheit" dingliche Rechtsgeschäfte nur auf einzelne Sachen bezogen sein könnten.[167] Auch wird dabei von einer Identität zwischen dem sog. Spezialitätsprinzip und dem Bestimmtheitsgrundsatz ausgegangen:[168] Das dingliche Rechtsgeschäft muss sich auf eine bestimmte und individualisierbare Sache beziehen. Ein solches ausschließlich an den Gegebenheiten des Sachenrechts orientiertes Verständnis des Spezialitätsprinzips kann nicht überzeugen. Wird das Spezialitätsprinzip nämlich ausschließlich auf das Sachenrecht bezogen, indem darauf abgestellt wird, dass aufgrund der „Rechtsklarheit" dingliche Rechtsgeschäfte stets auf einzelne Sachen und den durch das Sachenrecht vorgegebenen Inhalt beschränkt werden, ist nichts anderes gesagt, als sich schon aus dem Grundsatz des Typenzwangs ergibt. Der Grundsatz hat demnach keine eigenständige Bedeutung.[169] Verdeckt wird damit, dass dem Spezialitätsprinzip eine weitaus bedeutendere Funktion zukommt, indem es als Prinzip des Rechts der Verfügungen anzusehen ist.[170] Das Spezialitätsprinzip kann nämlich geradezu als das Grundprinzip des Rechts des Güterverkehrs nach dem BGB bezeichnet werden. Denn dieses besagt nichts anderes, als dass eine Verfügung über einen Gegenstand nach den für diesen jeweils vorgesehenen Regelungen zu vollziehen ist. Dabei reicht grundsätzlich gem. § 413 BGB eine schlichte Einigung aus.[171] Entsprechende Abweichungen vom Grundsatz der schlichten Einigung ergeben sich dabei, wie bereits angeführt wurde, insbesondere im Sachenrecht aus den besonderen Publizitätsanforderungen

---

wenn das Recht der Verfügungen auf das gesamte Bürgerliche Gesetzbuch und nicht nur auf das dritte Buch bezogen wird. Eine Auflösung des Sachenrechts in einem allgemeinen Vermögensrecht ist daher nicht erforderlich. Vielmehr kann die pandektistische Anordnung der Rechtsmaterien im BGB als eine stimmige Anordnung des Rechtsstoffes angesehen werden, vgl. hierzu *Wilhelm*, SaR, Rdn. 6ff.

167 *Baur/Stürner*, SaR, § 4 Rdn. 17; *Stadler*, in: Soergel, Einl. SaR, Rdn. 43; *Prütting*, SaR, Rdn. 24; *Wieling*, SaR, § 1 II. 4. a) (= S. 22), § 1 III. 4. a) (= S. 41); *M. Wolf*, SaR, Rdn. 29; in diesem Sinne auch *E. Wolf*, SaR, § 1 8. m. Fn. 25 (= S. 8), der die Ausdrücke der „Spezialität" und „Bestimmtheit" insgesamt als irreführend bezeichnet; zum Meinungsstand vgl. auch die Darstellung bei *H. P. Westermann*, FS Georgiades, S. 465, 468ff.; siehe demgegenüber aber auch die in Fn. 170 angegebenen Autoren.

168 *Wiegand*, in: Staudinger, Anh. zu §§ 929ff. Rdn. 95ff.; vgl. ferner die Nachw. in Fn. 167.

169 In diesem Sinne *Seiler*, in: Staudinger, Einl. zu §§ 854ff. Rdn. 54; allgemein zur Bedeutung des *numerus clausus*-Prinzips sogleich unter 4. (= S. 32ff.).

170 *Wilhelm*, SaR, Rdn. 20: „kein besonderes sachenrechtliches Prinzip, sondern ein Prinzip des Rechts der Verfügungen allgemein"; *Säcker*, FS Boguslavskij, S. 805, 811; *Karsten Schmidt*, FS Hadding, S. 1093, 1095; *Habersack*, SaR, Rdn. 16; *Brehm/Berger*, SaR, Rdn. 42; *Haedicke*, JuS 2001, 966, 967ff.; ferner *H. P. Westermann*, in: H. Westermann, SaR, § 3 II. 1. (= S. 20) (in der FS Georgiades, S. 465, 468ff. wird der Grundsatz von *Westermann* hingegen ausschließlich in Bezug auf das Sachenrecht erläutert); siehe schon *Siber*, JherJb. 70 (1921), 223, 278ff.; *ders.*, SchuldR, § 41 I. 2 b) (= S. 178) der mit Selbstverständlichkeit von der „Verfügung über Schuldverhältnisse" spricht.

171 Hierzu bereits oben unter § 2 A. (= S. 11f.) m. Fn. 56.

an den Übertragungsvorgang. Der Spezialitätsgrundsatz kann damit als Oberbegriff verstanden werden, unter dem sich alle Formen der Übertragung einzelner Verfügungsobjekten erfassen lassen.

2. Die Bezogenheit des Spezialitätsprinzips auf die Rechtsübertragung im Wege der Singularsukzession

Die Bedeutung des Grundsatzes der Spezialität wird aber erst wirklich verständlich, wenn er in seiner Bezogenheit auf die Singularsukzession und in Abgrenzung zur Universalsukzession eingeordnet wird.[172] Nichts anderes hat bereits *Savigny* im System zum Ausdruck gebracht, wenn er bei der Unterscheidung zwischen den Sukzessionsformen ausführt, dass die Singularsukzession „weder nur schwierig noch erheblich ist"[173] und nur im Gegensatz zur Universalsukzession von Bedeutung sei. Wie so oft zu lesen ist, ist eine Verfügung über eine Sachgesamtheit oder aber eine Vielzahl von Sachen und Rechten, d.h. einem Vermögen, nicht möglich, da aufgrund des Spezialitätsprinzips jeder Verfügungsgegenstand einzeln erfasst werden müsse.[174] Die nicht offen ausgesprochene Begründung hinter diesem zweifellos zutreffenden Lehrsatz kann rein positivistisch angegeben werden: Die Verfügungstatbestände des BGB sind stets nur auf bestimmte Rechte bezogen und sie können auch nur den Übergang des jeweiligen Rechts bewirken.[175] So kann z.B. aufgrund des § 398 S. 1 BGB die Übertragung nur einer bestimmten Forderung herbeigeführt oder aufgrund des § 929 S. 1 BGB nur das Eigentum an einer Sache übertragen werden. Nichts anderes kommt schon bei *Sohm* zum Ausdruck, wenn er ausführt: „Für jeden Gegenstand bedarf es eines besonderen Verfügungsgeschäfts. Soviele Gegenstände, soviele Verfügungsgeschäfte. Eine Verfügung, ein Gegenstand."[176] Demgegenüber kennt das BGB keinen Verfügungstatbestand, der es den Parteien ermöglichen würde, eine Vielzahl von Rechten zu übertragen.[177] Ein Grund, dass das BGB stets die Übertragung einzelner Rechte verlangt, ist sicherlich, den Belangen des Verkehrsschutzes zu genügen. Es stellt nämlich durchaus eine Belastung des Rechtsverkehrs dar, wenn außerhalb der an sich erforderlichen Übertragungstatbestände und der mit diesen verbundenen Publizitätsakten ein Vermögen übertragen wird.[178] Dem kann jedoch durch die Anküpfung des Übertragungverfahrens an eine Handelsregistereintragung begegnet werden, so wie es bei den noch zu behandelnden unternehmensrechtlichen Konstellationen der Fall ist.[179]

---

[172] *Wilhelm*, SaR, Rdn. 20.

[173] *Savigny*, System Bd. III., § 105 (= S. 13); vgl. hierzu bereits § 2 B. III. (= S. 19ff.).

[174] *Prütting*, SaR, Rdn. 25; *Henssler*, in: Soergel, Vor § 929 Rdn. 11; *Heck*, SaR, § 26 6. (= S. 102); *Wolf/Raiser*, SaR, § 51 IV. 2. (= S. 178ff.).

[175] In diesem Sinne wohl auch *Wiegand*, in: Staudinger, Anh. zu §§ 929ff. Rdn. 95.

[176] *Sohm*, Gegenstand, S. 7.

[177] Zutreffend auf der Grundlage des Bürgerlichen Gesetzbuchs *Wilhelm*, SaR, Rdn. 20.

[178] So bereits *Wieacker*, AcP 148 (1943), 57, 64: „Auf den ersten Blick erscheint freilich eine dingliche Übertragung uno actu auf die völlige Erschütterung der für die Einzelgegenstände ausgebildeten Kundbarkeitsformen als äußerst bedenklich".

[179] In diesem Sinne auch *Wieacker*, AcP 148 (1943), 57, 64.

3. Die eigenständige Bedeutung des sog. Bestimmtheitsgrundsatzes im Falle der Universalsukzession

Weiterhin lässt sich vor dem Hintergrund der Unterscheidung von Singular- und Universalsukzession die Bedeutung des sog. Bestimmtheitsgrundsatzes erklären. Denn eine eigenständige Bedeutung hat der Bestimmtheitsgrundsatz bei den Verfügungen nur in den Fällen der rechtsgeschäftlichen Universalsukzession. Hier muss in der Darstellung vorgegriffen werden. Bei der Singularsukzession sind Spezialitätsgrundsatz und Bestimmtheitsgrundsatz – im Einklang mit der h.M.[180] – als gleichbedeutend zu erachten. Indem eine Verfügung nach dem BGB jeweils auf einen einzelnen Gegenstand bezogen sein muss, muss die Einigung über das entsprechende Verfügungsobjekt zustande kommen.[181] Gedanklich kann dies nicht voneinander getrennt werden. Anders stellen sich die Dinge hingegen im Falle der gewillkürten Vermögensübertragung im Wege der Universalsukzession dar. In einem solchen Fall wird nicht über ein einzelnes Recht, sondern ein Vermögen verfügt. Die Übertragung des Vermögens richtet sich nach den noch näher zu spezifizierenden Voraussetzungen des Umwandlungsgesetzes bzw. Handelsgesetzbuchs.[182] Entscheidend ist in diesem Zusammenhang, dass die nach dem Spezialitätsgrundsatz einzuhaltenden Modalitäten entbehrlich sind. Forderungen müssen nicht zediert, Sachen nicht tradiert, Grundstücke nicht aufgelassen werden usw. Indem also gerade einer der wesentlichen Charakteristika der Verfügungstechnik der gewillkürten Universalsukzession die Entbehrlichkeit der Einhaltung der an sich nach dem Spezialitätsprinzip erforderlichen Singularsukzessionstatbestände ist, erlangt der Bestimmtheitsgrundsatz eigenständige Bedeutung. Die Parteien eines Vermögenstransfers im Wege der rechtsgeschäftlichen Universalsukzession müssen „definieren", welche Gegenstände übergehen sollen. Am unproblematischsten ist dies bei der Verschmelzung. Die Bestimmtheit ergibt sich hier aus dem Totalübergang von selbst. Nur im Fall der sog. partiellen Universalsukzession[183] müssen die Parteien festlegen, welche Rechte gemeinsam *uno actu* auf den jeweiligen Rechtsträger übergehen sollen. Der Bestimmtheitsgrundsatz hat hier die Funktion, die Anforderungen vorzugeben, denen die Parteien bei der Festlegung der zu übertragenden Gegenstände genügen müssen.[184]

4. Das *numerus clausus*-Prinzip der Verfügungsgeschäfte

Das Recht der Verfügungen ist schließlich mit dem sog. *numerus clausus*-Prinzip in Beziehung zu setzen. Das *numerus clausus* Prinzip gibt die Typen von Verfügungsgeschäften vor, denen sich der Rechtsverkehr beim Güterverkehr bedienen

---

[180] Siehe hierzu die Nachw. in Fn. 167, 168.

[181] *Wiegand*, in: Staudinger, Anh. zu §§ 929ff. Rdn. 97.

[182] Dazu ausführlich unter § 4 (= S. 67ff.).

[183] Dazu noch unter § 4 B. II. 1. (= S. 78ff.).

[184] Zu den Anforderungen an die Vermögensaufstellung bei der Rechtsübertragung im Wege der so. partiellen Universalsukzession siehe noch ausführlich unter § 5 B. I. 2. (= S. 187ff.).

kann („Typenzwang").[185] Freilich wird gerade das *numerus clausus* Prinzip vielfach auf die Absolutheit der Sachenrechte zurückgeführt und ein Zusammenhang mit den Verfügungsgeschäften insgesamt und speziell den Verfügungsgeschäften des Schuldrechts nicht beachtet.[186] Das Sachenrecht kennt demnach nur eine begrenzte Zahl von Sachenrechten („*numerus clausus* der Sachenrechte") und die Parteien können sich nur dieser geschlossenen Zahl von Typen im Rechtsgeschäftsverkehr bedienen („Typenzwang").[187] Während daher die Vertragsfreiheit im Sachenrecht im Wesentlichen auf die Abschlussfreiheit beschränkt sei, herrsche nur im Schuldrecht Gestaltungsfreiheit.[188] Die Gestaltungsfreiheit bezieht sich jedoch nur auf die Gestaltung der (schuldvertraglichen) Verpflichtungsgeschäfte,[189] für die schuldrechtlichen Verfügungsgeschäfte hingegen ist gem. § 311 I BGB – auch wenn dies nur selten thematisiert wird – nur insoweit Gestaltungsfreiheit gegeben, als dass die Parteien eine Inhaltsänderung beabsichtigen.[190] Für alle anderen Formen der „Einwirkung" auf ein bestehendes Schuldverhältnis sind die Parteien auf die durch das BGB vorgegebenen Verfügungsmöglichkeiten angewiesen.[191] So kann eine Schuld erlassen (§ 397 BGB), eine Forderung abgetreten (§ 398 BGB), eine Schuld übertragen (§ 414f. BGB) oder aber ein Nießbrauch (§ 1069 BGB) oder ein Pfandrecht (§ 1280 BGB) an einer Forderung bestellt werden usw. Die Parteien können aber nicht etwa die Wirkung einer Abtretung will-

185 *W. Flume*, AT II., § 11 5. d) (= S. 144).

186 *Wiegand*, FS Kroeschell, S. 623ff.; *Stadler*, in: Soergel, Einl. SaR Rdn. 41; *Füller*, Eigenständiges Sachrecht?, S. 14ff., 370ff.; siehe auch rechtsvergleichend *Ritaine*, Obligatory and Proprietary Rights, S. 175, 180ff.; sie jetzt aber auch insgesamt kritisch zur Berechtigung des *numerus clausus*-Prinzips aus rechtsökonomischer Sicht *Fleischer*, FS H.-B. Schäfer, S. 125ff.

187 *Seiler*, in: Staudinger, Einl. zu §§ 854ff. Rdn. 38; *Schön*, Nießbrauch an Sachen, S. 241.

188 *Seiler*, in: Staudinger, Einl. zu §§ 854ff. Rdn. 39; siehe hierzu bereits *Savigny*, ObligationenR Bd. I., § 4 (= S. 17): „Endlich zeigt das Obligationenrecht, vor anderen Theilen des Rechts, eine besondere Biegsamkeit. Die Willkür der die Rechtsverhältnisse bildenden Personen erscheinen hier unbeschränkter, als im Sachenrecht und der Familie [...]".

189 Nach *W. Flume* (Rechtsgeschäft und Privatautonomie, S. 135, 148; *ders.*, AT II., § 1 8. a) (= S. 12f.), § 2 1. (= S. 23f.); siehe hierzu *U. Huber*, JurA 1970, 784ff.; *Schön*, Nießbrauch an Sachen, S. 242) kann auch für die Verpflichtungsgeschäfte des Schuldrechts ein Typenzwang angenommen werden, indem „neben den besonderen Schuldvertragstypen der allgemeine Vertragstyp „Schuldvertrag" stehe". Die Ausführungen *Flumes* sind vor dem Hintergrund zu sehen, dass noch im römischen Recht gleichermaßen für das Schuld- wie das Sachenrecht eine geschlossene Zahl von Rechtsakten bestand (*W. Flume*, AT II., § 1 8. a) (= S. 12f.), § 15 1. (= S. 244); siehe auch *Richardi*, WertpapierR, § 1 I. 1. (= S. 1f.)). Die Parteien können den Inhalt des Schuldverhältnisses frei bestimmen, sie müssen sich jedoch dabei dem durch die Rechtsordnung zur Verfügung gestellten „allgemeinen Vertragstyps ‚Schuldvertrag'" bedienen.

190 *Siber*, JherJb. 70 (1921), 223, 278ff.; *W. Flume*, AT II., § 1 8. a), b) (= S. 12ff.), siehe auch § 33 3. (= S. 603f.); *H.P. Westermann*, Vertragsfreiheit und Typengesetzlichkeit, S. 30; *Nörr*, in: Nörr/Scheyhing/Pöggler, Sukzessionen, § 17 I. (= S. 183f.) a.A. ohne Begründung *Gernhuber*, BürgR, § 38 I. 5. (= S. 355): „Es gibt keinen numerus clausus der schuldrechtlichen Verfügungsgeschäfte.".

191 *Emmerich*, in: MünchKomm, § 311 Rdn. 19; *Jauernig*, in: Jauernig, Vor § 104 Rdn. 10; *Stadler*, in: Jauernig, § 311 Rdn. 9.

kürlich beschränken[192] oder aber eine Zession zugunsten Dritter durchführen.[193] Auch darf nicht vergessen werden, dass die Lehre von der Vertragsübernahme – auch wenn sie heute ganz unstreitig anerkannt ist – seit *Siber* als Problem der Rechtsfortbildung diskutiert wurde, da ein eigenes Institut der Vertragsübernahme im BGB nicht vorgesehen ist und die Vertragsfreiheit nur für die Begründung, nicht aber für die Verfügung über ein Vertragsverhältnis besteht.[194]

Die Bedeutung des *numerus clausus*-Prinzips der Verfügungsgeschäfte ist dahingehend zusammenzufassen, dass – unabhängig von der Distinktion zwischen den verschiedenen Büchern des BGB – durch die Rechtsordnung standardisierte Formen vorgegeben werden, unter deren Beachtung Rechte übertragen oder auf diese eingewirkt werden kann. Die Gestaltungsmöglichkeiten der Parteien beschränken sich dabei auf die von der Rechtsordnung vorgegebenen Aktstypen, was der Sicherheit des Rechtsverkehrs und der Verkehrsfähigkeit der Sachgüter dient.[195] Vor diesem Hintergrund wird auch verständlich, dass *Werner Flume*[196] die Regelung des § 137 BGB als „konsequente Ergänzung" der durch die Rechtsordnung vorgegebenen Verfügungsgeschäfte ansieht: „Die Regelung des § 137 hat ihren Sinn darin, daß die Rechtsfiguren der Zuordnung der Güter durch die Rechtsordnung bestimmt sind und ihre Gestaltung nicht der Privatautonomie überlassen ist."[197] Ein wesentlicher Unterschied zwischen den Verfügungsgeschäften des Schuld- und Sachenrechts ergibt sich nur hinsichtlich der Möglichkeit des Ausschlusses der Verkehrsfähigkeit. *Sedes materiae* ist hier § 399 2. Alt. BGB, durch den die Parteien im Wege der Bestimmung des Inhalts einer Forderung die Verkehrsfähigkeit und damit die Verfügungsfähigkeit von vornherein ausschließen können, sollte es sich nicht um ein beiderseitiges Handelsgeschäft handeln

---

192 RGZ 99, 142, 143: „Wird eine Forderung durch Vertrag auf einen anderen übertragen, so tritt nach § 398 BGB der neue Gläubiger stets an die Stelle des bisherigen. Diese Wirkung kann nicht eingeschränkt werden, denn die Abtretung ist ein dinglicher Vertrag, und im Gebiet der dinglichen Rechte ist der Privatwillkür kein freier Spielraum gelassen."; siehe ferner daran anknüpfend BGHZ 64, 67, 69.

193 So das Beispiel bei *Fikentscher*, SchuldR, Rdn. 252.

194 *Siber*, JherJb. 70 (1921), 223, 294ff.; *ders.*, in: Planck, Vor § 398 Anm. 2 a): „Doch sieht das Gesetz eine Einzelnachfolge in das Vertragsverhältnis entweder gar nicht oder doch, wenn man eine solche z. B. in § 571 finden will […] nicht als gewillkürte vor; das wäre aber für die Zulässigkeit vorausgesetzt, weil für Verfügungsgeschäfte keine Vertragsfreiheit gilt". Dagegen sehen andere hierin kein Problem, da die Vertragsübernahme als eine Inhaltsänderung im Sinne des § 305 BGB a.F. (= § 311 I n.F.) anzusehen sei; vgl. *H. Lehmann*, Abtretung von Verträgen, S. 387; *Enneccerus/Lehmann*, SchuldR, § 87 I. 2. (= S. 350f.); *Dörner*, Dynamische Relativität, S. 189. Dies ändert freilich nichts am Verfügungscharakter der Vertragsübertragung.

195 *W. Flume*, AT II., § 17 7. (= S. 362); ferner zur „Legitimation des *numerus clausus*" statt vieler *Schön*, Nießbrauch an Sachen, S. 244.

196 AT II., § 17 7. (= S. 362); siehe auch insb. § 53 Fn. 36 (= S. 884); siehe auch *Wilhelm*, SaR, Rdn. 18: „§ 137 S. 1 ist lediglich eine Folgerung aus dem Typenzwang.".

197 *W. Flume*, AT II., § 53 Fn. 36 (= S. 884).

(§ 354 a S. 1 HGB).[198] Sieht man einmal von der umstrittenen Vorschrift des § 399 2. Alt. BGB ab, bleibt der Grundsatz bestehen, dass die Verfügungsobjekte wie auch die auf sie bezogenen Verfügungsgeschäfte durch die Rechtsordnung vorgegeben werden. Das *numerus clausus*-Prinzip ist dabei in seiner Geltung nicht auf das BGB beschränkt, sondern stellt ein Grundprinzip der Rechtsordnung schlechthin dar.[199] Dies zeigt sich, wenn man die Gestaltungsmöglichkeiten des Umwandlungsgesetzes und des Handelsgesetzbuchs in die Überlegungen miteinbezieht. Durch die noch näher zu behandelnden besonderen Verfügungstatbestände wird nämlich der *numerus clausus* der Verfügungsgeschäfte dahingehend erweitert, dass in diesen unternehmensrechtlichen Sonderkonstellationen über Vermögen bzw. Vermögensteile verfügt werden kann. Eine in diesem Zusammenhang zu beachtende Vorschrift sieht dabei das Umwandlungsgesetz in § 1 II UmwG vor. Umwandlungen sollen demnach nur möglich sein, wenn sie durch das Umwandlungsgesetz oder ein anderes Bundes- oder Landesgesetz vorgesehen sind. Dem werden in der umwandlungsrechtlichen Literatur[200] überwiegend zwei Aussagen entnommen: Die Annahme eines *numerus clausus*-Prinzips der Umwandlungsmöglichkeiten und die Festsetzung eines Analogieverbots. Die erste dem § 1 II UmwG zugeschriebene Bedeutung ist unproblematisch: Sie würde auch gelten, wenn § 1 II UmwG nicht in das Gesetz aufgenommen worden wäre.[201] Die zweite Aussage des § 1 II UmwG – wenn man sie denn überhaupt dem Wortlaut entnehmen kann – ist hingegen problematisch, da sie, wie *Karsten Schmidt*[202] formuliert hat, ein „gesetzliches Denkverbot" darstellt. Wenn sich auch die Bedürfnisse der Gesellschaftsrechtspraxis nach einer Fortentwicklung aufgrund des hohen Entwicklungsstands des Umwandlungsgesetzes nur noch auf punktuelle Ergänzungen beschränken, versperrt § 1 II UmwG den Weg, das Umwandlungsgesetz im Wege der Rechtsfortbildung weiterzuentwickeln.[203] Eine Frage der Rechtsfortbildung ist gleichermaßen die Fortentwicklung des § 25 HGB zu einem Verfügungstatbestand der Universalsukzession. Gegen die Fortentwicklung spricht jedoch nicht die Vorschrift des § 1 II UmwG, da hier nicht die Institute des Umwandlungsgesetzes in analoge Anwendung gesetzt werden sollen. Vielmehr gilt es, die Erweiterung des *numerus clausus* der Verfügungsgeschäfte zu rechtfertigen, so dass die Möglichkeit der Rechtsüber-

---

198 *Siber*, in: Planck, § 399 Anm. 2; *W. Flume*, AT II., § 17 7. (= S. 363); *Busche*, in: Staudinger, § 399 Rdn. 52; siehe auch *C. Hattenhauer*, in: HKK, §§ 398-413, Rdn. 55; a. A. diejenigen Stimmen, die dem *pactum de non cedendo* lediglich relative Wirkung zusprechen wollen.

199 Neben dem *numerus clausus* Prinzip der Verfügungsgeschäfte gilt es auch das *numerus clausus*-Prinzip der Rechtsformen zu beachten, hierzu *Karsten Schmidt*, GeslR, § 5 II. 1. (= S. 96 ff.).

200 Vgl. *Lutter/Drygala*, in: Lutter, UmwG, § 1 Rdn. 33; 37 ff.; *Hörtnagel*, in: Schmidt/Hörtnagel/Stratz, UmwG, § 1 Rdn. 55 ff.; *Kallmeyer*, in: Kallmeyer, § 1 Rdn. 20, 23.

201 *Karsten Schmidt*, FS Kropff, S. 261.

202 FS Kropff, S. 261; siehe auch *ders.*, GeslR, § 13 3. (= S. 363 ff.).

203 Das wird insbesondere in Anbetracht der historischen Entwicklung des Umwandlungsrechts zu einem im Wesentlichen geschlossenen System der Umwandlungen deutlich, vgl. hierzu *J. W. Flume*, in: KK-UmwG, Einl. B., A. ff.; zu verbleibenden Lücken *Karsten Schmidt*, GeslR, § 13 3. b) und c) (= S. 363 ff.).

tragung gem. § 25 HGB, um mit *Werner Flume*[204] zu sprechen, als eigener Aktstyp der Rechtsordnung anerkannt wird.[205]

D. Zusammenfassung

1. Die Übertragung von Rechten basiert nach dem dogmatischen Konzept des Bürgerlichen Gesetzbuchs auf dem System der Verfügungsgeschäfte. Das Recht der Verfügungen ist dabei kein Spezifikum des Sachenrechts, sondern ein Grundprinzip des Rechts der Güterzuordnung insgesamt. Demgegenüber wird das Recht der Verfügungen heute noch oft nicht als allgemein zu behandelndes Thema verstanden, sondern meist ausschließlich mit Bezug auf das Sachenrecht dargestellt.[206] Die Vorstellung von der „Autarkie“ des Sachenrechts speist sich dabei u.a. aus dem zutreffenden historischen Ausgangspunkt, dass der dingliche Vertrag das „Urbild der Verfügung“ (*Heck*) darstellt. So ist noch zur Zeit *Savignys* der dingliche Vertrag der einzige Fall der Singularsukzession *inter vivos*. Dabei wird jedoch nicht hinreichend beachtet, dass durch die Konzeption des Rechts der Verfügungen im BGB und die Anerkennung, dass auch Schuldrechte als materiell-rechtlich übertragungsfähige Rechte anzusehen sind, in der zweiten Hälfte des 19. Jahrhunderts die Lehre vom abstrakten dinglichen Vertrag zum gesetzlichen Grundprinzip des Güterverkehrs ausgebaut wurde. Für das Bürgerliche Gesetzbuch ist die Frage der Güterzuordnung wie auch die des Gütertransfers gleichermaßen Aufgabe des Schuld- und Sachenrechts. Es gilt, die Verfügungsgeschäfte und die damit zusammenhängenden verfügungsrechtlichen Prinzipien auf den zivilrechtlichen Güterverkehr insgesamt zu beziehen.
2. Durch die Rechtsordnung werden dem Rechtsverkehr standardisierte Formen vorgegeben (*numerus clausus* der Verfügungsgeschäfte), unter deren Beachtung Rechte übertragen oder auf diese eingewirkt werden kann. Bei der juristischen Bewertung eines Übertragungsvorgangs ist dabei zu beachten, dass es nicht auf das jeweilige Gut ankommt, sondern stets auf das dieses repräsentierende Recht.[207] Für die Übertragung genügt dabei grundsätzlich gem. § 413 BGB eine schlichte Einigung. Vielfach ist aber für die Übertragung nicht eine Einigung ausreichend, sondern an die Stelle der schlichten Einigung tritt, wie insbesondere im Sachenrecht, ein mehrgliedriger Verfügungstatbestand. Der Einigung müssen in diesen Fällen besondere Übertragungsakte (so etwa bei den beweglichen Sachen gem. §§ 929ff. BGB) oder aber eine Eintragung im Grundbuch (bei den Immobilien gem. § 925 BGB) hinzutreten. Die verschiedenen Modifikationen

---

[204] AT II. § 2 1. (= S. 24) – dort zum Beispiel der Sicherungsübereignung; siehe auch *ders.*, Rechtsgeschäft und Privatautonomie, S. 135, 148f.

[205] Siehe hierzu auch noch § 4 B. II. 1. (= S. 78); hierzu bereits auch schon der *Verf.*, ZHR 170 (2006), 737, 747f. im Kontext des § 38 UGB.

[206] Vgl. demgegenüber aber insb. *Wilhelm*, SaR, Rdn. 1ff.

[207] *W. Flume*, AT II., § 11 5. b) (= S. 141f.); *Haedicke*, JuS 2001, 966, 967; siehe auch in diesem Sinne *v. Tuhr*, AT I., § 18 II. (= S. 318f.).

vom Grundsatz der schlichten Einigung werden dabei durch den sogenannten Grundsatz der *Spezialität* zusammengefasst. Er bildet das Grundprinzip des Rechts der Verfügungen, indem er besagt, dass jedes Verfügungsobjekt nach den jeweils einschlägigen Regelungen zu übertragen ist. Dem sog. Bestimmtheitsgrundsatz kommt dabei im Einklang mit der h.M. für die Verfügungsgeschäfte nach dem BGB keine eigenständige Bedeutung zu. Eigenständige Bedeutung erlangt er erst im Zusammenhang mit der Verfügungstechnik der partiellen Universalsukzession, so wie sie in den verschiedenen, noch zu behandelnden unternehmensrechtlichen Konstellationen zur Anwendung kommt.[208]

3. Das Recht der Verfügungen ist nach dem BGB auf den Grundsatz der Einzelrechtsübertragung hin ausgerichtet. Sämtliche rechtsgeschäftliche Verfügungstatbestände des Bürgerlichen Gesetzbuchs können nur die Übertragung einzelner Rechte bewirken. Die Möglichkeit, rechtsgeschäftlich im Wege der Universalsukzession über ein Vermögen zu verfügen, ist dem BGB hingegen nicht bekannt. Vorgesehen ist nur eine limitierte Anzahl von gesetzlichen Vermögensübergängen. Die materielle Bedeutung der Rechtstechnik der Universalsukzession kommt jedoch bereits bei *Savigny* zur vollen Ausbildung. Die Universalsukzession ist, in Abgrenzung zur Singularsukzession, als eine Rechtstechnik zu verstehen, die die Übertragung eines „Vermögens als solches, als eine ideale Größe, ohne Rücksicht auf seinen besonderen Inhalt“[209] bewirkt. Dabei wird schon bei *Savigny* deutlich, dass die Besonderheit dieser Sukzessionsform darin besteht, eine Mehrheit von einzelnen Rechten für den Übertragungsvorgang zu einem einheitlichen Übertragungsgegenstand zusammenzufassen.

---

[208] Dazu oben unter § 2 C. III. 3. (= S. 32) und § 4 (= S. 67ff.).

[209] *Savigny*, System Bd. III., § 105 1) (= S. 13).

§ 3 Das Unternehmen als Gegenstand des Rechtsverkehrs

A. Einleitung

„Welches ist der Hergang, der bewirkt, daß das Unternehmen in seiner Gesamtheit, so wie es vom bisherigen Geschäftsinhaber betrieben worden ist, auf einen anderen übergeht?“.[210] Diese Frage stellt *Karl Wieland* in seinem epochalen Lehrbuch des Handelsrechts aus dem Jahr 1921. Er findet eine kurze Antwort: „die Vermögensabtretung und die Betriebseinweisung“.[211] Hinter dieser Feststellung verbirgt sich ein weitaus tiefer gehendes Verständnis der Beschaffenheit des Unternehmens und der juristischen Konstruktion des Übertragungsvorgangs, als es auf den ersten Blick erscheinen mag.[212] Sie beruht auf der Einsicht, dass nicht nur die Bestandteile des Handelsvermögens, sondern insbesondere die „immateriellen Wertbeziehungen“,[213] bilanziell gesprochen der Geschäfts- oder Firmenwert[214] oder kürzer gefasst der sogenannte *Goodwill* das Unternehmen als Einheit ausmachen. Das Unternehmen ist mit anderen Worten nicht die Summe seiner Teile, sondern eine „organisierte Wirtschaftseinheit“ und damit eine von ihrem „Sachsubstrat“ zu unterscheidende Rechtsfigur. Diese „Komplexität“ ist es, die die rechtliche Behandlung des Unternehmens im Rechtsverkehr so erschwert.[215] In der Literatur werden die mit der rechtlichen Behandlung dieser „Komplexität“ zusammenhängenden Problemfelder mit der Formel vom „Unternehmen als Gegenstand des Rechtsver-

[210] *Wieland*, HR I., § 22 I. 3. a.E. (= S. 254).
[211] *Wieland*, HR I., § 22 II. (= S. 256).
[212] *W. Flume*, AT I./2., § 2 II. (= S. 36) weist darauf hin, dass die Erfassung des Unternehmens durch *Wieland* (HR, § 21 (= S. 239ff.) primär bezogen sei auf das „Unternehmen als Rechtsgegenstand des Rechtsverkehrs“; *Wieland*, HR I., § 21 (= S. 240) unterscheidet drei Bestandteile des Unternehmens: „1. die gewerbliche Betriebstätigkeit, 2. das Handelsvermögen, 3. tatsächliche Beziehungen von Vermögenswert, Kundschaft, Kredit u.a.“; siehe auch die Zusammenfassung *Wieland*, HR I., § 21 IV. (= S. 248f.).
[213] *Wieland*, HR I., § 22 I. 3. (= S. 252f.).
[214] Geschäfts- oder Firmenwert verstanden als die Differenz zwischen dem Gesamtwert des Unternehmens und der Summe der Zeitwerte des bilanzierten Nettovermögens, vgl. *Knobbe-Keuke*, Bilanz- und Unternehmenssteuerrecht, § 4 IV.3. b) aa) (= S. 95).
[215] *U. Torggler*, JBl. 2008, 137f.; siehe auch *Dauner-Lieb*, Unternehmen in Sondervermögen, S. 28f.: „Das Unternehmen als dynamische Einheit“; *Lieb*, in: MünchKommHGB, Anh. § 25 Rdn. 4: „Unternehmen als komplexe Einheit“.

kehrs“[216] zusammengefasst. Man spricht von der Unternehmensübertragung, der Unternehmensüberlassung auf Zeit (Unternehmenspacht, -nießbrauch, -treuhand), Unternehmen in Sondervermögen, dem Unternehmen als Gegenstand von Rückgewährschuldverhältnissen und dem Unternehmen in der Zwangsvollstreckung und Insolvenz. In all diesen Bereichen ist man mit dem Problem konfrontiert, wie die „Komplexität“ des Unternehmens juristisch zu erfassen ist. Dieser Frage ist seit dem Anfang des 20. Jahrhunderts in unzähligen Monographien nachgegegangen worden. Die seit jeher verfolgten Ansätze in der Literatur sind – auf die Gefahr hin die Dinge einfacher darzustellen als sie sind – dahingehend zuzuspitzen, inwieweit das Unternehmen einer rechtlichen Sonderbehandlung unterstellt werden kann oder nicht sogar das eigentliche „Verkehrssubjekt“ darstellt.[217] Darauf wird, zur Grundlegung der darauf aufbauenden Frage der rechtlichen Durchführbarkeit von Unternehmensübertragungen (unter C. (= S. 50ff.)), im Folgenden einzugehen sein.

B. Unternehmen und Unternehmensträger

I. Das Unternehmen als „bewusst gewordene“ Kategorie des Wirtschaftslebens Anfang des 20. Jahrhunderts

Werner Sombart[218] hat Anfang des 20. Jahrhunderts die Entstehung des modernen Kapitalismus mit der Ausbildung „kapitalistischer Unternehmungen“ identifiziert. Der entscheidende Unterschied zu vorkapitalistischen Wirtschaftsformen liegt für *Sombart*[219] in der Versachlichung und Entpersonalisierung der Wirtschaftsorganisation. Konnten noch in vorkapitalistischen Zeiten die wirtschaftlichen Akte immer auf einen Kreis natürlicher Personen bezogen werden, ist an deren Stelle ein „Abstraktum“, das „Geschäft“, getreten: Nämlich die „Emporhebung eines selbstständigen Wirtschaftsorganismus über die einzelnen wirtschaftenden Menschen hinaus, die Zusammenfassung aller neben- und nacheinander sich vollziehenden geschäftlichen Vorgänge in einer Wirtschaft zu einer begrifflichen Einheit, die aber dann selbst als der Träger der einzelnen Wirtschaftsakte erscheint und gleich-

---

[216] So der Titel der Monografie von *Pisko*, Wien 1907; siehe auch *ders.*, in: Ehrenbergs Hdb. II./1., I. E., § 25ff.; danach die Ausdrucksweise in den geläufigen Standardwerken des Handelsrechts, wohl erstmals *Wieland*, HR I., § 22; *Gierke/Sandrock*, I., § 16; *Canaris*, HR, § 8; *Karsten Schmidt*, HR, § 6 I. 2. (= S. 140): „Das Unternehmen als Gegenstand des rechtsgeschäftlichen Verkehrs“; aus der Kommentarliteratur *Hopt*, in: Baumbach/Hopt, Einl. v. § 1 Rdn. 42ff.

[217] Siehe zunächst nur *Raisch*, Geschichtliche Voraussetzungen, S. 131f.; *Raiser*, Unternehmen als Organisation, S. 1f.; davor *Ernst E. Hirsch*, in: RvHwb, Bd. IV., Eintrag „Handelsrecht“, S. 174.

[218] Vgl. das große Werk *Sombarts*, Der Moderne Kapitalismus, II/1., Kapitel 10 (= S. 99ff.); III/1., Kapitel 3 (= S. 35f.).

[219] Der Moderne Kapitalismus II/1., Kapitel 10 (= S. 101f.).

sam ein eigenes, das Leben der Individuen überdauerndes Leben führt".[220] Weiter führt *Sombart* aus: „In der kapitalistischen Unternehmung, dem „Geschäft", hat man ein kunstvolles Geist- und Zweckgebilde geschaffen, das in der Firma zur Rechtseinheit, in der wissenschaftlichen Buchführung zur Rechnungseinheit, in der Ditta zur Krediteinheit emporgehoben wird und als solches einheitliches System von Beziehungen unabhängig von dem jeweiligen Inhaber sich Zwecke setzt, sich Mittel zu ihrer Durchführung wählt und den lebendigen Menschen in seinen Bann zwingt und mit sich fortreißt".

Sombarts Ausführungen, auch wenn man darauf hinweisen mag, dass es auch schon vor der Industrialisierung wirtschaftliche Unternehmungen gab,[221] richten den Blick darauf, welcher Bedeutungsgewinn und – man mag hinzufügen – welche soziale Schlagkraft, der Ausbildung von „Wirtschaftsorganisationen" gegenüber dem vormals dominierenden Bezug der Wirtschaft auf Einzelsubjekte – den Unternehmern – zukommt.[222] Spätestens zu diesem Zeitpunkt war damit die juristische Erfassung des Unternehmens zu einer brennenden Notwendigkeit geworden. Wie bei keinem anderen Thema sahen sich die juristischen Schriftsteller durch die Erfassung des Unternehmens in der Nationalökonomie veranlasst,[223] diese Anfang des 20. Jahrhunderts „bewusst gewordene"[224] Kategorie des Wirtschaftslebens in das juristische System einzubauen.[225] Richtete sich die Aufmerk-

---

220 *Sombart*, Der Moderne Kapitalismus II/1., Kapitel 10 (= S. 101 f.).

221 Vgl. *Schumpeter*, in: HwbStW, Bd. VIII., Eintrag: „Unternehmer", S. 476 ff.; *Krause*, ZHR 105 (1938), 69, 121; *ders.*, Unternehmer und Unternehmung, S. 9 f.; siehe auch insbesondere die Habilitationsschrift von *Oppikofer*, Das Unternehmensrecht in geschichtlicher, vergleichender und rechtspolitischer Betrachtung, Tübingen 1927 (siehe danach *ders.*, in: RvHwb, Bd. VII., Eintrag „Das kaufmännische Unternehmen", S. 24 ff.), der als einer der Ersten versucht hat, auf rechtshistorischer wie auch rechtsvergleichender Grundlage darzulegen, wie sich das „Unternehmensrecht" seit dem römischen Recht über das Mittelalter hin zur Neuzeit entwickelt hat. So reichhaltig das zusammengetragene Material ist, so problematisch erscheint der methodische Ansatz durchwegs vom Unternehmen als dem vorgegebenen Denkschema auszugehen (siehe die krit. und umfangreiche Rezension von *H. Meyer*, SZ Ger. Abt. 48 (1928), 540 ff.; ferner *Ruth*, AcP 129 (1928), 106 ff.; zur Person und Werk *Oppikofers* siehe den Nachruf von *Beyerle*, SZ Ger. Abt. 71 (1954), 548 ff. (dort auch zu der angeführten Monografie)).

222 *H. Krause*, ZHR 105 (1938), 69, 121; *Ulmer*, Unternehmensbegriff, S. 34 f.

223 Siehe hierzu nur die Auseinandersetzung mit dem nationalökonomischen Schrifttum bei *Oppikofer*, Unternehmensrecht, S. 1 ff.; *Jessen*, ZHR 96 (1931), 37 ff.; *Gieseke*, FS Heymann, S. 112, 118 ff.; *Fechner* in seiner Bonner Antrittsvorlesung, Das wirtschaftliche Unternehmen in der Rechtswissenschaft, Bonn 1942; *J. v. Gierke*, ZHR 111 (1948), 1, 4 ff.

224 Den Anfang des Kapitels über die Entwicklung des Begriffs des Unternehmens betitelt *Raisch*, Geschichtliche Voraussetzungen, S. 119 mit der Überschrift: „Der Rechtsbegriff des Unternehmens als „unreflektierter" Zentralbegriff des Handelsrechts im 19. Jahrhundert und sein „Bewußtwerden" im 20. Jahrhundert", S. 119; krit. hierzu aber *H. Krause*, ZHR 130 (1968), 201, 203 f.

225 *Raisch*, Geschichtliche Voraussetzungen, S. 119, 179; *Bergfeld*, in: Wissenschaft und Kodifikation des Privatrechts im 19. Jahrhundert, Band VI., S. 126, 127; siehe aber auch *Oppikofer*, Unternehmensrecht, S. 21 f. der sich dagegen verwehrt, dass „vollkommenes Neuland"

samkeit der Handelsrechtswissenschaft des 19. Jahrhunderts noch vorwiegend darauf, die Rechtsnatur des Handelsgeschäfts zu erfassen, hatte die Diskussion um die Erfassung des Unternehmens seit Anfang des 20. Jahrhunderts eine neue Qualität, indem das Unternehmen, ungeachtet der bestehenden Streitigkeiten um seine juristische Erfassung, als „Realtypus“[226] einer agierenden Wirtschaftseinheit zum Mittelpunkt der verschiedensten Fragestellungen gemacht wurde.[227] Genannt seien hier nur: das Unternehmen als Rechtsobjekt, die Sonderbehandlung des Unternehmens in den §§ 341 ff. der österreichischen Exekutionsordnung, die Erfassung des Unternehmens als Zentralbegriff des Handelsrechts in der Handelsrechtslehre *Wielands*, der deliktsrechtliche Schutz des Unternehmens im Rahmen des § 823 BGB, die Einführung des Gedankens des Interessenpluralismus für das Aktienrecht, die Aufarbeitung des Verhältnisses von Betrieb und Unternehmen durch *Erwin Jacobi*, die kartellrechtliche Erfassung des Unternehmens, das Unternehmen als Anknüpfungspunkt des Konzernrechts im Aktiengesetz von 1965 und schließlich die Diskussion um die Mitbestimmung.

All dies sind besondere rechtliche Fragestellungen, die sich jeweils mit ganz unterschiedlichen wirtschaftsrechtlichen Themenkomplexen befassen. Neben der Befassung mit den einzelnen Spezialthemen hat man insbesondere in der ersten Hälfte des 20. Jahrhunderts immer wieder versucht, sich dem Unternehmen auf einer definitorischen Ebene zu nähern. *Peter Raisch*[228] hat die Entwicklung anschaulich nachgezeichnet. Sie reicht von der anfänglich gegenständlich orientierten Erfassung des Unternehmens über den bekannten Ausspruch von der Undefinierbarkeit des Unternehmens[229] hin zu dem vielfach rezipierten Ansatz *Julius von Gierkes*,[230] der das Unternehmen in dreifacher Weise begreifen will: Das Unternehmen in subjektiver Hinsicht (Betriebs- oder Unternehmertätigkeit), das Unternehmen als Inbegriff aller Sachen und Rechte (Tätigkeitsinbegriff) und das Unternehmen in seiner Verbindung zwischen Arbeitnehmer und Unternehmer (Betriebsgemeinschaft). Heutzutage ist demgegenüber eine gewisse Ernüchterung eingetreten: Es gibt nicht einen rechtlichen Begriff des Unternehmens, sondern nur „teleologisch

---

betreten wurde; frühe Verwendung etwa bei *Förtsch*, in: Puchelt, ADHGB, Art. 247 Anm. 2) (= S. 631).

226 *Raisch*, Geschichtliche Voraussetzungen, S. 120, 180; *Rehbinder*, Konzernaußenrecht, S. 59 f.

227 Siehe hierzu die lesenswerte Übersicht bei *Raiser*, FG Zivilrechtslehrer 1934/1935, S. 489 ff.; *Nörr*, Zwischen den Mühlsteinen, S. 105 ff.; *Athanassopoulou*, Schiffsunternehmen und Schiffsüberlassungsverträge, S. 30ff; siehe ferner Anfang der dreißiger Jahre des 20. Jahrhunderts *Nußbaum*, Zur neueren Entwicklung der Lehre vom Unternehmen, S. 492 ff.; und danach *Hubmann*, ZHR 117 (1955), 41 ff.; *Brecher*, Das Unternehmen als Rechtsgegenstand, Bonn 1953.

228 Geschichtliche Voraussetzungen, S. 131 ff. und danach insb. *Raiser*, Unternehmen als Organisation, S. 1 ff.; kurze Übersicht auch bei *J. v. Gierke*, ZHR 111 (1948), 1, 2 ff.

229 *Gieseke*, FS Heymann, S. 112, 118; dazu *Ulmer*, Unternehmensbegriff, S. 36 m. Fn. 17.

230 ZHR 111 (1948), 1 ff. und danach *Gierke/Sandrock*, I., § 13 II. (= S. 181 ff.); siehe krit. hierzu *Rittner/Dreher*, Europ. und deutsches Wirtschaftsrecht, § 8 Rdn. 14.

determinierte"[231] Unternehmensbegriff„e".[232] Dies ändert nichts daran, dass sich darüber hinaus eine Meinungskonsolidierung in der Form erkennen lässt, dass man das Unternehmen pointiert als „organisierte Wirtschaftseinheit"[233] verstehen kann, die, so muss man ergänzen, nur in Anbindung an ein Zuordnungssubjekt, den Unternehmensträger, bestehen kann.[234] Dies ist wichtig für das Verständnis vieler handelsrechtlicher Regelungen, die bereits *de lege lata* an das Unternehmen anknüpfen (wie z.B. insb. die §§ 25ff. HGB oder aber auch das Bilanzrecht) und dabei den Unternehmensträger adressieren.[235]

Die dargelegten Grundsätze gehen von der Dichotomie von Unternehmen und Unternehmensträger aus. Diesem Grundverständnis standen seit jeher ganz unterschiedliche Ansätze gegenüber, die für eine Versubjektivierung des Handelsgeschäfts bzw. Unternehmens eintraten.[236] Für die Fundierung der heutigen Annahme von der grundsätzlichen Unterscheidung zwischen Unternehmen und Unternehmensträger soll in der gebotenen Kürze versucht werden darzulegen, warum die Annahme von der Versubjektivierung nicht überzeugen kann. Anzusetzen ist bei der mittlerweile berühmten Kontroverse zwischen *Wilhelm Endemann* und *Paul Laband* um die *Endemann'sche* These vom Handelsgeschäft als „Verkehrssubjekt".[237]

---

231 *Karsten Schmidt*, HR, § 4 I. 1. a) (= S. 64); siehe hierzu auch schon *Raisch*, Geschichtliche Voraussetzungen, S. 180; *Ballerstedt*, JZ 1951, 486, 487.

232 BGHZ 31, 105, 109; 69, 334, 335f.; *Hopt*, in: Baumbach/Hopt, Einl. v. § 1 Rdn. 31ff.; *Dauner-Lieb*, Unternehmen in Sondervermögen, S. 14; *Reiff*, Haftungsverfassung, S. 19f.; *Rehbinder*, Konzernaußenrecht, S. 59f.; *Ulmer*, Unternehmensbegriff, S. 36 m. Fn. 17; *Henssler*, ZHR 161 (1997), 13, 34; siehe schon *Müller-Erzbach*, HR, Kap. 18 II. a.E. (= S. 73): „Was aber das einzelne Gesetz unter einem Unternehmen versteht, läßt sich einer allgemeinen Auslegungsregel gemäß [...] allein aus dem Zweck gerade dieses Gesetzes entnehmen.".

233 So die von *Raisch*, Geschichtliche Voraussetzungen, S. 193 vorgebrachte und insb. von *Karsten Schmidt*, HR, § 4 I. 2. a) (= S. 66) rezipierte und ausgebaute Formel.

234 *Dauner-Lieb*, Unternehmen in Sondervermögen, S. 18f. und bereits zuvor *dieselbe*, Verbraucherschutz, S. 30f.; *Reiff*, Haftungsverfassung, S. 21ff.; *Hopt*, in: Baumbach/Hopt, Einl. v. § 1 Rdn. 33; und jetzt in selbstverständlicher Anbindung an das UGB die österreichische Praxis, vgl. zuvor zur „organisierten Erwerbsgelegenheit" *Straube*, in: Straube, Vor § 1 Rdn. 26f. m.w.N.; *Krejci*, Unternehmensrecht, S. 122.

235 *Karsten Schmidt*, FS Horn, S. 557 558ff.; zur Bedeutung des Unternehmensbegriff in der Rechnungslegung zuletzt *Petersen/Zwirner*, DB 2008, 481ff.; siehe in diesem Zusammenhang auch das im Bucerius Law Journal 2008, 36ff. abgedruckt Streitgespräch zwischen *Wolfgang Zöllner* und *Karsten Schmidt*.

236 Siehe hierzu die konzentrierte Darstellung bei *Karsten Schmidt*, Zur Stellung der OHG im System der Handelsgesellschaften, S. 91ff.; ferner *Peifer*, Individualität im Zivilrecht, S. 491ff. zu den verschiedenen Versuchen das „Unternehmen als Rechtsperson zu anthropomorphisieren".

237 Hierzu bereits *W. Flume*, AT I./2., § 2 II. (= S. 34ff.); *Karsten Schmidt*, HR, § 4 IV. 1. a) (= S. 78f.); *Raiser*, Das Unternehmen als Organisation, S. 76ff.

II. Die Kontroverse zwischen *Endemann* und *Laband* als Beispiel für die Probleme bei der juristischen Abbildung wirtschaftlicher Anschauungen

Nach den Ausführungen *Endemanns* in seinem 1865 erschienenen Lehrbuch des deutschen Handelsrechts ist das „Geschäft" ein „Verkehrssubjekt".[238] Das gilt nach *Endemann*, „gleichviel, ob die juristische Doktrin einen Namen dafür hat".[239] *Endemann* bleibt aber nicht auf einer Metaebene stehen, sondern dekliniert die Schlussfolgerungen aus der Annahme des Geschäfts als „selbstständigem Verkehrswesen".[240] Sie liegen insbesondere in der Separierung des Geschäftsvermögens vom Privatvermögen des Kaufmanns und der Ermöglichung eines gesonderten Konkurses. Die Handlungsgehilfen werden zu „Organen und Hülfsarbeiter[n]" des Geschäfts. Und schließlich soll nach *Endemann* die Firma der „selbstständige Name des kaufmännischen Geschäfts" im Gegensatz zu dem Namen des Inhabers sein. Die Ausführungen, mit denen *Endemann* die Erhebung des Geschäfts zum „Verkehrssubjekt" begründet, sind hier ausführlich wiederzugeben:

> „Das Geschäft ist der Komplex der nicht bloß für den Handel bestimmten (todten) Produktivmittel, sondern der in Bewegung befindlichen, tätigen Kapitalien und Arbeitskräfte. Das Wesen des Geschäfts erschöpft sich daher nicht in dem Begriff eines Konglomerats von Vermögensstücken. Das Geschäft hat zunächst den Zweck, seinem Inhaber als Quelle des Gewinns, oder Einkommens zu dienen. Zugleich aber dient es der Produktion und allen ihren Zwecken im Ganzen. Es ist Glied und Organismus des Verkehrslebens, und insofern mehr als bloßes Produkt der Willkür und bloßes Objekt dinglicher oder persönlicher Berechtigung. Nach der Auffassung des Handels hat das Geschäft sein eigenes Leben. Der Inhaber oder Prinzipal ist häufig, und mitunter nicht einmal das, nur der Kopf oder die Seele des Geschäfts. Das Geschäft hat seinen eigenen Karakter und Gang, der keineswegs immer von dem Belieben des Inhabers diktiert wird. Dem Geschäft, nicht der Person des Prinzipals, widmen die Gehülfen, ja der Prinzipal selbst, ihre Kräfte. Das Geschäft macht den Kaufmann, nicht umgekehrt. Das Geschäft als solches, nicht der Kaufmann ist es, was in den bei Weite meisten Fällen die Neigung Dritter bestimmt, in Verkehr zu treten. Das Geschäft ist der eigentliche Träger des Kredits. [...]
>
> Aus dieser Entwicklung der wirthschaftlichen Begriffe erklärt sich, daß gegenwärtig so oft das Geschäft als das eigentliche Verkehrswesen, als Trägerin des Kredits und der gesammten Handelsthätigkeit betrachtet wird, und nicht die Person des Inhabers oder Geschäftsherrn. Die Bedeutung des Geschäfts als Glied der produktiven Thätigkeit drängt die physische Person des Eigenthümers um so mehr in den Hintergrund, als in der Regel noch eine Mehrheit von andern Personen dem Geschäft ihre Arbeit widmet. Eine ganze Reihe handelsrechtlicher Sätze dient als Bestätigung dafür, daß das Geschäft nicht bloß als eine willkührliche, nur der unmittelbaren Erwerbsabsicht des Besitzers dienende Einrichtung, sondern als ein durch seinen höheren Beruf für die menschliche Gesellschaft die physische Einzelperson absorbierendes Wesen sich geltend macht."[241]

---

238 *Endemann*, HR$^{1. Aufl.}$, § 17 I. A. (= S. 82).

239 *Endemann*, HR$^{1. Aufl.}$, § 17 I. A. (= S. 82).

240 Zum folgenden vgl. die Ausführungen bei *Endemann*, HR$^{1. Aufl.}$, § 17 (= S. 82ff.).

241 *Endemann*, HR$^{1. Aufl.}$, § 15 (= S. 74ff.); ähnliche Gedanken lassen sich auch zur Erfassung eines zu See fahrenden Schiffes aufstellen, vgl. *Brodmann*, ZHR 59 (1907), 201, 209f. (an-

Man mag nach diesen Ausführungen, nachdem die Äußerungen *Sombarts* vorweg gestellt wurden, in *Endemann* einen Vorboten des Kapitalismus erkennen. *Hermann Krause*[242] hat jedoch in seiner Rektoratsrede aus dem Jahr 1954[243] nachdrücklich darauf hingewiesen, dass das Gegenteil zutrifft: „Wilhelm Endemann war [...] nicht etwa der Prophet späterer Entwicklungen, der Vorahner des eben leise ansetzenden Prozesses der Entpersönlichung des Großunternehmens, der Hellseher des allgemeinen Schwindens der Persönlichkeitswerte – er war vielmehr ganz im Gegenteil ein Nachfahre, ein später, wenngleich äußerst entscheidender Bannerträger einer geistigen Welt, die zum Zurücktreten bestimmt war". Dies wird verständlich, wenn man *Endemanns* Vorstellung von der Arbeit berücksichtigt.[244] *Endemann* vergleicht die Stellung des Kaufmanns mit der eines Staatsdieners und kommt so zu dem Ergebnis, „dass er [sc. der Kaufmann] einen Beruf im Dienste der Gesellschaft übt, und folglich das Geschäft als ein Amt des wirtschaftlichen Lebens betrachtet".[245]

Trotz der Idealisierung der Stellung des Menschen zur Arbeit trifft *Endemann* offensichtlich seine Schlussfolgerungen aber auch aus einer „wirtschaftlichen" Betrachtung des Geschäfts heraus.[246] Vor diesem Hintergrund gewinnt die Rezension von *Laband* des *Endemann'schen* Lehrbuches an Bedeutung.[247] Denn *Laband*[248] geht zunächst ganz grundsätzlich anerkennend auf den methodischen Ansatz *Endemanns* ein, die Lehren „vorzugsweise auf den Grundbegriffen der National-Oekonomie" aufzubauen und darum bemüht zu sein, „überall zu zeigen, wie innig das Verkehrsrecht in allen Kulturepochen mit den wirthschaftlichen Grundanschauungen verwachsen war".[249] *Laband* führt dann aber aus, dass *Endemann* mit der Annahme, dass das Handelsgeschäft als „Verkehrssubjekt" aufzufassen sei, zu weit gegangen sei. Nach *Laband* ignoriert *Endemann* „zu sehr den positiven Charakter des Rechts".[250] *Endemann* kann seine These weder auf die Normen des ADHGB stützen, noch will er seine Vorstellung der Weiterentwicklung des Handelsvermögens zu einem „Verkehrssubjekt" in die zivilrechtliche Dogmatik einbauen. Denn das Ergebnis *Endemanns* soll gelten, „gleichviel, ob die juristische

knüpfend an die Frage der Haftung des Reeders); siehe hierzu auch *Athanassopoulou*, Schiffsunternehmen und Schiffsüberlassungsverträge, S. 52f.

242 Unternehmer und Unternehmung, S. 7.

243 Auf die Arbeit *Krauses* hat *W. Flume*, AT I./2., § 2 II. (= S. 35) aufmerksam gemacht.

244 Zur Person *Endemanns* (Marburg 24. 4. 1825 – Kassel 13. 6. 1899 †), siehe *v. Schulze*, in: Allgemeine Deutsche Bibliografie, Bd. 48, 358ff.; *Landsberg*, ZZP 26 (1900), 1ff.

245 So die zur 1. Aufl. leicht abgewandelte Formulierung in der 3. Aufl., *Endemann*, HR[3.Aufl.], § 15 Fn. 4) (= S. 64).

246 In diese Richtung auch *W. Flume*, AT I./2., § 2 II. (= S. 35): „*Endemanns* These war ihrem Urgrund her nicht juristischer Natur, sondern hatte einen wirtschaftlichen Ansatz.".

247 *Laband*, ZHR 8 (1865), 643ff.

248 ZHR 8 (1865), 643, 644.

249 Zur Bedeutung der Ökonomie im Werke *Endemanns*, siehe *Bergfeld*, Nationalökonomie und Handelsrecht bei Wilhelm Endemann, S. 163ff.

250 In diese Richtung auch *Behrend*, HR, § 37 m. Fn. 6 (= S. 204f.).

Doktrin einen Namen dafür hat".[251] *Laband* kann daher die *Endemann' sche* These leicht angreifen:

> „Vom wirthschaftlichen und kulturhistorischen Standpunkte aus mag der Zweck oder der Beruf wichtiger sein als die Person, mag es gerechtfertigt sein, das Individuum als bloßen Träger oder Diener der Familie, der Bodenkultur, des Handelsverkehrs, der Wissenschaft usw. aufzufassen, für die rechtliche Auffassung ist die „Persönlichkeit" die oberste Einheit aller Lebensbezeichnungen, sie ist untheilbar für das Individuum wie die Souveränität für den Staat und es heißt nicht juristisch zu konstruieren, sondern nationalökonomischen Begriffen zu Liebe juristisch deconstruieren, wenn man einzelne Beziehungen des Individuums aus dieser Einheit löset und „ein besonderes Verkehrswesen" aus ihnen macht. [...] [D]ie von Endemann aufgestellte „Rechtssubjektivität des Geschäfts" [stellt] ein Attentat gegen die Integrität des Persönlichkeitsbegriffs [dar]."[252]

Die Kontroverse zwischen *Laband* und *Endemann* berührt zwei grundlegende Fragestellungen. In welchem Umfang nämlich wirtschaftliche Erwägungen bei der Erfassung juristischer Probleme miteinbezogen werden sollten und in welchem Verhältnis die Jurisprudenz als Wissenschaft zum Gesetzesrecht steht. *Laband* wirft *Endemann* vor, „daß wirthschaftlich maßgebende Gesichtspunkte nicht nothwendig auch geeignet sind als rechtliche Grundprinzipien zu dienen".[253] *Endemann* „ignoriere zu sehr den positiven Charakter des Rechts; die Art und Weise [*Endemanns*] gegen den Scholasticismus der Juristen zu opponieren, kann in ihren Consequenzen nur dahin führen, daß die Jurisprudenz zwar von den traditionellen Regeln der Rechtsdogmatik losgelöst, dafür aber unter die Herrschaft der jeweiligen nationalökonomischen Doctrinen gestellt wird".[254] Dabei sieht sich *Laband* durch das Vorwort des *Endemann'schen* Lehrbuchs in seiner Auffassung von der Überschreitung des Gesetzesrechts durch *Endemann* bestätigt. Der relevante Teil der Einleitung des *Endemann'schen* Lehrbuchs lautet:

> „Je größer die Gefahr herantritt, sich in dem Gewirre dürrer Interpretationen des positiven Buchstabens zu verlieren, desto nothwendiger wird es, durch den Ueberblick über das Ganze sich vor jener Einseitigkeit zu bewahren, welche, indem sie Nichts kennt, als die an den einzelnen Gesetzesartikeln geübte Kunst der Wortauslegung, den einheitlichen Organismus des Rechts in eine Masse unzusammenhängender Einzelfragen zersplittert. So darf niemals eine Kodifikation behandelt werden, wenn sie Segen bringen soll. [...] Mag die Hülfe der positiven Gesetzgebung nach Lage der Dinge noch so nothwendig gewesen sein, niemals kann das Gesetzbuch als definitiver Abschluß der Rechtsentwicklung und als Grenze der wissenschaftlichen Erforschung betrachtet werden. Für die wissenschaftliche Erkenntnis gibt es keine Autorität des positiven Wortlauts der Gesetze. Auch das Gesetz muß sich gefallen lassen, von der Wissenschaft mit der nachweisbaren Entwicklung der Rechtsidee verglichen, als der rechte Ausdruck der Rechtsidee in ihrer dermaligen Gestalt gebilligt, oder als falscher Ausdruck derselben missbilligt zu werden. Die Gestalt des Gesetzes kraft seiner formalen Gesetzeskraft und die wissenschaftliche Autorität sind zweierlei. Ebendeshalb ist es wiederum kein gutes Zeichen, wenn die Prüfung nach höheren wissenschaftlichen Prinzipien, durch eine Behandlung verdrängt wird, welcher der geschriebene Laut des gesetzgebe-

---

[251] *Endemann*, HR[1. Aufl.], § 17 I. A. (= S. 82).
[252] *Laband*, ZHR 8 (1865), 643, 647.
[253] *Laband*, ZHR 8 (1865), 643, 645.
[254] *Laband*, ZHR 8 (1865), 643, 645.

rischen Aktes Alles, der lebendige Geist der Rechtsübung Nichts ist, und die folgeweise die Heilung der gesetzgebenden Gewalt, anstatt von der eigenen Kraft der Rechtsentwicklung erwartet."[255]

Laband tut *Endemann* in dieser Hinsicht wohl Unrecht, da das Vorwort nicht als Appell zu verstehen ist, dem Gesetzesrecht keine Bedeutung beizumessen, sondern dort nur die Gefahren beschrieben werden, die von der Schaffung einer Kodifikation für die Jurisprudenz als Wissenschaft ausgehen.[256] Ein Gedanke, den gerade auch *v. Kirchmann* in seiner bekannten und vielfach missverstandenen Schrift von der „Wertlosigkeit der Jurisprudenz als Wissenschaft"[257] deutlich machen wollte. Gleichwohl ist es nicht ohne Pikanterie, das *Laband* die These *Endemanns* mit dem Hinweis auf das positive Recht abstraft, dem es ja gerade darum geht, die wissenschaftliche Behandlung der Jurisprudenz sicherzustellen. Was in der Kritik *Labands* zum Ausdruck kommt, ist, dass Lebenssachverhalte zwingend in die juristische Dogmatik eingebaut werden müssen, oder anders ausgedrückt, wirtschaftliche Anschauungen zwingend einer Übersetzung in die juristische Dogmatik bedürfen. Man muss juristisch konstruieren und kann nicht nationalökonomischen Begriffen zu Liebe juristisch dekonstruieren.[258] Von der Versubjektivierung des Geschäfts auszugehen, würde hingegen bedeuten, der Suggestivwirkung tatsächlicher Befunde zu erliegen, ohne diese juristisch einzuordnen.

III. Das Unternehmen als Rechtsträger?

Für die Erfassung des Unternehmens haben die Gedanken *Endemanns* bis auf den heutigen Tag nichts an Aktualität eingebüßt. Immer wieder hat man sich die Frage gestellt, warum dem Unternehmen keine Rechtsfähigkeit zukommt, da es doch dasjenige sei, welches nach außen hin in Erscheinung trete und agiere.[259] Während *Oskar Pisko*[260] bekanntermaßen 1907 die Lehre von der Versubjektivierung des Unternehmens als überholt bezeichnete, sprach *H. Krause*[261] 1938 wieder davon, dass

---

[255] *Endemann*, HR[1. Aufl.], Vorrede, S. V f.

[256] Siehe in diesem Zusammenhang auch die Ausführungen *R. Zimmermanns*, in: Zivilrechtswissenschaft und Schuldrechtsreform, S. 3 ff. „Das BGB als „Gefängniszelle"?" in Bezug auf das am am. 1. 1. 1900 in Kraft getretene Bürgerliche Gesetzbuch.

[257] Vgl. S. 24 f.; zur Würdigung der Schrift *Kirchmanns* zuletzt *H. H. Jakobs*, JZ 2006, 1115 ff.

[258] *Endemann*, HR[2. Aufl.] 1868, § 15 m. Fn. 9 (= S. 78): „Daß die meisten Folgesätze auch [...] aus anerkannten Prinzipien herzuleiten wären, weiß ich recht gut. Der Unterschied ist nur der: dort mit welcher Mühe und Künstlichkeit, hier wie einfach und, was das Wichtigste, dem realen Leben entsprechend. Es gilt ja nur, wie ich oft bemerkt habe, das Vorhandene innerlich befriedigend zu erklären. Dazu scheint mir aber Manches viel geeigneter, als die sog. „juristische Konstruktion"; siehe auch die Fassung in der 3. Aufl., § 15 Fn. 6 (= S. 64 f.).

[259] Umfassend hierzu bereits die Darstellung bei *Karsten Schmidt*, Zur Stellung der OHG im System der Handelsgesellschaften, S. 91 ff.

[260] Unternehmen, S. 5 m. Fn. 1; *ders.*, in: Ehrenbergs Hdb. II./1., § 22 (= S. 209); im Lehrbuch *desselb.* (1923), HR, § 20 (= S. 55 ff.) wird nicht mehr auf diese Lehre eingegangen.

[261] ZHR 105 (1938), 63, 119.

„ein gewisser Zug zur weiteren Verselbstständigung des Unternehmens gegenüber dem Unternehmer unverkennbar" sei und nach *Paul Gieseke*[262] (1940) sei die „„Personifikation" des Unternehmens dem heutigen Recht keineswegs fern lieg[end]". Schließlich erklärte *Thomas Raiser*[263] in seiner viel beachteten Schrift „Das Unternehmen als Organisation" (1969), dass das geltende Recht auf dem „Weg" (!) „zur Anerkennung des Unternehmens als juristische Person" sei.[264]

Die verschiedenen Ansätze verfolgen freilich ganz unterschiedliche Zielsetzungen. Unproblematisch ist es, wenn nur darauf rekurriert werden soll, dass der Gesetzgeber, wie insbesondere im Wirtschaftsrecht,[265] das Unternehmen adressiert und damit den jeweiligen Rechtsträger meint.[266] Überaus problematisch ist es hingegen, wenn man das Unternehmen zum Rechtssubjekt erhöht. Es hat wohl noch kein Autor die Konsequenzen der Erhebung bzw. Gleichsetzung des Unternehmens mit der juristischen Person zu Ende durchdacht und dies für gut befunden. Die Konsequenz wäre nämlich, dass es dann nur noch eine Gesellschaftsform, nämlich die des Unternehmens, geben würde.[267] Damit wäre aber nichts gewonnen, da viele bedeutende Einzelfragen wie die der Übertragung, Verpachtung und der Liquidation eines Unternehmens nicht erklärt werden könnten.[268] Zudem wäre dann kaum darzustellen, wie ein Einzelkaufmann ein Unternehmen führen kann.

Die Bezeichnung des Unternehmens als Rechtsträger würde nicht zu einer Lösung der mit dem Unternehmen als Wirkungseinheit verbundenen Probleme beitragen, sondern die Probleme verschärfen, indem die juristischen Zuordnungs-

---

262 FS Heymann, S. 112, 118; *Gieseke* weist jedoch ausdrücklich darauf hin, dass damit *nicht* die Erhebung zur juristischen Person gemeint sei.

263 Unternehmen als Organisation, S. 166; vgl. auch *ders.*, Am.J.Comp.L. 36 (1988), 111, 126: „My proposal [is] to give the enterprise at least *de lege ferenda* its own legal personality."; in der Festgabe Zivilrechtslehrer 1934/35 (1999) wird dieser Aspekt von *Raiser* nicht weiter verfolgt.

264 Siehe hierzu scharf ablehnend *Rittner*, Die werdende juristische Person, S. 306f.; *W. Flume*, AT I./2., § 2 VI. (= S. 46f.); wie auch die krit. Rezensionen von *Ballerstedt*, ZHR 134 (1970), 251ff. und *Brecher*, AcP, 171 (1971), 378ff.; ferner *Karsten Schmidt*, Verbandstheorie, S. 36ff.; *ders.*, FS Gaul, S. 691, 692; *Raisch*, Unternehmensrecht 1., S. 83ff.

265 Dazu *Rittner*, Unternehmen und freier Beruf, S. 17; *ders.*, Wirtschaftsrecht, § 7 Rdn. 1, 12ff.; und jetzt *Rittner/Dreher*, Europ. und deutsches Wirtschaftsrecht, § 8 Rdn. 20.

266 Siehe hierzu schon *Rittner*, Die werdende juristische Person, S. 283: „Unternehmen im weiteren Sinne" und *H. Krause*, ZHR 105 (1938), 69, 120.

267 *W. Flume*, AT I./2., § 2 VI. (= S. 47): „Dies käme aber einem Umsturz unserer Wirtschaftsordnung gleich und wäre gegenüber den Inhabern der Personenunternehmen eine Enteignung."; und davor *ders.*, FS Beitzke, S. 55ff.

268 Das muss auch *Raiser*, KaptGeslR, § 6 Rdn. 12 konzidieren; siehe auch *ders.*, FG Zivilrechtslehrer 1934/1935, S. 489, 504; siehe leicht abgewandelt jetzt *Raiser/Veil*, KaptGeslR, § 6 Rdn. 12; siehe in diesem Zusammenhang auch *Raisch*, Unternehmensrecht 1., S. 102; entgegen *Raisch* würde die Versubjektivierung des Unternehmens jedoch nicht die Übertragung eines Unternehmens erleichtern. Ein Subjekt selbst kann nicht übertragen werden. Angesprochen ist damit lediglich der *Share Deal*, der aber keine Frage der Unternehmensübertragung, sondern des Herrschaftsgewinns über den Rechtsträger ist. Siehe dazu noch unten § 3 C. I. (= S. 50f.).

endpunkte unzutreffend überplakatiert würden.[269] Diese sind nämlich die *Unternehmensträger.* Sie sind Zurechnungsendpunkt für das Unternehmen als diesem zugeordnete wirtschaftliche Organisationseinheit.[270] Das folgt aus der ganz grundsätzlichen Einsicht, dass der Rechtsverkehr rechtliche Beziehungen, seien dies nun z.B. Vertragsverhältnisse oder auch Eigentumsverhältnisse, auf ein Rechtssubjekt beziehen muss. Einem Rechtssubjekt nämlich, dem nach der klassischen Umschreibung von der Rechtsfähigkeit „die Fähigkeit, Träger von Rechten und Pflichten zu sein", zukommen muss.[271] Der Begriff des Unternehmensträgers dient hier zur präzisen Zusammenfassung aller möglichen agierenden Wirtschaftssubjekte.[272] Und seitdem der Gesellschaft bürgerlichen Rechts Rechtsfähigkeit zukommt,[273] sind die Dinge grundsätzlich einfacher geworden, da als Unternehmensträger der Einzelkaufmann, eine juristische Person oder eine Personengesellschaft auftreten kann.[274] Von der Dichotomie zwischen Unternehmensträger und Unternehmen kann vom juristischen Standpunkt aus nicht abgewichen werden.[275] *H. Krause*[276] schließt seine Anmerkung zu *Endemanns* Lehre, indem er sagt: „Der Kaufmann –

---

269 *Rittner*, Die werdende juristische Person, S. 307.

270 *Rehbinder*, Konzernaußenrecht, S. 58f.; *Rittner*, Die werdende juristische Person, S. 283ff.; *ders.*, Unternehmensfreiheit und Unternehmensrecht, S. 345, 348f.; *ders./Dreher*, Europ. und deutsches Wirtschaftsrecht, § 8 Rdn. 8, 17, § 9 Rdn. 1ff.; *Karsten Schmidt*, HR, § 4 IV. 1. b) (= S. 80), § 4 IV 2. (= S. 81ff.), § 5 (= S. 88ff.); *ders.*, in: MünchKommHGB, Vor § 1 Rdn. 9; *ders.*, ZGR 1990, 580, 592ff.; *ders.*, AcP 191 (1991), 495, 502f.; *ders.*, FS Gaul, S. 691, 692; *ders.*, GeslR, § 12 IV 1. (= S. 353); *W. Flume*, Um ein neues Unternehmensrecht, S. 17f. = GSchr. II., S. 242f.; *ders.*, AT I./2., § 2 VII. 1. (= S. 48f.); *Hügel*, Verschmelzung und Einbringung, S. 1f. m. Fn. 6; *Reiff*, Haftungsverfassung, S. 20f.; *Peifer*, Individualität im Zivilrecht, S. 491; *Hopt*, in: Baumbach/Hopt, Einl. v. § 1 Rdn. 41; *Krejci*, in: RK-UGB, Vor §§ 38-40 Rdn. 5; *Roth/Fitz*, UR, Rdn. 81; *C. Horn*, Virtualisierung von Unternehmen, S. 8; siehe auch bereits die Ausführungen von *K. Lehmann*, ZHR 50 (1900), 1, 5ff.

271 *Karsten Schmidt*, HR, § 5 II 1. a) (= S. 109f.); siehe hierzu zuletzt einerseits *M. Lehmann*, AcP 207 (2007), 225ff.; andererseits *Reuter*, AcP 207 (2007), 673ff.

272 Entgegen *M. Lehmann*, AcP 207 (2007), 225, 231f. stand auch für *Karsten Schmidt* niemals in Frage, den Begriff des Unternehmensträgers als Argument für die Rechtsfähigkeit der GbR anzuführen.

273 Dazu auch noch unter § 4 B I. 3. b. bb. (= S. 196 ff.).

274 Siehe hierzu bereits *K. Lehmann*, ZHR 50 (1900), 1, 5 der dem damaligen Entwicklungsstand entsprechend formulierte: „Die rechtliche Ausprägung [sc. des Unternehmens] richtet sich in erster Linie nach dem Träger des Unternehmens. Hiernach können wir unterscheiden: Unternehmungen von physischen Personen als Einzelkaufleuten, Unternehmungen von juristischen Personen als Einzelkaufleuten und Unternehmungen mehrerer verbundener (physischer oder juristischer) Personen, also gesellschaftliche Unternehmungen, wobei der Begriff der Gesellschaft im Sinne des Bürgerlichen Gesetzbuchs abgegrenzt wird von dem der juristischen Person, so daß Träger des Unternehmens die Gesellschafter selbst sind."; ferner jüngst zum geltenden Rechtszustand *Rittner/Dreher*, Europ. und deutsches Wirtschaftsrecht, § 8 Rdn. 13ff.

275 Dass dem so ist, zeigt insbesondere auch der Diskussionsentwurf zum UmwG aus dem Jahre 1988, der noch von der Umwandlung von Unternehmen sprach, aber nicht umhinkam unter den an der Verschmelzung beteiligten Unternehmen die verschiedenen Rechtsträgertypen aufzuzählen (vgl. § 3 Disk-E UmwG).

276 Unternehmer und Unternehmung, S. 7; siehe auch die Anführung des Zitats bei *W. Flume*, AT I./2., § 2 II. (= S. 36).

im Sprachgebrauch des Handelsrechts – wurde und blieb der alleinige Träger der Rechte und Pflichten. Das Geschäft, das Unternehmen, war nur Objekt und Beherrschungsgegenstand". Diese Aussage hat noch heute Bestand. Nur sprechen wir nicht mehr vom Kaufmann sondern, den gewandelten zeitlichen Umständen entsprechend, treffender vom Unternehmensträger.

IV. Zwischenergebnis

Das Unternehmen als „wirtschaftliche Organisationseinheit" ist in seiner Beziehung zum Unternehmensträger zu sehen. Das Unternehmen kann juristisch nur in seiner Zuordnung zum Unternehmensträger als juristischem Zurechnungsendpunkt verstanden werden. Von dieser Dichotomie kann nicht abgewichen werden. Die verschiedenen Versuche einer Versubjektivierung des „Handelsgeschäfts" konnten sich zu Recht nicht durchsetzen, da sie sich, so plastisch sie auch vorgetragen wurden, einer dogmatischen Einbettung entziehen. Die Aufwertung des Unternehmens zum Rechtssubjekt würde die Probleme, die bei der Erfassung des Unternehmens bestehen, nicht beseitigen und zudem die uns bekannte Ordnung der verschiedenen Unternehmensträger in Frage stellen.

C. Die Unternehmensübertragung als grundsätzliches Problem der zivilrechtlichen Erfassung des Unternehmens

Das Unternehmen ist eine „organsierte Wirtschafteinheit". Die rechtliche Erfassung dieser im Wirtschaftsleben omnipräsenten Erscheinung bereitet erhebliche Probleme. Insbesondere ist es nicht möglich, die so oft angedachte Versubjektivierung des Unternehmens zu einem eigenständigen „Verkehrssubjekt" auch praktisch durchzuführen. Mit der daher zwingend anzunehmenden Dichotomie von Unternehmen und Unternehmensträger ergibt sich für die Unternehmensübertragung die Fragestellung, wie das „Unternehmen als Gegenstand des Rechtsverkehrs" zu behandeln ist. Die Frage der Unternehmensübertragung stellt sich dabei als eine besondere Fragestellung des generellen Themas dar, wie das Unternehmen als ein wirtschaftliches Phänomen zivilrechtlich zu erfassen ist.[277]

I. Der Unterschied zwischen *Share Deal* und *Asset Deal*

Nach der gängigen – neudeutschen – Ausdrucksweise unterscheidet man zwischen den Transaktionsformen des *Asset Deal* einerseits und des *Share Deal* anderer-

---

[277] Zur Bedeutung der Erfassung ökonomischer Zusammenhänge, siehe auch *Dauner-Lieb*, Effizienzgedanke in der modernen Gesetzgebung, S. 9, 10ff.

seits.[278] Wirtschaftlich mögen beide Transaktionsformen dasselbe Ziel, nämlich den Unternehmenserwerb, verfolgen.[279] Rechtstechnisch unterscheiden sich die Transaktionsformen jedoch ganz erheblich voneinander. Während nämlich beim *Share Deal* ein Mitgliedschaftsrecht an einem Unternehmensträger zu übereignen ist, gilt es beim *Asset Deal* „das" Unternehmen zu übertragen. Auf der Grundlage der Unterscheidung zwischen Unternehmen und Unternehmensträger kann man die beiden Transaktionsformen dahingehend unterscheiden, dass der *Share Deal* auf den Unternehmensträger und auf einen *Herrschaftsgewinn über diesen Unternehmensträger* abzielt, während der *Asset Deal* auf das Unternehmen bezogen ist. Es soll in diesen Fällen erreicht werden, dass das Unternehmen von einem Unternehmensträger auf einen anderen wechselt. Wie aber kann man die Übertragung des „Unternehmens" erreichen? Unproblematisch ist zunächst dabei, dass das Unternehmen zum Gegenstand eines schuldrechtlichen Kausalgeschäfts gemacht wird.[280] Den *casus knacksus* stellt aber die „verfügungsrechtliche" Ebene dar: Wie ist die schuldvertragliche Vereinbarung der Unternehmensübertragung auch konkret umzusetzen?

II. Das Unternehmen als Verfügungsgegenstand?

Vor dem Hintergrund der unter § 2 skizzierten bürgerlich-rechtlichen Ausgangslage des Rechts der Verfügungen klar nachvollziehbar geht die ganz h.M. davon aus, dass die Übertragung der einzelnen materiell-rechtlich übertragungsfähigen Vermögensrechte – dem Unternehmenssubstrat – nur *singulis actibus* und nicht *uno actu* erfolgen kann.[281] Allzu verlockend wäre es, das Unternehmen als einheit-

---

278 *Lieb*, in: MünchKommHGB, Anh. § 25 Rdn. 1; *Karsten Schmidt*, HR, § 6 II. 1. c) (= S. 143); *Canaris*, HR, § 8 Rdn. 2; hierzu auch zuletzt *Beck/Klar*, DB 2007, 2819 ff.; zum Schweizer Recht *M. Vischer*, in: Merger & Acquisitions VII., S. 211 ff.; siehe auch aus der Perspektive des amerikanischen Rechts *Bainbridge*, Corporation Law and Economics, § 12.2 ff. (= S. 622 ff.).

279 Dieses spiegelt sich in den gewährleistungsrechtlichen Fragen wieder, hierzu bereits *W. Flume*, Eigenschaftsirrtum und Kauf, S. 187 ff.; siehe jetzt ausführlich *Thiessen*, Unternehmenskauf und Bürgerliches Gesetzbuch, Die Haftung des Verkäufers von Unternehmen und Unternehmensbeteiligungen, Berlin 2005; ferner *Maier-Reimer*, Unternehmenskauf, S. 61 ff.

280 RGZ 70, 226, 231; BGH NJW 1968, 392 f.; *Karsten Schmidt*, HR, § 6 I. 2. (= S. 140 f.); siehe davor bereits *Behrend*, HR, § 37 III. (= S. 206 f.); diese Möglichkeit würde früher bestritten, dazu *Dilcher/Lauda*, Das Unternehmen als Gegenstand und Anknüpfungspunkt rechtlicher Regelungen, S. 535, 551; zu den Änderungen durch die Schuldrechtsreform vgl. nur *Maier-Reimer*, Unternehmenskauf, S. 61 ff.

281 RGZ 70, 226, 231 f.; BGH NJW 1968, 392 f.; *Canaris*, HR, § 8 Rdn. 1 (= S. 142); *Karsten Schmidt*, HR, § 6 I. 1. f. (= S. 138 ff.); *Hadding*, ZGR 1982, 476, 481; *Lieb*, in: MünchKommHGB, Anh. § 25 Rdn. 4; *Hopt*, in: Baumbach/Hopt, Einl. v. § 1 Rdn. 42.; *Heidinger*, in: MünchKommHGB, § 22 Rdn. 21; *Roth/Fitz*, UR, Rdn. 764; siehe davor *Behrend*, HR, § 37 III. (= S. 206 f.); *Oppikofer*, in: RvHwb, Bd. VII., Eintrag „Das kaufmännische Unternehmen", S. 26; *Wieland*, HR I., § 22 II. 1 a) (= S. 257), § 23 III. 2. (= S. 264); *M. Wolff*, in: Manual of German Law I., Part II. Nr. 53 (= S. 226); *Enneccerus/Nipperdey*, AT I./1., § 33 III. (= S. 851); *Hubmann*, ZHR 117 (1955), 41, 64; aus der Kommentarliteratur siehe *Jickeli/Stieper*, in: Staudinger, Vorbem zu §§ 90-103 Rdn. 32; *Marly*, in: Soergel, Vor § 90 Rdn. 25.

liches Verfügungsobjekt aufzufassen und die Möglichkeit anzunehmen, dieses durch einen einheitlichen Rechtsakt zu übertragen. Die konkretesten Vorstellungen hat hier wohl *Oppikofer* entwickelt.[282] Ihm zufolge besteht ein „dringende[s] Bedürfnis, das Unternehmen als einheitliches Objekt am vermögensrechtlichen Verkehr teilhaben zu lassen".[283] Dies will *Oppikofer* durch die „Verkörperung des Unternehmens in eine[m] nach deutschem Buchrecht aufgebauten Unternehmensregister"[284] ermöglichen. Die Zweifel an der prinzipiellen Machbarkeit der Idee von *Oppikofer* ergeben sich aber daraus, ob man damit überhaupt der „Komplexität" des Unternehmens gerecht werden kann. Ein Unternehmen setzt sich nämlich zusammen aus den materiellen Vermögenswerten eines Unternehmensträgers einerseits und dem sog. *Goodwill* andererseits.[285] Ähnlichen Zweifeln ist der von Teilen der Literatur vertretene Ansatz unterworfen, ein Unternehmen könne in entsprechender Anwendung der §§ 929ff. BGB durchgeführt[286] oder aber der „Kern" eines Unternehmens könne in entsprechender Anwendung der §§ 413, 398 BGB[287] übertragen werden. Danach soll neben der Einigung der Parteien, als Publizitätsakt, die Einführung in den Tätigkeitsbereich treten. Zu untersuchen gilt es im Folgenden, ob hier nicht Lösungsansätze angegeben werden, die an der Realität und der Funktionsweise von Unternehmensübertragungen vorbeigehen und Möglichkeiten vorgeben, die vom juristischen Instrumentarium nicht geleistet werden können.

1. Handelsgeschäft = Handelsvermögen?

Das Problem der Bewerkstelligung der Übertragung eines Unternehmens ist mit dem Problem gleichzusetzen, wie das Unternehmen „materialisiert" werden kann. Die Erkenntnis, dass das Unternehmen dabei mehr als die Summe seiner Teile, nämlich eine „organisierte Wirtschaftseinheit" und damit eine von ihrem „Sach-

---

[282] Zu *Oppikofer* siehe bereits oben unter Fn. 221; hinzuweisen ist daneben auf die Bestrebungen des Ausschusses für das Recht des Handelsstandes und der Handelsgeschäfte der Akademie für deutsches Recht – unter der Leitung *H. Lehmanns* –, die die Übertragung des Unternehmens durch einen „einheitlichen Akt" ermöglichen wollte. Wie dies konkret funktionieren sollte, ist nicht klar zu sagen, da insbesondere das Referat *Nipperdeys* nicht erhalten geblieben ist. Die Idee *Nipperdeys*, ein absolutes Recht am Unternehmen anzuerkennen, konnte sich hingegen bei den Beratungen – zu Recht – nicht durchsetzen. Vgl. hierzu *Schubert*, Ausschuß für das Recht des Handelsstandes und der Handelsgeschäfte, S. XVIII ff., 26ff.; siehe ferner *H. Lehmann*, Jahrbuch der Akademie für Deutsches Recht 1939/40, S. 96ff.

[283] *Oppikofer*, Unternehmensrecht, S. 137.

[284] *Oppikofer*, Unternehmensrecht, S. 148; siehe auch *Canaris*, HR, § 8 Rdn. 1: „Dieses komplexe Gebilde [sc. das Unternehmen] kann nach geltendem deutschen Recht nicht als solches übertragen werden – was etwa durch Eintragung in ein Unternehmensregister geschehen könnte.".

[285] Das sieht auch *Oppikofer* (vgl. RvHwb, Bd. VII., Eintrag „Das kaufmännische Unternehmen", S. 26f.), dazu noch unten § 3 C. II. 3. (= S. 58f.).

[286] *Pisko*, in: Ehrenbergs Hdb. II./1., § 25 (= S. 222); siehe danach *Gierke/Sandrock*, I., § 13 IV. 2. a) (= S. 186).

[287] *Baur/Stürner*, SaR, § 28 Rdn. 10; *Jickeli/Stieper*, in: Staudinger, Vorbem zu §§ 90-103 Rdn. 32; *Köhler*, in: Staudinger[1995], § 433 Rdn. 114; siehe auch *Hubmann*, ZHR 117 (1955), 41, 63.

substrat" zu unterscheidende Rechtsfigur ist, hat dabei eine lange Vorgeschichte. In der Handelsrechtswissenschaft Ende des 19. und Anfang des 20. Jahrhunderts wurde noch um die Frage gestritten, inwieweit das Handelsgeschäft, also das, was wir heute Unternehmen nennen würden, mit dem Handelsvermögen, also dem Vermögen eines Kaufmanns oder einer Handelsgesellschaft,[288] gleichzusetzen sei.[289] So wurde anfänglich noch die Gleichsetzung von Handelsgeschäft und Handelsvermögen angenommen.[290] *Behrend*[291] beispielsweise unterscheidet die körperlichen Sachen, Rechte, aber auch die die Chancen umfassenden Geschäftsaktiva von den Geschäftspassiva. Die Gesamtheit dieser Rechte soll das Handelsgeschäft ausmachen. Gleichwohl erkannte auch schon *Behrend* die Bedeutung des *Goodwill*,[292] indem er die Bedeutung der Geschäftschancen und der „Zuweisung der Kundschaft" betonte.[293] Die Trennung des Handelsvermögens vom Handelsgeschäft wurde aber erst Anfang des 20. Jahrhunderts klar formuliert.[294] Ansatzpunkt war, dass den materiellen und im Handelsvermögen „zusammengefassten" Vermögensrechten zwar eine wichtige, aber stets nur dem Unternehmen dienende Funktion zukommt.[295] *Pisko*[296] etwa führt als Beispiel Zeitungsunternehmen an und verweist darauf, dass die vom Handelsvermögen umfassten Vermögenswerte in einem solchen Fall nur von untergeordneter Bedeutung seien. Der Wert eines Zeitungsunternehmens gründet sich vielmehr auf dem Renomée, der Belegschaft etc. als auf den materiellen Vermögensgütern. In der Abkehr von der noch anfangs angenommenen Gleichsetzung von Handelsgeschäft und Handelsvermögen dokumentiert sich der Bedeutungsgewinn des *Goodwill* für die Erfassung des Unternehmens. Nichts anderes kommt schon bei *Endemann*[297] zum Ausdruck, wenn er davon spricht, dass das Geschäft mehr als ein Konglomerat von Vermögensstücken sei, nämlich ein „Komplex, der nicht bloß für den Handel bestimmten (toten) Produktivmittel, sondern der in Bewegung befindlichen, tätigen Kapitalien und Arbeitskräfte". Das Reichsgericht[298] schließlich erblickt im „Unternehmen" einen

[288] Zum Handels- bzw. Geschäftsvermögen siehe *Pisko*, in: Ehrenbergs Hdb. II./1., § 21 (= S. 207).

[289] *Wieland*, HR I., § 22 I. 1. m. Fn. 6 (= S. 250 f.); *Binder*, Die Rechtsstellung des Erben, Bd. I., S. 32.

[290] *Behrend*, HR, § 37 I. (= S. 202); *ders.*, Zeitschrift f. Gesetzgebung u. Rechtspflege 4 (1870), 429, 431 f.; *v. Hahn*, ADHGB, Art. 22 Anm. 2.

[291] HR, § 37 I. (= S. 202 ff.).

[292] In einem rechtsvergleichenden Anhang geht *Behrend* (HR, § 37 Zusatz I. (= S. 212 ff.)) u. a. auch auf die Bedeutung des *Goodwill* im englischen Recht ein.

[293] Vgl. *Behrend*, HR, § 37 III. m. Fn. 18 (= S. 207 f.).

[294] *Hoeninger*, in: Düringer/Hachenburg, § 25 Anm. 2; *Pisko*, in: Ehrenbergs Hdb. II./1., § 20 (= S. 196), § 21 (= S. 204 f.); *K. Lehmann*, HR, § 24 (= S. 106 ff.); *Wieland*, HR I., § 22 I. 1. m. Fn. 6 (= S. 250 f.); *M. Wolff*, FS v. Gierke, S. 117, 120 f. m. Fn. 15.

[295] *M. Wolff*, FS v. Gierke, S. 117, 120 f. m. Fn. 15: „Nur an einzelne Stücke des Handelsvermögens wird das Unternehmen immer gebunden sein.".

[296] In: Ehrenbergs Hdb. II./1., § 20 m. Fn. 6 (= S. 196).

[297] HR[1. Aufl.], § 15 (= S. 74), siehe auch § 18 II. (= S. 86).

[298] RGZ 68, 49, 53 (in Bezug auf ein Zeitungsunternehmen); siehe davor RGZ 1, 260, 263 f.; 37, 176, 178; 70, 20, 22 ff. (Verpachtung einer Zeitschrift); 70, 220, 223 („gewinnbringende Organisation"); 94, 106, 108 (zur Ermittlung des Geschäfts- oder Firmenwertes); RG Holdheim 17 (1908), 71 f.

„organisierten und in Gang befindlichen Betrieb". Nach *von Ohmeyer*[299] ist der „Wert der wirtschaftlichen Einheit eben infolge des Organisationsfaktors, welcher das Zusammenwirken aller Bestandteile veranlasst, gegenüber der Summe der Einzelwerte verschieden". *Flechtheim*[300] zufolge ist der „besondere Wert, der dem Geschäft als einem (lebendigen) Organismus innewohnt, in Rechnung zu stellen". *K. Lehmann*[301] erklärt die „Chancen" zu dem „eigentlichen Kernbestandteil des „Geschäfts". Und schließlich wird heute das Unternehmen als „komplexe Einheit"[302] bezeichnet und dabei insbesondere seine Dynamik[303] hervorgehoben.

2. Die Bedeutung des *Goodwill* für die Erfassung des Unternehmens

Um sich der juristischen Erfassung des „Unternehmens als Gegenstand des Rechtsverkehrs" und im Besonderen dem Problem der Unternehmensübertragung anzunähern, ist das Zusammenspiel von den im Vermögen eines Unternehmensträgers zusammengefassten materiell-rechtlichen Vermögenswerten einerseits und dem *Goodwill* anderseits, so wie es auch in den eben angeführten Stellungnahmen zum Ausdruck kommt, zu erfassen.[304]

a. Die Unternehmensbewertung

Paradigmatisch für die Erfassung dieses „Zusammenspiels" sind die Probleme, die bei der Unternehmensbewertung auftreten.[305] Die Unternehmensbewertung versucht, den Wert eines Unternehmens als eine „Einheit" zu bestimmen. Eine erste Orientierung bietet dabei einerseits der Substanzwert, verstanden als die Summe der Einzelwerte, und andererseits der Ertragswert eines Unternehmens. Der Substanzwert mag einigermaßen „objektiv" zu bestimmen sein, solange es für jeden einzelnen Vermögensgegenstand einen Markt gibt, auf dem sich in einer größeren Zahl von Transaktionen gleicher oder ähnlicher Gegenstände ein Preis bildet. Da das Unternehmen selbst jedoch „einzigartig" ist und gerade als Wirtschaftsorganisation mehr als die Summe seiner Vermögensgegenstände darstellt, kann es keinen Marktwert in diesem Sinne haben. Sein Wert läßt sich nicht abstrakt feststellen, sondern ergibt sich aus den Erwartungen, die der jeweilige Eigentümer oder ein Kaufinteressent an den Ertrag richtet, den ihm das Unternehmen in der Zu-

---

299 Unternehmen als Rechtsobjekt, S. 11.

300 In: Düringer/Hachenburg, § 138 Anm. 11; siehe auch dort die Kommentierung von *Hoeninger*, § 25 Anm. 2.

301 HR, § 24 5. I. c) (= S. 110).

302 *Lieb*, in: MünchKommHGB, Anh. § 25 Rdn. 4; siehe hierzu auch *J. W. Flume*, ZHR 170 (2006), 737, 745.

303 *Dauner-Lieb*, Unternehmen in Sondervermögen, S. 28ff., 155: „Das Unternehmen als dynamische Einheit"; siehe danach auch *Peifer*, Individualität im Zivilrecht, S. 470.

304 *Wieland*, HR I., § 22 I. 3. a.E. (= S. 254) spricht davon, dass die richtige „Synthese" zu finden sei.

305 *Karsten Schmidt*, HR, § 4 II. 2. (= S. 70ff.); *Hüttemann*, ZHR 162 (1998), 563ff.

kunft bringen wird.[306] Die heute überwiegend zur Anwendung kommende sog. Ertragswertmethode, wie auch das sog. *Discounted Cash-Flow* Verfahren (DCF-Verfahren), sind dabei nur als Versuche zu verstehen, die mit der Wertermittlung eines Unternehmens zusammenhängenden Bewertungsprobleme zu operationalisieren.[307] Das zeigt sich insbesondere daran, dass nach der Ertragswertmethode die Ertragskraft eines Unternehmens auf der Grundlage des Betriebsergebnisses der vergangenen Jahre prognostiziert wird.[308] Dass man den Unternehmenswert unter anderem unter Zugrundelegung der in der Vergangenheit erzielten Erträge ermittelt, liegt dabei vor allem auch darin begründet, dass der *Goodwill*, der immaterielle Teil des Wertes eines Unternehmens, auf der Gesamtheit der Beziehungen beruht, die das Unternehmen zu seinen Kunden, Lieferanten, Mitarbeitern, kurz zu allen, die mit ihm in irgendeinerweise zu tun haben, aufgebaut hat.

b. Die Erfassung des *Goodwill* exemplifiziert an der Rechtsprechung des Common Law

Illustratives Anschauungsmaterial für die Erfassung der Bedeutung liefert schließlich das englische *Case Law* aus dem 19. Jahrhundert und frühen 20. Jahrhundert, das einen Einblick in die Vielschichtigkeit des *Goodwill* eröffnet und auch von der deutschen Handelsrechtswissenschaft rezipiert worden ist.[309] Nach dem mittlerweile berühmten Ausspruch *Lord Eldons* im 1810 entschiedenen Fall *Cruttwell v. Lye* ist der *Goodwill* nichts weiter als eine Wahrscheinlichkeit: „[G]ood-will, [...], is nothing more than the probability that the old customer will resort to the old place."[310] Der Fall *Cruttwell v. Lye* gilt für das englische Common Law als der Ausgangspunkt einer Serie von Urteilen, die sich generell mit der Frage beschäftigen, inwieweit den Verkäufer eines Geschäfts, auch wenn die Parteien keine ausdrückliche Vereinbarung über ein Wettbewerbsverbot getroffen haben (*covenant in restrain of trade*), besondere Pflichten treffen, Wettbewerbshandlungen zu unterlassen.[311] Es mag nicht verwundern, dass die Ausführungen Lord *Eldons* zum

---

306 *Hüttemann*, ZHR 162 (1998), 563, 573f. unter Anführung des folgendenen Textzitates *Schmalenbachs:* „Alle die eine Wirtschaftsanlage kaufen oder sich in irgend einer Form an ihr beteiligen wollen, und alle, die eine Wirtschaftsanlage verkaufen wollen, werden, wenn sie wirtschaftlich denken, von dem Gedanken beherrscht: Was kann diese Anlage in Zukunft an Gewinn bringen.".

307 Siehe *Wagner*, in: WP Handbuch 2008, Bd. II., A Rdn. 10, 235ff.; siehe ferner die Einführung von *Hennrichs*, ZHR 164 (2000), 453, 454f. m.w.N.

308 *Wagner*, in: WP Handbuch 2008, Bd. II., A Rdn. 239.

309 *Behrend*, HR, § 37 Zusatz I. (= S. 212ff.); *Simon*, ZHR 24 (1879), 91, 131ff.; *S. Goldschmidt/Schneider*, in: Die Handelsgesetze des Erdballs, Bd. XI./I., Great Britain and Ireland, § 5 Goodwill, S. 91ff.; kurze rechtsvergleichende Bestandsaufnahme auch bei *Oppikofer*, in: RvHwb, Bd. VII., Eintrag „Das kaufmännische Unternehmen", S. 27.

310 *Cruttwell v. Lye* (1810), 34 E.R. 129, 134.

311 *Prentice*, in: Chitty on Contract Vol. I., Rdn. 16-117; ausführlich zum Konzept des Goodwill bei Lord *Eldon Tregoning*, K.C.L.J. 15 (2004), 93ff.; im Fall *Cruttwell v. Lye* (1810), 34 E.R. 129 wurde das klägerische Begehren abgelehnt; der Grund hierfür war konkursrechtlich begründet.

Widerspruch herausforderten, da sie den Wert eines im Gang befindlichen Unternehmens auf die Möglichkeit der eintreffenden Kundenschar reduzierten.[312] So wurde das Konzept des *Goodwill* im Fall *Churton v. Douglas*[313] aus dem Jahre 1859 in Anlehnung an die Ausführungen *Lord Eldons* durch *Vice-Chancellor Wood* erweitert und die Bedeutung der Firma hervorgehoben:

„But it would be taking too narrow a view of what is there [sc. *Cruttwell v. Lye*] laid down by Lord Eldon to say that it is confined to that. "Goodwill", I apprehend, must mean every advantage – every positive advantage, if I may so express it, as contrasted with the negative advantage of the late partner not carrying on the business himself – that has been acquired by the old firm in carrying on its business, whether connected with the premises in which the business was previously carried on, or with the name of the late firm, or with any other matter carrying with it the benefit of the business. When Lord Eldon is speaking of a nursery garden, or a locality which the customers must frequent to look at the plants and other things; and when Sir Thomas Plumer, in another case, in speaking of a retail shop which a person must enter to in order to buy the goods there exposed, they are only, as it appears to me, giving those as illustrations of what goodwill is. But it would be absurd to say that, where a large wholesale business is conducted, the public are mindful whether it is carried on at one end of the Strand or the other, or in Fleet Street, or in the Strand, or any place adjoining, and that they regard that, and do not regard the identity of the house of business, namely the firm."[314]

Den (zwischenzeitlichen) Abschluss bildet schließlich das heute noch für die englische Praxis relevante Urteil *Trego* v. *Hunt*[315] aus dem Jahre 1896. Im Votum von *Lord Herschell* wird der Unterschied zwischen einem eingeführten, fortgeführten und neu gegründeten „*Business*" deutlich:

„It is the connection thus formed, together with the circumstances, whether of habit or otherwise, which tend to make it permanent, that constitutes the goodwill of a business. It is this which constitutes the difference between a business just started, which has no goodwill attached to it, and one which has acquired a goodwill. The former trader has to seek out his customers from among the community as best as he can. The latter has a custom ready made. He knows what members of the community are purchasers of the articles in which he deals, and are not attached by custom to any other establishment."[316]

Lord Macnaghten schließlich stellt im gleichen Fall in seinem Votum die Abhängigkeit des *Goodwill* vom Geschäftsfeld und die z.T. überragende Bedeutung des *Goodwill* für den Gesamtwert des Geschäfts heraus. Er weist auf den erforderlichen Aufwand hin, um ein gut funktionierendes Geschäft überhaupt erst zum Laufen zu bringen.

„What "goodwill" means must depend on the character and nature of the business to which it is attached. Generally speaking, it means much more than what Lord Eldon took it to

---

[312] Anders die Einschätzung von *Tregoning*, K.C.L.J. 15 (2004), 93, 94 der hervorhebt: „his [sc. Lord *Eldons*] definition and conception were designed to suit the facts of the particular case before him".

[313] (1859), Johns. 174.

[314] *Churton v. Douglas* (1859), Johns. 174, 188.

[315] (1896), A.C. 7; siehe hierzu auch *Prentice,* in: Chitty on Contracts Vol. I., Rdn. 16-117.

[316] *Trego v. Hunt* (1896), A.C. 7, 17f.

> mean [...]. Often it happens that the goodwill is the very sap and life of the business, without which the business would yield little or no fruit. It is the whole advantage, whatever it may be, of the reputation and connection of the firm, which may have been build up by years of honest work or gained by lavish expenditure of money."[317]

Abschließend lohnt ein Blick auf ein überaus originelles Votum von *Lord Scrutton* aus dem Fall *Whiteman Smith Motor Co. v. Chaplin.*[318] Dieses steht im Zusammenhang mit dem damals noch[319] in sec. 4 (1) des *landlord and tenant Act 1927* geregelten Entschädigungsrecht des Pächters „at the termination of the tenancy on quitting the holding, to be paid by his landlord compensation for goodwill".[320]

> „A division of the elements of goodwill was referred to during the argument, and appears in Mr. Merlin's book[321] as the "cat, rat and dog" basis. The cat prefers the old home to the person who keeps it, and stays in the old home though the person who has kept the house leaves. The cat represents that part of the customers who continue to go to the old shop, though the old shopkeeper has gone; the probability of their custom may be regarded as an additional value given to the premises by the tenant's trading. The dog represents that part of the customers who follow the person rather than the place; these the tenant may take away with him if he does not go too far. There remains a class of customer who may neither follow the place nor the person, but drift away elsewhere. They are neither a benefit to the landlord nor the tenant, and have been called "the rat" for no particular reason except to keep the epigram in the animal kingdom. I believe my brother Maugham has introduced the rabbit, but I will leave him to explain the position of the rabbit. It is obvious that the division of the customers into "cat, rat and dog" must vary enormously in different cases and different circumstances. The "dog" class will increase with the attractiveness and new accessibility of the tenant; the "cat" class with the advantages of the site; all sorts of variations may affect the "rat"."[322]

Die „cat"-class der Kunden erhöht den Geschäftswert, die „dog"-class gilt es durch Wettbewerbsverbote nach Möglichkeit vom Veräußerer loszutrennen und die „rat"-class schließlich repräsentiert den Teil der Kunden, deren Verhalten nur schwer zu prognostizieren ist. Die Vielzahl der pointierten richterlichen Erwägungen lassen erkennen, aus welch verschiedenen Perspektiven man den *Goodwill* betrachten kann und wie schwer es fällt, ihn zu fixieren, da er in ständiger Bewegung begriffen ist. Für die zivilrechtliche Erfassung des *Goodwill* besteht das Problem darin, dass in ihm rechtlich nur schwer fassbare Faktoren aufgefangen werden: Ruf der Firma, Know-how, Kunden- bzw. Mandantenstamm, Organisationsstruktur, eingespielte und erfahrene Belegschaft, erschlossener Absatzmarkt etc.[323] Diese Beziehungen entziehen sich ihrer Natur nach einer rechtlichen Klassifizierung.

---

317 *Trego v. Hunt (*1896), A.C. 7, 23f.

318 (1934), 2 K.B. 35.

319 Aufgehoben durch sec. 45 des *landlord and tenant act 1954.*

320 Weitere Einzelheiten müssen hier außer Betracht bleiben, vgl. hierzu kurz *Lawson*, Law of Property, S. 124 und ausführlich *Arnold*, Landlord and Tenant Act 1927, S. 19ff., 53ff.; ferner *Oppikofer*, FS Schultze, S. 207, 222f.

321 Gemeint ist *Seth Philip Jones Merilin*, The Landlord and Tenant Act, London 1927.

322 *Whiteman Smith Motor Co. v. Chaplin*, (1934), 2 K.B. 35, 42.

323 Siehe schon die Auflistung bei *Wieland*, HR I., § 21 III. (= S. 246).

Diese Erkenntnis gilt es auch bei der Umsetzung von Unternehmensübertragungen zu berücksichtigen.

3. Die rechtstechnische Umsetzung von Unternehmensübertragungen

Auf welche grundsätzlichen Probleme man bei der Übertragung eines Unternehmens stößt, wird deutlich in dem englischen Fall *Bozon v. Farlow* aus dem Jahre 1816. Dort stellte *Sir William Grant M.R.* die Frage: „In what way [...], is the court to decree the transfer of such a business? What is it that I am to direct Mr. Bozen to do towards the fullfilment of his part of the contract? The Court must be able to prescribe to both parties what it is that they are reciprocally to perform".[324] Was ist also für die Übertragung des *Goodwill* auf den Erwerber zu tun? Eine mögliche Antwort könnte lauten: Nichts. Der *Goodwill* geht auf den Erwerber über oder aber auch nicht. Die Parteien haben aber keinen Einfluss darauf, ob dies auch tatsächlich geschieht. Glaubt man hingegen einigen juristischen Schriftstellern, wäre es denkbar, die Unternehmensorganisation, den *Goodwill*, als immaterielles Gut[325] anzuerkennen und auch den Übergang des Unternehmens durch ein Registerverfahren herbeizuführen.[326] Nach anderen ist die Übertragung des Unternehmens in entsprechender Anwendung der §§ 929ff. BGB zu bewerkstelligen oder aber der Unternehmenskern soll nach den §§ 413, 398 BGB übertragen werden, indem sich die Parteien einigen und der Erwerber in den Tätigkeitsbereich eingeführt wird.[327]

Alle diese Ansätze täuschen jedoch Lösungsmöglichkeiten vor, die von der Rechtsordnung nicht geleistet werden können. Den im Unternehmen eingeschlossenen Organisationswert zum Rechtsobjekt zu erhöhen und ihn so (theoretisch) zum Verfügungsgegenstand zu deklarieren, ergibt keinen Sinn und kann nicht zur Problemlösung beitragen. Denn der *Goodwill* ist ein ausschließlich wirtschaftlicher Wert, der sich einer Kategorisierung als Verfügungsobjekt widersetzt, oder, wie *v. Tuhr*[328] formuliert, nicht in den „Katalog der Vermögenstatbestände" eingeordnet werden kann.[329] Verfügungsrechtlich kann es keine Übertragung des *Goodwill*

[324] *Bozon v. Farlow* (1816), 1 Mer. 459, 472, am Ende des Urteiles heißt es ((1816), 1 Mer. 459, 474f.) „it is an agreement which a Court of Equity is not able to carry into execution, and that the Bill must be dismissed"; hierzu auch *Tregoning*, K.C.L.J. 15 (2004), 93, 98; zur weiteren Entwicklung im englischen Recht, vgl. *Treitel*, in: Chitty on Contracts Vol. I., Rdn. 27-042.

[325] *Isay*, Das Recht am Unternehmen, S. 23ff.; *Oppikofer*, Unternehmensrecht, S. 136; *Hubmann*, ZHR 117 (1955), 41, 57; siehe hierzu auch *Peifer*, Individualität im Zivilrecht, S. 465.

[326] *Oppikofer*, Unternehmensrecht, S. 136 147f.; *ders.*, in: RvHwb, Bd. VII., Eintrag „Das kaufmännische Unternehmen", S. 26f.; siehe hierzu bereits oben § 3 C. II. (= S. 51f.).

[327] Vgl. hierzu die Nachw. in Fn. 286 und 287.

[328] AT I., § 18 II. (= S. 319); siehe auch *Lawson*, Law of Property, S. 26: „Goodwill is property of a highly peculiar kind"; *O. v. Gierke*, in: Holtzendorff/Kohler, 6. Teil, § 20 (= S. 909): „Persönlichkeitsgüter ohne Rechtsform".

[329] Gegen *Pisko* siehe auch die Kritik von *Wieland*, HR I., § 22 I. 3. (= S. 252ff., insb. 254), § 22 II. 2. m. Fn. 26 (= S. 258f.).

geben.[330] Dies kommt auch in einem Urteil des Reichsgerichts[331] ganz klar zum Ausdruck:

> „Das Handelsgeschäft kann, [...], wohl Gegenstand obligatorischer Rechtsgeschäfte sein. Allein ein einheitliches dingliches Recht kann an diesem tatsächlichen Ganzen nicht bestehen. Dies tritt sofort hervor, sobald bei der Veräußerung die Übereignung zu vollziehen ist. Einen einheitlichen Übertragungsakt für das Handelsgeschäft als Ganzes gibt es nicht; die Übereigung muß sich je nach der Beschaffenheit der einzelnen Bestandteile in einzelne Übereignungsakte zerspalten. Bei den immateriellen Bestandteilen ist sie überhaupt nicht möglich; hier besteht der entsprechende Akt in einem gewissen tatsächlichen Verhalten, z. B. bei der Übertragung der Kundschaft, soweit überhaupt eine solche möglich ist, in der Empfehlung des Erwerbers und in der Unterlassung eines die bisherigen Kunden dem Erwerber abspenstig machenden Tuns usw."

Nicht realisierbar ist daher auch die Idee *Oppikofers*, die Übertragung und Verpfändung von Unternehmen durch die „Verkörperung des Unternehmens" in einem Unternehmensregister zu ermöglichen. Eine *uno actu* Übertragung „des Unternehmens", also der materiell-rechtlichen Vermögensgüter und des *Goodwill*, kann es nicht geben. Verfügt werden kann nur über die Bestandteile des Vermögens eines Unternehmensträgers.[332] Falsch ist daher auch die Formulierung des § 152 UmwG, der davon spricht, dass ein Einzelkaufmann sein Unternehmen ausgliedern könnte. Der Kaufmann kann nicht sein Unternehmen, sondern nur das Vermögen ausgliedern. Realisierbar bleibt stets nur die Erleichterung der Unternehmensübertragung, indem das Vermögen im Wege der Universalsukzession übertragen werden kann.[333]

4. Juristische Hilfskonstruktionen zur Absicherung der *Goodwill*-Nutzung durch den Unternehmenserwerber

Die zu Anfang des letzten Abschnitts in den Raum gestellte Überlegung, für den – untechnisch gesprochen – Übergang des *Goodwill* könne man nichts tun, überzeichnet freilich die Dinge. Natürlich ist es nicht abzusehen, ob der Erwerber im gleichen Maße in der Lage sein wird, das Unternehmen wie sein Vorgänger, oder wie es avisiert war, auszubeuten. Was aber rechtlich möglich ist, ist die Nutzung des Unternehmens durch besondere juristische Hilfskonstruktionen zu erleichtern

---

330 *Wieland*, HR I., § 22 I. 3. a. E. (= S. 254); *Lieb*, in: MünchKommHGB, Anh. § 25 Rdn. 24; *Karsten Schmidt*, HR, § 6 I. 2. (= S. 140 f.).

331 RGZ 70, 226, 231.

332 Dies erkennt auch *Oppikofer*, er fordert jedoch (in: RvHwb, Bd. VII., Eintrag „Das kaufmännische Unternehmen", S. 26 f.) auf dieser Einsicht aufbauend: „Dieser Umstand mußte eine wesentliche privatwirtschaftliche Betrachtungsweise, welche nicht vom Unternehmerwechsel, sondern von der Übertragung der einzelnen Produktionsgüter ausgeht, dazu führen, neben den materiellen Unternehmensbestandteilen ein in der Unternehmensorganisation liegendes immaterielles Rechtsgut begrifflich anzuerkennen und auch dieses zum Gegenstand der Übertragung zu machen." Mit einer solchen Anerkennung wäre jedoch nichts gewonnen.

333 Dazu im Einzelnen unter § 4 (= S. 67 ff.); zur h. M., die nur eine auf die Tatbestände der Singularsukzession gestützte Vermögensübertragung kennt, vgl. die Nachw. in Fn. 281.

und abzusichern. In einer *Note* aus der *Columbia Law Review* wird dies prägnant auf die Formel gebracht: „(1) *furnishing the transferee* with all symbols and other transferable attractions which invoke a favourable response in the customers; and (2) *removing the transferor* as an alternative attraction".[334] Gemeint sind damit also, wiederum bezogen auf das deutsche Recht, u.a. die Übertragung der Firma, schuldrechtliche Annoncierungs- und Einweisungspflichten und schließlich die Annahme nebenvertraglich geschuldeter Rücksichtnahmepflichten bzw. die Vereinbarung von (expliziten) Wettbewerbsverboten. All diese verschiedenen Instrumente entsprechen dabei der wirtschaftlichen Realität, dass eine Unternehmensübertragung als ein in die Zukunft weisender Prozess – der Fortführung des Unternehmens durch den Erwerber – zu verstehen ist. Sie dienen dazu, dass der Erwerber zum Unternehmensträger wird.[335] Das soll im Folgenden exemplifiziert werden.

a. Die Firma

Wie kein anderes Recht dient die Firma der (teilweisen) „Materialisierung" des *Goodwill*.[336] Diese „Materialisierung" des *Goodwill* in der Firma kommt bereits klar zum Ausdruck, wenn in Durchbrechung des Grundsatzes der Firmenwahrheit[337] im *„Preußischen Entwurf eines Handelsgesetzbuchs"* von 1857, auf dessen Art. 26f. im Wesentlichen die heutige Fassung der §§ 22f. HGB zurückzuführen ist, für die Möglichkeit der Übertragung und Fortführung der Firma plädiert wird:

> „Die Erfahrung zeigt, daß der einer Handlung gewährte Kredit zum großen Theile an der Firma haftet und mit derselben auf den Geschäftsnachfolger übergeht, die Firma also gewissermaßen zu einem Sachnamen, zu dem Namen des Geschäfts, geworden ist. Eine Aenderung derselben hat häufig die erhebliche Störung der bestehenden Geschäftsverbindungen zur Folge, so daß die Fortführung eines Geschäfts durch den Erben oder andere Rechtsnachfolger des bisherigen Eigenthümers ohne die Erlaubniß der Beibehaltung der alten Firma thatsächlich auf die größten Schwierigkeiten stoßen würde. Die Handelswelt hat daher, abgesehen davon, daß die Erhaltung alter berühmter Firmen für einen Ehrenpunkt

---

[334] Colum. L. Rev. 53 (1953), 660, 668 (Hervorh. durch den Verf.).

[335] So *Karsten Schmidt*, HR, § 6 I. 2. a.E. (= S. 141); siehe auch schon *H. Westermann*, SaR, § 2 2. (= S. 8).

[336] Siehe hierzu RGZ 1, 260, 262; *Churton v. Douglas* (1859), Johns. 174, 189 *per Wood V.C.*: „The name of a firm is a very important part of goodwill of the business carried on by the firm."; *Ehrenberg*, ZHR 68 (1882), 25, 53; *Behrend*, HR, § 40 V. (= S. 256); *Hoeninger*, in: Düringer/Hachenburg, § 17 Anm. 8; *Köhler*, FS Fikentscher, S. 494, 508; *Canaris*, HR, § 10 Rdn. 7; zu unterscheiden ist die Firma von der Geschäfts- bzw. Etablissementbezeichnung (§§ 5 II MarkenG, § 16 I UWG a.F.), auf die hier nicht weiter einzugehen ist; vgl. hierzu bereits *Wieland*, HR I., § 17 I. (= S. 173ff.); ferner ausführlich *Peifer*, Individualität im Zivilrecht, S. 509ff.; *Steinbeck*, FS Horn, S. 589ff.

[337] Siehe hierzu auch insb. RGZ 1, 260, 262; 46, 150, 151 und *L. Goldschmidt*, Krit.Z.f.g. Rechtswiss. 4 (1857), 105, 121f.; im Zuge der Ausarbeitung des HGB wurde teilweise dafür votiert, die Vorschrift über die Firmenübertragung abzuschaffen und das Firmenrecht weitaus strengeren Maßregeln zu unterwerfen; vgl. hierzu die Denkschrift, 1896, S. 32 = *Schubert/Schmiedel/Krampe*, II/2., S. 974ff. und *K. Lehmann*, FS Cohn, S. 395, 397f.: „Stimmen von Wahrheitsfanatikern".

> gilt, auch ein *vermögensrechtliches Interesse* an der Fortführung bestehender Firmen und hat demselben wenigstens im europäischen Handelsgebrauche fast allgemein durch bedingte Gestattung der Uebertragung der Firmen auf die Geschäfts-Nachfolger einen Ausdruck gegeben."[338]

In Erinnerung an die *Endemann'sche* These von der Versubjektivierung des Geschäfts sollte die offensichtlich bewusst an wirtschaftliche Anschauungen anknüpfende Begründung nicht dazu verleiten, daran zu denken, dass in der Begründung die Rechtsfähigkeit des Handelsgeschäfts propagiert wird. War nämlich die Firma ursprünglich nur die Unterschrift des Kaufmanns im Handelsverkehr des Mittelalters,[339] ist sie nach der Konzeption des ADHGB unzweifelhaft zunächst nichts weiter als der Name des Kaufmanns.[340] Die Firma dient zur Identifizierung des Unternehmensträgers.[341] Die Firma ermöglicht es aber auch, der – rechtlich unzutreffenden – kaufmännischen Vorstellung von der Rechtsfähigkeit des Unternehmens entgegenzukommen, indem in Bezug auf das Unternehmen eingegangene Verbindlichkeiten als Verbindlichkeiten des Unternehmensträgers gelten: Wer mit einem Unternehmen kontrahiert, kontrahiert mit dem jeweils ihm zugeordneten Rechtsträger.[342] Wichtig für die Erfassung der Bedeutung der Firma ist es dabei, den in § 23 HGB angelegten, aber weit darüber hinaus reichenden Rechtsgedanken zu berücksichtigen.[343] Das materielle Recht zur Führung der Firma besteht nämlich nur solange, wie auch das Unternehmen existiert.[344] Der Verkehr soll sowohl bei der originär entstandenen wie auch bei der derivativ erworbenen Firma vor dem Irrglauben geschützt werden, dass ein unter einer bestimmten Firma auftretender Rechtsträger nicht mehr mit dem durch die Firma in Verbindung gebrachten Unternehmen am Markt tätig ist.[345] Die Legitimation zur Nutzung der

---

[338] Preußischer Entwurf eines Handelgesetzbuchs (1857), S. 18 (Hervorh. durch den Verf.); siehe hierzu die krit. Anm. von *L. Goldschmidt*, Krit.Z.f.g.Rechtswiss. S. 4 (1857), 105, 121f.; Art. 22 ADHGB, die Vorläufervorschrift zu § 22 HGB, entspricht im Wesentlichen Art. 26 I des preußischen Entwurfs von 1857.

[339] *Firmare*, als das Bekräftigen oder Bestätigen einer Urkunde mittels Unterschrift; *Behrend*, HR, § 40 II. (= S. 252): „Eigene von den bürgerlichen Namen abweichende Handelsnamen finden sich zuerst in den Handelsgesellschaften."; ausführliche Darlegungen m. zahlr. Nachw. bei *L. Goldschmidt*, Universalgeschichte, § 9 I. 4. m. Fn. 20 (= S. 243), § 9 III. 2. (= 273ff.); *Behrend*, HR, § 40 I. (= S. 250); *Oppikofer*, Unternehmensrecht, S. 107; *Wieland*, HR I., § 17 II. (= S. 178).

[340] ROHG 2, 46, 49f.; RGZ 9, 104, 106; 54, 15, 16f.; 62, 7, 9; 66, 415, 416; *Wieland*, HR. I., § 17 I. (= S. 173ff.); *Staub*, HGB[6./7. Aufl.], § 22 Anm. 5: „Bewilligung einer Namensführung"; *Lehmann/Ring*, HGB, § 22 Anm. Nr. 1; ausführliche Nachw. auch bei *Klippel*, Der Zivilrechtliche Schutz des Namens, S. 112.

[341] *Karsten Schmidt*, HR, § 4 IV. 3. (= S. 84f.) und § 12 I. 1. (= S. 338ff.); *Merkt*, Unternehmenspublizität, S. 247.

[342] Zur Auslegungsregel vom unternehmensbezogenen Kontrahieren noch ausführlich unter § 4 A. III. 1. a (= S. 148).

[343] *Karsten Schmidt*, HR, § 12 II. 1. (= S. 352).

[344] Zu den verschiedenen Fallgruppen *v. Gamm*, WettbR, Kap. 56 Rdn. 44ff. und *Hopt*, in: Baumbach/Hopt, § 17 Rdn. 23, § 22 Rdn. 21.

[345] Zur originär erworbenen Firma: RGZ 110, 422, 424f.; BayOblGZ 71, 163, 164f.; 83, 257ff.; BayOblG NZG 2000, 641, 642 (besonders virulent ist die Frage des Verlusts des materiellen

Firma gilt also grundsätzlich nur in Anknüpfung an die festgelegte Geschäftstätigkeit und ihrer „organischen Entwicklung“.[346]

Die Möglichkeit des derivativen Firmenerwerbs ermöglicht es nun, dass das dem „guten Namen“ entgegengebrachte Vertrauen und der in der Firma „materialisierte“ *Goodwill* auf den Unternehmenserwerber übertragen wird. Von vornherein einzig und allein auf die Übertragung der Firma abzustellen würde jedoch zu kurz greifen. Nach dem heutigen Rechtszustand ist nämlich eine Gestaltungsfrage, ob das Firmenrecht gem. §§ 413, 398 BGB vollständig auf den Erwerber übertragen[347] oder diesem nur eine sog. (schuldrechtliche) Firmenlizenz[348] eingeräumt werden soll.[349] Die grundsätzliche Frage, ob die Firma dabei als ein (reines) Immaterialgut einzuordnen ist – was im Ergebnis zu bejahen ist – wie auch die verschiedenen Detailfragen ist im Rahmen diesen Untersuchung jedoch nicht weiter zu erörtern.[350]

Firmenfortführungsrechts in den Fällen der zeitweiligen Einstellung des Geschäftsbetriebs auf Grund der beiden Weltkriege wie auch nachfolgend der Flüchtlingsbewegung aus dem Osten geworden; siehe hierzu die Kontroverse zwischen *R. Fischer*, ZHR 111 (1948), 18 ff. und *J. v. Gierke*, ZHR 112 (1949), 1 ff.); zur derivativ erworbenen Firma: RGZ 1, 260, 264; 46, 150, 152; BGH WM 1957, 1152, 1153 ff.; BGH JR 1978, 67, 68 m. Anm. *Hommelhoff*; siehe schließlich auch *Note*, Colum. L. Rev. 53 (1953), 660, 669, 673 zur „“parasitic nature” of goodwill“.

[346] BGH WM 1957, 1152, 1154.

[347] Die Firmenrechtsübertragung wird von der heute ganz h. M. als eine Vollrechtsübertragung angesehen *W. H. Roth*, Firmenrecht, S. 60; *Hopt*, in: Baumbach/Hopt, § 17 Rdn. 5; so auch *Canaris*, HR, § 10 Rdn. 9 m. Fn. 11, seit der 23. Aufl. (2000), in Aufgabe der noch in der 22. Aufl. (1995) (dort: § 10 I. 4. (= S. 157 f.) und II. 2. d) (= S. 161)) vertretenen Meinung; *Hüffer*, in: Staub, § 22 Rdn. 24; *Zimmer*, in: Ebenroth/Boujong/Joost/Strohn, § 22 Rdn. 27 f. und § 23 Rdn. 5; *Ammon*, in: Röhricht/v. Westphalen, § 17 Rdn. 8 und § 22 Rdn. 19; in der Literatur zum gewerblichen Rechtsschutz wird im Gegensatz zur handelsrechtlichen Literatur nicht nur die Möglichkeit der „Verfügung“ über die Firma hervorgehoben, sondern auch der Charakter der Firma als Immaterialgut hervorgehoben, freilich mit Unterschieden im Detail: *Köhler*, DStR 1996, 510; *ders.*, FS Fikentscher, S. 494, 496 f.; *Klippel*, Der zivilrechtliche Schutz des Namens, S. 538; *Göppinger*, Persönlichkeitsrechte als Vermögensrechte, S. 122, 279 m. Fn. 2; *Fezer*, ZHR 61 (1997), 52, 55; *Peifer*, Individualität im Zivilrecht, S. 172 f.; *Ohly*, Volenti non fit iniuria, S. 162 ff., 262 ff.

[348] Nach der ständigen Rechtsprechung (BGHZ 60, 206, 211 („Miss Petite“); BGH GRUR 1970, 528, 531 („Migrol“); GRUR 1985, 567, 568 („Hydair“); GRUR 1991, 780, 781 („Transatlantische“); BGH NJW 1991, 1353, 1355 („Ott International“); BGHZ 119, 237, 240 („Universitätsemblem“)) und der h. L. (*v. Gamm*, WettbR, Kap. 56 Rdn. 65; *Fezer*, MarkenR, § 15 Rdn. 85; *Köhler*, DStR 1996, 510, 513; ausführlich *Hilty*, Lizenzvertragsrecht, S. 107 ff.; *Pahlow*, Lizenzvertrag, S. 272 ff.) kann eine Namenslizenz nur mit schuldrechtlicher Wirkung erteilt werden; daran ändert auch die Entscheidung des BGH in der Sache „Decker“ nichts; dort ging es nur um eine entsprechende Anwendung des § 986 I BGB unter Beibehaltung des dogmatischen Grundkonzepts (siehe dort BGHZ 122, 71, 75 („Decker“); *Fezer*, MarkenR, § 15 Rdn. 89); für Annahmen einer dinglichen Firmenlizenz plädierend *Forkel*, NJW 1993, 3181 ff. und *M. Müller*, Firmenlizenz und Konzernfirma, S. 56 ff.

[349] *Köhler*, DStR 1996, 510; *Karsten Schmidt*, HR, § 12 I. 3. b) (= S. 348).

[350] Siehe jedoch ausführlich *J. W. Flume*, DB 2008, 2011 ff.

b. Schuldrechtliche Einweisungspflichten

Wenn die Rede davon war, dass sich der *Goodwill* eines Unternehmens teilweise in der Firma „materialisiert" und auch materiell-rechtlich übertragen werden kann, handelt es sich hierbei um eine – wenn auch bedeutsame – Ausnahme. Es gilt nämlich ganz grundsätzlich, dass der *Goodwill*, wie *Manfred Lieb*[351] formuliert, als eine Zusammenfassung sämtlicher „immaterieller wertbildender Positionen nicht (rechtsgeschäftlich) übertragen werden" kann. Juristisch lässt sich die Verschaffung des *Goodwill* daher hauptsächlich nur über schuldrechtliche Einweisungspflichten darstellen.[352] *Manfred Lieb*[353] spricht in diesem Zusammenhang von der Überlassung durch Realakt. Der Veräußerer muss also, was im Einzelfall eine Frage der Vertragsauslegung ist, in Betriebsabläufe einführen, Geschäftsgeheimnisse offen legen, Know-how zugänglich machen etc.[354] Aufgrund der Komplexität des Kaufgegenstands „Unternehmen" und der Bedeutung der Einweisung für die Möglichkeit der Unternehmensfortführung durch den Erwerber bestehen keine Zweifel, dass die Einweisungspflicht des Veräußerers als eine kaufvertragliche *Hauptleistungspflicht* des Veräußerers angesehen werden muss.[355]

c. Schuldvertragliche Rücksichtnahmepflichten und Wettbewerbsverbote

Im Vordergrund stand bislang die Frage, exemplifiziert am Beispiel der Firma und der Einweisungspflichten, inwieweit die „Übertragung" des *Goodwill* durch juristische Hilfskonstruktionen befördert werden kann. Bei einem Produktionsunternehmen, das auf die Nutzung bestimmter Hardware angewiesen ist, kann man sich – freilich etwas vereinfachend – die Übertragung des *Goodwill* relativ simpel vorstellen. Die Produktionsanlagen gehen über, der Erwerber kann vom „guten Namen" Gebrauch machen und mit diesem firmieren. Ob er letztendlich daraus Profit ziehen kann, ist freilich nicht gesagt und man mag in Bezugnahme auf das bereits angeführte Urteil *Lord Eldons* in *Cruttwell v. Lye*[356] anführen, dass der Erwerber ja nur eine „probability that the customer will resort to the old place" erworben hat.[357] Es ist eine Frage des Geschäftssinns und -glücks, ob der Erwerber glei-

---

351 In: MünchKommHGB, Anh. § 25 Rdn. 24, siehe auch Rdn. 4.

352 Hierzu bereits *Wieland*, HR I., § 22 II. 2. (= S. 258f.); *Hoeninger*, in: Düringer/Hachenburg, § 25 Anm. 2.

353 In: MünchKommHGB, Anh. § 25 Rdn. 24; siehe auch *Canaris*, HR, § 8 Rdn. 1.

354 BGH NJW 1968. 392f.

355 *Lieb*, in: MünchKommHGB, Anh. § 25 Rdn. 24; *Karsten Schmidt*, HR, § 6 I. 2. (= S. 141), § 6 II. 2. d) (= S. 148); *H.P. Westermann*, in: MünchKomm, § 453 Rdn. 42; *Grunewald*, in: Erman, § 453 Rdn. 19; *Faust*, in: Bamberger/Roth, § 453 Rdn. 25; *Hüffer*, in: Staub, Vor § 22 Rdn. 16f.; vgl. auch BGHZ 138, 195, 205; a.A. *B. Gaul*, ZHR 166 (2002), 35, 54f. der zu formal auf § 433 BGB abstellt und die Bedeutung der Einweisungspflicht für den Unternehmenskauf herabspielt.

356 (1810), 34 E.R. 129, 134.

357 *Note*, Colum. L. Rev. 53 (1953), 660, 669: „Indeed, there is no assurance that the transferor, if he continued his business, could retain the patronage of every single customer. The subject matter of the transaction is, therefore, a probability, a reasonable expectancy of future patronage."; siehe auch *Note*, Harv. L. Rev. 7 (1914), 670ff.

chermaßen wie der Veräußerer Profit aus dem Unternehmen ziehen kann. Für den Wert eines Unternehmens sind aber im Zeitalter der Dienstleistungsgesellschaft die materiellen Gerätschaften eines Unternehmens häufig von untergeordneter Bedeutung. Gerade das – wenn auch atypische – Beispiel der Freiberufler zeigt, dass nicht die technischen Ausstattungen und Gerätschaften den Wert einer Praxis oder einer Sozietät ausmachen, sondern der in der Vergangenheit aufgebaute Patienten- bzw. Mandantenstamm.[358] Unter Beachtung des strafbewehrten Verbots des § 203 StGB und der daraus resultierenden Einwilligungspflichten[359] können zwar die Patienten- bzw. Mandanteninformationen übertragen werden, ein zeitnahes Wiederauftreten des Veräußerers am Markt kann aber die Chancen des Erwerbers zur Nutzung des *Goodwill* sehr einschränken oder ihn sogar zerstören. Das Streitpotenzial ist hier greifbar. *Lord Macnaghten* hat dies in der bereits genannten Entscheidung *Trego v. Hunt*[360] auf den Punkt gebracht: „[I]t is not a honest thing to pocket the price and then to recapture the subject of sale, to decoy it away or call it back before the purchaser has had time to attach it to himself and make it his very own." Für die Nutzung des *Goodwill* kommt daher dem Ausschluss des Veräußerers durch Wettbewerbsverbote entscheidende Bedeutung zu. Das Reichsgericht[361] hat dies einmal dahingehend beschrieben, „daß der Wert eines Unternehmens und damit die Möglichkeit der Veräußerung wesentlich auf dem Konkurrenzverbote beruh[e]".

Dabei muss man einerseits zwischen der sich aus dem Kaufvertrag bzw. einem anderen Kausalverhältnis ergebenden schuldvertraglichen Rücksichtnahme- bzw. Treuepflicht und andererseits expliziten Wettbewerbsverboten, die das allgemeine schuldvertragliche Wettbewerbsverbot konkretisieren, unterscheiden. Für das deutsche Recht ist in ständiger Rechtsprechung[362] wie auch von der Litera-

---

[358] BGH NJW 2000, 2584; siehe hierzu die Anm. von *Goette*, DStR 2000, 1023f.; davor BGH NJW 1982, 2000, 2001; siehe auch schon in Bezug auf ein Zeitungsunternehmen RGZ 37, 176, 178.

[359] Die Konsequenzen eines Verstoßes sind die Nichtigkeit sowohl des Erfüllungs- als auch des Verpflichtungsgeschäfts gem. § 134 BGB i.V.m. § 203 StGB; BGHZ 116, 268, 276f. (kieferorthopädische Arztpraxis); BGH NJW 1995, 2026f. (Rechtsanwaltskanzlei); NJW 1996, 773, 774 (radiologische Praxis); NJW 1996, 2087, 2088 (Steuerberaterpraxis); siehe aber auch aus neuerer Zeit zu einer nach der Ansicht des VIII. Zivilsenats zulässigen Übergangskonstruktion BGHZ 148, 97ff. m. krit. Anm. *Goette*, DStR 2001, 1263; siehe auch *Kilian*, WuB IV A. § 134 BGB 4.01; zu den möglichen Vorgehensweisen beim Erwerb von Anwaltssozietäten *Henssler/Kilian*, MDR 2001, 1274ff. („Das Prinzip des ‚sanften Übergangs'").

[360] (1896), A.C. 7, 25.

[361] RGZ 37, 176, 178; und nachfolgend RGZ 96, 171, 173; 102, 127, 128.

[362] Unveröff. Urt. des RG v. 27. 4. 1905, I. 665/64, teilw. wiedergegeben bei *Oppikofer*, Unternehmensrecht, S. 132 m. Fn. 2; RG JW 1908, 135; RGZ 96, 171, 172; 113, 70, 72 (Herausgabe des *Flauber'schen* Gesamtwerks); RG JW 1926, 1326 m. Anm. *Adler*; RGZ 117, 176, 179f. (Herstellung und Verkauf von Krankenwagen); RGZ 119, 353ff. (Vermietung eines Zigarrenladens); 119, 408ff. („Elfenreigen" Fall; i.E. aber abgelehnt); 131, 274ff. (Juwelierhandel); 163, 311, 313 (Wildbret- und Geflügelhandel); BGHZ 16, 71ff. (Praxistausch); 94, 276ff. (Inkasso-Programm); BGH NJW-RR 1989, 1304, 1305 (Kajütboot); OLG Stuttgart

tur[363] anerkannt, dass sich aus dem vertraglichen Grundgeschäft die Nebenpflicht ergibt, die Verwirklichung des Vertragsziels nicht zu vereiteln. Die Parteien werden freilich vielfach den Umfang von Wettbewerbsverboten sinnvollerweise detailiert festlegen. Welche allgemeinen Grenzen (§ 138 BGB, § 1 GWB, Art. 81 I EGV) dabei zu beachten sind, ist hier nicht weiter zu behandeln.[364] Es steht aber außer Zweifel, dass die Bedeutung wettbewerbsbeschränkender Klauseln für die Durchführung von Unternehmenszusammenführungen nach europäischem Kartellrecht gem. Art. 81 I EGV[365] wie auch nach deutschem GWB grundsätzlich anerkannt wird, da Wettbewerbsverbote der Absicherung der veräußerten Erwerbschancen dienen.[366]

III. Zwischenergebnis

Es bleibt festzuhalten, dass, auch wenn das Unternehmen als „komplexe Einheit“ schuldvertraglich erfasst werden kann, es keine einheitliche Verfügung über „das“ Unternehmen geben kann. Eine *uno actu* Übertragung über „das“ Unternehmen kann es nicht geben und könnte auch nicht *de lege ferenda* eingeführt werden.[367] Die Eigenart des Unternehmens besteht nämlich gerade darin, dass es sich aufgrund des in ihm verkörperten *Goodwill* nicht restlos in den bürgerlich-rechtlichen Vermögenskategorien abbilden lässt. Der *Goodwill* eines Unternehmens besteht vor allem aus den (positiven und negativen) Effekten seines rechtlich nur im Ein-

---

NJW 1949, 27 m. zust. Anm. *Behling* (Milch-Molkereigeschäft); im Ergebnis ablehnend OLG Kassel LZ 1910, 569 (aber zu formelle Begr.) und OLG München LZ 1915, 570f.; ausführliche Würdigung der Rspr. bei *W. Flume*, AT II., § 16 4. e) (= S. 328ff.); vgl. auch aus dem englischen Recht *Trego* v. *Hunt* (1896), A.C. 7.

[363] *Behrend*, HR, § 37 III. Fn. 17 (= S. 208): „kann sich unmittelbar aus der bona fides des Vertrages ergeben“; *Hoeninger*, in: Düringer/Hachenburg, § 25 Anm. 13; *Oppikofer*, Unternehmensrecht, S. 132 m. Fn. 3; *W. Flume*, AT II., § 16 4. e) (= S. 328ff.); *Canaris*, HR, § 8 Rdn. 9; *Hüffer*, in: Staub, § 25 Rdn. 30; *Ernst*, in: MünchKomm, § 280 Rdn. 109f. „nachwirkende Treuepflichten“; *J. Schmidt*, in: Staudinger[13. Aufl.], § 242 Rdn. 889; a.A. *Olzen*, in: Staudinger, § 241 Rdn. 292 aber zirkuläre Arg.; zum Schweizer Recht vgl. *Ruggli/Vischer*, SJZ 102 (2006), 294ff.

[364] Überaus spannend, hier aber nicht zu vertiefen, ist auch die wechselvolle Geschichte der Entwicklung der „*restaint of trade*“ Doktrin im englischen Recht, zurückgehend auf das 15. Jhr. hin zur der Entscheidung *Nordenfeld v. Maxim Nordenfelt Guns & Ammunition Co.* (1894), A.C. 535; hierzu ausführlich *Pollock*, Principles of Contract, S. 424ff.; *Prentice*, in: Chitty on Contract Vol. I., Rdn. 16-075ff. und 16-115ff.; *Treitel*, Law of Contract, S. 453ff. und *ders.*, in: English Private Law Vol. II., Rdn. 8235ff.; *Lawson*, Law of Property, S. 26.

[365] EuGH, RS. 42/84, Slg. 1985, 2545, Rdn. 20 („Remia/Nutricia/Kommission“); Bekanntmachung, ABl. 2005 Nr. C 56/24, Rdn. 18ff.; *Säcker/Molle*, in: MünchKommEuWettbR, Art 81 Rdn. 514ff.; *Emmerich*, in: Immenga/Mestmäcker, EG-Wettbewerbsrecht, Art. 81 Abs. 1 Rdn. 182f.

[366] Zu der Bedeutung von Wettbewerbsverboten und Mandantenschutzklauseln zuletzt *Goette*, AnwBl. 2007, 637, 643f.

[367] Missverständlich daher *Canaris*, HR, § 8 Rdn. 1.

zelfall, nicht aber in seiner Permanenz geregelten Zusammenwirkens mit seinem wirtschaftlichen Umfeld. Der praktische Ausweg hieraus sind schuldrechtliche „Hilfskonstruktionen" wie die Annahme von Einweisungspflichten des Veräußerers und die Annahme von Wettbewerbsverboten, aber natürlich auch die Übertragung des Firmenrechts auf den Erwerber.

Daneben müssen die materiell-rechtlichen Bestandteile des Vermögens des veräußernden Unternehmensträgers, die für den Betrieb des Unternehmens erforderlich sind, übertragen werden. Auf der Grundlage der in § 2 herausgearbeiteten bürgerlich-rechtlichen Grundsätze des Güterverkehrs geht die h.M. davon aus, dass diese Übertragung nur *singulis actibus* und nicht *uno actu* erfolgen kann.[368] Die vielfach anzutreffende Aussage, dass das Unternehmen aufgrund des Spezialitätsgrundsatzes nicht einheitlich übertragen werden kann, ist missverständlich. Missverständlich, da die Summe der im Wege der Verfügung übertragbaren Sachgüter in den ganz überwiegenden Fällen das Unternehmen nicht ausmachen.[369] Die Übertragung des Unternehmensvermögens auf den Erwerber kann immer nur einen Teil des Vorgangs der Unternehmensübertragung darstellen. Die Unternehmensübertragung kann aber insgesamt erleichert werden, indem über das Vermögen rechtsgeschäftlich verfügt werden kann. Davon wird im nächsten Kapitel zu handeln sein (§ 4 (= S. 67ff.)).

---

[368] Vgl. die Nachw. in Fn. 281.

[369] Vgl. in diesem Sinne *Karsten Schmidt*, HR, § 6 I. 2. a.E. (= S. 141); siehe aber auch auf der anderen Seite *Canaris*, HR, § 8 Rdn. 1.

§ 4 Die Nutzbarmachung der Verfügungstechnik der Universalsukzession für die Unternehmenspraxis

A. Einleitung

Von der Verfügungstechnik der Universalsukzession zu sprechen, impliziert, dass es sich bei der Universalsukzession um eine Rechtstechnik handelt, die auch durch den Willen der Parteien steuerbar und somit rechtsgeschäftlicher Natur ist. Das mag bei dem am BGB geschulten Juristen Verwunderung auslösen, da – wie unter § 2 (= S. 11 ff.) ausgeführt wurde – der rechtsgeschäftliche Güterverkehr nach der gesetzlichen Ordnung des Bürgerlichen Gesetzbuchs ausschließlich auf die Übertragung einzelner Gegenstände im Wege der Singularsukzession hin ausgerichtet ist. Ein Vermögen kann demnach nur *singulis actibus* und nicht *uno actu* übertragen werden. Im gesellschaftsrechtlichen Schrifttum gehört es hingegen spätestens seit dem Umwandlungsgesetz aus dem Jahre 1994 zum selbstverständlichen dogmatischen Fundus, dass ein Unternehmensträger bei der Spaltung sein Vermögen bzw. Teile seines Vermögens rechtsgeschäftlich im Wege der sog. partiellen Universalsukzession auf einen anderen Unternehmensträger übertragen kann.[370] Das Spaltungsrecht stellt dabei nur einen Ausschnitt des allgemeinen Themas dar, wie nämlich die Verfügungstechnik der Universalsukzession bereits für die Unternehmenspraxis nutzbar gemacht worden ist und darüber hinaus auch noch nutzbar gemacht werden kann.

In welchem Umfang die Verfügungstechnik der Universalsukzession für den Unternehmensverkehr bereits nutzbar gemacht worden ist, wird besonders deutlich, wenn man sich – wie dies auch im Folgenden geschehen soll (unter B. (= S. 69 ff.)) – die historische Entwicklung des Umwandlungsrechts seit dem ADHGB vergegenwärtigt. Aus den anfänglichen fragmentarischen Regelungen des ADHGB über die Verschmelzung von Aktiengesellschaften ist ein im Wesentlichen geschlossenes System der Umstrukturierungsmöglichkeiten von Gesellschaften nach dem Umwandlungsgesetz hervorgegangen, das freilich nicht nur die Verschmelzung und Spaltung umfasst, sondern auch den auf der Rechtstechnik der Identität beruhenden Formwechsel von Gesellschaften regelt.[371]

---

[370] Vgl. hierzu zunächst nur grundlegend *Karsten Schmidt*, AcP 191 (1991), 495 ff.

[371] Auf den Formwechsel wird entsprechend dem Zuschnitt der Arbeit nicht weiter eingegangen, siehe aber noch sogleich unter § 4 B. (= S. 69) und ausführlich *J. W. Flume*, in: KK-UmwG, Einl. B., D. Rdn. 47 ff.

Darüber hinaus wird zu untersuchen sein, ob nicht auch außerhalb des Umwandlungsgesetzes im Zusammenhang mit den Regelungen der §§ 25ff. HGB die Verfügungstechnik der (partiellen) Universalsukzession zur Anwendung kommt (dazu unter C. (= S. 87ff.)).[372] Die §§ 25 und 28 HGB könnten nämlich im Wege der Rechtsfortbildung als Tatbestände verstanden werden, die Unternehmensübertragungen befördern, indem unternehmensbezogene Schuldverhältnisse im Wege der partiellen Universalsukzession auf den Erwerber übergehen bzw. in die Personenhandelsgesellschaft eingebracht werden können. Dies knüpft – wie noch zu zeigen sein wird[373] – an die zwischenzeitlich in Vergessenheit geratene *ratio* des § 25 HGB an, so wie sie in der Denkschrift zum Handelsgesetzbuch von 1897 zum Ausdruck gekommen ist und noch anfangs von der ganz h.M. vertreten wurde, dass nämlich die unternehmensbezogenen Forderungen und Schulden auf den Erwerber übergehen. Die Fortentwicklung der §§ 25, 28 HGB würde auch rechtsvergleichend den Entwicklungen in der Schweiz und Österreich entsprechen. Das Schweizer Fusionsgesetz aus dem Jahre 2003 sieht nämlich in den Artt. 69ff. FusG ein Institut der Vermögensübertragung vor, das dazu dienen soll insbesondere auch die „verfügungsrechtliche Seite“ von Unternehmensübertragungen zu erleichtern. Von besonderem Interesse ist dabei, dass die Regelungen über die Vermögensübertragung nach dem FusG als eine Fortentwicklung des Art. 181 OR zu verstehen sind, dessen Konstruktion markante Ähnlichkeiten mit § 25 HGB aufweist.[374] Schließlich bietet das österreichische Unternehmensgesetzbuch aus dem Jahre 2007 wertvolles Anschauungsmaterial, da der österreichische Gesetzgeber, in Neufassung der dem deutschen § 25 HGB weitestgehend entsprechenden Parallelvorschrift des nunmehr „alten“ § 25 öHGB, die Vorschrift des § 38 UGB geschaffen hat. § 38 UGB besagt, dass unternehmensbezogene Rechtsverhältnisse im Zeitpunkt der Unternehmensfortführung, sofern nichts anderes vereinbart wurde, durch den Erwerber fortgeführt werden. In § 38 UGB kommt damit im Ergebnis nichts anderes zum Ausdruck, als auch nach dem hier favorisierten Verständnis der §§ 25, 28 HGB zu gelten hat. Die Fortentwicklung der §§ 25, 28 HGB würde bestehende Lücken des geltenden Umwandlungsrechts schließen und den umstrittenen §§ 25ff. HGB einen nachvollziehbaren *telos* geben. Das Umwandlungsgesetz kennt zwar mit § 152 UmwG eine verwandte Vorschrift, die es ermöglicht, kaufmännische Unternehmen[375] in bestehende Personenhandelsgesellschaften, Kapitalgesellschaften oder Genossenschaften einzubringen oder auf Kapitalgesellschaften auszugliedern. Die Gestaltungsmöglichkeiten sind jedoch auf die gesellschaftsrechtlichen Einbringungs- bzw. Ausgliederungsmaßnahmen durch Einzelkaufleute begrenzt. Infolge der Anknüpfung an den Grundsatz der Anteilsgewährung (vgl. § 131 I Nr. 3

[372] Aus dem Personengesellschaftsrecht sind daneben die Fälle bekannt, dass das Vermögen einer Personengesellschaft auf den letzten verbleibenden Gesellschafter übergeht. Dabei handelt es sich jedoch nicht um einen rechtsgeschäftlichen, sondern kraft zwingenden Rechts eintreten Vorgang.

[373] Unter § 4 C. IV. 1. (= S. 116ff.).

[374] Dazu unter § 4 C. II. (= S. 102ff.).

[375] Siehe zur inhaltlich problematischen Formulierung des § 152 UmwG bereits oben § 3 C. II. 3. (= S. 59).

UmwG) ist ein *Asset Deal* nach § 152 UmwG nicht umsetzbar. Das Umwandlungsgesetz kennt daneben freilich das Institut der Vermögensübertragung,[376] das jedoch ein Schattendasein fristet, da der Anwendungsbereich dieses Institutes auf Sonderrechtsformen wie etwa öffentlich-rechtliche Körperschaften beschränkt ist. Die Fortentwicklung der §§ 25, 28 HGB würde also die bestehenden Gestaltungsinstrumentarien dahingehend ergänzen, dass auch bei einem *Asset Deal* wie auch bei der Gründung einer Personenhandelsgesellschaft durch Sacheinbringung eines einzelkaufmännischen Unternehmens unternehmensbezogene Schuldverhältnisse unter Zuhilfenahme der Verfügungstechnik der Universalsukzession übertragen werden können.

B. Die Nutzbarmachung der Verfügungstechnik der Universalsukzession im Umwandlungsrecht

Das System des Umwandlungsgesetzes baut auf zwei dogmatischen Grundpfeilern auf: Einerseits der Verfügungstechnik der Universalsukzession und andererseits der Rechtsfigur der Identität.[377] Während die Verfügungstechnik der Universalsukzession auf das Vermögen eines Rechtsträgers bezogen ist, knüpft die Rechtsfigur der Identität an den Rechtsträger an. Im Fall der Identität oder, anders formuliert, des Formwechsels wird kein Vermögen übertragen, sondern die Verfassung des Rechtsträgers geändert.[378] Die Zuordnung des Vermögens zum Rechtsträger bleibt unverändert bestehen, während sich die Rechtsform ändert. Damit wird das Ziel einer vollkommenen Kontinuität der Rechtsbeziehungen unter Diskontinuität der Verfassung des Rechtsträgers erreicht.[379] Die Identität ist die treffende und für die Praxis am friktionslosesten funktionierende Konstruktion der Änderung der Rechtsform eines Rechtsträgers. Sie findet aber ihre Grenzen in all denjenigen Fällen, bei denen die Vermögenszuweisung an einen oder mehrere bestehende oder neu zu gründende Rechtsträger in Frage steht. In diesen Konstellationen stellen die Verschmelzung, Spaltung und die Vermögensübertragung durch die Rechtsfigur der Identität nicht zu ersetzende Gestaltungsinstrumente dar.[380] Die folgenden Ausführungen werden versuchen, die Bedeutung der Rechtsübertragung im Wege der Verfügungstechnik der Universalsukzession auf der Grundlage der historischen Entwicklung der einzelnen Rechtsinstitute darzulegen. Die damit eng

---

376 Dazu unter § 4 B. III. (= S. 85 ff.).

377 *Karsten Schmidt*, AcP 191 (1991), 495, 506 f.; *ders.*, GeslR, § 12 IV. 2. (= S. 354 f.); *ders.*, FS Ulmer, S. 557, 564 f.; ferner rechtsvergleichend *Conard*, Fundamental changes in marketable share companies, Int.Enc.Comp.L. XIII/2 ch. 6 (1972), S. 37 und *J. W. Flume*, in: KK-UmwG, Einl. B. Rdn. 47 ff.

378 Siehe schon *Hachenburg*, in: Düringer/Hachenburg, § 332 Anm. 1: „Die Umwandlung bedeutet die Beibehaltung des Unternehmens als eines organischen Ganzen unter Aenderung der äußeren Rechtsform."; ferner *K. Lehmann*, ZHR 50 (1900), 1, 42 f.

379 So prägnant *Karsten Schmidt*, AcP 191 (1991), 495, 506.

380 Das übersehen *Beuthien/Helios*, NZG 2006, 369 ff. bei ihren Konstruktionsbemühungen; zur Verschmelzung siehe bereits *Wieland*, HR II., § 122 II. (= S. 355).

verwobene Frage des Gläubigerschutzes wird dabei zunächst nur eine untergeordnete Rolle spielen. Auf sie wird später detailliert eingegangen.[381]

I. Verschmelzungsrecht

1. ADHGB

Nachdem Anfang des 19. Jahrhunderts Fusionen auf vertraglicher Grundlage unter staatlicher Konzessionierung bereits praktiziert wurden,[382] ist erstmals in den Artt. 215 II, 247 ADHGB positivrechtlich die Möglichkeit der Verschmelzung von Aktiengesellschaften geregelt worden. Während den Beratungen der Nürnberger Kommission 1857[383] zu den Fusionsvorschriften des ADHGB war es jedoch zunächst umstritten, ob eine Regelung über die Fusion in das Gesetz überhaupt aufgenommen werden sollte. So wurde von einem Kommissionsmitglied beantragt, die im Entwurf enthaltenen Vorschriften über die Fusion von Aktiengesellschaften zu streichen.[384] „Juristisch [sei] die Fusion nichts anderes, als die Auflösung einer alten Gesellschaft und die Errichtung einer neuen.“[385] Auch sei noch nicht entschieden, ob die bislang praktizierten Fusionen nicht „bloß ephemerer Natur“[386] seien. Dem wurde aber das Argument entgegengehalten, dass „das Interesse der Gläubiger bei ihrem Eintritt [sc. der Fusion] gewahrt werden müsse“.[387]

Welches die Interessen der Gläubiger sind, wird in den Protokollen nicht weiter ausgeführt. Wäre die Fusion nichts weiter als die Liquidation einer Gesellschaft und die Übertragung des „versilberten“ Vermögensrestwerts auf die übernehmende Gesellschaft, wie dies anscheinend dem Verständnis des dissentierenden Mitglieds der Kommission entspricht, wäre in der Tat nicht einzusehen, welchen Sinn und Zweck eine besondere Regelung der Fusion haben sollte.[388] In dieselbe Richtung geht die Äußerung von *Thöl*,[389] nach dem nur die „Trümmer“ auf die übernehmende Aktiengesellschaft übertragen werden.[390] Aus den Motiven zum preußischen Entwurf eines Handelsgesetzbuchs von 1857 wird jedoch deut-

---

381 Siehe Kapitel § 5 B. (= S. 183 ff.).

382 Hierzu *J. W. Flume*, in: KK-UmwG, Einl. B., B.

383 Es handelte sich um die XL. Sitzung vom 20. 3. 1857.

384 Vgl. *Lutz*, Protokolle, S. 370; der Antrag wurde jedoch deutlich mit 12 gegen 1 Stimme abgelehnt.

385 *Lutz*, Protokolle, S. 369.

386 *Lutz*, Protokolle, S. 369.

387 *Lutz*, Protokolle, S. 369.

388 Vgl. hierzu schon RGZ 9, 11, 16.

389 HR, § 175 I. (= S. 531).

390 Nach *Thöl*, HR, § 175 II. (= S. 533) soll die aufgelöste Gesellschaft unter ihrer Liquidationsfirma fortgeführt und das Gesellschaftsvermögen unter den Aktionären verteilt werden, soweit dies nicht dem Fusionsvertrag widerstreitet; hiergegen zu Recht *Wiener*, ZHR 27 (1882), 333, 373 m. Fn. 38.

lich, dass dies nicht Sinn und Zweck der gesetzlichen Regelung war und welches die zu schützenden Gläubigerinteressen sind:

> „Das praktische Bedürfnis läßt es nothwendig erscheinen, für den Fall besondere Bestimmungen zu treffen, daß eine Aktiengesellschaft sich durch Vereinigung mit einer anderen Aktiengesellschaft (sogen. Fusion) auflöst (Art. 180). Die Regeln, welche bezüglich der Auflösung der Aktiengesellschaft [...] aufgestellt worden sind, können bei der Fusion nicht unbedingt Anwendung finden, weil es sich hier nicht blos um die Auflösung, sondern gleichzeitig um die Eingehung einer neuen Gesellschaft handelt, deren Aktien den Ersatz für die alte Gesellschaft bildet. *Eine Versilberung des Gesellschaftsvermögens, wie bei der Liquidation einer aufgelösten Gesellschaft, findet nicht statt*; der Ersatz wird eben nicht in Gelde, sondern in Aktien geleistet. Die Befriedigung der Gläubiger der aufhörenden Gesellschaft braucht deshalb ebenfalls nicht unbedingt nach Art eines Liquidationsverfahrens zu erfolgen, sondern es kann der anderen Gesellschaft, auf welche das Gesellschaftsvermögen übergeht, überlassen bleiben, sie auf die geeignete Weise herbeizuführen. *Die Rechte der Gläubiger müssen jedoch dadurch gesichert werden*, daß das Vermögen der aufzulösenden Gesellschaft so lang getrennt verwaltet wird, bis die [...] vorgeschriebene Vertheilungsfrist abgelaufen ist. Daß dies geschieht, dafür haftet der Vorstand der anderen Gesellschaft, von welchem die Verwaltung zu führen ist, den Gläubigern persönlich und solidarisch.“[391]

In den Motiven zum preußischen Gesetzesentwurf kommt erstmals zur vollen Geltung, was unter einer Fusion zu verstehen ist. Das Gesellschaftsvermögen der übertragenden Gesellschaft wird nicht „versilbert“, sondern auf die übernehmende Gesellschaft im Wege der Universalsukzession übertragen. Der getrennten Vermögensverwaltung soll nach der damaligen Vorstellung die Funktion zukommen, die Gläubigerrechte bei der Zusammenführung der Vermögensmassen der fusionierenden Gesellschaften abzusichern.[392] Die getrennte Vermögensverwaltung dient dabei nicht einem Liquidationszweck, sondern das Leitungsorgan der aufnehmenden Gesellschaft soll mit den neuen Vermögenswerten ungehindert weiter arbeiten können.[393]

Auch wenn der Wortlaut der Artt. 215 II, 247 ADHGB nicht eindeutig ist,[394] war es nach der monographischen Behandlung durch *Heinrich Wiener*[395] und dem ersten Urteil des Reichsgerichts zum Verschmelzungsrecht in RGZ 9, 11 ff. unstreitig, dass bei einer Fusion das liquidationslose Erlöschen der Gesellschaft zwingend mit dem Übergang des Vermögens im Wege der Universalsukzession

---

391 Motive zu Art. 205 des preußischen Entwurfs von 1857, S. 98 (Hervorh. durch den Verf.).

392 RGZ 9, 11, 17; *Staub*, ADHGB[2. Aufl.], Art. 247 § 7; siehe hierzu auch Fn. 417.

393 RGZ 9, 11, 18; *Staub*, ADHGB[2. Aufl.], Art. 247 § 9; *Wiener*, ZHR 27 (1882), 333, 372: „Als ihr Vorstand, nicht als Liquidator der aufgelösten Gesellschaft führt der Vorstand der aufnehmenden Gesellschaft diese Verwaltung.“.

394 Darauf ist bereits mehrfach hingewiesen worden, vgl. *Karsten Schmidt*, AcP 191 (1991), 495, 504; *Hügel*, Verschmelzung und Einbringung, S. 35, 42.

395 ZHR 27 (1882), 333, 370ff.; zur Person von *Heinrich Wiener* (1834-1897†) der ab 1874 fünf Jahr Richter am Oberhandelsgericht, darauffolgend zwölf Jahre Richter am I. Zivilsenat des Reichsgerichts und ab 1891 Senatspräsident des V. Senats war, siehe die Angaben bei *Bolze*, in: Allgemeine Deutsche Bibliografie, Bd. 55, S. 70ff.

verbunden ist.[396] Gängig war damals die Anschauung, dass die aufnehmende Gesellschaft die Rechtspersönlichkeit der aufgelösten Gesellschaft fortsetzt[397] – eine Anschauung, die auf den Gedanken der Persönlichkeitsfortsetzung der Person des Erblassers durch die Erben im römischen Recht zurückzuführen ist und im 19. Jahrhundert noch einmal Hochkonjunktur hatte.[398]

2. Handelsgesetzbuch 1897

a. Zur systematischen Ordnung der §§ 303-306 HGB 1897

Durch das Handelsgesetzbuch von 1897 wurden die Regelungen über die Verschmelzung von Aktiengesellschaften wesentlich erweitert. Es galt, vier verschiedene Fälle zu unterscheiden:

- Den kaufweisen Erwerb des Vermögens einer in Liquidation befindlichen Aktiengesellschaft gem. § 303 HGB 1897,[399]
- die sog. „uneigentliche oder unechte“[400] Fusion gem. §§ 305, 303 HGB 1897,
- die Verstaatlichung gem. § 304 HGB 1897 und schließlich
- die „eigentliche, echte oder sofortige“ Fusion gem. §§ 306, 305 HGB 1897.

Im Fall des § 303 HGB 1897 wird mit qualifizierter Mehrheit die Auflösung der Gesellschaft zum Zweck der Veräußerung des Vermögens im Ganzen an einen Erwerber beschlossen. Das Unternehmen wird durch die Liquidatoren bis zur sog. Ausantwortung des Gesellschaftsvermögens – der Übertragung des Gesellschaftsvermögens im Weg der Einzelrechtsnachfolge[401] und der Verteilung des Veräußerungserlöses an die Aktionäre – für einen Zeitraum von einem Jahr gem. §§ 303 III S. 2, 301 HGB 1897 weitergeführt.[402]

Im Fall der sog. „uneigentlichen oder unechten“ Fusion gem. §§ 305, 302 HGB 1897 wird die Aktiengesellschaft gleichfalls entsprechend § 303 HGB 1897 aufgelöst und das Vermögen im Wege der Singularsukzession auf die neue Gesellschaft übertragen. An die Aktionäre wird jedoch nicht der Veräußerungserlös verteilt, son-

---

[396] *K. Lehmann*, ZHR 50 (1900), 1, 21; *ders.*, FS Cohn, S. 395, 418 f.; *J. Kohler*, Archiv f. bürgl. Recht 40 (1914), 309, 310; *Breit*, ZHR 95 (1930), 1, 5 und insb. 32; *Hachenburg*, JW 1929, 1242; *Staub*, ADHGB[2. Aufl.], Art. 247 § 1, § 6; *Fötsch*, in: Puchelt, ADHGB, Art. 247 Anm. 2); *Ladenburg*, ZHR 30 (1884), 90, 99 f.; *Endemann*, HR[1. Aufl.], § 66 II. (= S. 339); *Behrend*, HR, § 141 I. (= S. 937 f.).

[397] RGZ, 9, 11, 18 f.; 28, 358, 363; *Wiener*, ZHR 27 (1882), 333, 376 ff.; *J. Kohler*, Archiv f. bürgl. Recht 40 (1914), 309 ff.; *R. Goldschmidt*, Sofortige Verschmelzung, S. 24, 95 m. w. N.

[398] Dazu bereits oben § 2 B. III. (= S. 19 ff.) m. Fn. 103.

[399] Teils wird auch diese Form als unechte Fusion bezeichnet, was aber nicht als zutreffend erscheint; so auch *Schilling*, in: GK-AktG[3. Aufl.], § 361 Anm. 3.

[400] Zum damaligen Sprachgebrauch vgl. die Angaben bei *Breit*, ZHR 95 (1930), 1 f. und *Schilling*, in: GK-AktG[3. Aufl.], § 361 Anm. 3.

[401] RGZ 62, 70, 73 f.; OLG Kolmar, DJZ 1905, 80; *Brodmann*, Aktienrecht, § 303 Anm. 5; *Breit*, ZHR 95 (1930), 1, 16.

[402] *Brodmann*, Aktienrecht, § 303 Anm. 5 weist gegen RGZ 77, 268, 271 f. darauf hin, dass dies keine Liquidationsverwaltung, sondern Weiterführung des werbenden Geschäftsbetriebs sei.

dern diese erhalten Aktien der übernehmenden Gesellschaft.[403] § 305 HGB 1897 regelt damit nichts anderes als eine erleichterte Form einer Kapitalerhöhung durch singularsukzessive Einbringung des Vermögens der in Liquidation befindlichen übertragenden Gesellschaft.[404]

Demgegenüber erlischt bei der Verstaatlichung und der sog. eigentlichen oder echten Fusion die übertragende Gesellschaft liquidationslos und die Vermögensgegenstände gehen im Wege der Universalsukzession auf die übernehmende Gesellschaft bzw. öffentlich-rechtliche Körperschaft über.[405] Gemäß § 306 II HGB 1897 ist das Vermögen für ein Jahr getrennt zu verwalten.[406]

James Breit[407] hat die Systematik des Gesetzes, wie auch den Sprachgebrauch der herrschenden Meinung, scharf kritisiert. Geregelt werde, was ohnehin schon vor dem HGB 1897 möglich gewesen sei: Nämlich die Veräußerung des gesamten Vermögens in der Liquidation der Gesellschaft einerseits und der einzig wirklich relevante Fall der Fusion (§ 306 HGB 1897) andererseits.[408] Die Ausweitung des Begriffs der Fusion habe mehr Verwirrung als Klarheit geschaffen, indem man neben den bislang mit der Wirkung der Universalsukzession verbundenen Fall die liquidationsbedingte Einzelrechtsübertragung gestellt habe.[409] Der Kritik von *Breit* nachzugehen erscheint besonders lohnend, da die systematische Anordnung der §§ 303ff. HGB 1897 viel über die praktische Umsetzung von Unternehmensübertragungen und heute noch bestehende Schwächen des gesellschaftsrechtlichen Liquidationswesens zu erkennen gibt. Davon wird im Folgenden zu handeln sein.

b. Singularsukzessives Liquidationsverfahren vers. liquidationslose Vermögensübertragung *en bloc*

Der Gesetzgeber von 1897 hielt es für angebracht, den an einer Unternehmensübertragung beteiligten Parteien die Möglichkeit einer Vereinbarung darüber zu eröffnen, ob ein Unternehmen aus einem Liquidationsverfahren heraus (§ 303 HGB 1897) oder liquidationslos (§ 306 HGB 1897) übertragen werden solle. So ist in der Denkschrift[410] zum HGB zu lesen:

> „Den Wegfall derselben [sc. der Liquidation] von einer besonderen Vereinbarung abhängig zu machen, empfiehlt sich aus dem Grunde, weil es unter Umständen doch im Interesse des

---

403 *Staub*, HGB^6./7. Aufl.^, § 305 Einleitung.

404 Siehe hierzu insb. *Breit*, ZHR 95 (1930), 1, 2, 17ff.

405 Denkschrift, 1896, S. 327 = Schubert/Schmiedel/Krampe, II./2., S. 1087; *Breit*, ZHR 95 (1930), 1, 14; *K. Lehmann*, Das Recht der Aktiengesellschaft, Bd. II., § 102 (= S. 535f.); *Junck*, JherJb. 77 (1927), 310, 312.

406 Hierzu ausf. *R. Goldschmidt*, Sofortige Verschmelzung, S. 91ff.

407 *Breit*, ZHR 95 (1930), 1, 19; siehe auch schon *ders.*, ZHR 94 (1929), 356, 365, 410, 412; zustimmend *R. Goldschmidt*, ZBH 1930, 346; siehe auch *Heymanns*, ZHR 93 (1928), 217, 227.

408 So auch *Staub*, HGB^6./7. Aufl.^, § 303 Anm. 1; zur Zeit des ADHGB vgl. *Wiener*, ZHR 27 (1882), 333, 349ff.; zum HGB 1897 vgl. RG LZ 1913, 212 Nr. 4 „Warenhaus Wertheim"; RG Das Recht 1924, Nr. 46; *Flechtheim*, in: Düringer/Hachenburg, § 149 Anm. 12; *Pinner*, in: Staub^14. Aufl.^, § 149 Anm. 18; heute völlig unstreitig.

409 Ein Beispiel hierfür ist die Fallkonstellation in RGZ 77, 255ff. (irrtümliche Bestellung von Liquidatoren bei der „sofortigen" Verschmelzung zweier Aktiengesellschaften).

410 Denkschrift, 1886, S. 329 = Schubert/Schmiedel/Krampe, II./2., S. 1089.

Unternehmens liegen kann, nicht ohne weiteres als Rechtsnachfolger der Gesellschaft einzutreten, sondern zunächst eine Klärung der Vermögenslage durch das [...] vorgesehene Liquidationsverfahren stattfinden zu lassen."

Es sollte nicht verwundern, dass sowohl das Verfahren nach § 303 HGB 1897, als auch dasjenige nach §§ 305, 303 HGB 1897 in der Praxis nur selten zur Anwendung kamen.[411] Dies ist auf die Schwerfälligkeit des Liquidationsverfahrens wie auf die Tatsache zurückzuführen, dass die liquidationsbedingte Übertragung eines Unternehmens im Wege der Singularsukzession zur teilweisen Zerstörung wirtschaftlicher Werte führt.[412] Auch wenn die Liquidatoren, in Abweichung vom allgemeinen Liquidationsrecht gem. § 303 III S. 1 HGB 1897, das Unternehmen fortführen sollten, haben sie die Gläubiger aufzufordern, ihre Ansprüche anzumelden (§ 297 HGB 1897). Ferner sind sie schließlich gem. § 303 III S. 1 HGB 1897 für die Befriedigung bzw. Sicherstellung der Ansprüche verantwortlich. Für die Übertragung des Vermögens auf den Erwerber nach der Sperrfrist sind sie dann auf den mühsamen Weg der Einzelrechtsübertragung angewiesen. Schließlich darf das Vermögen der Gesellschaft gem. § 303 III S. 2 HGB 1897 erst nach einem Jahr an den Erwerber „ausgeantwortet", also auf diesen übertragen werden. Der Gesetzgeber wollte offensichtlich hierdurch, in Parallele zum fusionsrechtlichen System der getrennten Vermögensverwaltung, die Gläubigerinteressen schützen. Die Anordnung ist hier jedoch bedeutend einschneidender, da das Vermögen nicht wie bei der Fusion schon dem neuen Rechtsträger zugewiesen wird, sondern noch der alten und in Liquidation befindlichen Gesellschaft zugewiesen bleibt. Zwar wurde die Möglichkeit erwogen, dass der Erwerber schon als Beauftragter des Liquidators die Geschäfte fortführt.[413] Dies alles lässt sich jedoch nur schwer mit der Fortführung eines Unternehmens in Einklang bringen.[414] Wollte eine Gesellschaft ihr Vermögen verkaufen, war sie allemal besser beraten, dies im laufenden Geschäft zu tätigen, um erst danach gegebenenfalls in die Liquidation einzutreten.[415]

Ganz anders sehen die Dinge freilich bei der Fusion gem. § 306 HGB 1897 aus. Die übertragende Gesellschaft erlischt liquidationslos und das Vermögen geht im Wege der Universalsukzession *en bloc* auf die aufnehmende Gesellschaft über. Diese hat dabei das Vermögen gem. § 303 II HGB 1897 getrennt zu verwalten. Geschützt werden sollten damit die Gläubiger der übertragenden Gesellschaft für den Fall der Zwangsvollstreckung in das Vermögen oder sogar des Konkurses der

---

411 Vgl. hierzu *Schmalenbach*, Finanzierungen, S. 247; *R. Goldschmidt*, Sofortige Verschmelzung, S. 20; *Brodmann*, Aktienrecht, § 306, Anm. 1.a); *Pinner*, in: Staub[14. Aufl.], § 303 Anm. 14; *Junck*, JherJb. 77 (1927), 310, 297.

412 *Wiener*, ZHR 27 (1882), 333, 336; *K. Lehmann*, ZHR 50 (1900), 1, 11; *R. Goldschmidt*, Sofortige Verschmelzung, S. 20: „denn eine Liquidation bedeutet eine Zerstörung des wirtschaftlichen Zweckes der Fusion; sie enthält eine Betriebsauflösung, nicht eine Betriebsfortsetzung"; *Junck*, JherJb. 77 (1927), 310, 308: „wertzerstörend".

413 *K. Lehmann/Ring*, HGB, § 303 Anm. Nr. 7; skeptisch *Pinner*, in: Staub[14. Aufl.], § 303 Anm. 14.

414 Das Instrument der getrennten Vermögensverwaltung galt in der Schweiz bis zum Inkrafttreten des FusG; eingehende Kritik bei *Böckli*, Schweizer Aktienrecht[2. Aufl.], Rdn. 296g ff.; *ders.*, Schweizer Aktienrecht, § 3 Rdn. 5.

415 Hierzu *Schmalenbach*, Finanzierungen, S. 272.

(fusionierten) Gesellschaft. Die Gläubiger der übertragenden Gesellschaft – und nur diese – können im Fall der Fälle neben dem restlichen Vermögen auf das getrennt zu verwaltende Vermögen zugreifen.[416] Den anderen Gläubigern hingegen bleibt der Zugriff verwehrt.[417]

Die §§ 303ff. HGB 1897 zeigen deutlich den grundlegenden und rechtstechnisch begründeten Unterschied zwischen der Übertragung eines Vermögens aus einem singularsukzessiven Liquidationsverfahren heraus und der die Unternehmenseinheit wahrenden Verfügungstechnik der Universalsukzession. *James Breit* hat also ganz zu Recht die Ausgestaltung und Praktikabilität des Systems der §§ 303ff. HGB 1897 in Frage gestellt und die Vorzüge der „echten" und seiner Auffassung nach einzigen Fusion hervorgehoben.[418]

3. Die weitere Entwicklung des Verschmelzungsrechts

Die weitere Entwicklung ist durch die Erweiterung der Anzahl der verschmelzungsfähigen Rechtsträger, Abänderungen und Ergänzungen des Gläubigerschutzes wie auch einen wesentlichen Ausbau des Aktionärsschutzes gekennzeichnet.[419] Die Ergänzungen des Verschmelzungsrechts bis zum heutigen Umwandlungsgesetz ergeben sich aus dem Aktiengesetz von 1937[420] (§§ 233ff. AktG 1937), aufbauend auf einer langen und ertragreichen Aktienrechtsreformdiskussion in der Weimarer Republik,[421] dem Aktiengesetz von 1965 (§§ 339ff. AktG 1965), der Schaffung von Verschmelzungsvorschriften für die GmbH 1980 durch das Kapitalerhaltungsgesetz (§§ 19ff. KapErhG) und schließlich dem Verschmelzungsrichtliniengesetz aus dem Jahr 1983. Für den Vorgang der Rechtsübertragung im Rahmen der Verschmelzung bleibt bis heute bedeutsam, dass durch das AktG 1937 die getrennte Vermögensverwaltung gem. § 306 II, V HGB 1897 abgeschafft wurde[422] und in Anlehnung an den Gläubigerschutz bei der ordentlichen Kapital-

---

416 *R. Goldschmidt*, Sofortige Verschmelzung, S, 91ff.

417 In der Praxis wurde der getrennten Vermögensverwaltung in den überwiegenden Fällen jedoch keine Beachtung geschenkt, siehe hierzu ausführlich *R. Goldschmidt*, Sofortige Verschmelzung, S. 90ff., 103ff.

418 Von Bedeutung ist § 303 HGB 1897 ferner auch noch heute für die Interpretation des § 179a AktG, der – freilich in stark gewandelter Form – aus diesem hervorgegangen ist. Darauf ist hier nicht weiter einzugehen, vgl. aber *J. W. Flume*, KK-UmwG Einl. B, C. II. 3.

419 Ausführlich *Veil*, in: Aktienrecht im Wandel, Bd. II., 24. Kapitel, Rdn. 34ff.; *J. W. Flume*, KK-UmwG, Einl. B, C. IV. ff.

420 Allgemein zu den durch das AktG 1934 bewirkten Änderungen *F. A. Mann*, J.Comp.Leg. XIX (1938), 220ff.

421 Vgl. die Aktienrechtsentwürfe aus den Jahren 1930 (§§ 211ff. E. I. AktG 1930, dazu ausführlich *R. Goldschmidt*, ZBH 1930, 346ff., abgedruckt u. a. in: *Schubert*, Quellen zur Aktienrechtsreform der Weimarer Republik, Bd. 2) und 1931 (§§ 209 E. II. AktG 1931, abgedruckt u. a. in: *Schubert/Hommelhoff*, Die Aktienrechtsreform am Ende der Weimarer Republik); siehe ferner *J. W. Flume*, in: KK-UmwG Einl. B, C. V.

422 Siehe hierzu insb. die Protokoll der Sitzung des Unterausschusses der Kommission des DJT vom 14. 4. 1927 unter dem Vorsitz von *Hachenburg*, in: Schubert, Quellen zur Aktienrechtreform der Weimarer Republik, Bd. 1, S. 101ff. = Bericht (1927), S. 36ff.

herabsetzung gem. § 178 I AktG 1937 ein Anspruch auf Sicherheitsleistung[423] eingeführt wurde. Neben diesen Abänderungen im Detail präsentiert sich die Verschmelzung seit dem ADHGB als die älteste und bewährteste Form der Unternehmensumstrukturierung unter Zugrundelegung der Verfügungstechnik der Universalsukzession.[424] Ihr Inhalt kommt bereits zur vollen Geltung, wenn es in Art. 215 II ADHGB heißt, dass „die Gesellschaft durch Uebertragung ihres Vermögens und ihrer Schulden an eine Aktiengesellschaft gegen Gewährung von Aktien der letzteren aufgelöst werden soll".[425]

II. Spaltungsrecht

Während sich der im Verschmelzungsrecht vollziehende Totalübergang des Gesellschaftsvermögens – wie gezeigt wurde – seit nun gut über 150 Jahren als Teil des wirtschaftlichen Prozesses der Umstrukturierung von Gesellschaften etabliert hat, stellen die vom Spaltungsrecht seit 1994 eröffneten Möglichkeiten Revolutionäres dar.[426] Gesellschaften können auch nur Teile ihres Vermögens im Rahmen der gewährten Spaltungsfreiheit[427] *uno actu* übertragen. Das gilt für die zu unterscheidenden Fälle der sog. Aufspaltung, Abspaltung und Ausgliederung gem. § 123 I-III UmwG. Das Spaltungsrecht beruht dabei auf der bereits mehrfach angesprochenen Verfügungstechnik der sog. partiellen Universalsukzession.[428] Die Parteien des Spaltungsvertrags können im Spaltungsvertrag vereinbaren bzw. der übertragende Rechtsträger kann bei der Spaltung zur Neugründung im Spaltungsplan[429] regeln, welche Vermögensgegenstände übergehen sollen (vgl. § 126 I Nr. 9 UmwG).[430] Dass dieser Vorgang dogmatisch auf die Verfügungstechnik der Universalsukzession zurückzuführen ist, wurde anfänglich nur zögerlich angenommen und wird bislang auch mit einem gewissen Argwohn betrachtet.[431] Welche

---

423 Vgl. Amtl. Begr. zu § 241, in: *Klausing*, AktG 1937, S. 209f.; die Regelung eines Anspruchs auf Sicherheitsleistung hatte bereits *Brodmann*, ZHR 94 (1929), 31, 84f. angeregt.

424 Zur rechtsgeschäftlichen Natur auch der verschmelzungsbedingten Rechtsübertragung siehe unter § 4 B. II. 1. (= S. 78ff.).

425 Zur Bedeutung der Anteilsgewährungspflicht siehe noch unter § 4 B. III. (= S. 85f.).

426 *Karsten Schmidt*, AcP 191 (1991), 495, 510 formuliert: „Rechtsgeschäftliche Universalsukzession als Abenteuer"; zu den Vorläuferregelungen siehe *J. W. Flume*, in: KK-UmwG, Einleitung B, E. III.

427 Dazu sogleich unter 1. (= S. 78 ff.).

428 Zum Sprachgebrauch in der Literatur *Engelmeyer*, Spaltung von Aktiengesellschaften, S. 333f.; *Petersen*, Gläubigerschutz im Umwandlungsgesetz, S. 321f.

429 Im Gegensatz zur Verschmelzung zur Neugründung, müssen hier nicht zwei Rechtsträger beteiligt sein, vgl. § 2 S. 1 Nr. 2 UmwG.

430 Im Folgenden wird nur vom Spaltungsvertrag die Rede sein. Die Aussagen gelten aber auch, soweit nicht anderes vermerkt ist, für den Spaltungsplan.

431 Vgl. bspw. die Formulierungen in den Urteilen des BGH (NJW 2001, 1217f., siehe auch NZG 2006, 799ff.) und BFH (NJW 2003, 1479, 1480; NJW 2005, 2799) zur freilich anders gelagerten Problematik der Prozessrechtsverhältnisse in der Spaltung; ferner aus der Literatur

Schwierigkeiten die Erfassung dieser Regelungstechnik bereitet, zeigt ein kurzer Blick auf das Schweizer Fusionsgesetz. Dort wurde nämlich im Rahmen des Spaltungsrechts (Artt. 36ff. FusG) diskutiert, ob sich das partiell „quantitativ" auf den Umfang der übergehenden Rechte beziehe oder aber „qualitativ" zu verstehen sei, also nur bestimmte Rechte umfasse.[432] Hintergrund diese Unterscheidung war unter anderem, dass es nach der Gesetzesbegründung zum FusG den Anschein hat – worauf noch einzugehen sein wird[433] – als ob Vertragsverhältnisse nicht in der Spaltung übergehen können. Das Bundesgericht[434] hat klärend eingegriffen und treffend festgehalten, dass es sich bei der partiellen Universalsukzession des Spaltungsrechts natürlich „qualitativ um eine vollwertige Universalsukzession handelt, die aber quantitativ auf die im Inventar[435] genannten Vermögenswerte beschränkt ist".

Die Verunsicherung beim Umgang mit der partiellen Universalsukzession ist zumindest teilweise damit zu erklären, dass das allgemeine zivilrechtliche Verständnis seit alters her durch die Vorstellung der erbrechtlichen Universalsukzession geprägt ist.[436] Die Universalsukzession erscheint danach nur als eine besonders geartete, dem Willen der Parteien entzogene, meist mit dem Untergang eines Rechtsträgers oder dem Tod des Erblassers einhergehende Gesamtvermögensüberleitung. Von einem solchen Verständnis ausgehend muss der mittlerweile geläufige Ausdruck von der partiellen Universalsukzession als *contradictio in adiecto* angesehen werden.[437] Denn eine Rechtstechnik, die sich (scheinbar) gerade durch den Totalübergang auszeichnet, kann nicht kupiert werden, indem man ihren Umfang beschränkt und sie als partiell beschreibt. Die Verfügungstechnik der Universalsukzession ist aber abstrakt betrachtet nichts weiter als eine Verfügungstechnik, mit deren Hilfe in einem Akt die Rechtsinhaberschaft einer Vielzahl von Rechten auf einen anderen Rechtsträger übertragen wird.[438] Durch eine Rechtsübertragung im Wege der Universalsukzession wird auch nicht vorgegeben, ob das zu übertragende Vermögen nun gerade das gesamte Vermögen des Rechtsträgers ausmacht oder auch nur Teile desselben.[439] Daher ist es an sich auch überflüssig von der par-

---

Zöllner, AG 1994, 336, 340; siehe auch *ders.*, FS Claussen, S. 423, 440ff.; *Glanzmann*, Umstrukturierungen, Rdn. 658.

432 *Watter/Büchi*, in: BS-FusG, Art. 52 Rdn. 3; ob *Kläy*, BN 2004, 185, 234 tatsächlich die ihm zugeschriebene Meinung vertreten hat, ist zweifelhaft.

433 Siehe Kapitel § 5 A I. (= S. 139 ff.).

434 Unveröffentlichtes Urt. v. 31. 1. 2006, 4C. 385/205, Ziff. 1.2.2.

435 Unter Inventar ist nach FusG die Auflistung der zu übertragenden Vermögensgegenstände zu verstehen, vgl. Art. 37b FusG; ausführlich hierzu *Beretta*, Schweizer PrivR VIII./8., S. 79ff.

436 *Heusler*, Institutionen dPR, § 175 (= S. 536): „So ist der Begriff der Universalsukzession von dem der Erbfolge so untrennbar wie das Licht von dem Sonnenstrahle"; siehe hierzu ferner *Karsten Schmidt*, AcP 191 (1991), 495, 497f.; *Meincke*, DStJG 10 (1987), 19, 29f.; dazu auch schon oben § 2. B. III. (= S. 19ff.) m. Fn. 102.

437 So etwa *Zöllner*, FS Claussen, S. 423, 441 Fn. 45; *Kläy*, BN 2004, 185, 234; aber befürwortend im Ergebnis *Priester*, DB 1982, 1967 m. Fn. 12.

438 Entgegen *U. Torggler*, JBl. 2008, 137, 142 ist die Rechtstechnik der partiellen Universalsukzession auch nicht daran gebunden, dass Sachenrechte übergehen.

439 Siehe hierzu bereits *Savigny*, System III., § 105 1) (= S. 13f.).

tiellen Universalsukzession zu sprechen, da unter Universalsukzession in jedem Fall nur ein rechtstechnischer Vorgang zu verstehen ist, durch den der Übergang einer Vielzahl von Rechten bewirkt wird. Da es nun einmal das tradierte Bild der erbrechtlichen Universalsukzession gibt, ist dem Ausdruck von der partiellen Universalsukzession als bewusster Abgrenzung vom erbrechtlichen Verständnis eine besondere Griffigkeit nicht abzusprechen. An ihm wird daher festgehalten. Weitaus wichtiger als alle begrifflichen Debatten ist dabei freilich die systematische Verortung des Spaltungsrechts als rechtsgeschäftlichem Verfügungsvorgang. Darauf ist im Folgenden einzugehen.

1. Die Spaltungsfreiheit als rechtsgeschäftliche Verfügungsfreiheit

Traditionell und auch hier nicht ohne Beeinflussung durch erbrechtliche Vorstellungen, hat man den Rechtsübergang bei der Verschmelzung,[440] wie auch anfangs bei der Spaltung,[441] als eine kraft Gesetzes und nicht aufgrund rechtsgeschäftlicher Gestaltung eintretende Rechtsfolge aufgefasst. Der allzu verlockende Begründungsansatz lautet, dass die Rechtsübertragung im Wege der Singularsukzession entbehrlich ist und das Vermögen kraft Gesetzes – nämlich gem. den §§ 20 I Nr. 1, 131 I Nr. 1 S. 1 UmwG – übergeht. Gegen eine solche Begründung spricht jedoch die in der sog. Spaltungsfreiheit zum Ausdruck kommende Verfügungsautonomie der beteiligten Unternehmensträger. Es obliegt den beteiligten Rechtsträgern zu bestimmen, welche Vermögensgegenstände übertragen werden sollen. Wäre etwas anderes richtig, könnte man auch behaupten, dass z.B. die Eigentumsübertragung an einem Grundstück gem. den §§ 873 I, 925 I S. 1 BGB kraft Gesetzes eintrete, wenn Auflassung und Eintragung im Grundbuch erfolgt seien. Dass dies nicht zutrifft, sondern ein privatautonomer Akt stets nur kraft der Rechtsordnung rechtliche Geltung beanspruchen kann, sollte selbstverständlich sein.[442] Es ist auf *Werner Flume*[443] zu verweisen, der auf den für die Rechtsordnung grundlegenden Unterschied zwischen Rechtsfolgen kraft privatautonomer Gestaltung und den gesetzlichen Rechtsfolgen hingewiesen hat.[444]

---

[440] *Brodmann*, GmbHG, § 81 Anm. 1; *Hachenburg*, GmbHG[2. Aufl.], § 81 Anm. 2; *Kraft*, in: KK-AktG[2. Aufl.], § 346 Rdn. 18; *Schilling*, in: GK-AktG[3. Aufl.], § 346 Anm. 11; *Schilling/Zutt*, in: Hachenburg, GmbHG[7. Aufl.], § 77 Anh. II. § 32 VerschmG Rdn. 30.

[441] Nach *Oetker*, VersR 1992, 7, 9 besitzt „der Vermögensübergang zwar ein rechtsgeschäftliches Fundament [...], dies" führt „jedoch nicht zu einem rechtsgeschäftlichen Vermögensübergang"; *Kallmeyer*, ZIP 1994, 1746, 1754; *Engelmeyer*, Spaltung von Aktiengesellschaften, S. 334f.; in diese Richtung auch *Marsch-Barner*, in: Kallmeyer, UmwG, § 4 Rdn. 11; *Stengel*, in: Semler/Stengel, UmwG, § 2 Rdn. 35.

[442] *W. Flume*, AT II., § 1 3. a) (= S. 3).

[443] AT II., § 1 3. a) (= S. 3).

[444] Siehe auch insb. *Mertens*, Umwandlung und Universalsukzession, S. 64ff. der die Gedanken *Flumes* auf das Umwandlungsrecht projiziert; ferner die Ausführungen des *Verf.*, ZHR 170 (2006), 737, 747f. in Bezug auf § 38 UGB; in diesem Sinne jetzt auch *U. Torggler*, JBl. 2008, 137, 142.

Dass nun der Spaltungsvertrag nicht alleine die Rechtsübertragung bewirkt, sollte als nichts Ungewöhnliches gelten.[445] Wie insbesondere das Immobiliarsachenrecht demonstriert, ist es keine Seltenheit, dass die Einigung der Parteien zusammen mit der Eintragung einen Gesamtakt bildet.[446] Dass dies auch auf die Verschmelzung übertragbar ist, hat als einer der ersten *Gilbert* in der JW 1928, 2597 ff. dargelegt. Bezogen auf die Spaltung bewirkt die Auflistung im Spaltungsvertrag mit der dazugehörigen Handelsregistereintragung als Gesamtakt die Vermögensübertragung. Dabei wird noch ausführlich zu behandeln sein, welche Anforderungen die Vermögensauflistung nach dem verfügungsrechtlichen Bestimmtheitsgrundsatz erfüllen muss.[447] Wichtig ist, an dieser Stelle festzuhalten, dass es heutzutage der ganz herrschenden Meinung entspricht, dass im Spaltungsrecht die rechtsgeschäftliche Vermögens- bzw. Teilvermögensübertragung *uno actu* verwirklicht worden ist.[448] Im Spaltungsrecht wird von der Rechtsordnung die gewillkürte Anwendung der (partiellen) Universalsukzession bei der Vermögensübertragung unter Lebenden als Akttyp anerkannt. Gleichermaßen wird man auch von der Verschmelzung sagen können, dass sie auf einem rechtsgeschäftlichen Übertragungsvorgang beruht.[449]

Nicht behandelt wurde damit freilich, welche Grenzen der Spaltungsfreiheit gesetzt sind, unter welchen Voraussetzungen also einzelne Rechte nicht übertragungsfähig sind. Darauf wird noch ausführlich einzugehen sein.[450] Soviel kann jedoch schon an dieser Stelle gesagt werden: Das Umwandlungsrecht gewährt den Parteien unbeschränkte Spaltungsfreiheit. Dies aber nur zu dem Preis, dass die Spaltungsparteien gem. § 133 UmwG als „Schicksalsgemeinschaft"[451] einzustehen haben und ggf. Sicherheit gem. § 22 UmwG zu leisten ist.[452] Seitdem der Gesetzge-

---

445 Das gegen die Argumentation von *Oetker*, VersR 1992, 7, 8.

446 Dazu bereits oben § 2 C. II. (= S. 27 ff.) m. Fn. 148.

447 § 5 B I. 2. (= S. 187 ff.).

448 Grundlegend *Karsten Schmidt*, AcP 191 (1991), 495, 503 f., 510 ff.; *Mertens*, Umwandlung und Universalsukzession, 61 ff.; *Teichmann*, ZGR 1993, 396, 398 f.; *ders.*, in: Lutter, UmwG, § 123 Rdn. 8; *Hennrichs*, Formwechsel und Gesamtrechtsnachfolge, S. 36; *Voigt*, Umwandlung und Schuldverhältnis, S. 11 ff., *Voigt* weist in Fn. 40 darauf hin, dass bereits das OLG Karlsruhe (referiert in RGZ 123, 289, 292) von einer gewillkürten Gesamtrechtsnachfolge gesprochen hat; *Rieble*, ZIP 1997, 301, 303; *Wiedemann*, GeslR II., § 6 II. 1 b) (= S. 533 f.); *Werhahn*, Der Kreditvertrag in der Umwandlung, S. 27; zum Schweizer Recht *Watter/Kägi*, SZW/RSDA 2004, 231, 234; *Büchi*, Spin-off, S. 163 ff.; *Olgiati*, FS Forstmoser, S. 65, 75; zum österreichischen Recht OGH JBl. 2006, 40, 42: „privatautonom gestaltbaren Gesamtrechtsnachfolge"; anders jedoch OGH wbl. 2005, 585, 586: „Vermögensübergang ex lege"; *Grünwald*, Umwandlung-Verschmelzung-Spaltung, S. 69 ff., 138 f.; *Hochedlinger*, GesRZ 2002, 1, 15: „diese Auffassung [sc. Rechtsfolge ex lege] muss heute als obsolet gelten"; *ders.*, GesRZ 2007, 345, 346: „Rechtsübergang […] durch (vertraglich bewirkte) Universalsukzession".

449 *Rieble*, ZIP 1997, 301, 303; *Watter/Kägi*, SZW/RSDA 2004, 231, 234.

450 Dazu noch unter § 5 A. III. (= S. 143 ff).

451 *Karsten Schmidt*, ZGR 1993, 366, 389; *Hommelhoff*, in: Kölner Umwandlungsrechtstage, S. 117, 131 f.

452 Zu Bedeutung und Funktionsweise der Spaltungshaftung, siehe unter § 5 B. (= S. 183 ff.).

ber im zweiten Umwandlungsrechtsänderungsgesetz § 132 UmwG aufgehoben hat, kann man auch mit Gewissheit sagen, dass das Umwandlungsgesetz keine besonderen Instrumente vorsieht, die die Spaltungsfreiheit einschränken.[453] Neben dem eben genannten § 132 UmwG a.F. hat es die unterschiedlichsten Versuche gegeben, die Spaltungsfreiheit einzuschränken. Keiner dieser Ansätze hat sich jedoch durchsetzen können. So war noch in § 123 V des Referent-Entwurfs aus dem Jahre 1992 eine Missbrauchsklausel vorgesehen worden, nach der es untersagt werden sollte, lediglich einzelne Vermögensgegenstände zu übertragen.[454] Schließlich haben sich auch Vorschläge aus der Literatur nicht durchsetzen können, zur Missbrauchsbekämpfung den aus dem Umwandlungssteuerrecht bekannten Betriebsbegriff in das materielle Umwandlungsrecht hinüber zu transferieren.[455] Danach sollte eine Übertragung des Vermögens nur möglich sein, wenn auch die zu übertragenden Assets einen Betriebsteil ausmachen. Wenn auch dem Vorschlag für das Umwandlungsrecht nicht beigepflichtet werden kann, ist der Versuch bemerkenswert, da er bei der Konstruktion einer – noch zu behandelnden – Rechtsübertragung nach § 25 HGB wieder zu finden sein wird. Denn dort kann ein Rechtsübergang nur angenommen werden, wenn das Unternehmen durch den Erwerber fortgeführt wird.

Beschränkungen der Übertragungsfähigkeit von Rechten können sich daneben freilich auch aus allgemeinen zivilrechtlichen Erwägungen ergeben. Es stellt sich insbesondere die Frage, inwieweit die Parteien – mögliche Umwandlungskonstellationen antizipierend – Vereinbarungen treffen können, die die Übertragungsfähigkeit von Rechten im Wege der Universalsukzession an besondere Voraussetzungen knüpfen oder sogar ausschließen.[456] Daneben ist zu fragen, welche schuldrechtlichen Auswirkungen eine Rechtsübertragung auf einen neuen Unternehmensträger für die Vertragsbeziehungen haben kann.[457] Damit wird aber nicht der allgemeine Grundsatz, dass Rechtsverhältnisse im Wege der Verfügungstechnik der Universalsukzession übertragen werden können, in Frage gestellt, sondern lediglich die privatautonome Steuerung der Übertragungsfähigkeit von Rechten, wie auch die möglichen leistungsstörungsrechtlichen Implikationen, zum Thema gemacht.[458]

2. Die Rechtsnatur des Spaltungsvertrags

Selten ausführlich behandelt wird die Rechtsnatur des Spaltungsvertrags oder – der Sache nach gleich gelagert – die des Verschmelzungsvertrags.[459] Der überwiegen-

---

[453] Zu § 132 a.F. noch ausführlich unter § 5 A. III. 2. cc. α. (= S. 165 ff.).

[454] § 123 V UmwG-RefE lautete: „Durch Spaltung kann nicht im wesentlichen nur ein einzelner Gegenstand übertragen oder eine einzelne Verbindlichkeit übergeleitet werden, es sei denn, daß ein einzelner Anteil an einem Rechtsträger übertragen werden soll"; siehe hierzu die Begr. auf S. 150f.

[455] *Watter/Büchi*, in: BS-FusG, Art. 56 Rdn. 6.

[456] Dazu unter § 5 A. III. 3. (= S. 180 f.).

[457] Dazu unter § 5 A. III. 2. b. cc. γ. (= S. 173 ff.).

[458] Dazu unter § 5 III. (= S. 143ff.).

[459] Siehe aber *Gilbert*, JW 1928, 2597ff.; *R. Goldschmidt*, Sofortige Verschmelzung, S. 29ff.; die Schweizer Dissertation von *R. Meier*, Die Rechtsnatur des Fusionsvertrages, Zürich 1986

den Meinung entspricht es, den Spaltungsvertrag wie auch den Verschmelzungsvertrag als Organisationsverhältnis aufzufassen, die auch schuldrechtliche Elemente aufweisen.[460] „Dingliche Wirkung" soll dem Verschmelzungs- bzw. Spaltungsvertrag demgegenüber nach der überwiegenden Auffassung nicht zukommen.[461] Das wird auffallenderweise meist damit begründet, dass der Verschmelzungs- bzw. Spaltungsvertrag nicht selbst den Rechtsübergang bewirke, sondern sich der Rechtsübergang kraft Gesetzes nach den §§ 20 I Nr. 1 bzw. 131 I Nr. 1 S. 1 UmwG vollziehe.[462] Das Reichsgericht[463] hat dies einmal dahingehend formuliert, dass es für den Übergang des Vermögens keiner „besonderen dingliche[n] Verträge bedarf, dass vielmehr der obligatorische Vertrag von selbst in Verbindung mit der Eintragung die Wirkung der Vermögensübertragung hat". Wie bereits ausgeführt wurde, ist es aber nichts Ungewöhnliches, dass sich ein Verfügungstatbestand aus einem Vertrag und einem Registerakt als Gesamtakt zusammensetzt. Befürwortet[464] man die Verfügungswirkung des Verschmelzungs- und Spaltungsvertrags in Umsetzung des Gedankens, dass dieser Teil eines rechtsgeschäftlichen Verfügungsgeschäfts ist, liegt es auf der Hand, auch eine dingliche Wirkung zu bejahen. Nach dieser Festlegung bleibt nur noch die Frage bestehen, in welchem Verhältnis die einzelnen „Elemente" des Spaltungsvertrags zueinander stehen. Im bereits angeführten Aufsatz von *Gilbert* werden folgende Schlussfolgerungen gezogen:

> „[D]er Gesamtakt der Fusion ist in Ansehung des Vermögens der aufgelösten AktG. ein echtes Verfügungsgeschäft. Der Fusionsvertrag muß die dingliche Einigung der Parteien über den Übergang des Vermögens auf die übernehmende AktG. enthalten. Fragt man nach der causa des Verfügungsgeschäfts, so ist sie in den korporationsrechtlichen Elementen der Fusion unschwer zu finden: Rechtsgrund der Vermögensübertragung ist der Wille der Parteien, die aufgelöste AktG. in der übernehmenden fortleben zu lassen, ein Wille, der in der Gewährung der durch die Erhöhung des Grundkapitals der übernehmenden AktG. neugeschaffenen Mitgliedschaftsrechte an die Aktionäre der aufgelösten AktG. seinen sichbaren Ausdruck findet."

Nach *Gilberts* Ausführungen ist der Fusionsvertrag ein Verfügungsvertrag, dem als Causa die korporationsrechtlichen Elemente der Fusion zugrunde liegen. *Gilbert* verneint dabei, dass einem Verpflichtungsvertrag schuldrechtliche Wirkung

---

und *Hügel*, Verschmelzung und Einbringung, S. 159f.; siehe auch *Lutter/Drygala*, in: Lutter, UmwG, § 4 Rdn. 3ff.

460 *Lutter/Drygala*, in: Lutter, UmwG, § 4 Rdn. 3ff.; *Priester*, in: Lutter, UmwG, § 126 Rdn. 7; *Stratz*, in: Schmitt/Hörtnagel/Stratz, UmwG, § 4 Rdn. 7ff.

461 *Stratz*, in: Schmitt/Hörtnagel/Stratz, UmwG, § 4 Rdn. 8; *Schöne*, Spaltung unter Beteiligung von GmbH, S. 34f.; *Lutter/Drygala*, in: Lutter, UmwG, § 4 Rdn. 6; *Marsch-Barner*, in: Kallmeyer, UmwG, § 4 Rdn. 2; *Priester*, in: Lutter, UmwG, § 126 Rdn. 7; *Schröer*, in: Semler/Stengel, UmwG, § 4 Rdn. 3; zu a. A. siehe die Nachw. in Fn. 464.

462 Vgl. die Nachw. in Fn. 461.

463 RGZ 67, 197, 201f.

464 *Gilbert*, JW 1928, 2597, 2598 (der aber dem Fusionsvertrag ausschließlich verfügende Wirkung zusprechen will; siehe hierzu *R. Goldschmidt*, Sofortige Verschmelzung, S. 31f.); ferner *Schilling/Zutt*, in: Hachenburg, GmbHG[7. Aufl.], § 77 Anh. II, § 21 VerschmG Rdn. 2; *Voigt*, Umwandlung und Schuldverhältnis, S. 52; *Hügel*, Verschmelzung und Einbringung, S. 160; *Limmer*, in: Peter/Crezelius, Gesellschaftsverträge und Unternehmensformen, Rdn. 2429.

zukommt. Hintergrund ist, dass *Gilbert* damit den Formzwang des § 311 a.F. BGB umgehen will, da nach ihm der Fusionsvertrag ja nur eine Verfügung bewirke.[465] Der Auffassung *Gilbert's* ist in dieser Konsequenz nicht[466] zu folgen, da sich der Wille der beiden Rechtsträger zu fusionieren nicht in einem korporationsrechtlichen Akt widerspiegelt, sondern im Abschluss der bindenden Verpflichtung zur Durchführung der Verschmelzung.[467] Der Fusionsvertrag ist dabei schwebend unwirksam, solange die Gesellschafter ihm nicht zugestimmt haben.[468]

Welche Funktion nun daneben dem sog. korporationsrechtlichen Charakter des Fusions- bzw. Spaltungsvertrags zukommt, ist eine, wie schon bei den Unternehmensverträgen, umstrittene Grundsatzfrage.[469] Der korporationsrechtliche Charakter kann als Erklärung dienen, warum mit dem Verschmelzungsvertrag das liquidationslose Erlöschen des Rechtsträgers und die wertproportionale Anteilsgewährung verbunden sind. Ferner, warum sich im Fall der Aufspaltung der Rechtsträger auflöst, das Vermögen auf mehrere Rechtsträger verteilt wird und neue Mitgliedschaftsrechte am übernehmenden Rechtsträger gewährt werden. Oder schließlich auch nur Teile des Vermögens an einen anderen Rechtsträger übertragen werden und Mitgliedschaftsrechte an die ursprünglichen Anteilsinhaber (Abspaltung) oder an den ursprünglichen Rechtsträger (Ausgliederung) gewährt werden. Der korporationsrechtliche Charakter des Verschmelzungs- bzw. Spaltungsvertrags dient weiterhin als Begründungssatz, warum die Lehre von der „fehlerhaften Gesellschaft" für den Verschmelzungsvertrag zur Anwendung kommen soll.[470] In welchem Verhältnis dabei die schuldrechtliche Seite des Verschmelzungsvertrags und sein korporationsrechtlicher Charakter stehen, ist dabei eine müßige Frage, die nicht beantwortet werden muss.[471]

Wenn auch den von der Umgehung der Formvorschrift des § 311 BGB a.F. bestimmten Konstruktionsbemühungen *Gilberts* nicht in voller Gänze zu folgen ist, bringen seine Ausführungen wohl erstmals gut zum Ausdruck, welche dogmatischen Ebenen miteinander koordiniert werden müssen: Der Verschmelzungs- bzw. Spaltungsvertrag begründet die Verpflichtung, zwischen den beteiligten Rechtsträgern die Umwandlungsmaßnahme herbeizuführen. Da die Vertragsänderung auf eine Änderung der gesellschaftsrechtlichen Struktur der beteiligten Rechtsträger ausgerichtet ist, oder – kürzer formuliert – auf eine Strukturänderung abzielt und daher den organisationsrechtlichen Charakter des Verschmelzungs- bzw. Spal-

---

[465] Dieses Grundverständnis *Gilberts* verkennt *Citron*, JW 1929, 620 in seiner Replik; siehe dazu *R. Goldschmidt*, Sofortige Verschmelzung, S. 31 m. Fn. 2.

[466] So auch *R. Goldschmidt*, Sofortige Verschmelzung, S. 31 f.

[467] Dass eine solche Verpflichtung besteht, ist heute unstreitig *Stratz*, in: Schmitt/Hörtnagel/Stratz, UmwG, § 4 Rdn. 9; *Lutter/Drygala*, in: Lutter, UmwG, § 4 Rdn. 5.

[468] Es handelt sich um einen der Ausnahmefälle, in denen die Vertretungsmacht der Geschäftsführung (mit Außenwirkung) beschränkt ist.

[469] Siehe zu den Unternehmensverträgen statt vieler *Altmeppen*, in: MünchKommAktG, § 291 Rdn. 27 f.

[470] *Karsten Schmidt*, FS Ulmer, S. 557, 572 f. und davor *ders.*, ZGR 1991, 373, 378 f.; dazu noch sogleich b) (= S. 84).

[471] So auch *Hügel*, Verschmelzung und Einbringung, S. 160.

tungsvertrags begründet, bedarf es der internen Zustimmung durch einen Umwandlungsbeschluss. Schließlich bewirkt die Einigung der beteiligten Rechtsträger im Verschmelzungs- bzw. im Spaltungsvertrag zusammen mit der Handelsregistereintragung den Rechtsübergang.

Auf die dogmatische Unterscheidung zwischen der gleichsam den korporationsrechtlichen Charakter der Umwandlung umfassenden Verpflichtungsebene und der Verfügungsebene wird es freilich regelmäßig – ganz anders sieht dies für den noch zu behandelnden Fall des § 25 HGB aus[472] – nicht ankommen. Das liegt zum einen daran, dass es zu einer von den Festlegungen im Spaltungsvertrag abweichenden dinglichen Übertragung meist nicht kommen wird (dazu unter a. (= 83f.)), wie auch an den Besonderheiten, die für die Nichtigkeitsfolgen von Umwandlungsverträgen gelten (dazu unter b. (= 84)).

a. Ungerechtfertigte Bereicherung eines an einer Umwandlung beteiligten Rechtsträgers?

Die Frage, ob ein Rechtsträger bei einer Vermögensübertragung nach dem Umwandlungsgesetz ungerechtfertigt bereichert sein kann, kann sich nur bei der Spaltung stellen. Im Fall der Verschmelzung geht das gesamte Vermögen auf die übernehmende Gesellschaft über. Differenzen zwischen der Verpflichtung und dem tatsächlich übergegangenen Vermögen können sich hier nicht ergeben. Dass es dabei häufig zu einer Fehlbewertung der Unternehmenswerte kommt, steht auf einem anderen Blatt und ist eine Frage des Anfechtungsrechts der Mitglieder, oder wird, wenn ein solches ausgeschlossen ist, in einem Spruchverfahren zu klären sein.[473] Bei der Spaltung müssen die Parteien hingegen gem. § 126 I Nr. 1 UmwG eine Vereinbarung über die Übertragung des Vermögens gegen Anteilsgewährung schließen. Ferner müssen die Parteien gem. § 126 I Nr. 9 UmwG ein Vermögensverzeichnis erstellen. Da nun aber bei der Vereinbarung gemäß der Nr. 1 meist auf die Vermögensaufstellung Bezug genommen wird,[474] ist eine Abweichung zwischen der Zuweisung und der schuldrechtlichen Vereinbarung grundsätzlich nicht möglich. Wäre aber einmal dennoch im Wege der Auslegung[475] ein Unterschied auszumachen, würde dem übertragenden Rechtsträger ein Anspruch aus ungerechtfertigter Bereicherung zustehen. Zu denken ist aber auch an das umgekehrte Szenario, dass nämlich entgegen der Anordnung im Spaltungsplan nicht sämtliche Vermögensgegenstände übergehen. Denkbar ist dies insbesondere nach der Rechtsprechung des V. Zivilsenats[476] bei Grundstücken, die nicht den Anforderungen

[472] Dazu unter § 4 C. IV. 2. c. (= S. 130 f.).

[473] Zur Diskussion der Ausweitung des Spruchverfahrens, vgl. nur z.B. die Vorschläge des *DAV-Handelsrechtsausschusses*, NZG 2000, 802, 803; *ders.*, NZG 2003, Sonderbeilage zu Heft 9, S. 14f.; *Burwitz*, NZG 2007, 497ff.

[474] *Kallmeyer*, in: Kallmeyer, UmwG, § 126 Rdn. 5.

[475] Zur Auslegung des Spaltungsvertrags, siehe unten § 5 I. 2. b. (= S. 189ff.).

[476] BGHZ 175, 123ff.; zur Recht kritisch hierzu *Priester*, EWiR 2008, 223f.; *Wilhelm*, LMK 2008, 259885.

des § 28 S. 1 GBO genügen. In einem solchen Fall wäre davon auszugehen, dass die Verpflichtung zur Übertragung des Grundstücks weiterhin bestehen bleibt.[477]

b. Auswirkungen der Nichtigkeit des Verschmelzungs- bzw. Spaltungsvertrags

Weiterhin ist auf die Auswirkungen der Nichtigkeit des Verschmelzungs- bzw. Spaltungsvertrags einzugehen. Würde man die Fälle zunächst ganz schulmäßig lösen, müsste man feststellen, woraus sich ein Anfechtungs- bzw. Nichtigkeitsgrund ergibt und auf welches Rechtsgeschäft sich die Nichtigkeit bezieht. Von Ausnahmefällen einmal abgesehen[478] würde man grundsätzlich auf das Abstraktionsprinzip gestützt davon ausgehen, dass die dingliche Rechtszuordnung aufgrund des Verfügungsgeschäfts trotz der Nichtigkeit des Verpflichtungsgeschäfts rechtswirksam bestehen bleibt. Inwieweit das Abstraktionsprinzip auch Geltung in den Fällen der Universalsukzession beanspruchen kann, wird bislang nicht behandelt. Für das Umwandlungsrecht – anders sieht dies bei § 25 HGB aus[479] – bedarf es aber auch keiner Klärung dieser Frage, da hier Besonderheiten für die Behandlung von Nichtigkeitsfolgen gelten. Denn nach dem Umwandlungsgesetz wird der Handelsregistereintragung eine besondere Bedeutung zugeschrieben. Wie in § 20 II UmwG bzw. § 131 II UmwG formuliert ist, lassen Mängel des Verschmelzungs- bzw. Spaltungsvertrags die Wirkungen der Eintragung unberührt. Wenn auch umstritten ist, welche Funktion diesen Bestimmungen zukommt, ist man weitestgehend einig darüber, dass eine erstmals vollzogene Umwandlungsmaßnahme bestandskräftig ist. Während die wohl überwiegende Meinung[480] eine Heilungswirkung[481] gem. §§ 20 II, 131 II UmwG befürwortet, verstehen andere[482] diese Vorschriften als Ausprägung der Lehre von der „fehlerhaften Gesellschaft" und gehen somit davon aus, dass ein fehlerhafter Umwandlungsvorgang auch zu einer „Entschmelzung" führen kann. Nichtigkeitsgründe werden also nach dem Umwandlungsgesetz die Rechtsübergang auf den übernehmenden Rechtsträger nicht berühren, sondern allenfalls Rückabwicklungsfragen des gesamten Verschmelzungs- oder Spaltungsvorgangs hervorrufen.

---

477 *Priester*, EWiR 2008, 223, 224.

478 Hierzu etwa *Bork*, AT, Rdn. 482ff.

479 Hierzu unten § 3 C. IV. 2. c. (= S. 130 f.).

480 Mit unterschiedlichem Prononcieren, aber sich grundsätzlich gegen die Möglichkeit einer Entschmelzung aussprechend *Kübler*, in: Semler/Stengel, UmwG, § 20 Rdn. 86; *Marsch-Barner*, in: Kallmeyer, UmwG, § 20 Rdn. 33; *Grunewald*, in: Lutter, UmwG, § 20 Rdn. 72; und schließlich *Stratz*, in: Schmitt/Hörtnagel/Stratz, UmwG, § 20 Rdn. 124ff.; siehe auch aus dem österreichischen Recht *Napokoj*, Ges aktuell 2007, 231 ff.

481 Kritisch zur Verwendung des Begriffs der Heilung *Schäfer*, Die Lehre vom fehlerhaften Verband, S. 183.

482 *Karsten Schmidt*, FS Ulmer, S. 557, 572f.; *Schäfer*, Die Lehre vom fehlerhaften Verband, S. 182ff., 191, 199, 337ff. m.w.N.; der BGH hat die Frage in NJW 1996, 659 bewusst offengelassen.

III. Die Vermögensübertragung nach dem UmwG

Schließlich ist noch auf das Institut der Vermögensübertragung nach den §§ 174ff. UmwG einzugehen.[483] Dieses fristet ein Schattendasein. Das hängt mit der Tatsache zusammen, dass als teilnahmefähige Rechtsträger gem. § 175 UmwG im Wesentlichen nur öffentlich-rechtliche Körperschaften bzw. Sonderformen des Versicherungsrechts in Betracht kommen. Der Grundsatz, der hinter dem Rechtsinstitut der Vermögensübertragung steht, ist einfach: Es wird ermöglicht, dass im Rahmen eines *Asset Deal* ein Vermögen unter Zuhilfenahme der Verfügungstechnik der Universalsukzession *uno actu* übertragen wird. Die Rechtsübertragung geschieht nicht wie bei der Verschmelzung oder Spaltung aufgrund eines verbandsrechtlichen Einbringungsgeschäfts, sondern für eine von den Parteien gem. § 174 I UmwG zu bestimmende Gegenleistung. In der Abweichung von der für das Verschmelzungs- bzw. Spaltungsrecht grundsätzlich geltenden Anteilsgewährungspflicht (§§ 5 I 2ff., 20 I Nr. 3, 126 I Nr. 2ff., 131 I Nr. 3 UmwG) liegt der wesentliche Unterschied der Vermögensübertragung zu den Umwandlungsmöglichkeiten des zweiten und dritten Buches des Umwandlungsgesetzes.[484] Während die Verschmelzung und die Spaltung sich als Sacheinbringungsvorgänge in die übernehmende Gesellschaft gegen Anteilsgewährung darstellen, ist die Vermögensübertragung nichts anderes als ein *Asset Deal*, nur dass der Erlös nicht an den übertragenden Rechtsträger fließt, sondern unter den Anteilsinhabern verteilt wird (vgl. § 174 I UmwG).

Welchen Unterschied es für die Gesamtbewertung eines Übertragungvorgangs ausmachen kann, ob den Anteilsinhabern der übertragenden Gesellschaft Anteile an der übernehmenden Gesellschaft oder aber ein Barwert oder eine andere Gegenleistung zuerkannt wird, lässt sich anhand der Anfang des 20. Jahrhunderts und insbesondere während der Aktienrechtsreform der Weimarer Republik geführten Diskussion um den Bedeutungsinhalt der Anteilsgewährungspflicht darstellen.[485] *Max Hachenburg* formulierte in seinem Aufsatz aus der LZ 1911, 646ff. die maßgebliche Fragestellung: „Sind bei der Fusion zweier Aktiengesellschaften neben der Gewährung von Aktien auch andere Leistungen zulässig?“. Im Zusammenhang mit den bereits angeführten §§ 305, 306 HGB 1897 wurden unter Beteiligung der maßgeblichen Autoren der Zeit wie *Hachenburg*, *Brodmann*, *Junck* und *Breit* hierzu teils weit voneinander abweichende Standpunkte vertreten:[486]

- So wurde vertreten, dass die Gegenleistung ausschließlich in Aktien bestehen dürfe.[487]

---

[483] Zu den Vorläuferregelungen siehe *J. W. Flume*, in: KK-UmwG, Einleitung B., F. I.

[484] *H. Schmidt*, in: Lutter, UmwG, Vor § 174 Rdn. 2, § 174 Rdn. 8ff.

[485] Auf die Einzelheiten der Anteilsgewährungspflicht kann nicht näher eingegangen werden, vgl. hierzu aber ausführlich *J. W. Flume*, in: KK-UmwG, Einl. B., C. III.

[486] Vgl. hierzu schon *Breit*, ZHR 94 (1929), 356, 406; *Werner*, Barzahlung an Aktionäre bei Fusion von Aktiengesellschaften, *passim*.

[487] *Heymanns*, ZHR 92 (1928), 217, 232f.; *K. Lehmann/Ring*, HGB, § 306 Anm. Nr. 4; ob die Entscheidung des BayOLG OLGR 22, 31, 34 dieser Meinung zuzuschreiben ist, wie dies z. B. *Breit*, a. a. O. tut, erscheint zweifelhaft (so auch *Junck*, LZ 1924, 489, 495f.).

- Neben der Gewährung von Aktien sei nur ein unumgänglicher Spitzenausgleich in bar statthaft.[488]
- Zuzahlungen seien unbeschränkt gültig, solange noch die Gewährung von Aktien dem Geschäft das „Gepräge"[489] gebe.
- Jegliche Form einer Gegenleistung solle statthaft sein, solange nur das Vermögen der übertragenden AG unter deren Auflösung übertragen wird.[490]

Die unterschiedlichen Ansätze geben einen Einblick, welche Problemkreise betroffen sind, je nach dem, wie man den Bedeutungsinhalt der verschmelzungsrechtlichen Anteilsgewährung variiert. Am erstaunlichsten ist die letzte von *Junck* vertretene Meinung. Weicht man mit *Junck* nämlich davon ab, dass zwingend bei einer Verschmelzung Anteile am übernehmenden Rechtsträger zu gewähren sind, so ändert sich der gesamte Charakter der Umwandlungsmaßnahme. Aus dem Verbandsgeschäft wird unter Umständen ein reines Austauschgeschäft. Es mag daher auch nicht verwundern, dass bereits zu Zeiten des ADHGB darüber gestritten wurde, ob ein Vertrag, in dem den Gesellschaftern einer sich auflösenden AG ein Wahlrecht zwischen Aktien und Barzahlungen zugesprochen wurde, als Kauf- oder Fusionsvertrag zu qualifizieren sei.[491] Für das geltende Umwandlungsrecht zeigen diese Zusammenhänge die gemeinsame verfügungsrechtliche Basis von Verschmelzung, Spaltung und Vermögensübertragung und die unterschiedliche kausale Grundlage. Während die ersten beiden auf verbandsrechtlicher Basis stattfinden, ist die Vermögensübertragung ein Austauschgeschäft.[492]

IV. Zusammenfassung

Seit den fragmentarischen Anfängen des Fusionsrechts der Aktiengesellschaften im ADHGB hat die Regelungsdichte immer mehr zugenommen. Die vollzogene Entwicklung kann man dabei ansatzweise daran ermessen, wie die Bemerkung eines Kommissionsmitgliedes bei den Beratungen zum ADHGB, der noch zu bedenken gab, ob die Fusionen nicht „blos ephemerer Natur" seien, auf den heutigen Leser wirken muss. Das Umwandlungsrecht hat sich als ein nicht mehr wegzudenkendes Gestaltungsmittel der Praxis etabliert.

---

488 *Brodmann*, Aktienrecht, § 306 Anm. 7 a); *ders.*, ZBH 1927, 124ff., 129f.; *R. Schmidt*, in: Ehrenbergs Hdb. III/1., § 59 III.3. (= S. 417); *Pinner*, in: Staub, § 305 Anm. 3 und 10.

489 *Hachenburg*, JZ 1911, 646, 649f.; in diese Richtung auch *Junck*, LZ 1924, 489, 495 nach dem es aber auch genügen soll, dass die Aktionäre der übertragenden Gesellschaft „planmäßig" zumindest eine Aktie der übernehmenden Gesellschaft erhalten sollen; anders aber *ders.* , JherJb. 77 (1927), 297, 318f.

490 De lege lata *Junck*, JherJb. 77 (1927), 297, 318f.: „Der Gesetzgeber hat nur an den Sonderfall des Aktientauschs gedacht. Dann ist es Aufgabe des Richters, den Gedanken des Gesetzgebers weiter zu denken"; anders noch *ders.*, LZ 1924, 489ff.; *de lege ferenda* auch *Breit*, ZHR 94 (1929), 356, 415f.

491 Siehe das Urteil des *Appellationsgerichtshofes zu Cöln*, ZHR 6 (1863), 622ff.; *Wiener*, ZHR 27 (1882), 333, 382f. m. Fn. 49.

492 Treffend weist *Schäfer*, Die Lehre vom fehlerhaften Verband, S. 350 auf das sich hieraus ergebende Problem der Einfügung in die Lehre von der fehlerhaften Gesellschaft hin.

Zu den einzelnen Instituten ist zusammenfassend Folgendes zu sagen: Anhand der Ausbildung der Regelungen über die Verschmelzung ist sehr gut der Unterschied zu erkennen, der zwischen dem an der Zerschlagung eines Unternehmens orientierten Liquidationsverfahren und der Vermögensübertragung im Wege der Universalsukzession besteht.[493] Das Spaltungsrecht zeigt die im Vergleich zur gängigen Praxis revolutionär anmutenden Möglichkeiten einer rechtsgeschäftlich steuerbaren Universalsukzession.[494] Die Überlegungen zum Institut der Vermögensübertragung offenbaren schließlich, dass sich der Unterschied zwischen den gesellschaftsrechtlich geprägten Umwandlungsvorgängen der Verschmelzung und Spaltung einerseits und der Vermögensübertragung andererseits darauf beschränkt, dass es sich nicht um ein Verbandsgeschäft sondern nur um ein Austauschgeschäft handelt.[495]

C. Die Grundsätze über die Handelsgeschäftsübernahme

Die Ausführungen zum Umwandlungsrecht sollten zeigen, auf welch breiter Basis die Verfügungstechnik der Universalsukzession bereits für den Unternehmensverkehr nutzbar gemacht wird. Die Übertragung eines Vermögens im Zusammenhang mit einer Unternehmensübertragung kann hingegen nach der heute herrschenden Meinung nicht im Wege der Universalsukzession vollzogen werden.[496] Die Parteien eines Unternehmenskaufvertrags müssen bei einem *Asset Deal* die für die Unternehmensfortführung erforderlichen Vermögensgegenstände einzeln im Wege der Singularsukzession übertragen.[497] Einen Ansatzpunkt, Unternehmensübertragungen insgesamt zu erleichtern, besteht darin, § 25 HGB[498] – im Gegensatz zu Rechtsprechung[499] und h. L.,[500] aber in Weiterführung eines von beachtlichen Stimmen[501] in der Literatur erarbeiteten Konzepts – als einen Tatbestand zu ver-

[493] Oben unter § 4. b. I. 2. b. (= S. 73 ff.).
[494] Oben unter § 4. B. II. (= S. 76 ff.).
[495] Dazu unter § 4 B. III. (= S. 85 ff.).
[496] Vgl. die Nachw. in Fn. 281.
[497] Dazu bereits § 3 C. (= S. 50ff.).
[498] Zur Einbringung des unternehmensbezogener Schuldverhältnisse in eine Personengesellschaft gem. § 28 HGB, siehe unten § 4 V. (= S. 133ff.).
[499] Siehe nur zuletzt BGH ZIP 2006, 367f.; ferner insb. BGH NJW 2001, 2251ff. (zu § 28 HGB).
[500] Vgl. *Canaris*, HR, § 7 Rdn. 39, 62ff.; *Hopt*, in: Baumbach/Hopt, § 25 Rdn. 10, 21 ff.; *Hüffer*, in: Staub, § 25 Rdn. 50, 69; *Roth*, in: Koller/Roth/Morck, § 25 Rdn. 7, 13; *Ammon*, in: Röhricht/ v. Westphalen, § 25 Rdn. 22; *Zimmer*, in: Ebenroth/Boujong/Joost/Strohn, § 25 Rdn. 58, 70ff.; *Schuhmacher*, in: Straube, § 25 Rdn. 12, 20 (noch zum öHGB); *Beuthien*, NJW 1993, 1737ff.; *Schürnbrand*, Schuldbeitritt, S. 36ff., 121 ff.
[501] Grundlegend *Karsten Schmidt*, ZHR 145 (1981), 2ff.; *ders.*, ZIP 1989, 1025ff.; *ders.*, ZGR 1992, 621ff.; *ders.*, JuS 1997, 1069ff.; *ders.*, AcP 198 (1998), 516ff.; *ders.*, FS Medicus, S. 555ff.; *ders.*, FS Krejci, Band I., S. 325ff.; *ders.*, GS Sonnenschein, S. 497ff.; *ders./ Schneider*, BB 2003, 1961, 1967; ferner, freilich mit erheblichen Unterschieden im Einzelnen: *Lieb*, Die Haftung für Verbindlichkeiten aus Dauerschuldverhältnissen bei Unternehmensübergang, S. 13ff.; *ders.*, FS Börner, S. 747ff.; *ders.*, FS Vieregge, S. 557ff.; *ders.*, in:

stehen, der es den Parteien eines Unternehmenskaufvertrags ermöglicht, unternehmensbezogene Schuldverhältnisse auf den Erwerber zu übertragen. Wie hat man sich das vorzustellen?[502] A und B schließen einen Kaufvertrag über das Unternehmen des A ab („Verpflichtungsebene"). Zur Erfüllung der Verpflichtung muss A die Grundstücke, Warenlager, den Fuhrpark etc. nach den gewohnten sachenrechtlichen Vorschriften übertragen („Verfügungsebene Schritt I."). Daneben können sich die Parteien weiterhin darüber einigen, dass die unternehmensbezogenen Schuldverhältnisse mit der Fortführung des Unternehmens durch den Erwerber auf diesen übergehen („Verfügungsebene Schritt II."). Die Parteien können aber auch einzelne Schuldverhältnisse gem. § 25 II HGB von der Rechtsübertragung ausschließen, indem eine entsprechende Erklärung im Handelsregister eingetragen wird. Sinnvollerweise werden die Parteien, wie dies bereits bei der Spaltung geschieht, ein den Anforderungen[503] an den Spaltungsplan entsprechendes Verzeichnis im Handelsregister einreichen. Dass § 25 HGB nur auf Schuldverhältnisse und nicht auch insbesondere auf Sachenrechte bezogen werden kann, ist nur historisch zu erklären und ergibt sich aus dem Wortlaut, da § 25 HGB an die Übertragung der Schuld (§ 25 I S. 1 HGB) und der Forderung (§ 25 I S. 2 HGB) anknüpft.[504]

Den Parteien würde es damit ermöglicht, die für den Unternehmensbestand so wichtigen Dauerschuldverhältnisse, mit Ausnahme der Arbeitsverhältnisse (§ 613a BGB), ohne die Zustimmung[505] des jeweiligen Vertragspartners auf den Erwerber zu übertragen.[506] Auch wenn § 25 HGB nur in Bezug auf Schuldverhältnisse zur Anwendung kommt, würde er nach dem hier zugrundegelegten Verständnis be-

---

MünchKommHGB, § 25 Rdn. 80 ff.; *Krejci*, Betriebsübergang und Arbeitsvertrag, S. 212 ff.; *ders.*, ÖJZ 1975, 449, 458 f.; *Waskönig*, Rechtsgrund und Tragweite der §§ 25, 28 HGB, S. 118 ff.; *Börner*, FS Möhring, S. 37 ff., 48; *Esser/Schmidt*, AT I./2., § 37 IV 1. (= S. 324); *Karollus*, ÖJZ 1995, 292, 293 f.; *ders.*, in: Kölner Umwandlungsrechtstage, S. 195 f.; *Nitsche*, ZIP 1994, 1919, 1923 f.; *Raisch*, ZHR 156 (1992), 269 ff.; *Voigt*, Umwandlung und Schuldverhältnis, S. 100 ff.; *Mickel*, Rechtsnatur der Haftung gespaltener Rechtsträger, S. 114 f.; *Dötsch*, ZMR 2007, 117, 119 (zu § 28 HGB); aus der Rspr. LG Stuttgart NJW-RR 1996, 1378 ff.

502 Siehe auch *U. Torggler*, JBl. 2008, 137, 140 f. zu § 38 UGB.

503 Dazu unter § 5 B. 2. (= S. 187 ff.).

504 Grundsätzlich andere Meinung *U. Torggler*, JBl. 2008, 137 ff. der die österreichische Parallelvorschrift des § 38 UGB auch auf Mobilen anwenden will, dazu noch unten § 4 III. 2. a. (= S. 112 ff.).

505 Zur Frage inwieweit aber ein Widerspruchsrecht zu gewähren ist siehe unten § 5 A. IV. (= S. 181 ff.).

506 *Lieb*, Die Haftung für Verbindlichkeiten aus Dauerschuldverhältnissen bei Unternehmensübergang, S. 17: „Eine Unternehmensübertragung ohne die – durchaus dispositive – Überleitung der unternehmensbezogenen Dauerschuldverhältnisse ist nicht mehr als ein schwer erträglicher Torso"; die Bedeutung von Vertragsbeziehungen für den Unternehmensfortbestand wird auch insb. in der Gesetzesbegründung zu § 38 UGB hervorgehoben, vgl. Dehn/Krejci, Das neue UGB, S. 314 f. = Schummer/Kriwanek, Aus HGB wird UGB, S. 31 f.; siehe ferner zu den „unternehmensbezogenen Mietverhältnissen" *Karsten Schmidt*, GS Sonnenschein, S. 497 ff.; *Dötsch*, ZMR 2007, 117 f.; siehe davor bereits *Oppikofer*, FS Schultze, S. 207 ff.; *ders.*, in: RvHwb, Bd. VII., Eintrag „Das kaufmännische Unternehmen", S. 28 f.

wirken, dass im Zweifel sämtliche unternehmensbezogenen Schuldverhältnisse *uno actu* übertragen werden. Damit wäre § 25 HGB als Tatbestand zu verstehen, der, auf der Rechtstechnik der (partiellen) Universalsukzession beruhend, den Rechtsübergang bewirkt.[507]

Die heute h.M. ist im Gegensatz dazu noch vom Dogma der haftungserstreckenden Wirkung des § 25 HGB bestimmt und nicht bereit, diesen als eine den Unternehmensübergang unterstützende Norm zu verstehen. Dies hat eine lange Tradition, da schon nach der Rechtsprechung des Reichsoberhandelsgerichts[508] (ROHG) die öffentliche Bekanntmachung der Haftungsübernahme durch den Erwerber eines Handelsgeschäfts, wie auch nach der Rechtsprechung des Reichsgerichts[509] sogar schon alleine die Fortführung der Firma durch den Erwerber, als haftungsbegründende Momente anerkannt wurden. Im Gegensatz zur handelsrechtlichen Rechtsprechung des 19. Jahrhunderts wird der Veräußerer aber gem. § 26 HGB von der Haftung befreit. Damit ist im Gegensatz zu den Grundsätzen der Geschäftserwerberhaftung des 19. Jahrhunderts ein „Sukzessionsmodus" in der Form eingeführt worden, der es dem Erwerber erlaubt, mit dem Ablauf der Nachhaftungsfrist gem. § 26 I HGB sich von den aus der unternehmerischen Tätigkeit stammenden haftungsrechtlichen Risiken zu lösen. Gerade diese Enthaftungsmöglichkeit ist es aber, die der h.M. unter Zugrundelegung des Dogmas der haftungserstreckenden Wirkung des § 25 HGB große Probleme bereitet und sogar als verfassungsrechtliches Problem angesehen wird.[510] Die Probleme lösen sich auf, wenn man § 25 HGB nicht als primär der haftungsrechtlichen Inanspruchnahme des Erwerbers dienende Vorschrift versteht, sondern als eine solche, die die unternehmensbezogenen Schuldverhältnisse überleiten soll. Dann ist nämlich die „Entlassung" des Veräußerers aus der Haftung gem. § 26 I HGB nichts anderes als die Beendigung einer zum Zwecke des Gläubigerschutzes bestehenden zusätzlichen Haftung des Erwerbers neben der des Veräußerer, der ja bereits aus den übergeleiteten Rechtsverhältnissen haftet.[511] Dieser Zusammenhang zwischen dem Rechtsübergang einerseits und der Enthaftung des Veräußerers andererseits lässt sich auch sehr gut rechtsvergleichend an der Konstruktion des Art. 181 OR und des § 38 UGB demonstrieren.[512]

---

507 So bereits *J. W. Flume*, ZHR 170 (2006), 737ff.; dem jetzt zustimmend *Hurni*, Vermögensübertragung, S. 283f.

508 Dazu unter § 4 C. I. 1. (= S. 91ff.).

509 Dazu unter § 4 C. I. 2. (= S. 99ff.).

510 Siehe hierzu nur *Canaris*, FS Odersky, S. 753ff.; ferner mit Modifizierungen *ders.*, HR, § 7 Rdn. 42ff.

511 Dazu unter § 5 B. (= S. 183ff.) und B. II. (= S. 203ff.).

512 Zu Art 181 OR sogleich unter § 4 C II. (= S. 102ff.); zu § 38 UGB siehe unter § 4 C. III. (= S. 111ff.).

I. Ausbildung der handelsrechtlichen Grundsätze über die Erwerberhaftung im 19. Jahrhundert

§ 25 HGB kennt bekanntermaßen keine Vorgängernorm im ADHGB. Die Nürnberger Kommission hatte zwar die Frage, ob Grundsätze aufzustellen seien, nach denen eine Übertragung eines Handelsgeschäfts mit „Activis und Passivis" anzunehmen sei, diskutiert und auch verschiedene Entwürfe erarbeitet,[513] sich letztendlich aber gegen eine Regelung ausgesprochen.[514] Es blieb bei der Normierung des Firmennamens- und Firmenordnungsrechts in den Artt. 15 ff. ADHGB. Ein anderes ergab sich auch nicht aus Art. 23 ADHGB, der im Wesentlichen unserem heutigen § 23 HGB entspricht. Wie *Hermann Staub*[515] treffend ausführt, ist nach Art. 23 ADHGB der „Übergang eines Handelsgeschäfts nur [...] Voraussetzung für den Firmenübergang. Mit der materiellen Seite der Geschäftsveräußerung beschäftigt sich das HGB ex professo nicht." Dieses Fehlen einer gesetzlichen Regelung wurde bereits früh moniert.[516] Die Konsequenz war, dass eine breit gefächerte und in all ihren Verästelungen nur schwer zu überschauende Kontroverse entbrannte,[517] inwieweit aufgrund besonderer handelsrechtlicher Grundsätze eine Haftungserstreckung auf den Erwerber eines Handelsgeschäfts anzunehmen sei.[518] Die Diffizilität der Debatte wurde davon bestimmt, dass hier eine unglaubliche Bandbreite von sich gerade neu ausbildenden Rechtsinstituten diskutiert wurde. Sie umfasste unter anderem die bereits angeschnittene Frage nach einer Versubjektivierung des Handelsgeschäfts,[519] aber auch die Frage, wie die sich gerade etablierenden materiellrechtlichen Lehren von der Zession und der Schuldübernahme[520] zu verstehen sind.

---

[513] Siehe den Redaktionsentwurf *Lutz*, Protokolle, S. 42 und ferner die Anlage A und B zur 171. Sitzung der Nürnberger Kommission v. 22. 2. 1858 *Lutz*, Protokolle, S. 1439f.; sowie die §§ 31, 32 des revidierten österreichischen Entwurf *Lutz*, Bd. VI., S. 74f. und die §§ 28, 29 des ministeriellen österreichischen Entwurfs *Lutz*, Bd. VI., S. 111f.

[514] Mit 13 gegen 4 Stimmen; vgl. *Lutz*, Protokolle, S. 1435; hierzu auch *Behrend*, Zeitschrift f. Gesetzgebung u. Rechtspflege 4 (1870), 429, 445 ff.; *L. Goldschmidt*, Beilageheft 3 zu ZHR 3 (1860), S. 27.

[515] ADHGB[2. Aufl.], Art. 22 Anm. § 9; siehe auch ROHG 2, 46, 51f.; 4, 198f.

[516] Siehe nur *L. Goldschmidt*, Beilageheft 3 zu ZHR 3 (1860), S. 27.

[517] Die Ursprünge der Debatte liegen früher, meist wird auf die Arbeiten von *Tabor*, Beitrag zur rechtlichen Erörterung der Verbindlichkeiten, welche aus dem Eintritt in eine bestehende Handlungsfirma entspringen, 1826 und *Hassenpflug*, Themis 1 (1827/28), 59 ff. verwiesen.

[518] Siehe die Literatur und Rechtsprechungsübersicht bei *Behrend*, HR, § 37 III. (= S. 219) und *Rünger*, Schulden und Forderungsübergang durch Firmenfortführung?, Greifswald 1881; ferner aus der neueren Literatur *Waskönig*, Rechtsgrund und Tragweite der §§ 25, 28 HGB, S. 54 ff. und *Landwehr*, ZHR 150 (1986), 39, 54f.; *Conradi*, Das Unternehmen im Handelsrecht, S. 205 ff.

[519] Oben § 3 B. II. (= S. 44 ff.).

[520] Dazu oben § 2 C. (= S. 22 ff.).

1. Haftungsübernahme kraft handelsüblicher Kundgabe nach der Rechtsprechung des ROHG

Die Rechtslage lässt sich jedoch auf der Grundlage der Ausführungen im Lehrbuch des Handelsrechts von *Jacob Friedrich Behrend*[521] wie auch der konsequenten und klaren Rechtsprechung des ROHG gut rekonstruieren. Orientiert man sich hieran, lässt sich die Rechtslage auf einen Nenner bringen: Grundsätzlich haftet der Erwerber nicht, es sei denn, dass durch den Erwerber die Übernahme der Passiva[522] durch Zirkuläre oder in anderer handelsüblicher Weise bekannt gemacht wurde.[523] Die Haftung soll dabei unabhängig von etwaigen abweichenden (internen) Absprachen zwischen Veräußerer und Erwerber eintreten und auch unabhängig von etwaigen kundgetanen Änderungen fortbestehen.[524]

Nun ist dem ROHG verschiedentlich vorgeworfen worden, dass der Rechtssatz von der Erwerberhaftung kraft Bekanntmachung nicht funktioniere, da eine rechtsgeschäftliche Konstruktion nicht möglich sei: An einer Annahme der Erklärung des Erwerbers durch die Gläubiger fehle es in der Regel.[525] Denn eine Haftung soll selbst dann gegeben sein, wenn der Gläubiger keine Kenntnis von dem Zirkular erhalten hat. In der Tat liegt hierin ein Problem. Das ROHG hat dieses jedoch erkannt und in einer bemerkenswerten Passage des ersten und grundlegenden Urteils „*Thenius contra Weinhold*“ ausgeführt:

> „Ob und inwieweit übrigens dem Acte der Veröffentlichung einer Willenserklärung vom Standpunkte des rein bürgerlichen Rechts aus ohne Hinzutritt der Acceptation obligatorische Wirkung beigelegt werden dürfe, kann hier unerörtert bleiben, da die Bedeutung eines solchen Vorganges nach den im Handelsverkehr geltenden Gewohnheiten und Gebräuchen (Art. 1 verb. mit Art. 279 des Allgem. Deutschen Handelsgesetzbuchs) sich bestimmt und

---

[521] Zu ihm *M. Cohn*, in: Jewish Encyclopedia, Stichwort „*Behrend, J. F.*“, S. 645; *K. Lehmann*, ZHR 59 (1907), 445 f.

[522] Entscheidend ist, dass die Übernahme der Passiva bekannt gemacht wird. Die Erklärung der Übernahme des Geschäfts alleine genügt dafür nicht. Auch trägt der Geschäftserwerber nicht die Beweislast, dass eine Bekanntmachung der Übernahme der Passiva erfolgt ist, ROHG 16, 271 ff. Es besteht also keine Verpflichtung zur Bekanntmachung; so aber *Ladenburg*, ZHR 30 (1884), 90, 95.

[523] Ständige Rsp. ROHG 1, 62, 68 f.; 2, 46, 55; 3, 182; 4, 5 f.; 4, 198 f.; 8, 382; 11, 149, 153; 12, 159 ff.; 16, 271, 272; 21, 232, 233; siehe hierzu auch *Behrend*, HR, § 37 m. Fn. 20a (= S. 209); daran anschließend RGZ 8, 64, 65 (jedoch nicht die Übernahme eines Handelsgeschäfts betreffend, sondern den die Gründung einer OHG bewirkenden Eintritt in das Geschäft eines Einzelkaufmanns); 15, 51, 53; 17, 96, 98 f.; 38, 173, 176; davor schon Oberappellationsgericht zu Lübeck, Seuff. A. 11 (1856), 109; Oberappellationsgericht zu Lübeck, ZHR 6 (1863), 588 ff. (mit Hinweis in der *FN auf den Fall des OAG Hermann c. Peters und Imperial. Cont. Gas-Assoc. c. Schiele und Knoblauch jeweils 1841, in denen die gleiche Rechtsansicht vertreten wurde); Hofgericht Darmstadt, Busch's Archiv 8 (1866), 174 f.

[524] ROHG 8, 382, 383.

[525] *Simon*, ZHR 24 (1879), 91, 161 ff.; *Rünger*, Schulden und Forderungsübergang durch Firmenfortführung?, S. 21 f., 51 f. (gerichtet gegen die Lehre *Behrends*); *Ladenburg*, Busch's Archiv 36 (1877), 81 ff. (dessen Ausführungen – teilweise auch schon dargelegt in Busch's Archiv 34 (1876) und später in ZHR 30 (1884), 90 ff. wiederholt – jedoch nicht sehr ergiebig sind).

nach der Auffassung des Kaufmannsstandes, wie die Spruchpraxis bereits anerkannt hat, [...] die bindende Kraft der öffentlichen Bekanntmachung nicht zu bezweifeln steht."[526]

Das ROHG stützt sich dabei ausdrücklich auch auf die von Mitgliedern der Nürnberger Kommission verfasste Begründung, die eine den Grundsätzen des ROHG entsprechende Vorschrift in das ADHGB aufnehmen wollten, aber, wie bereits angeführt wurde, damit scheiterten.[527] In den Protokollen ist hierzu zu lesen:

> „Es ist vielmehr davon ausgegangen worden, daß in der angezeigten Uebernahme eines Handelsgeschäfts eine Erklärung des Uebernehmers in einem gewissen obligatorischen Sinne, eine Aufforderung an die Gläubigerschaft des Handelsgeschäfts liege, ihre Angelegenheiten mit dem Uebernehmenden zu ordnen, daß eine solche Uebernahme also gewissermaßen eine appromissio, ein constitutum debiti alieni enthalte. Das, was hierbei allein im Hinblick auf das gemeine Recht Bedenken errege, liege darin, *daß man einer solchen einseitigen Erklärung eine bindende Kraft ohne Acceptation der interessierten Gläubiger beilege.* Aber die Supplierung einer solchen Acceptation könne man ohne Bedenken in Uebereinstimmung mit der Anschauung des Kaufmannstandes in dem öffentlichen Bekanntwerden jener obligatorischen Erklärung finden."[528]

Die Ausführungen des ROHG wie auch diejenigen in den Protokollen sind bemerkenswert, da die Erwerbermithaftung als rechtsgeschäftlicher Akt aufgefasst wurde, dem auch ohne Annahme Wirksamkeit zukommt (dazu unter a. (= S. 92 ff.)).[529] Dieser Rechtssatz wird dabei auf Handelsgewohnheitsrecht gestützt, dem nach der gesetzlichen Ordnung des ADHGB Vorrang vor dem bürgerlichen Recht zukommt (dazu unter b. (= S. 95 f.)).

a. Die Rechtsprechung des ROHG zur Erwerberhaftung kraft Bekanntmachung als Anwendungsfall der Pollicitationstheorie?

Einer „einseitigen Erklärung eine bindende Kraft ohne Acceptation der interessierten Gläubiger bei[zu]legen",[530] mag mit dem jedem Zivilisten geläufigen Vertragsprinzip als nicht vereinbar gelten: Wie der heutige § 311 I BGB (= § 305 BGB a. F.) formuliert, bedarf es zur rechtsgeschäftlichen Begründung und Änderung eines Schuldverhältnisses eines Vertrags.[531] Daraus ist jedoch nicht zu schließen, dass *e contrario* ein Rechtssatz, demzufolge diese Rechtswirkung auch durch einseitiges Rechtsgeschäft eintritt, ausgeschlossen wäre.[532] Vielmehr kennt das Zivilrecht auch ausnahmsweise Fälle, in denen eine wirksame Verpflichtung zugunsten eines Dritten auch ohne Annahme durch einseitige Erklärung entsteht. Prominentestes Beispiel ist die Auslobung.[533] Sie ist, wie insbesondere *Reinhard Zimmer-*

---

[526] ROHG 1, 62.

[527] Vgl. Anlage A, § 2 I und Anlage B, § 3 I, *Lutz*, Protokolle, S. 1439 f.; der Redaktionsentwurf enthielt noch keine solche Regelung, vgl. *Lutz*, Protokolle, S. 42.

[528] *Lutz*, Protokolle, S. 1431 (Hervorh. durch den Verf.).

[529] Siehe hierzu insb. auch RGZ 38, 173, 176.

[530] ROHG 8, 382, 383.

[531] Hierzu *R. Zimmermann*, FS Heldrich, S. 467, 469; *Weller*, Vertragstreue, 2. Kapitel B. V. 3.

[532] *W. Flume*, AT II., § 11 3. (= S. 135 ff.).

[533] *W. Flume*, AT II., § 11 3. (= S. 134), siehe auch im Sachregister S. 937 Stichwort „Auslobung", „als Ausnahme vom Vertragsprinzip".

mann[534] aufgearbeitet hat, auf die sog. Pollicitationstheorie zurückzuführen, die durch den BGB-Gesetzgeber in § 657 BGB adaptiert wurde. Dabei geht es um das Prinzip, dass ausnahmsweise in Abweichung vom Vertragsprinzip auch durch ein einseitiges Versprechen ein Schuldverhältnis entstehen kann.[535] Just dies führen das ROHG wie auch Mitglieder der Nürnberger Kommission in Bezug auf den Rechtssatz der Erwerberhaftung kraft Bekanntmachung aus: Nämlich dass derjenige, der öffentlich die Übernahme der Schulden des Veräußerers oder auch nur einen Teil derselben erklärt, auch ohne *Annahme* für diese aufkommen muss.[536] Das ROHG hat zwar nicht auf diesen Begründungssatz rekurriert, eine Anknüpfung an die Pollicitationstheorie scheint aber auf der Hand zu liegen. Für das ROHG ist es klar, dass eine Willenserklärung gegeben ist[537] und die „Veröffentlichung [...] einen selbstständig wirksamen, von der Acceptation des Geschäftsgläubigers unabhängigen, obligatorischen Dispositionsact des Unternehmers“[538] darstellt.[539] Die Abweichung vom „Vertragsprinzip“ wird dabei nicht auf allgemeine zivilrechtliche Erwägungen gestützt, sondern auf Handelsgewohnheitsrecht.[540]

Aufgrund einer solchen dogmatischen Einordnung lässt sich klar festlegen, welche Bedeutung der Mitwirkung des Veräußerers zukommt. Das ist insofern von Interesse, als es sich auch noch heute im Kontext des § 25 HGB um ein vieldiskutiertes Problem handelt, inwieweit sich die Nichtigkeit des Kausalgeschäfts, der das Unternehmensvermögen übertragenden Verfügungsgeschäfte oder sogar beider Geschäfte auf die Haftungsfolgen des § 25 HGB auswirkt.[541] Hierzu ist, bezogen

---

534 FS Heldrich, S. 471 ff.; davor *R. Zimmermann/Hellwege*, ZfRV 39 (1998), 133 ff.; ferner *Kleinschmidt*, Der Verzicht im Schuldrecht, S. 70 f.; *Weller*, Vertragstreue, 2. Kapitel B. V. 3.

535 Weitere avisierte Anwendungsfälle bei *R. Zimmermann*, FS Heldrich, S. 467, 471 ff. und *Kleinschmidt*, Der Verzicht im Schuldrecht, S. 70 ff., 316 ff.

536 Es ist der Ausführung von *Simon*, ZHR 24 (1879), 91, 161 (in dieser Form auch übernommen von *Landwehr*, ZHR 150 (1986), 39, 55) zu widersprechen, dass die Nürnberger Protokolle so zu lesen seinen, „daß die öffentliche Anzeige eine Vertragsofferte sei.“; dort wird ja gerade ausgeführt, dass einer einseitigen Erklärung Wirkung zugesprochen wird (trotz fehlender „Accepation“); *Simon*, ZHR 24 (1879), 91, 164 scheitert im Endeffekt daran, die Rsp. des ROHG treffend zu charakterisieren, was auch durch den Verweis auf *Gaius 2 aureorum* D 44, 7, 1 pr. ersichtlich wird.

537 ROHG 1, 62, 69: „Ob und inwiefern übrigens dem Acte der Veröffentlichung einer Willenserklärung...“; siehe auch RGZ 38, 173, 176.

538 ROHG 1, 62, 68.

539 *Reichel*, Schuldmitübernahme, S. 138 führt in Bezug auf die aus der Rechtsprechung des ROHG hervorgegangenen § 25 III HGB aus: „In diesem Fall [sc. § 25 III. HGB] handelt es sich um einen kreatorischen Verpflichtungsakt, ein einseitiges Schuldversprechen also, dem das Gesetz auch ohne Rücksicht auf sein Zugehen an den konkreten Gegner und ohne Annahmeerklärung desselben Wirksamkeit beilegt. Ein Analogon bildet etwa die Auslobung oder die Annahme einer Anweisung.“.

540 Dazu unter b. (= S. 95 f.); missverständlich daher *Landwehr*, ZHR 150 (1986), 39, 55: Die Anerkennung als wirksames einseitiges Leistungsversprechen stützt sich auf Handelsgewohnheitsrecht und ist kein alternatives Erklärungsmodell.

541 Siehe hierzu nur *Lieb*, in: MünchKommHGB, § 25 Rdn. 49 ff. und die Dissertation von *Vetter*, Altschuldenhaftung auf fehlerhafter Vertragsgrundlage, Baden-Baden 1995; hierzu auch noch unter § 4 C. IV. 2. c. (= S. 130 f.).

auf das ADHGB, nur selten eine Aussage zu finden. Meist ist nur die Rede davon, dass der Erwerber die Haftungsübernahme bekannt machen muss. *Behrend*[542] führt an einer Stelle aus, dass die „Bekanntmachung über die Veräußerung eines Handelsgeschäfts nach der Handelssitte entweder von beiden Kontrahenten gemeinschaftlich oder mittels äußerlich gesonderter, aber korrespondierender Erklärungen bewirkt zu werden pflegt". *Staub*[543] führt an, dass nach der Rechtsprechung die Erwerberhaftung die Tatsache der Passivübernahme *inter partes*, also die Vereinbarung der Passivübernahme zwischen Veräußerer und Erwerber, voraussetzt.[544] Dies passt freilich nicht zu der dogmatischen Konstruktion, die einseitige Erklärung des Erwerbers als Verpflichtungsgrund genügen zu lassen. Geht man nämlich von der Prämisse aus, dass der Schuldbeitritt auch ohne die Zustimmung des anderen Schuldners erfolgen kann,[545] so ist es konsequent, nur auf die Haftungserklärung des Erwerbers abzustellen. Dies deckt sich auch mit einer vom VI. Zivilsenat des Reichsgerichts im 38. Band der amtlichen Sammlung S. 174ff. getroffenen Entscheidung.[546] Der Beklagte, der Erwerber eines Handelsgeschäfts, war wegen unstreitig bestehender Verbindlichkeiten des Veräußerers gestützt auf die handelsgewohnheitsrechtlichen Grundsätze der Erwerberhaftung kraft Bekanntmachung in Anspruch genommen worden. Er verteidigte sich nun mit dem Vorbringen, dass die Übersendung des Zirkulars an die Klägerin „ohne seinen Willen und sogar gegen seine ausdrückliche Anordnung erfolgt sei".[547] Zudem sei zwischen Veräußerer und Erwerber vereinbart worden, dass nicht alle Passiva vom Erwerber übernommen werden, insbesondere nicht – wie man sich denken kann – die Verbindlichkeit der Klägerin. Der VI. Zivilsenat des Reichsgerichts stellt fest, dass die Bekanntmachung der Haftungsübernahme durch den Erwerber, wie schon nach der Rechtsprechung des ROHG, als eine „in rechtsbegründender Absicht abgegebene Willenserklärung zu behandeln"[548] ist. Ohne Belang sei dabei – hier widerspricht der Senat ausdrücklich der Auslegung der Rechtsprechung durch *Staub* –, welche Vereinbarung zwischen Veräußerer und Erwerber konkret getroffen wurde. In *casu* wurde die Lösung der Berufung moniert, da dieses die Frage nicht geklärt hatte, ob das mit Zustimmung des beklagten Erwerbers gedruckte Zirkular auch an Dritte übersandt worden war.[549] Denn würde dies zutreffen, wäre die unbeschränkte und vom Willen des Erwerbers getragene Erklärung der Haftungsübernahme auch (nur) gegenüber den Dritten ausreichend für die Haftungsbegründung gegenüber der Klägerin gewesen. Aber dies stellt eine Tatsachenfrage dar, die vom Reichsgericht nicht zu behandeln war. Das Urteil lässt jedoch keinen Zweifel bestehen, dass eine mit dem Willen des Erwerbers an die Öffentlichkeit gelangte Erklärung stets für die Haf-

---

[542] HR § 37 II. (= S. 216); davon ist hingegen in § 37 Fn. 20a (= S. 209) nicht die Rede.
[543] ADHGB[5. Aufl.], Art. 22 § 13 unter ε) (= S. 55); *Staub* selbst will jedoch die Kundbarmachung genügen lassen.
[544] Gegen eine solche Auslegung ausdrücklich RGZ 38 , 173, 176.
[545] So die h.M.; a.A. *Siber*, Schuldrecht, § 36 II 2. (= S. 154).
[546] Vgl. zur Argumentation des VI. Zivilsenats auch noch sogleich unten 2. (= S. 99 ff.).
[547] RGZ 38, 173, 174.
[548] RGZ 38, 173, 176.
[549] RGZ 38, 173, 177.

tungsübernahme ausreichend ist. Mit der Erklärung an die Öffentlichkeit wird das Versprechen rechtswirksam. Etwaige Mängel des Verhältnisses zwischen Erwerber und Veräußerer sind daher für die Haftung ohne Belang. Der in einem solchen Fall zahlende Erwerber wäre auf einen Anspruch aus ungerechtfertigter Bereicherung gegen den Veräußerer zu verweisen.

b. Geltung des Rechtssatzes der Erwerberhaftung kraft Bekanntmachung aufgrund Handelsgewohnheitsrechts

Das ROHG stützt den Rechtssatz der Erwerberhaftung kraft Bekanntmachung auf Handelsgewohnheitsrecht.[550] Wie konnte aber das ROHG trotz fehlenden und von der Nürnberger Kommission abgelehnter Kodifizierung eines entsprechenden Rechtssatzes von der Fortgeltung der Grundsätze ausgehen? Die Erklärung ergibt sich aus Art. 1 ADHGB. Nach Art. 1 ADHGB kommen, soweit das ADHGB keine Bestimmungen enthält, „Handelsgebräuche und in deren Ermangelung das allgemeine bürgerliche Recht zur Anwendung". Aus der Perspektive des heutigen Handelsrechts löst diese Bestimmung Verwirrung aus. Wir unterscheiden heutzutage Handelsgewohnheitsrecht[551] als Gesetz im materiellen Sinne von den Handelsgebräuchen,[552] die als handelsrechtliche Verkehrssitte insbesondere bei der Auslegung von Willenserklärungen und Verträgen zum Tragen kommen.[553] Daneben werden wiederum von den Handelsgebräuchen oft die Usancen, also bestimmte Geschäftsbedingungen oder die *inter partes* gepflegten Geschäftsgebräuche, unterschieden.[554] Dass nun im ADHGB der Begriff des Handelsgebrauchs in Art. 1 verwendet wird, ist nur aufgrund der Redaktionsgeschichte zu verstehen: Gemeint ist nach Art. 1 ADHGB nicht der Handelsgebrauch nach unserem heutigen Verständnis im Sinne des § 346 HGB, sondern Handelsgewohnheitsrecht als Rechtsquelle.[555] Erschwerend und zu berücksichtigen ist weiterhin, dass das, was wir als

---

550 Vgl. die Nachweise zur Rspr. des ROHG und der vorangegangen Rspr. in Fn. 523; ferner *Simon*, ZHR 24 (1879), 91, 160 m. Fn. 166: „in Deutschland anerkanntes Gewohnheitsrecht"; *Wieland*, HR, § 24 II. 1. a.E. (= S. 279f.).

551 *Horn*, in: Heymann, § 346 Rdn. 15; *Karsten Schmidt*, in: MünchKommHGB, Vor § 1 Rdn. 32; *Koller*, in: GroßKommHGB, § 346 Rdn. 16; *Schinkels*, in: Pfeiffer, Hdb. d. Handelsgeschäfte, § 5 Rdn. 9.

552 *Karsten Schmidt*, in: MünchKommHGB, § 346 Rdn. 1ff., 11ff.; *ders.*, HR, § 1 III. 3. (= S. 23ff.); *Canaris*, HR, § 22 Rdn. 2.

553 Die insb. von *L. Raiser*, Das Recht der allgemeinen Geschäftsbedingungen, S. 82f., 86 vertretene Meinung, Handelsgewohnheitsrecht und Handelsbrauch seien gleichzustellen, hat sich nicht durchsetzen können; hierzu *Canaris*, HR, § 22 Rdn. 12 und *Horn*, in: Heymann, § 346 Rdn. 16.

554 Das ist freilich eine terminologische Frage und der Sprachgebrauch ist hier uneinheitlich; siehe *Karsten Schmidt*, in: MünchKommHGB, § 346 Rdn. 19: „bloße Übung ohne Maßgeblichkeitsüberzeugung der beteiligten Verkehrskreise"; *Horn*, in: Heymann, § 346 Rdn. 18; *Hopt*, in: Baumbach/Hopt, § 346 Rdn. 2.

555 Grundlegend hierzu der Aufsatz von *Laband*, ZHR 17 (1892), 466, 508: „daß Art. 1 nur von wirklichen Rechtsquellen, nicht von Interpretationsmitteln handelt,"; *Behrend*, HR, § 18 (= S. 78ff.); bei den Beratungen des ADHGB wurde ein Antrag mit 9 gegen 5 Stimmen ab-

Handelsbräuche im Sinn von § 346 HGB verstehen, im 19. Jahrhundert synonym mit „Usance“ verwendet[556] oder gar als Oberbegriff gebraucht wurde.[557] Wenn also von Handelsgebrauch gesprochen wird, ist zu prüfen, ob damit in Bezug auf Art. 1 ADHGB Handelsgewohnheitsrecht gemeint ist oder aber Handelsbrauch im Sinne von Art. 279 ADHGB. Ist von den Usancen die Rede, sind damit in der Regel die Handelsbräuche nach unserem heutigen Verständnis, also die handelsrechtlichen Verkehrssitten, gemeint.

Das ROHG[558] stützt sich in dem Urteil „*Thenius contra Weinhold*“ auf Handelsgewohnheitsrecht. Mit dieser dogmatischen Einordnung konnte der Rechtssatz von der Erwerberhaftung kraft Bekanntmachung, auch ohne im ADHGB normiert zu sein, fortbestehen und dies auch ohne an den Besonderheiten des jeweiligen Partikularrechts gemessen werden zu müssen. Gemäß Art. 1 ADHGB galt der Handelsgewohnheitsrechtssatz, da ja das Handelsgesetzbuch nichts Gegenteiliges vorsah, als eigenständige Regelung unabhängig vom allgemeinen bürgerlichen Recht fort.[559] Dies mag als ein interessantes Beispiel für die Rechtsfortbildungsprozesse im Handelsrecht und als ein weiterer „anerkannter“ Fall von Handelsgewohnheitsrecht angesehen werden. Das ROHG konnte durch die Verankerung des Rechtssatzes als Gewohnheitsrecht an seiner Fortgeltung festhalten, auch wenn die Gesetzgebungskommission die Schaffung entsprechender Normen verneint hatte.[560]

c. Übergang auch ganzer Vertragsverhältnisse nach der Rechtsprechung des ROHG?

Aufgrund der bereits eingangs hervorgehobenen Bedeutung von vertraglichen Beziehungen für den Bestand eines Unternehmens ist es von Interesse, inwieweit für den Fall, dass dem Erwerber die Forderung übertragen und er nach den Grundsätzen des ROHG haftbar ist, thematisiert wurde, dass auch die unternehmensbezogenen Schuldverhältnisse auf den Erwerber übergehen. Zunächst ist dabei vom Grundsatz auszugehen, dass ein Veräußerungsvertrag, der den „Übergang der Aktiva und Passiva“ regelt, wie das ROHG wiederholt ausgeführt hat, Rechte und Pflichten nur unter den Kontrahenten des Vertrags begründet.[561] Die Umsetzung der vertragsmäßigen Regelung des „Übergangs der Aktiva und Passiva“ ist dabei weitaus schwieriger, als es auf den ersten Blick erscheinen mag. Dass nach der

---

gelehnt, das Wort „Handelsgebräuche“ in Art. 1 durch „Handelsgewohnheitsrecht“ zu ersetzen; *Lutz*, Protokolle, S. 11, 13.

556 Hierzu *Behrend*, HR, § 18 (= S. 80f.) m. Fn. 8 und so insbesondere der Sprachgebrauch bei *Laband*, ZHR 17 (1892), 466; hiergegen aber *L. Goldschmidt*, Hd. d. HR, § 35 Fn. ** a.E. (= S. 318): „widerstreitet zweifellosem Sprachgebrauch“.

557 *L. Goldschmidt*, Hb. d. HR, § 36 (= S. 316ff.).

558 ROHG 1, 62, 69.

559 Eines Verweises auf Art. 279 ADHGB hatte es freilich nicht bedurft.

560 Dies wird wohl aber nicht als generelle Absage zu werten sein, siehe die Ausf. bei *Lutz*, Protokolle, S. 143; generell zur Bedeutung der Gesetzgebungsmaterialien für die Auslegung des Handelsgesetzbuchs, *L. Goldschmidt*, ZHR 10 (1866), 325ff.

561 ROHG, 2, 46, 48; 3, 360, 362; 12, 159, 160f.; 16, 271, 273f.

Maßgabe des Vertrags die einzelnen Aktiva (Forderungen, Mobilien, Immobilien) übertragen werden müssen, ist unproblematisch.[562] Weitaus komplexerer Natur ist hingegen die Übertragung der Passiva. Denn die Parteien können zwar nach den Grundsätzen des ROHG oder nach den Grundsätzen eines Vertrags zugunsten Dritter[563] eine Haftungserstreckung auf den Erwerber erreichen, eine Befreiung des Veräußerers kann aber ohne die Mitwirkung des Dritten – so wie es der heutige § 26 HGB vorsieht und auch bereits davor § 32[564] des revidierten österreichischen Entwurfs (1857) vorsah, der bei der Ausarbeitung des ADHGB berücksichtigt[565] wurde – nicht bewirkt werden.[566] Eine Befreiung kann sich vielmehr nur aus der rechtsgeschäftlichen Einigung mit den Gläubigern ergeben.[567] Die Mittel der Zeit waren die Vereinbarung einer Novation und die befreiende Schuldübernahme.[568]

Kann vor diesem Hintergrund angenommen werden, dass die unternehmensbezogenen Schuldverhältnisse auf den Erwerber übergehen? Es fällt nicht leicht, auf diese Frage einzugehen, da bereits die dem Problem zugrundeliegende Fragestellung, ob und wie eine Vertragsüberleitung überhaupt möglich ist, nur wenig behandelt wurde. Wenn man Ausführungen findet, dann dahingehend, dass eine Vertragsübertragung als Kombination aus Forderungszession und Schuldübernahme zu verstehen sei.[569] Daher muss es nicht verwundern, dass auch in der Handels-

---

562 *Behrend*, HR, § 37 III. (= S. 207f.) und Zusatz II. (= S. 215).

563 Hierzu ROHG 21, 232, 233f.

564 § 32 des revidierten österreichischen Entwurfs: „Gläubigern aber, welche von der Uebertragung einer Handlung insbesondere gerichtlich verständigt worden sind, haften der frühere Inhaber oder dessen Erben nur durch drei Jahre vom Zeitpunkt dieser Verständigung an; nach Ablauf dieser Frist hört die Haftung auf, und sie können sich weiterhin nur an den Uebernehmer der Handlung halten." (= § 29 des ministeriellen Entwurfs); beide abgedruckt in: *Lutz*, Bd. VI., S. 74f., 111f.

565 Hierzu *Behrend*, HR, § 11 Fn. 13 (= S. 45).

566 *Behrend*, HR, § 37 Zusatz II. (= S. 215): „Selbstverständlich wird eine Befreiung des Veräußerers durch die Uebernahme der Passiva seitens des Erwerbers ohne eine den ersteren liberirende Erklärung der Gläubiger nicht herbeigeführt."; ferner *Anschütz/v. Völderndorff*, ADHGB, Art. 23 Anm. 2) a.E. (= S. 195); *Koch*, ADHGB, Art. 23 Fn. 37: „die Übertragung einer Handlung an einen Anderen [ist] unzweifelhaft kein Befreiungsmodus für den bisherigen Inhaber, gegenüber seinen Gläubigern".

567 Zur Möglichkeit der Annahme einer stillschweigenden Zustimmung des Gläubigers *Behrend*, HR, § 37 Zusatz II. (= S. 215f.): „unter besonderen Voraussetzung [sc. nämlich insb. der Fortsetzung der Geschäftsbeziehungen mit dem Erwerber] wird in einem derartigen Verhalten allerdings eine genügende Kundgebung des Liberationswillens gefunden werden können".

568 Hierzu etwa *Simon*, ZHR 24 (1879), 91, 96ff.

569 *Früh*, Vertragsübertragung im Schweizer Recht, S. 36 spricht davon, dass *Bähr* als erster diese Feststellung getroffen habe. *Bähr*, JherJb. 6 (1863), 131, 182 führt in der bei *Früh* angegebenen Stelle aus: „Die Schuldübernahme in Verbindung mit der Zession gewährt ein praktisches Mittel, um ganze Vertragsverhältnisse, aus Rechten und Verbindlichkeiten gemischt, gewissermaßen zu übertragen"; siehe ferner die kusorische Anmerkung bei *Windscheid*, PandR Bd. II., § 335 Anm. 13 (= S. 294); ferner zum BGB *Crome*, System des bürgl. Rechts, Bd. II., § 198 1. m. Fn. 9 (= S. 325).

rechtswissenschaft diesem Problem nur wenig Beachtung geschenkt wurde. Ausführungen hierzu finden sich jedoch wiederum bei *Behrend* in seinem Handelsrechtslehrbuch: „Desgleichen bestimmt sich die Befugniß des Erwerbers zum Eintritt in schwebende Vertragsverhältnisse (Societäts-, Mieth-, Dienstverträge u. dgl. [...]) nicht allein nach dem Willen der Kontrahenten, sondern es ist eine mit Rücksicht auf die Natur und den Inhalt der betreffenden Verträge in jedem einzelnen Fall besonders zu entscheidende Frage, ob sich die Drittbetheiligten einen solchen Eintritt gefallen lassen müssen [...].“[570] Auch wenn *Behrend* bereits mehrere Dauerschuldverhältnisse exemplarisch aufzählte,[571] fand nur ein Fall breitere Beachtung: Nämlich der Übergang von Dienstverträgen mit Handlungsgehilfen.[572] *Behrend*[573] verweist dabei auf ein Urteil des ROHG[574] aus dem Jahr 1875, das man wohl als einen frühen Vorläufer der Betriebsübergangsproblematik im Sinne des heutigen § 613a BGB ansehen darf. In diesem Fall hatten die Kläger sich geweigert, für den Erwerber eines Unternehmens, den Bruder und früheren Associé des Veräußerers, zu arbeiten und klagten gegen den Veräußerer auf Zahlung von zwei ausstehenden Monatsgehältern. Die Einzelheiten sind hier nicht von Belang, von Interesse sind lediglich die Ausführung des ROHG zur Frage, ob das Vertragsverhältnis möglicherweise übergegangen sei:

> „Ob bei einem Dienst-, resp. Handlungsgehülfen-Engagementsvertrag der Bedienstete das Dienstverhältnis dem Geschäftserwerber gegenüber fortsetzt, resp. dessen Vertragserfüllung als die in seinem Vertrage ihm gewährleistete gelten lassen muß, sofern der Erwerber das Geschäft unter früherer Firma im alten Umfang fortführt, läßt sich nicht abstrakt entscheiden. Wesentlich wird für jeden concreten Fall sein, inwieweit durch einen solchen Uebergang eine Veränderung des Leistungsinhalts des ursprünglichen Vertragsverhältnisses eintritt oder nicht. Will man nun selbst annehmen, daß im Zweifel für den Bediensteten nicht blos das Geschäft, in das er eintritt, sondern auch die individuelle Person seines Principals für bestimmend bei der Vertragseingehung zu erachten ist [...], so können doch die besonderen Umstände des Falls bewirken, daß trotz des Eintritts eines neuen Principals eine Veränderung des Vertragsinhalts nicht stattfindet oder daß dieselbe doch derartig geringfügig wird, daß sich aus ihr ein Widerspruch des Bediensteten nicht rechtfertigen läßt.“[575]

Man kann insoweit nur festhalten, dass man das Problem durchaus erkannte, aber noch keine Grundsätze entwickelt wurden, um eine passende Lösung zu finden. Wirklich vertiefte Auseinandersetzungen sind erst Anfang des 20. Jahrhunderts im Zusammenhang mit den gerade „neu“ kodifizierten Grundsätzen im deutschen Handelsgesetzbuch (§§ 25ff. HGB) und dem Schweizer Obligationenrecht (Art. 181

---

570 *Behrend*, HR, § 37 Zusatz II. (= S. 217).

571 Der uns geläufige Terminus vom Dauerschuldverhältnis konnte dabei natürlich noch nicht zu Grunde gelegt werden.

572 *Anschütz/v. Völderndorff*, ADHGB, Art. 23 Fn. 11, Art. 57 Fn. 3 und Art. 61 Fn. 2; *K. Lehmann*, ZHR 50 (1900), 1, 15.

573 HR, § 37 Zusatz II. (= S. 217); das Urteil des ROHG hat *Behrend* offensichtlich verallgemeinernd auf sämtliche Vertragsverhältnisse bezogen.

574 18, 370ff.; vgl. hierzu auch insb. *Staub*, HGB[6./7. Aufl.], § 70 Anm. 22.

575 ROHG 18, 370, 374.

OR) auszumachen.[576] Der hier angeschnittene Problemkomplex wird im Zusammenhang mit der noch folgenden Auseinandersetzung mit diesen Vorschriften wieder aufzunehmen sein.

2. Haftung des Erwerbers aufgrund Firmenfortführung?

Dem Merkmal der Firmenfortführung durch den Erwerber maß das ROHG[577] in ständiger Rechtsprechung keine Bedeutung zu. Dies wurde in der Literatur anders gesehen. *Thöl*,[578] um einen der Protagonisten zu nennen, wollte mit der Firmenfortführung den zwingenden Übergang der Forderungen und Passiva verbunden sehen, wohingegen *Behrend*[579] dies nicht als unabänderliche Rechtsfolge ansah, sondern auch einen teilweisen Ausschluss zulassen wollte. Die Rechtsprechung des dem ROHG nachfolgenden Reichsgerichts fiel hingegen uneinheitlich aus. Zu beachten ist insbesondere ein Urteil des III. Zivilsenats aus dem Jahr 1880[580] und eines des VI. Zivilsenats aus dem Jahr 1897.[581]

Der III. Zivilsenat[582] des Reichsgerichts stellte in offensichtlicher Parallele zur Konstruktion des Rechtssatzes von der Erwerberhaftung kraft Kundbarmachung des ROHG den Grundsatz auf, dass sich eine Haftungsübernahme auch aus der Firmenfortführung durch den Erwerber ergeben könne. Der Entscheidung lag der folgende Fall zugrunde:[583] Dem Kläger, einem Arbeiter in einer Waggonfabrik, war bei Rangierarbeiten durch das Vorderrad eines Transportwagens im Jahre 1856 ein Bein komplett abgeschnitten worden. Ein Mitinhaber der Handelsgesellschaft erklärte dem Arbeiter am Krankenbett: „Seien Sie unbesorgt; Sie werden von unserer Fabrik lebenslänglich versorgt".[584] Die ursprünglich bestehende Handelsgesellschaft war im Jahre 1864 auf den letzten verbleibenden Gesellschafter übergegangen. Im Jahr 1868 war das Unternehmen dann aus dem Nachlass des verstorbenen letztverbliebenen Gesellschafters heraus an den Beklagten „mit allen Aktiven und Passiven" veräußert worden. Dieser kündigte nun dem Kläger 1879, nachdem dieser für die Waggonfabrik weitere 22 Jahre gearbeitet hatte, das Arbeitsverhältnis. Zur Entscheidung stand nun die Frage, ob der neue Inhaber des Unternehmens für die 1856 versprochenen lebenslangen Alimentationszahlungen aufzukommen hatte. Zunächst kann dem Sachverhalt wohl entnommen werden, dass das Alimentationsversprechen, wenn man es als wirksam entstanden an-

---

576 Verwiesen sei hier zunächst nur auf *Wieland*, HR I., § 24 IX. (= S. 294f.).

577 Siehe nur ROHG, 16, 271ff.

578 Praxis des Handelsrechts und Wechselrechts, S. 3ff., 14ff., 18; demnach sei die Haftung selbst desjenigen anzunehmen, der die Firma widerrechtlich führt; die Forderungen sollen hingegen in einem solchen Fall nicht übergehen; beiläufig auch *ders.*, HR, § 53 V. 4. (= S. 175).

579 HR, § 37 Zusatz III. (= S. 217f.).

580 RGZ 2, 48ff.

581 RGZ 38, 173ff.

582 RGZ 2, 26ff.; 15, 51ff.

583 Hierzu auch schon *U. Huber*, FS Raisch, S. 85, 93f.

584 RGZ 2, 48, 49.

sieht,[585] von der ursprünglichen Handelsgesellschaft auf den letztverbliebenen Gesellschafter und kurz darauf im Wege der Universalsukzession in seinen Nachlass übergegangen war. Die Veräußerung des Unternehmens im Jahre 1868, bei der intern die Übernahme des Geschäfts mit „Aktiven und Passiven" vereinbart war, wurde offensichtlich nicht durch Zirkulare publik gemacht. Der Beklagte hatte aber das Unternehmen unter der „alten" Firma fortgeführt. Daran knüpfte nun der III. Zivilsenat des Reichsgerichts an und begründete die Haftung des Beklagten:

> „So gewichtig die Gründe sind, welche für diese Ansicht [sc. die Rechtsprechung des ROHG] sprechen, so ist derselben doch für den – hier zu entscheidenden – Fall nicht beizupflichten, daß der Erwerber eines bestehenden Handelsgeschäfts durch Vertrag mit dem bisherigen Inhaber oder dessen Erben unter Übernahme der vorhandenen Aktiven und Passiven in alle geschäftlichen Beziehungen desselben eintritt und nun das Geschäft unter Beibehaltung der früheren Firma fortsetzt. In einem solchen Vorgang liegt für den kaufmännischen Verkehr ein wirksames Angebot des Erwerbers an die Geschäftsgläubiger, denselben für ihre Forderungen an den früheren Inhaber des Geschäfts gerecht zu werden, eine Offerte, welche der besonderen Zustimmung, der ausdrücklichen Annahme dieser Gläubiger um so weniger bedarf, als sie nur Rechte für dieselben begründet. Es muß vom Standpunkt der Handelssitte und des praktischen Bedürfnisses, sowie nach den Grundsätzen von Treu und Glauben im Handelsverkehr der Fortführung des Geschäfts unter derartigen Umständen dieselbe Wirkung beigelegt werden, wie der öffentlichen handelsüblichen Bekanntmachung des Erwerbers, daß er die Passiva des Geschäfts mitübernommen habe."[586]

Die Entscheidung des Reichsgerichts, die offensichtlich insbesondere davon getragen wurde, in dem „hier zu entscheidenden" Fall eine Haftung des Erwerbers zu begründen, muss jedoch skeptisch stimmen. Ersichtlich wollte der III. Zivilsenat des Reichsgerichts die Klage nicht abweisen und damit den Kläger auf die Inanspruchnahme der Erben des verstorbenen letztverbliebenen Gesellschafters verweisen. Auch wenn sich der III. Zivilsenat im Urteil auf die Handelssitten beruft,[587] unterliegt es keinem Zweifel, dass das Gericht an dieser Stelle rechtsfortbildend tätig geworden ist.[588] Nachdem nämlich das ROHG in ständiger Rechtsprechung seit 1870 eine Inanspruchnahme des Erwerbers eines Handelsgeschäfts aufgrund der Firmenfortführung abgelehnt hatte, bejaht das Reichsgericht diese 10 Jahre später.[589]

Die grundsätzliche Berechtigung der Rechtsfortbildung wie auch ihre Begründung blieb umstritten. Der VI. Zivilsenat[590] hatte offensichtlich Bedenken gegen

---

[585] Hierzu RGZ 2, 48, 50.

[586] RGZ 2, 48, 49.

[587] Was an sich schon nicht hinreichend ist, um Handelsgewohnheitsrecht anzunehmen.

[588] *Staub*, ADHGB$^{5.\ Aufl.}$, Art. 22 § 13 unter γ) (= S. 55): „Es liegt darin [sc. der Rspr. des III. ZS] nicht eine willkürliche Erweiterung jenes Handelsgewohnheitsrechts, …"; *U. Huber*, FS Raisch, S. 85, 94.

[589] Bedenklich ist es daher auch, dass in RGZ 15, 51, 53f. so getan wird, als wenn auch schon das ROHG die Inanspruchnahme des Erwerbers eines Handelsgeschäft sowohl auf die Bekanntmachung in Zirkularen oder auf die Firmenfortführung gestützt habe; siehe hierzu auch insb. RGZ 38, 173, 175; siehe auch *K. Lehmann*, ZHR 59 (1900), 1, 14 der von einem „Bruch" der Praxis des ROHG durch das Reichsgericht spricht.

[590] RGZ 38, 173ff.

die Rechtsprechung des III. Zivilsenates, ging aber in seinen Ausführungen davon aus, dass die Thematik keiner Klärung bedürfe.[591] Streitpunkt war, ob die Konstruktion des Rechtssatzes von der Erwerberhaftung aufgrund Firmenfortführung auf den rechtsgeschäftlichen Willen des Erwerbers zurückgeführt werden kann.[592] *Staub*[593] sah hierin kein Problem: „Wenn einmal die Passiva übernommen sind und hierzu die Fortführung des ganzen Geschäfts und der Firma tritt, so liegt darin unbedenklich die urbi et orbi gemachte Erklärung, daß trotz des Wechsels in der Firmeninhaberschaft alles beim Alten bleiben solle, [...]". Für den VI. Zivilsenat[594] war es hingegen „willkürlich" in der Firmenfortführung „eine Erklärung der Schuldübernahme finden zu wollen". „Handelt es sich hier aber um eine an Dritte gerichtete Willenserklärung, so entspricht es bei weitem mehr der natürlichen Anschauung, daß den Dritten gegenüber nur das maßgebend ist, was ihnen gegenüber als Willen erklärt ist, nicht was die Kontrahenten unter sich vorher verabredet haben".[595] Dem ist beizupflichten. Wer eine Firma fortführt erklärt nicht, weiterhin haften zu wollen, sondern er bedient sich nur der vom Handelsrecht gem. Art. 22 ADHGB offerierten Möglichkeit der Nutzung eines derivativ erworbenen Namens.[596]

3. Zwischenergebnis

Die Rechtsprechung des ROHG wie auch die des III. Zivilsenats des Reichsgerichts zur Erwerberhaftung kraft Firmenfortführung ist dahingehend zusammenzufassen, dass sie auf eine Haftungserstreckung hinausläuft, allerdings ohne einen Sukzessionsmodus der Form bereit zu stellen, dass der Veräußerer nach einer Nachhaftungsfrist von der Verbindlichkeit befreit wird. Dies könnte entweder nach den Grundsätzen des ROHG durch die öffentliche Erklärung der Übernahme der Schulden oder – folgt man dem Reichsgericht – sogar nur durch die Fortführung der Firma herbeigeführt werden. Dies diente der Umsetzung von Unternehmensübertragungen, indem der Erwerber zu erkennen gab, die bestehenden Geschäftsverbindungen fortzusetzen und für die bereits bestehenden Geschäftsverbindlichkeiten einzustehen.[597] Ob darüber hinaus auch auf den Übergang bestehender unternehmensbezogener Schuldverhältnisse geschlossen werden kann, ist nicht mit Gewissheit zu sagen.[598] Beide Ansichten, die des ROHG wie auch des III. Zivilsenats des Reichsgerichts haben Eingang in das HGB von 1897 gefunden.

---

[591] Vgl. RGZ 38, 173, 175.

[592] Dieser Streitpunkt ist bekanntermaßen später, im Zusammenhang mit der zu § 25 HGB vertretenen sog. Erklärungstheorie, wieder behandelt worden.

[593] ADHGB[5. Aufl.], Art. 22 § 13 unter γ) (= S. 55).

[594] RGZ 38, 173, 176.

[595] RGZ 38, 173, 176.

[596] Siehe auch kritisch *Wieland*, HR I., § 24 II. (= S. 281 f.) (in Bezug auf § 25 I HGB).

[597] Siehe hierzu insbesondere *Behrend*, HR, § 37 Zusatz II. (= S. 215 ff.): „Uebergang der Forderungen und Schulden bei Veräußerung eines Handelsgeschäfts"; *Wieland*, HR I., § 24 II. (= S. 278); vgl. hierzu auch zum geltenden Recht *Schürnbrand*, Schuldbeitritt, S. 38 f.

[598] Dazu oben § 4 C. I. 1. c. (= S. 96 ff.).

Bei der Abfassung des § 25 I HGB orientierte man sich an der Rechtsprechung des III. Zivilsenats des Reichsgerichts,[599] während für die Abfassung des § 25 III HGB die Rechtsprechung des ROHG Pate stand.[600]

II. Die rechtsgeschäftliche Schuldübernahme des Unternehmenserwerbers als Ausgangspunkt für die Annahme einer Vertragsüberleitung?

Mit dem anbrechenden 20. Jahrhundert wurden die gewohnheitsrechtlich anerkannten und vom ROHG in ständiger Rechtsprechung praktizierten Grundsätze der „Erwerberhaftung kraft handelsüblicher Kundgabe" im deutschen Handelsgesetzbuch von 1900 in § 25 III HGB[601] und – in Orientierung daran[602] – 1911 in Art. 181 des Schweizer Obligationenrechts gesetzlich geregelt.[603] Nach beiden Vorschriften haftet der Erwerber, wenn er rechtsgeschäftlich die Haftungsübernahme öffentlich bekannt macht. Sie unterscheiden sich jedoch insoweit entscheidend, als dass nach § 25 III HGB die Erklärung des Erwerbers, wie schon nach der Rechtsprechung des ROHG, ausreicht,[604] wohingegen nach Art. 181 OR erforderlich ist,[605] dass die Erklärung auf einer wirksamen Verpflichtung zwischen Veräußerer und Erwerber das Vermögen zu übernehmen beruhen muss. Die Vorschrift des Art. 181 OR, wie auch die des § 25 III HGB, im Vorfeld der Analyse des § 25 I. und II. HGB und im Nachgang zu den historischen Betrachtungen des 19. Jahrhunderts näher zu untersuchen erscheint in mehrerer Hinsicht als weiterführend. Die bereits im Zusammenhang mit der Rechtsprechung des ROHG begonnene Auseinandersetzung mit der Frage, ob nicht aus der rechtsgeschäftlichen Schuldübernahme des Erwerbers und der Übertragung der Forderungen auf diesen, nicht auch auf den Übergang des gesamten Rechtsverhältnisses geschlossen werden kann, lässt sich fortsetzen und erweitern.[606] Ein wesentlicher Unterschied zum dargelegten Rechtszustand im 19. Jahrhundert ergibt sich dabei aus dem Umstand, dass die Haftung des Veräußerers neben der des Erwerbers zeitlich beschränkt ist (vgl. § 26 HGB und Art. 181 II OR). Ein Blick auf das Schweizer Recht lohnt sich schließlich, da der Schweizer Gesetzgeber in Kenntnis und zur

599 Vgl. Denkschrift, 1896, S. 36 = *Schubert/Schmiedel/Krampe*, II/2, S. 979.
600 Vgl. Denkschrift, 1896, S. 37 = *Schubert/Schmiedel/Krampe*, II/2, S. 979 a.E.
601 Vgl. Denkschrift, 1896, S. 37 = *Schubert/Schmiedel/Krampe*, II/2, S. 979 a.E.
602 Vgl. hierzu *Wieland*, HR I., § 24 II. 1 Fn. 15 (= S. 280) m.w.N.; siehe auch *Barandun*, Geschäftsübernahme, S. 17ff.
603 *Wieland*, HR I., § 24 II. 1 a.E. m. Fn. 15 (= S. 279f.).
604 *Hopt*, in: Baumbach/Hopt, § 25 Rdn. 17; *Zimmer*, in: Ebenroth/Boujong/Joost/Strohn, § 25 Rdn. 90; *Hüffer*, in: Staub, § 25 Rdn. 104; siehe auch schon Fn. 539.
605 *Spirig*, in: ZK-OR, Art. 181 OR Rdn. 62ff.; *Bucher*, OR, § 32 V. 1. (= S. 590); *Hurni*, Vermögensübertragung, S. 41f.; *Tiedemann*, Die Haftung aus Vermögensübernahme im internationalen Recht, S. 10.
606 Siehe oben § 4. C. I. 1. c. (= S. 96ff.).

Behebung der im Zusammenhang mit Art. 181 OR diskutierten Probleme 2003 das Institut der Vermögensübertragung im Fusionsgesetz, das auf der Rechtstechnik der partiellen Universalsukzession beruht, eingeführt hat.[607]

1. Problemaufriss

Die Vorschrift des Art. 181 OR wird von der Schweizer Rechtswissenschaft als ein Instrument verstanden, das die Übertragung von Verbindlichkeiten auf den Unternehmenserwerber bewirkt, ohne dass hierfür die an sich grundsätzlich erforderlichen Zustimmung des jeweils betroffenen Gläubigers nach Art. 176 OR erforderlich wäre.[608] Die Entbehrlichekit der Zustimmung durch den betroffenen Gläubiger wird dabei durch die solidarische Haftung des Art. 181 II OR kompensiert.[609] Art. 181 OR lautet wie folgt:

Art. 181 OR

„(1) Wer ein Vermögen oder ein Geschäft mit Aktiven und Passiven übernimmt, wird den Gläubigern aus den damit verbundenen Schulden ohne weiteres verpflichtet, sobald von dem Übernehmer die Übernahme den Gläubigern mitgeteilt oder in öffentlichen Blättern ausgekündigt worden ist.

(2) Der bisherige Schuldner haftet jedoch solidarisch mit dem neuen noch während dreier Jahre, die für fällige Forderungen mit der Mitteilung oder der Auskündigung und bei später fällig werdenden Forderungen mit Eintritt der Fälligkeit zu laufen beginnen.

(3) Im übrigen hat diese Schuldübernahme die gleiche Wirkung wie die Übernahme einer einzelnen Schuld.

(4) Die Übernahme des Vermögens oder des Geschäfts von Handelsgesellschaften, Genossenschaften, Vereinen, Stiftungen und Einzelunternehmen, die im Handelsregister eingetragen sind, richtet sich nach den Vorschriften des Fusionsgesetzes vom 3. 10. 2003."[610]

Am Beispiel einer Unternehmensübertragung lässt sich die Funktionsweise und Bedeutung des Art. 181 OR gut erklären: Die Parteien schließen einen Kaufvertrag über ein Unternehmen. Einzeln übertragen werden müssen sämtliche Aktiva. Es müssen also insbesondere Sachenrechte, Forderungen etc. per Einzelrechtsnachfolge übergehen. Die Übertragung der Passiva kann gem. Art. 181 OR bewirkt werden. Voraussetzung hierfür ist nach Art. 181 OR – anders als bei § 419

---

607 Vgl. hierzu *Binder*, Gläubigerschutz, S. 25; *Böckli*, Schweizer Aktienrecht, Rdn. 370ff.; ferner ausführlich *Reto T. Schumacher*, Die Vermögensübertragung nach dem Fusionsgesetz, Zürich 2005; *Hurni*, Die Vermögensübertragung im Spannungsfeld zwischen Vermögens- und Unternehmensrecht, Zürich 2008; und schließlich *Tschäni*, ZSR 2004, 83ff.; *ders.*, GesKR 2007, 170ff.; *Glanzmann*, Umstrukturierungen, Rdn. 166ff.; *Martínez/von der Crone*, SZW/RSDA (2004), 297ff.; *Beretta*, Schweizer PrivR VIII./8., Neunzehntes Kapitel, S. 469ff.

608 *Spirig*, in: ZK-OR, Art. 181 OR Rdn. 62; *Tschäni*, in: BS-OR, Art. 181. Rdn. 3; *Hurni*, Vermögensübertragung, S. 43.

609 So *Binder*, Gläubigerschutz, S. 25.

610 Fassung gemäß Anhang Ziff. 2 des Fusionsgesetzes vom 3. 10. 2003, in Kraft seit 1. 7. 2004 (SR 221.301); die Absätze I.-III. entsprechen, mit Ausnahme der Enthaftungsfrist des Absatzes II (dazu Fn. 617), der ursprünglichen Fassung aus dem Jahre 1911.

BGB a.F.[611] und § 1409 ABGB,[612] aber auch nach der h.M. zu § 25 I HGB[613] und unstreitig nach § 25 III HGB[614] –, dass die Haftungübernahme auf einem wirksamen[615] kausalen Rechtsverhältnis zwischen Veräußerer und Erwerber beruht und den Gläubigern in einer dem Erwerber zuzurechnenen Art und Weise mitgeteilt oder auch öffentlich bekannt gemacht worden ist.[616] Sind diese Voraussetzungen gegeben, bewirkt Art. 181 I OR zunächst einen kumulativen Schuldbeitritt des Erwerbers. Entscheidend ist nun, dass gem. Art. 181 II OR die Forthaftung des Veräußerers für die vom Erwerber zunächst nur (mit-)übernommenen Verbindlichkeiten auf drei Jahre[617] beschränkt ist.[618] Nach Ablauf der Nachhaftungsfrist von drei Jahren wird der Erwerber von den durch den Veräußerer übernommenen Verbindlichkeiten befreit.[619] Das führt dazu, dass mit dem Ablauf der Nachhaftungsfrist aus dem kumulativen Schuldbeitritt eine privative Schuldübernahme wird.[620] Im Ergebnis bewirkt Art. 181 I und II OR daher eine zeitlich gestreckte privative Schuldübernahme des Erwerbers.[621]

Die Kombination von rechtsgeschäftlicher Zession und Schuldübernahme durch den Erwerber (Art. 181 I OR) sowie die Schuldbefreiung des Veräußerers (Art. 181 II OR) führen in letzter Konsequenz dazu, dass der Erwerber die Forderungen und Schulden aus einem Schuldverhältnis erlangt, der Veräußerer nach drei Jahren nicht mehr haftet, aber weiterhin Vertragspartner ist.[622] Das Schuldverhältnis bleibt seines „wirtschaftlichen Wertes entleert“[623] beim Erwerber zurück und die Probleme konzentrieren sich auf eine mögliche Übertragung von Gestaltungsrechten. Damit ist man mit einer Situation konfrontiert, die die frühere sog. Zerlegungstheorie – freilich unter der Voraussetzung, dass der jeweilige Gläubiger der Schuld-

---

611 *Möschel*, in: MünchKomm$^{3.Aufl.}$, § 419 Rdn. 34.

612 *Neumayr*, in: Koziol/Bydlinski/Bollenberger, ABGB, § 1409 Rdn. 2.

613 Nach der h.M. genügt bereits die faktische Fortführung des Unternehmens unter Beibehaltung der Firma, siehe dazu zuletzt BGH, ZIP 2006, 367f.; a.A. diejenigen Stimmen aus der Literatur, die einen derivativen Rechtserwerb verlangen, siehe nur *Lieb* FS Vieregge, S. 557ff.; *ders.*, in: MünchKommHGB, § 25 Rdn. 40ff., 49ff. m. Fn. 113.

614 Vgl. Nachw. Fn. 604.

615 Dazu *Bucher*, OR, § 32 V. 1. m. Fn. 75 (= S. 590).

616 Vgl. die Nachw. in Fn. 605.

617 Die Zeitspanne wurde von zwei auf drei Jahre durch Anhang Ziff. 2 des Fusionsgesetzes vom 3. 10. 2003 (SR. 221.301) erhöht, vgl. hierzu auch Botschaft, S. 4492f.

618 Zu den intrikaten Problemen, die sich aus der Konstruktion des Art. 181 II OR in Hinsicht auf den Fristlauf bei Dauerschuldverhältnissen ergeben vgl. unter 2. (= S. 107ff.).

619 Hierzu *Spirig*, in: ZK-OR, Art. 181 OR Rdn. 6.

620 Dieser wichtige Aspekt wird in rechtsvergleichenden Erörterungen meist übersehen, anders aber z.B. *Barandun*, Geschäftsübernahme, S. 25.

621 Vgl. noch die parallel gelagerte Diskussion um die dogmatische Konstruktion der Spaltungshaftung und insb. dort die Auseinandersetzung mit der Meinung *Maier-Reimers* § 5 B. I. 3. b. aa. α (= S. 193f.).

622 *Früh*, Vertragsübertragung, S. 127: „ohne die Zustimmung der Gegenpartei [wird] der Effekt einer Vertragsübertragung erreicht“; *Früh* selbst leitet daraus aber nicht die Konsequenz ab, dass Vertragsverhältnisse übergehen, sondern folgt der gängigen Auffassung, die einen gesetzlichen Vertragsübergang verneint, vgl. a.a.O., S. 126.

623 *Watter/Kägi*, SZW/RSDA 2004, 231, 246.

übernahme zustimmt – als eine Vertragsüberleitung anerkannt hatte.[624] Für Art. 181 OR entspricht es jedoch der überwiegenden Meinung, dass Vertragsverhältnisse nicht übergehen sollen.[625] *Watter/Kägi*[626] haben demgegenüber im Kontext der Frage, ob auch Vertragsverhältnisse im Rahmen des Fusionsgesetzes übergehen, dafür plädiert, dass mit den Forderungen und Schulden auch das gesamte Schuldverhältnis übergeht.[627] Für Art. 181 OR scheinen sie denselben Schluss für gangbar zu halten.[628] Nun könnte man dem entgegenhalten, dass die Zerlegungstheorie überwunden sei, man vielmehr die Vertragsübernahme nur als einheitliches Rechtsgeschäft auffassen dürfe.[629] Genau diese Problemlage hat der bereits mehrfach angeführte Schweizer Landsmann *Karl Wieland* in seinem Lehrbuch des Handelsrechts auf das genauste erfasst:

> „*Eintritt in die Rechtsverhältnisse des Unternehmens.* Obwohl die Veräußerung des Handelsgeschäfts sich nicht im Wege der Gesamtrechtsnachfolge vollzieht, erstrebt sie deren Wirkung. Der Erwerber will die geschäftliche Persönlichkeit des Veräußerers fortsetzen, es soll das gleiche Verhältnis hergestellt werden, wie wenn er von Anfang an Geschäftsinhaber gewesen wäre. Die Geschäftsveräußerung zielt mithin auf Übergang der in der Person des Veräußerers begründeten Kausalverhältnisse ab. Obgleich sie nur die Abtretung von Rechten, nicht von Rechtsverhältnissen zum Inhalt hat, wird dieses Ziel nichtsdestoweniger dadurch erreicht, daß der Erwerber gleichzeitig die Verpflichtungen mit übernimmt. Der Veräußerungsvertrag enthält eine auf sämtliche bereits begründeten und zukünftig erwachsenden Rechte gerichtete Generalabtretung. Damit, daß die Verbindlichkeiten gleichfalls übergehen, ist der Zirkel geschlossen, der sämtliche Rechtsverhältnisse als solche in sich schließt. Daß der Veräußerer noch mitverpflichtet bleibt, ist ohne Belang; denn die Mitverpflichtung läuft dem praktischen Ergebnisse nach auf bloße Einständerschaft hinaus, während sich die Beziehungen zu Gläubigern und Schuldnern im normalen Lauf der Dinge zwischen diesen und dem Erwerber abwickeln, so daß der Erwerber wirtschaftlich wie rechtlich als der eigentliche Träger des Unternehmens erscheint. Daher ist der Erwerber anfechtungsberechtigt und Anfechtungsgegner. Er erwirbt das mit den abgetretenen Käufer- und Verkäuferrechten verbundene Recht auf Rücktritt und Wandelung. Er ist aktiv wie passiv zur Kündigung von Miet-, Darlehens- oder Dienstverträgen legitimiert. Doch gilt

---

[624] Grdlg. hierzu *Demelius* JherJb. 72 (1922), 241, 286 ff.; siehe ferner *ders.*, in: Staub/Pisko, AHGB, Zusatz Art. 22 § 12 der auf der Grundlage der Zerlegungstheorie eine Vertragsübernahme für § 419 BGB a. F. bejaht, aber auch – für den Fall der Bewilligung der Firmenfortführung durch den Veräußerer gem. § 25 I S. 2 HGB – für § 25 HGB (dazu noch unten § 4 IV. 1. a. (= S. 119 ff.)); siehe auch *Barandun*, Geschäftsübernahme, S. 69 der das Problem sieht, jedoch mit dem formellen Hinweis auf die Einheitslehre den Übergang des Vertragsverhältnisses verneint.

[625] *Früh*, Vertragsübertragung, S. 126, der aber auch auf S. 127 feststellt, dass mit Hilfe des Art. 181 OR „der Effekt einer Vertragsübernahme erreicht" werden kann, daraus aber keine weiteren Schlussfolgerungen zieht; *Bucher*, OR, § 32 V. 1. (= S. 591), siehe auch Fn. 85; dem folgend *Barandun*, Geschäftsübernahme, S. 69; ferner *Wiegand/Wichtermann*, Überleitung von Rechtsverhältnissen, S. 81.

[626] SZW/RSDA 2004, 231 ff.

[627] Für das FusG bedarf es freilich der Konstruktion von *Watter/Kägi* nicht. Sie ist wohl entwickelt worden um Bedenken hinsichtlich des Übergangs von Vertragsverhältnissen nach dem FusG zu zerstreuen; vgl. dazu noch ausführlich unten § 5 A. I. (= S. 139 ff.).

[628] *Watter/Kägi*, SZW/RSDA 2004, 231, 246.

[629] So in der Tat *Barandun*, Geschäftsübernahme, S. 69.

dies zunächst nur, soweit nicht der Übergang an die Zustimmung Dritter, von Gläubigern und Schuldnern, gebunden ist. Es fragt sich indes, inwieweit das Zustimmungsrecht Dritter mit Rücksicht auf die besonderen Verhältnisse der Geschäftsübernahme Abwandlungen erleidet, insofern als ein Besitzwechsel von vornherein von Dritten in Rechnung gezogen werden muß. Hierbei ist folgendes zu beachten: So sehr das Gedeihen des Geschäfts durch die persönlichen Eigenschaften des Betriebsleiters bestimmt wird, so tritt andererseits doch die Person des Geschäftsinhabers hinter den gesamten Geschäftsorganismus zurück, einmal infolge der Kontinuität des Geschäftsbetriebs und der Beobachtung der bisherigen Geschäftsmaximen, sodann weil ein stets wechselnder Bestand von Hilfskräften jedem Gewerbe von bedeutenderem Umfang dem Verkehr mit Dritten einen mehr oder minder unpersönlichen Charakter verleiht. Daher hat sich der Gedanke, daß der Übergang eines Geschäfts als ganzen anders zu behandeln ist als die Veräußerung abgesonderter Vermögensbestandteile und Dritte von vornherein den Wechsel der Betriebsleitung in Anschlag bringen müssen, bereits bei einer Reihe von Vertragsverhältnissen Bahn gebrochen. So gehen z.B. die Rechte des Verlegers trotz ihres persönlichen Zuschnitts ohne Zustimmung des Autors auf den Erwerber über, sobald das ganze Vertragsunternehmen oder einzelne Zweige desselben veräußert werden. Ebenso wird ein Recht angenommen, daß trotz der Unübertragbarkeit der Ansprüche des Arbeitgebers aus Dienstvertrag die Angestellten und Arbeiter eines veräußerten Handelsgeschäfts sich zur Dienstleistung an den Erwerber verstehen müssen, sofern der Inhalt der Dienstverpflichtung keine Änderung erleidet und sonst keine gewichtigen Gründe gegen die Person des Übernehmers streiten.[630] Ähnliche Erwägungen sprechen zugunsten des Übergangs der Rechte an gemieteten Geschäftsräumen ohne Genehmigung des Vermieters. Stärker ausgesprochen ist dagegen der persönliche Gehalt erteilter Aufträge und Vollmachten, ferner von Kommissions-, Agentur-, Mäklerverpflichtungen und der Beteiligung an Personengesellschaften. Hier überall wird es daher der speziellen Zustimmung der Berechtigten oder Machthaber bedürfen."[631]

Zweifel an der Durchführbarkeit der Idee, dass sich mit der Übertragung der Forderungen und Schulden an den Erwerber der „Zirkel schließt" (*Wieland*) und man aufgrund der Besonderheiten, die für unternehmensbezogene Schuldverhältnisse gelten, einen Rechtsübergang des gesamten Rechtsverhältnisses annehmen soll, ergeben sich aus der Tatsache, dass auf der Grundlage einer wirtschaftlichen Betrachtung ein erst-recht-Schluss gezogen wird. Damit wird aber nicht geklärt, ob der Erwerber auch stets die Aktiva des Vertragsverhältnisses erhält Das Problem der hier beschriebenen Konstruktion ist, dass sie noch mit all den Zweifelsfragen belastet ist, die die Zerlegungstheorie mit sich bringt. Unter welchen Voraussetzungen kann ein Forderungsrecht oder auch ein Gestaltungsrecht übertragen werden? So macht es durchaus einen Unterschied, ob eine Forderung aufgrund eines *pactum de non cedendo* nicht übertragbar ist oder aber das gesamte Vertragsverhältnis übertragen werden soll. Auch wird man in Fällen, in denen nicht eine Geldforderung, sondern Sach- oder Nutzungsleistungen übertragen werden sollen, schnell auf nur schwer zu überwindende Probleme stoßen. Kann etwa der Veräußerer das Recht, die gemieteten Räume zu nutzen, auf den Erwerber im Wege der Forderungszession übertragen? Der Vertragspartner wird ihm gerade das im

[630] An dieser Stelle wird auf das bereits oben § 4 C. I. 1. c. (= S. 96ff.) angeführte Urteil des ROHG 18, 370, 374ff. verwiesen.

[631] *Wieland*, HR I., § 24 IX. (= S. 294f.).

Streitfall verweigern.[632] Der Sache nach liegen die hier referierten Überlegungen ganz im Sinne des auch hier verfolgten Ansatzes, den Unternehmenserhalt zu sichern, indem die unternehmensbezogenen Schuldverhältnisse auch ohne die Zustimmung des betroffenen Vertragspartners durch den Erwerber weiterhin genutzt werden können. Es ist jedoch zu bezweifeln, ob dies auf der Grundlage des Art. 181 OR auch wirklich umsetzbar ist.

Verneint man daher, dass auch das Vertragsverhältnis insgesamt nach Art. 181 OR übergeht, verlagert sich die Problematik darauf, welche Auswirkungen die gestreckte privative Schuldübernahme des Erwerbers in Bezug auf Dauerschuldverhältnisse hat.[633] Denn wie schon bei den Ausführungen *Wielands* zum Ausdruck kommt, wird die Übertragung von Schuldverhältnissen in aller Regel nur für den Bereich der Dauerschuldverhältnisse relevant werden. Verbindlichkeiten aus „einfachen" Austauschverhältnissen werden sich meistens im unmittelbaren Zeitraum der Transaktion „auflösen".[634] Wie mit diesen Problemen umzugehen ist, wird in der Schweizer Literatur – soweit ersichtlich – nur selten behandelt. Während *Watter/Kägi*[635] und *Tschäni*[636] sich für eine Erstreckung des Art. 181 OR auch auf Verbindlichkeiten aus Dauerschuldverhältnissen aussprechen, will *Spirig*[637] diese aus dem Anwendungsbereich ausschließen. Dies wird anscheinend mit Bezug auf die für Miet- und Arbeitsverhältnisse geltenden Sonderregime begründet. Das bildet aber keine hinreichende Basis, um ein Argument gegen den Übergang der Verpflichtungsseite von Dauerschuldverhältnissen zu liefern.[638] Hinter der Zurückhaltung bei der Anwendung des Art. 181 OR sind andere Gründe zu vermuten.

2. Das Problem der Endloshaftung nach Art. 181 II OR und im FusG

Ein äußerst relevanter Aspekt ist dabei, dass die für den Veräußerer brandgefährliche Vorschrift des Art. 181 II OR, ähnlich der dem deutschen Juristen bekannten § 26 HGB a.F., zu einer „Endloshaftung" des Veräußerers führen kann. Denn

---

632 Vgl. bereits genau zu dieser Thematik *Hoeninger*, in: Düringer/Hachenburg, § 25 Anm. 25; siehe hierzu auch noch unten § 5 A. III. 2. b. aa. α. (αα) (= S. 161 ff.).

633 Die Frage wird nur selten behandelt, siehe aber zu § 25 HGB die Ausführungen von *Lieb*, in: MünchKommHGB, § 25 Rdn. 89e ff.

634 Problematisch sind freilich auch hier erst später fällig werdende Forderungen; siehe auch die Anmerkung von *Lieb*, in: MünchKommHGB, § 25 Rdn. 89f. zu § 25 I S. 1 HGB, die aber auch in diesen Kontext passt: „§ 25 I S. 1 ist insoweit wenig hilfreich, da dieser Regelung ersichtlich die (allzu banale) Vorstellung von einseitigen Veräußerungsverbindlichkeiten zugrunde liegt.".

635 SZW/RSDA 2004, 231, 246.

636 In: BS-OR, Art. 181 Rdn. 6.

637 In: ZK-OR, Art. 181 Rdn. 41; dem Lehrbuch von *Bucher* ist nur die Aussage zu entnehmen, dass Vertragsverhältnisse nicht nach Art. 181 OR übergehen. Es findet sich dort aber keine Aussage über den Pflichtenübergang in Bezug auf Dauerschuldverhältnisse; siehe hierzu auch *Watter/Kägi*, SZW/RSDA 2004, 231, 246 m. Fn. 140.

638 Für Übergang auch *Tschäni*, in: BS-OR, Art. 181 Rdn. 6 und insb. *Watter/Kägi*, SZW/RSDA 2004, 231, 246 mit ausführlicher Begründung.

nach Art. 181 II 3. Alt. OR beginnt bei Forderungen, die erst nach Mitteilung des Unternehmensübergangs fällig werden, der Lauf der Enthaftungsfrist des Veräußerers erst mit Eintritt der Fälligkeit. Das kann, wie dies in Deutschland in den 80er Jahren intensiv diskutiert wurde, gerade bei Dauerschuldverhältnissen zu der bereits erwähnten „Endloshaftung" führen.[639] Bejaht man also die Anwendbarkeit des Art. 181 OR auch auf Verbindlichkeiten aus Dauerschuldverhältnissen, muss man sich notwendigerweise auch damit beschäftigen, wie man Art. 181 II OR entsprechend einschränkt. Das ist insoweit nicht nur ein Thema für die Vermögensüberleitung nach dem Obligationenrecht, sondern insbesondere auch ein großes Problem für die Institute der Vermögensübertragung und der Spaltung nach dem Fusionsgesetz.[640] Denn auch für die Vermögensübertragung nach dem FusG bestimmt Art. 75 II S. 2 FusG, der Regelung des Art. 181 II OR entsprechend, den Fristenanlauf ab Fälligstellung.[641] Noch gravierender ist die Situation im Spaltungsrecht, wo die solidarische Haftung der Spaltungsparteien zeitlich nicht beschränkt ist (!).[642] Das führt dazu, dass – solange die Frage der Beschränkung der solidarischen Spaltungshaftung im Wege der Rechtsfortbildung durch die Rechtsprechung nicht geklärt ist oder der Gesetzgeber nicht das Fusionsgesetz überarbeitet hat – vom Institut der Spaltung nicht guten Gewissens Gebrauch gemacht werden kann.[643] In der Schweizer Literatur wird daher überwiegend erwogen, die Verjährungsregelung der Vermögensübertragung bzw. des Art. 181 II OR als allgemeine Analogiebasis für sämtliche Fälle heranzuziehen.[644] Mit der Einschränkung der spaltungsrechtlichen, solidarischen „Ewighaftung" ist zwar schon etwas gewonnen, die Haftungsfolgen der Regelungen der Art. 75 II S. 2 FusG und Art. 181 II OR können aber ebenfalls derart einschneidend sein, dass man auch deren Anwendungsbereich einschränken muss.[645] Die deutsche Praxis zum § 26 HGB a.F. sollte dies eindrücklich demonstrieren. Die in der deutschen Literatur erarbeiteten und vom BGH übernommenen Lösungen könnten hilfreiche An-

---

[639] Vgl. hierzu nur *Lieb*, in: MünchKommHGB, § 26 Rdn. 1ff. m.w.N.

[640] *Binder*, Gläubigerschutz, S. 10ff., 33ff.

[641] *Binder*, Gläubigerschutz, S. 13; *Tschäni*, GesKR 2007, 170, 173.

[642] *Binder*, Gläubigerschutz, S. 34; *Büchi*, Spin-off, S. 136; *Böckli*, Schweizer Aktienrecht, § 3 Rdn. 322: „gesetzgeberischer Wertungsfehler"; auch die *Kommission für Rechtsfragen des Ständerates* hat in einer Pressemitteilung vom 30. 8. 2005 mitgeteilt, dass die Spaltungshaftung „besonderer Aufmerksamkeit und Wachsamkeit bedürfe".

[643] *Watter/Büchi*, GesKR 2007, 164, 166 sprechen plastisch von der Spaltung als „Mauerblümchen der Praxis"; das schlägt sich auch in den Statistiken nieder. Vgl. die Angaben der Kommission für Rechtsfragen des Ständerates, Pressemitteilung v. 28. 8. 2005: In den ersten 13 Monaten der Geltung des FusG wurden 1012 Fusionen, 821 Umwandlungen, 476 Vermögensübertragungen und 68 Spaltungen durchgeführt; umfangreiche Darstellung auch bei *Trindade/Cotti*, GesKR 2007, 144ff.

[644] *Binder*, Gläubigerschutz, S. 37; *Ehrat/Colombini*, in: BS-FusG, Art. 47 Rdn. 12; *Büchi*, Spin-off, S. 136; *Böckli*, Schweizer Aktienrecht, § 3 Rdn. 323; *Watter/Büchi*, GesKR 2007, 164, 167 m. Fn. 24; a.A. *Malacrida*, ZSR 2004, 53, 55.

[645] A.A. *Binder*, Gläubigerschutz, S. 39, nach dem der Mangel nur de lege ferenda zu beheben sei; der Appell desselb. GesKR 2007, 123, 127 die Spaltungshaftung abzuschaffen, geht aber entschieden zu weit; zur Funktion der Spaltungshaftung siehe unten § 5 B. (= S. 183ff.).

sätze für die Schweizer Praxis liefern.[646] Dabei ist konzeptionell zu beachten, dass durch das (deutsche) Nachhaftungsbegrenzungsgesetz aus dem Jahr 1994 sowohl für das Handelsrecht als auch für das Umwandlungsrecht ein einheitliches Verjährungsregime geschaffen wurde.[647]

3. Das Institut der Vermögensübertragung als Fortentwicklung des Art. 181 OR

Aufgrund der mit der Ausgestaltung des Art. 181 OR zusammenhängenden Probleme hat die sog. Groupe de réflexion „Gesellschaftsrecht" bereits im Jahre 1993 angemahnt, dass die Vorschrift des Art. 181 OR einer Fortentwicklung bedürfe:

> „Für die Vermögens- und Geschäftsübernahme sieht Artikel 181 OR keine Universalsukzession vor, lediglich die Passiven gehen von Gesetzes wegen über, während die Aktiven unter Beachtung aller jeweiligen Formvorschriften einzeln übertragen werden müssen."[648]

Der Schweizer Gesetzgeber hat diese Anregung aufgenommen und das Rechtsinstitut der Vermögensübertragung im FusG geschaffen.[649] Das Institut der Vermögensübertragung stellt damit eine Fortentwicklung des Art. 181 OR zu einem Rechtsinstitut dar, das auf der Verfügungstechnik der (partiellen) Universalsukzession beruht.[650] Der wesentliche Unterschied besteht darin, dass die Rechtsübertragung auf sämtliche Vermögensrechte zur Anwendung kommt und nicht nur die Übertragung von Passiva bewirken soll. Vor dem Hintergrund der zur Funktion des Art. 181 OR geführten Diskussion ist es geradezu kurios, dass während des Gesetzgebungsverfahrens bei der Beratung des Nationalrats die Meinung vorherrschte, dass bei der Vermögensübertragung, aber auch bei der Verschmelzung und Spaltung Vertragsverhältnisse nicht ohne die Zustimmung des betroffenen Vertragspartners übergehen sollen. Diese Meinung kann indes nicht überzeugen und wird auch zutreffenderweise von der ganz überwiegenden Meinung verworfen.[651]

4. Zwischenergebnis

Der weiterhin fortgeltende Art. 181 OR wird zukünftig wohl keine Rolle mehr spielen und eher als antiquiertes Relikt zurückbleiben. Erstreckt man den Anwen-

---

646 Siehe hierzu nur *Lieb*, in: MünchKommHGB, § 26 Rdn. 1ff. mit umfangreichen Nachweisen.

647 Dazu noch § 5 B. (= S. 183 ff.).

648 Groupe de réflexion „Gesellschaftsrecht", Schlussbericht, S. 65; zur Arbeit der „Groupe" siehe *Kläy*, SZW/RSDA 1994, 135ff.

649 Zu den gesetzgeberischen Motiven vgl. Botschaft, BBl. 2000, 4360ff.; im Vorentwurf war das Institut der Vermögensübertragung noch nicht enthalten, vgl. hierzu ausführlich *Tschäni*, ZSR 2004, S. 83f.

650 Vgl. die Nachw. in Fn. 607.

651 Dazu noch ausführlich unten § 5 A. I. (= S. 139ff.).

dungsbereich der Vermögensübertragung nach FusG – was anscheinend bereits praktiziert wird[652]– auch auf natürliche Personen, so wird die Bedeutung des Art. 181 OR noch weiter eingeschränkt.[653] Es bleibt aber festzuhalten, dass Art. 181 OR wichtiges Anschauungsmaterial für die weiteren Überlegungen liefert. Art. 181 OR ist nicht ausschließlich als Haftungsnorm zu verstehen, sondern vorrangig als Haftungsüberleitungsnorm.[654] Die Parteien einer Unternehmensübertragung können mit Hilfe des Art. 181 OR eine zeitlich gestreckte privative Schuldübernahme des Erwerbers eines Unternehmens erreichen. Art. 181 OR bleibt jedoch eine unvollkommene Norm, da durch den ausschließlichen Bezug auf die Haftungsüberleitung unter Auslassung der Forderungen die übergeordnete Frage der Vertragsüberleitung nur angedeutet ist.

5. § 25 III HGB

Teile der Überlegungen zu Art. 181 OR lassen sich, wie bereits angeführt wurde, auf die Konstellation des § 25 III HGB übertragen.[655] Ähnlich ist die Sachlage, da es auch nach § 25 HGB in Verbindung mit § 26 HGB zu einer zeitlich gestreckten privativen Schuldübernahme des Erwerbers kommt und auch nur das Schicksal der Schulden – im Gegensatz zu § 25 I S. 2 HGB – besonders geregelt wird. Die insoweit in Bezug auf Art. 181 OR formulierten Bedenken hinsichtlich der Annahme einer Überleitung von Schuldverhältnissen gelten damit auch gleichermaßen für § 25 III HGB. Für die Bewertung der deutschen Vorschrift kommt noch erschwerend hinzu, dass die h.M.[656] – vom Ausgangspunkt der Konstruktion durch die Rechtsprechung des ROHG zutreffend[657] – es für die Rechtsfolgen des § 25 III HGB genügen lässt, dass der Erwerber lediglich die Haftungsübernahme erklärt, ohne das Unternehmen auch wirklich fortzuführen. Folglich wäre danach noch nicht einmal gewährleistet, dass der Erwerber über das Unternehmen verfügt, wenn er für die Verbindlichkeiten aufzukommen hat. § 25 III HGB ist, wie *Lieb*[658] ausgeführt hat, „ein Relikt aus der Zeit vor Geltung des § 25 Abs. 1“. Der Ansatz für die Lösung der Übertragung von Schuldverhältnissen ist nicht bei § 25 III HGB zu suchen, sondern bei dem noch sogleich zu behandelnden § 25 I, II HGB.

---

[652] Siehe die Nachw. bei *Beretta*, Schweizer PrivR VIII./8., S. 472 Fn. 34.

[653] Abzulehnen ist eine – wie auch immer im Detail zu verstehende – analoge Anwendung des Art. 181 OR auf das Institut der Vermögensübertragung; es gilt unabhängig von der Aufteilung im Spaltungsplan die solidarische Haftung nach Art. 75 I FusG, siehe hierzu *Binder*, Gläubigerschutz, S. 27f. m.w.N.

[654] Und damit unterscheidet sich auch Art. 181 OR grundlegend von § 419 a.F. BGB und § 1409 ABGB.

[655] Vgl. oben § 4 C. II. (= S. 102f.).

[656] Vgl. die Nachw. in Fn. 604.

[657] Vgl. oben § 4 C. I. 1. a. (= S. 92ff.).

[658] In: MünchKommHGB, § 25 Rdn. 124.

III. Die österreichische Regelung des § 38 UGB

Neben der soeben beschriebenen Entwicklung im Schweizer Recht, das ausgehend von den gewohnheitsrechtlichen Grundsätzen des 19. Jahrhunderts und der Regelung des § 25 HGB Art. 181 OR konzipiert und darauf aufbauend wiederum das Institut des Vermögensübertragung kodifiziert hat, lohnt sich insbesondere ein Blick auf die österreichische Vorschrift des § 38 UGB, die aus dem im wesentlichen zu § 25 HGB wortlautidentischen § 25 öHGB heraus entwickelt worden ist. Das bedarf einer Erläuterung.

1. Zur historischen Verbundenheit zwischen deutschem und österreichischem Handelsrecht

Im Verhältnis Deutschland und Österreich sind die Verwebungen insgesamt deutlich enger, da beide Länder im Gegensatz zur Schweiz eigene Handelsrechtskodifikationen kennen und auch darüber hinaus historisch stets auf das engste miteinander verbunden waren. Das beginnt bereits 1857 bei den Beratungen des ADHGB, die zwar auf der Grundlage des preußischen Entwurfes von 1857 stattfanden, bei denen aber die österreichischen Entwürfe[659] berücksichtigt wurden.[660] Während zuerst in Preußen das ADHGB 1861 eingeführt wurde, galt es in Österreich ab 1863, unter Ausschluß des Seerechts, als AHGB.[661] Während das ADHGB in Deutschland durch das Handelsgesetzbuch von 1897 ersetzt wurde, führte erst der „Anschluß" Österreichs – auch dies ist ein Teil der Geschichte der Wechselwirkung zwischen den beiden Rechtsordnungen – von 1938 zur zwangsweisen Übernahme des deutschen Handelsrechts.[662] Dieses blieb bis zum 31. 12. 2006 in Kraft, als dieses durch das neue Unternehmensgesetzbuch (UGB) abgelöst wurde.

2. § 38 UGB als „modernisierte" Variante des § 25 HGB

Im neuen Unternehmensgesetzbuch[663] hat der österreichische Gesetzgeber in Form des § 38 UGB eine modernisierte – wenn auch nicht in jeder Hinsicht gelungene[664]

---

[659] Gemeint sind damit der sog. ministerielle Entwurf aus dem Jahre 1853 und der daraus hervorgegangene sog. revidierte Entwurf aus dem Jahre 1857, beide abgedruckt bei *Lutz*, Bd. VI., S. 69ff., 107ff.

[660] Vgl. *Behrend*, HR, § 11 m. Fn. 13 (= S. 44f.); *Pisko*, in: Staub/Pisko, AHGB, Einleitung I.

[661] *Pisko*, in: Staub/Pisko, AHGB, Einleitung I.; *ders.*, HR, §§ 2f. (= S. 5ff.).

[662] Siehe hierzu *Hofmeister*, Privatrechtsgesetzgebung für Österreich unter der Herrschaft des Nationalsozialimus, S. 124ff., 143ff. (zu den Änderungen im Handels-, Gesellschafts- und Wertpapierrecht).

[663] Zur Entstehungsgeschichte ausführlich *Krejci*, in: RK-UGB, Einführung Rdn. 14ff. und *ders.*, ZHR 170 (2006), 113ff.

[664] Hierzu *U. Torggler*, JBl. 2008, 137, 155f.; ferner *Krejci*, ÖJZ 2007, 841ff. mit der plakativen Frage: „§ 38 UGB: Zurück ins Trockendock?".

– Variante des § 25 öHGB umgesetzt. Der österreichische Gesetzgeber wollte damit der bekanntermaßen schon zu § 25 HGB vertretenen Meinung, dass infolge der Wirkungen des § 25 I HGB der Unternehmenserwerber in die unternehmensbezogenen Rechtsverhältnisse eintritt, zum Durchbruch verhelfen.[665] Nach § 38 I S. 1 UGB übernimmt der Erwerber eines Unternehmens, sofern nichts anderes vereinbart ist, zum Zeitpunkt des Unternehmensübergangs alle unternehmensbezogenen, nicht höchstpersönlichen Rechtsverhältnisse des Veräußerers. Widerspricht allerdings der betroffene Vertragspartner der Übernahme, so gehen dessen Vertragsverhältnisse nicht über (§ 38 II S. 3 UGB). Der Verfasser[666] hat bereits an anderer Stelle die Meinung vertreten, dass in § 38 UGB nichts anderes zum Ausdruck kommt, als dass die unternehmensbezogenen Rechtsverhältnisse im Wege der Universalsukzession übergehen. In ähnliche Richtung hat *Kalss*[667] im Gutachten zum österreichischen Juristentag 2006 angeführt, dass der „Gesetzgeber des UGB [...] de facto eine Vermögensübertragung durch eine modifizierte Einzelrechtsnachfolge, die einer speziellen Gesamtrechtsnachfolge nahe komme, außerhalb der gesellschaftsrechtlichen Umgründungstatbestände gem. §§ 38ff. UGB geschaffen" habe. Und nach *Keinert*[668] soll eine „Art unternehmerische Universalsukzession" stattfinden. Die überwiegende Meinung will § 38 UGB hingegen dahingehend verstehen, dass die unternehmensbezogenen Rechtsverhältnisse im Wege der Singularsukzession übergehen sollen.[669]

a. § 38 UGB als Tatbestand der Universalsukzession

Die Einordnung des § 38 UGB beruht auf der Überlegung, dass § 38 I S. 1 UGB seiner Rechtsfolge nach unzweifelhaft die Übertragung einer Vielzahl von Rechten zum Zeitpunkt des Unternehmensübergangs bewirkt. Diese Ansicht ist von *Ulrich Torggler*[670] – der aber in vielen Punkten mit der auch hier vertretenen Meinung übereinstimmt – dahingehend kritisiert worden, dass gegen eine Einordnung des § 38 UGB als einem auf der Rechtstechnik der Universalsukzession beruhenden Instrument sprechen würde, dass nicht auch Sachenrechte übergehen. Dem ist jedoch entgegenzuhalten, dass sich die Bedeutung der Rechtstechnik der Universalsukzession darin erschöpft, dass eine Vielzahl von Rechten durch einen einheitlichen

---

[665] Vgl. hierzu die Gesetzesbegründung Dehn/Krejci, Das neue UGB, S. 314 = Schummer/Kriwanek, Aus HGB wird UGB, S. 31.

[666] In: ZHR 170 (2006), 737, 747f.; dem jetzt zustimmend *Hurni*, Vermögensübertragung, S. 283f.

[667] In: Kalss/Schauer, Gutachten, 16. ÖJT, Band II/1., S. 618f.; siehe auch insbesondere den Hinweis in Fn. 215 wonach auch *Karsten Schmidt* in einem am 24. 2. 2006 in Wien gehaltenen Vortrag dieselbe Idee vorgetragen haben soll.

[668] Das neue Unternehmensrecht, Rdn. 80.

[669] *Krejci*, in: RK-UGB, Vor §§ 38-40 Rdn. 26; *ders.*, ZHR 170 (2006), 113, 126; und davor *ders.*, in: Krejci/Karsten Schmidt, Vom HGB zum Unternehmergesetz, S. 26; siehe aber auch *ders.*, FS Handler, S. 263, 280 wo ausgeführt wird, dass die Anliegen der Gesamtrechtsnachfolge einerseits und der Singularsukzession andererseits die gleichen seien; *Dellinger*, ÖBA 2008, 176, 177f. m. Fn. 8.

[670] JBl. 2008, 137, 143f. m. Fn. 99 und 104; siehe auch *Artmann*, wbl. 2007, 253, 254 Fn. 7.

Rechtsakt übertragen wird.[671] Mit nichten setzt die Qualifizierung eines Übertragungstatbestandes, als auf der Rechtstechnik der Universalsukzession beruhend, aber voraus, dass auch Sachenrechte übergehen. Die Ausführungen *Torgglers*[672] sind insofern erstaunlich, da dieser aufgrund des im Kontext des § 38 UGB wenig spezifischen Ausdrucks von den „Rechtsverhältnissen“[673] für eine Erstreckung des § 38 UGB auch auf Mobilien plädiert und für dessen Lösung die Einordnung des Rechtsübergangs als Gesamtrechtsübergang umsomehr auf der Hand liegt. Ob mit dem durchaus überdenkenswerten Ansatz *Torgglers* praktisch viel gewonnen ist, erscheint fraglich, da die Übereignung von Mobilien – abgesehen vom Erforderniss der Bestimmtheit – keine Probleme bereitet und die Parteien sich ohnehin über die zu übertragenden Mobilien einigen müssen. Die Einschränkung auf Mobilien ist darauf zurückzuführen, dass der Rechtsübergang nach § 38 UGB außerhalb eines Registerverfahrens abläuft. Die Annahme, dass auch Immobilien außerhalb eines registerbezogenen Verfahrens gem. § 38 UGB übertragbar sein könnten, wäre mit dem Verkehrsinteresse an der Publizität des Übertragungsvorgangs und der durch Registerverfahren hergestellten Rechtssicherheit nicht zu vereinbaren.[674] Der fehlende Registerbezug ist insgesamt eine Schwäche der Vorschrift, die nur durch das Widerspruchsrecht – das seinerseits fragwürdig ist[675] – abgemildert wird.[676] *De lege ferenda* wäre es durchaus überlegenswert § 38 UGB zu einem Institut – ähnlich dem schweizerischen Institut der Vermögensübertragung im FusG – auszubauen. Dies könnte etwa im Zusammenhang mit einer von *Kalss*[677] angeregten Gesamtkodifizierung des „Umgründungsrecht“ geschehen. Denn das österreichische „Umgündungsrecht“ weist noch einen, in Deutschland durch das UmwG und in der Schweiz durch das FusG bereits überwundenen Rechtszustand auf, der durch fragmentarische Einzelregelungen bestimmt ist. Inwieweit ein Reformwille besteht, ist freilich nicht abzusehen.

De lege lata bleibt hingegen festzuhalten, dass gegen eine Erstreckung des § 38 UGB auch auf Mobilien die Genese und auch der Wortlaut der Vorschrift (vgl. § 38 II-IV, Va S. 2 UGB) sprechen.[678] § 38 UGB bleibt ein Instrument mit dessen Hilfe die Übertragung von unternehmensbezogenen Schuldverhältnissen erleichtert werden soll, indem diese *uno actu* zum Zeitpunkt der Unternehmensfortführung durch den Erwerber übergehen. Dem ist entgegengehalten worden, dass in den Gesetzesmaterialien („Regierungsvorlage“) ausdrücklich festgehalten wurde, dass der Gesetzgeber in Kenntnis des Spaltungsrechts die Gesamtrechts-

---

[671] Dazu oben § 2 B. III. (= S. 19ff.) und § 4 B. II. (= S. 76ff.).

[672] JBl. 2008, 137, 143ff.

[673] Hierzu auch schon bereits W. *Schumacher*, in: Die HGB-Reform in Österreich, S. 34 und danach *Roth/Fitz*, UR, Rdn. 773.

[674] Hierzu auch *Torggler*, JBl. 2008, 137 143ff.

[675] Dazu noch unten § 5 A. IV. (= S. 181ff.).

[676] Hierzu bereits *J. W. Flume*, ZHR 170 (2006), 737, 757; dazu auch noch unten § 5 B. I. 2. (= S. 187ff.).

[677] In: Kalss/Schauer, Gutachten, 16. ÖJT, Band II/1., S. 531.

[678] So auch die h. L. *Roth/Fitz*, UR, Rdn. 773; *S. Bydlinski*, in: RK-UGB, § 38 Rdn. 15ff.; siehe auch schon *J. W. Flume*, ZHR 170 (2006), 737, 755 m. Fn. 98a, 756 m. Fn. 104.

nachfolge nicht eingeführt habe, da in den „Fällen des Unternehmensübergangs [...] ein so weit gehender Schritt [...] nicht“[679] passe.[680] Die Feststellung, dass ein gesetzlicher Tatbestand auf der Rechtstechnik der Universalsukzession beruht, ist aber keine Frage der „gesetzgeberischen Einführung“, sondern auf die durch die Rechtswissenschaft zu leistende dogmatische Einordnung des durch den Gesetzgeber geschaffenen Tatbestands zurückzuführen.[681] Auch dass § 38 II HGB ein Widerspruchsrecht vorsieht, spricht nicht gegen die hier getroffene Einordnung, da es sich um ein nachgelagertes Gläubigerschutzinstrument handelt. Nach der h.L. ist unstreitig, dass die unternehmensbezogenen Rechtsverhältnisse gem. § 38 I S. 1 UGB übergehen und nur ggf. bei Ausübung des Widerspruchsrecht gem. § 38 I S. 3 UGB mit *ex-tunc* Wirkung als nicht übergegangen gelten.[682] Es ist von einem einheitlichen Rechtsübergang zum Zeitpunkt der Unternehmensfortführung auszugehen.[683]

b. § 38 UGB als rechtsgeschäftlicher Übertragungstatbestand

Ein wesentliches Problem bei der Erfassung der Funktionsweise des § 38 UGB stellt die Frage dar, ob der Unternehmensübergang als ein rechtsgeschäftlicher[684] Übertragungsvorgang zu verstehen ist oder die Rechtsfolgen unabhängig vom Willen der Parteien kraft Gesetzes[685] eintreten. Entscheidend für die Beantwortung dieser Frage ist es, die in § 38 I S. 1 UGB („sofern nichts anderes vereinbart ist“) enthaltene Zweifelsregelung richtig einzuordnen. Die Parteien einer Unternehmensübertragung können danach, was im Ausgangspunkt unstreitig ist, Rechtsverhältnisse vom Übergang auf den Erwerber ausnehmen. *Krejci*[686] nimmt nun an, dass es, vom Erfordernis der Unternehmensfortführung abgesehen, für den Übergang der unternehmensbezogenen Rechtsverhältnisse keiner rechtsgeschäftlichen Einigung der Parteien bedarf, sondern diese *ex lege* übergehen. Die Rechtsverhältnisse sollen danach also schon alleine dann übergehen, wenn der Erwerber rein faktisch das Unternehmen fortführt. Das wird aber dem Sinn und Zweck der Zweifelsregelung nicht gerecht und führt zu Folgeproblemen.

---

[679] Dehn/Krejci, Das neue UGB, S. 315 = Schummer/Kriwanek, Aus HGB wird UGB, S. 31.

[680] *Artmann*, wbl. 2007, 253, 254 Fn. 7; *Dellinger*, ÖBA 2008, 176, 177f. m. Fn. 8; siehe dazu auch bereits *J. W. Flume*, ZHR 170 (2006), 737, 741 f.

[681] Vgl. in diesem Zusammenhang auch *Reuter*, AcP 207 (2007), 673ff. in Bezug auf die Frage der Rechtsfähigkeit.

[682] *Dellinger*, ÖBA 2008, 176, 181f.; *S. Bydlinski*, in: RK-UGB, § 38 Rdn. 36; *Torggler*, JBl. 2008, 137, 152; *Krejci*, FS Canaris, Bd. II, S. 735, 742f.; a.A. *Artmann*, wbl. 2007, 253, 254f. (schwebende Unwirksamkeit).

[683] Vgl. zu den damit zusammenhängenden Problemen unten § 4 C. IV. 2. d. (= S. 131 ff.).

[684] *J. W. Flume*, ZHR 170 (2006), 737, 747ff.; in diesem Sinne auch *Torggler*, JBl. 2008, 137, 142f.; siehe ferner *S. Bydlinski*, in: RK-UGB, § 38 Rdn. 15.

[685] *Krejci*, FS Canaris, Bd. II., S. 735, 742; *ders.*, ÖJZ 2007, 841, 845f.; *ders.*, Unternehmensrecht, S. 146; davor *ders.*, in: Dehn/Krejci, Das neue UGB, S. 50; *ders.*, ZHR 170 (2006), 113, 126.

[686] In: FS Canaris, Bd. II., S. 735, 742.

Die in § 38 I S. 1 UGB vorgesehene Zweifelsregelung ist als eine Auslegungsregelung zu verstehen. Danach gilt, dass im „Zweifel“ sämtliche unternehmensbezogenen Rechtsverhältnisse auf den Erwerber übergehen, sollten die Parteien nichts anderes vereinbart haben. Erforderlich für diese Annahme ist jedoch, dass überhaupt ein Wille vorliegt! Es muss überhaupt erst eine Vereinbarung getroffen worden sein. Andernfalls führt § 38 I S. 1 UGB zu ungewollten Zwangsbeglückungen. Dass dies auch praktisch ein Problem ist, zeigt die jüngst zu den Pachtverträgen geführte Diskussion, die sogar den Gesetzgeber veranlasst hat einen neuen Absatz Va in § 38 UGB einzufügen.[687] So wurde von verschiedenen Seiten auf die Gefahr hingewiesen, dass Pächter, die ein Unternehmen aufgrund eines Pachtvertrags fortführen, Gefahr laufen in die Altverträge ihrer Vorpächter einzutreten und für die Altverbindlichkeiten einstehen zu müssen.[688] Unabhängig von der grundsätzlichen Frage, ob es sinnvoll ist, § 38 UGB auch für nur auf Zeit bestehende Nutzungsverhältnisse zur Anwendung zu bringen, kann es zu solchen Zwangsübergängen nicht kommen, wenn man § 38 UGB als rechtsgeschäftlichen Übertragungstatbestand versteht. Einigen müssen sich dabei nicht Verpächter und Neupächter, sondern Alt- und Neupächter. Durch die Neueinführung des § 38 Va UGB hat man zwar durch die Festlegung einer Bereichsausnahme in Bezug auf Nutzungsverhältnisse eine Lösung gefunden, aber nicht den wirklichen Kern der Problematik erfasst. Dieser liegt nämlich darin § 38 UGB als ein rechtsgeschäftliches Übertragungsinstrument zu verstehen.

3. Zwischenergebnis

Bei § 38 UGB handelt es sich um ein interessantes *Restatement* eines bereits in § 25 öHGB zum Ausdruck kommenden Gedankens. Es geht nicht um eine Haftungserstreckung der Verbindlichkeiten des Veräußerers eines Unternehmens auf den Erwerber, sondern um die Überleitung von Schuldverhältnissen. § 38 UGB ist dabei nicht in jeder Hinsicht gelungen und lässt noch viele nicht abschließend geklärte Einzelfragen offen.[689] Zu nennen ist hier an erster Stelle die von vielen Autoren[690] mit Recht als reformbedürftig angesehene Regelung des Widerspruchsrechts

[687] Art. I. 1. des Unternehmensrechts-Änderungsgesetzes 2008 (URÄG 2008, öBGBl. I. 2008/70) lautet: „(5 a) Nicht als Erwerb eines Unternehmens im Sinn des Abs. 1 gilt die Fortführung im Weg der Pacht, der Leihe, der Fruchtnießung, des Rechtes des Gebrauchs und der Beendigung dieser Verträge. Auch in diesen Fällen kann jedoch ein Dritter oder ein Sicherheitenbesteller gegenüber dem neuen Unternehmer Erklärungen in Bezug auf ein zum früheren Unternehmer bestehendes, unternehmensbezogenes und nicht höchstpersönliches Vertragsverhältnis abgeben und seine Verbindlichkeiten erfüllen, solange ihm die Fortführung des Unternehmens im Weg der Pacht, der Leihe, der Fruchtnießung, des Rechtes des Gebrauchs oder der Beendigung dieser Verträge nicht bekannt ist.“; siehe hierzu auch die Materialien, 467 d. B. (XXIII. GP), S. 9 ff., abrufbar unter: www.parlament.gv.at/PG/DE (Stand: August 2008); abgedruckt auch in Bydlinski/Potyka/Weber, URÄG 2008, S. 21 ff.

[688] Siehe hierzu *Filzmoser*, ecolex 2006, 894 f.; *Krejci*, ÖJZ 2007, 841, 843.

[689] Das ist unstr. *U. Torggler*, JBl. 2008, 137, 155 f.; *Krejci*, ÖJZ 2007, 841 ff.

[690] *U. Torggler*, JBl. 2008, 137, 156; *Krejci*, ÖJZ 2007, 841, 846 f.

gem. § 38 II UGB,[691] aber auch die Funktion der Haftung des Erwerbers für nicht übernommene Verbindlichkeiten gem. § 38 IV UGB.[692] Entscheidend wäre es aber schon für die heutige Rechtspraxis, dass der rechtsgeschäftliche Charakter der Regelung des § 38 UGB allgemein anerkannt wird. Damit würden sich die meisten der Zweifelsfragen, die sich aus dem Verständnis der h.L. des § 38 UGB ergeben, in Wohlgefallen auflösen. Die Einordnung des § 38 UGB als auf der Rechtstechnik der Universalsukzession beruhend, eröffnete schließlich, wie noch ausführlich darzustellen sein wird und hier nur angedeutet werden kann, die Möglichkeit, das Gläubigerschutzinstrumentarium des Umgründungsrechts auf der einen Seite und das des § 38 UGB auf der anderen Seite miteinander abzustimmen. Darauf wird im Rahmen der Funktionsweise der Spaltungshaftung noch einzugehen sein.

IV. § 25 I, II HGB als Institut der rechtsgeschäftlichen Übertragung unternehmensbezogener Schuldverhältnisse

Mit der Kodifizierung des heutigen § 25 HGB im Handelsgesetzbuch von 1897 wurde erstmals eine positivrechtliche Regelung getroffen, die die lange umstrittene Frage regeln sollte, „[u]nter welchen Voraussetzungen der Erwerber eines Handelsgeschäfts in die Schulden und Forderungen des bisherigen Inhabers eintritt“.[693]

1. Vom gewandelten Normverständnis: Rechtsübertragung oder Haftungsnorm?

Es ist geradezu erstaunlich, wie sich die Interpretation des § 25 HGB und damit einhergehend seine Rechtsfolgen seit dem In-Kraft-Treten am 1. 1. 1900 weitgehend unbemerkt[694] stark gewandelt hat.[695] Zu Beginn des 20. Jahrhunderts kann man noch bei *Staub*,[696] *Hoeninger*,[697] *Otto v. Gierke*[698] und *K. Lehmann*[699] die eindeutige Aussage finden, dass der Geschäftserwerber gegenüber den *Geschäftsgläubigern* neben dem Veräußerer als Gesamtschuldner haftet – § 25 I S. 1 HGB bewirkt eine kumulative Schuldübernahme[700] –, der Geschäftserwerber gilt aber

691 Zum Widerspruchsrecht noch unten § 5 A. IV. (= S. 181ff.).

692 Zur Bedeutung der Haftungsanordnung noch ausführlich unten § 5 B. (= S. 183ff.).

693 Denkschrift, 1896, S. 36 = *Schubert/Schmiedel/Krampe*, II/2, S. 978.

694 Siehe aber *Karsten Schmidt*, AcP 198 (1998), 516ff.

695 Dazu bereits der *Verf.*, ZHR 170 (2006), 737, 758f.

696 HGB$^{6./7. \text{Aufl.}}$, § 25 Anm. 8ff.

697 In: Düringer/Hachenburg, § 25 Anm. 17ff.

698 In: Holtzendorff/Kohler, 6. Teil, § 21 1. b) (= S. 911).

699 In: FS Cohn, S. 395, 411, 414f.; siehe auch davor *ders.*, ZHR 50 (1900), 1, 45; *ders./Ring*, HGB, § 25 Anm. Nr. 8ff.

700 *Staub*, HGB$^{6./7. \text{Aufl.}}$, § 25 Anm. 9, § 26 Anm. 1; *Hoeninger*, in: Düringer/Hachenburg, § 25 Anm. 20; *Wieland*, HR I., § 24 VIII. (= S. 289f.); *Reichel*, Schuldmitübernahme, S. 101f.; *K. Lehmann*, HR, § 25 3.γ) (= S. 118).

auch gegenüber den *Geschäftsschuldnern* uneingeschränkt als Inhaber sämtlicher Geschäftsforderungen, sollte nicht eine abweichende Erklärung im Sinne des § 25 II HGB kundbar gemacht worden sein. Die Haftung des Veräußerers endet dabei mit dem Ablauf der Verjährungsfrist gem. § 26 I HGB 1897 (a.F.).[701] Auch die Ausführungen in der Denkschrift lassen an der Richtigkeit der beschriebenen Grundsätze keine Zweifel bestehen:

> „Der Kaufmann, der ein von ihm unter Lebenden erworbenes Handelsgeschäft unter der bisherigen Firma [...] fortführt, haftet nach dem Entwurf für alle im Betriebe des Geschäfts, sei es aus Verträgen, unerlaubter Handlung oder sonstigen Gründen, entstandenen Verbindlichkeiten, auch die im Betrieb begründeten Forderungen gelten dem Schuldnern gegenüber als auf den Erwerber übergegangen, falls der bisherige Inhaber oder seine Erben in die Fortführung eingewilligt haben. Während aber für die Geschäftsschulden der bisherige Inhaber des Geschäfts neben dem Erwerber weiter haftet, läßt der Entwurf die Forderung unter der bezeichneten Voraussetzung auf den Erwerber übergehen, ohne neben ihm den Veräußerer als Gesamtgläubiger anzuerkennen. Die Lage des Erwerbers würde erschwert werden, wenn ihm zwei Gläubiger statt eines einzigen gegenüberständen und auch die Rechte des Erwerbers der Firma würden gefährdet, wenn sein Vorgänger noch das Recht hätte, über die Forderung zu verfügen. [...] Will sich der Veräußerer dem nicht aussetzen, so muß er den Übergang der Forderungen und Schulden oder nur den der Forderungen ausschließen.“[702]

Von dem noch in der Denkschrift[703] klar formulierten Ziel Voraussetzungen festzusetzen, unter denen der Erwerber eines Handelsgeschäfts in die bestehenden Schulden und Forderungen eintritt, ist demgegenüber heute nicht mehr die Rede. Wie bereits ganz zu Anfang gesagt wurde, versteht nämlich die (heute) h.M. § 25 HGB als eine Haftungsnorm, die von der dem Gläubigerschutz dienenden Regelung des § 25 I S. 2 HGB flankiert wird.[704] Eine Erklärung der allmählichen Entfremdung vom eigentlichen Regelungsgegenstand des § 25 HGB fällt nicht leicht. Sicherlich hat neben der überbewerteten Ausführung in der Denkschrift bezüglich der Personifikation der Firma insbesondere die Formulierung des § 25 I S. 2 HGB Verwirrung[705] gestiftet: Die in dem Betrieb begründeten Forderungen gelten den Schuldnern gegenüber als auf den Erwerber übergegangen. War nach der Denkschrift[706] § 25 I S. 2 HGB als Legalzession aufzufassen, so ging man kurze Zeit

---

[701] Siehe hierzu *Hoeninger*, in: Düringer/Hachenburg, § 26 Anm. 1.: „Sie [sc. die Vorschrift des § 26 HGB] erleichtert das wirtschaftliche Fortkommen des bisherigen Inhabers und enthält keine Härte gegenüber den Geschäftsgläubigern. Dieser hat an dem Erwerber des Handelsgeschäfts einen neuen Schuldnern gewonnen und den bisherigen Inhaber fünf Jahre lang nicht in Anspruch genommen.“; *Staub*, HGB[6./7. Aufl.], § 26 Einleitung.

[702] Denkschrift, 1896, S. 37 = *Schubert/Schmiedel/Krampe*, II/2, S. 979.

[703] Denkschrift, 1896, S. 36 = *Schubert/Schmiedel/Krampe*, II/2, S. 978.

[704] Oben § 4 C. (= S. 87); vgl. die Nachw. in Fn. 500.

[705] So auch *Karsten Schmidt*, AcP 198 (1998), 516, 521, 526f.

[706] Denkschrift, 1896, S. 36 = *Schubert/Schmiedel/Krampe*, S. 979; so auch noch *Düringer/Hachenburg*, HGB[1. Aufl.], § 25 unter III. ad. 2: „Die Wirkung ist die eines kraft Gesetzes eintretenden Uebergangs der Forderung (vgl. §§ 398ff. BGB)“.

später dazu über, eine „Aufspaltung“ der Forderungsinhaberschaft anzunehmen.[707] Gegenüber den Schuldnern gilt danach der Erwerber uneingeschränkt als Forderungsinhaber.[708] Besonderheiten gelten aber beim causalosen Erwerb von Forderungen durch den Erwerber gegenüber Dritten. In einem solchen Fall soll nämlich, auch wenn der Erwerber materiell-rechtlich wirksam über die Forderung verfügen kann, die Forderung dem Vermögen des Veräußerers zugerechnet werden.[709] Der Veräußerer kann dann das Geleistete gem. § 812 I S. 1 BGB[710] herausverlangen und ist zudem in der Zwangsvollstreckung und Insolvenz (damals: Konkurs) des Erwerbers geschützt.

Die heute h.M. will hingegen von solchen Konstruktionen nichts wissen und fasst § 25 I S. 2 HGB überwiegend lediglich als Schuldnerschutzvorschrift auf.[711] § 25 I HGB wird mit Fokus auf den Satz 1 als Haftungsvorschrift verstanden. Neben diesem fristet der Satz 2 – freilich gestört durch ein nach der h.M. nicht einordbares Urteil des BGH[712] aus dem Jahre 1992 – ein Schattendasein.[713] Nach dem letzten maßgeblichen Urteil des II. Zivilsenats[714] soll es schon allein genügen, dass der Erwerber das Unternehmen unter Beibehaltung der Firma fortführt. Es genügt demnach für das Eingreifen der Haftungsfolgen des § 25 I S. 1 HGB bereits die tatsächliche Unternehmensfortführung unter Beibehaltung der Firma. Nach dem Verständnis der Rechtsprechung und h.L. wird § 25 HGB damit zu einem nur schwer verständlichen haftungsrechtlichen Instrument, dem – insbesondere in den von der Rechtsprechung entschiedenen Fällen[715] – im wesentlichen ausschließlich die Funktion zukommt den Gläubigern den Zugriff auf den finanziell liquiden Übernehmer eines Unternehmens zu eröffnen, da sie sich – aus welchem Grund auch immer – nicht mehr an den Altunternehmer halten können.[716] § 25 HGB ermöglicht also den Griff in die prallgefüllte Tasche („*deep pocket*“) des Unternehmensfortführenden. Das ist insoweit bedenklich, als – wie *Canaris*

---

707 *Staub*, HGB 5./6. Aufl., § 25 Anm. 15; *Hoeninger*, in: Düringer/Hachenburg, § 25 Anm. 23f.; *K. Lehmann/Ring*, HGB, § 25 Nr. 12; *Wieland*, HR, § 24 I. 2. f. (= S. 277f.); *Esser*, Rechtsfiktionen, S. 167f.; dass eine solche Konstruktion auch heute nicht vollkommen unbekannt ist, zeigen die zu § 392 Abs. 2 HGB vertretenen Meinungen; vgl. hierzu *Vrbaski*, Forderungszuständigkeit und Insolvenzschutz beim Handel in Kommission, S. 45f. m.w.N.; *Karsten Schmidt*, FS Horn, S. 557, 568.

708 RG JW 1901, 802f.; RGZ 72, 434, 437; RG Das Recht 1914, Nr. 3031.

709 *Staub*, HGB 6./7. Aufl., § 25 Anm. 15; *Wieland*, HR I., § 24 I. 4. (= S. 278).

710 In diesem Sinne *Karsten Schmidt*, AcP 198 (1998), 516, 532; a.A. die h.M. die § 816 II BGB anwendet.

711 Zu den verschiedenen Deutungsvarianten *Karsten Schmidt*, AcP 198 (1998), 516, 520ff.

712 JZ 1992, 1027ff. m. krit. Anm. *Lieb*; siehe auch *Wilhelm*, WuB IV D. § 25 HGB 2.92, S. 883f. und ausführlich *Karsten Schmidt*, AcP 198 (1998), 516ff.

713 Siehe hierzu etwa *Karsten Schmidt*, AcP 198 (1998), 516: „§ 25 Abs. 1 Satz 2 [...] im Dornröschenschlaf“; ferner *Krejci*, Betriebsübergang und Arbeitsvertrag, S. 213 m. Fn. 33; *Waskönig*, Rechtsgrund und Tragweite der §§ 25, 28 HGB, S. 120f. m. Fn. 451.

714 ZIP 2006, 367f. m. krit. Anm. *Kanzleiter*, DNotZ 2006, 590ff.; *Merkt/Broichhausen*, WuB IV E. § 25 HGB 1.06; ferner ausführlich *Lettl*, WM 2006, 2336ff.

715 Rechtsprechungsanalyse etwa bei *Canaris*, FS Frotz, S. 11, 12ff.

716 Siehe hierzu auch insb. *Lieb*, FS Vieregge, S. 559ff.

hervorgehoben hat – sich § 25 HGB somit als „tückische Haftungsfalle“ erweisen kann, in die nur der nicht „professionell beratene Unternehmer“ in Unkenntnis der verschiedenen Ausschlussmöglichkeiten (etwa durch Ausschluss der Haftung nach § 25 II HGB oder durch Nichtfortführung der Firma) tappt und somit den Gläubigern des insolventen Veräußerers ein „Zufallsgeschenk“ darreichen muss.[717] Gerade aufgrund der Ausschlussmöglichkeiten des § 25 II HGB sind alle Versuche zum Scheitern verurteilt, die die *ratio* des § 25 HGB einzig und allein auf dem Gedanken des Gläubigerschutzes aufbauen wollen. Es würde aber zu weit gehen § 25 HGB jeden Sinn abzusprechen.[718] Denn in seinem historischen Ursprung war § 25 HGB gedacht als eine Vorschrift, die Handelsgeschäftsübertragungen im oben ausgeführten Sinn befördern sollte. Die Schwierigkeiten bei der Bestimmung der *ratio* des § 25 HGB sind insbesondere darauf zurückzuführen, dass der historische Gesetzgeber[719] in Anlehung an die Rechtsprechung des Reichsgerichts[720] die Haftungsfolgen des § 25 I S. 1 HGB als gesetzliche Rechtsfolgen ausgestaltet hat. Das führt – ähnlich wie schon zum österreichischen Recht gezeigt wurde[721] – zu Haftungsautomatismen, aus denen sich die besagten „Zufallsgeschenke“ ergeben. Darin liegt ein grundsätzliches Problem, dem man begegen kann, wenn man – wie noch zu zeigen sein wird – § 25 I, II HGB als rechtsgeschäftlichen Verfügungstatbestand versteht. Darüber hinaus hat die h.M. das Zusammenspiel der Sätze 1 und 2 des § 25 I HGB zu sehr vernachlässigt, deren Sinn und Zweck darauf hinausläuft unternehmensbezogene Schuldverhältnisse auf den Erwerber zu überführen.

a. Von der zerlegungstheoretischen Behandlung von Forderungen und Schulden in § 25 HGB zur einheitstheoretischen Vertragsüberleitung

Als der zentrale Aspekt für die Lösung der Frage, welche Funktion § 25 HGB zukommt, muss die Schlussfolgerung gelten, die daraus gezogen werden kann, dass, ausweislich der gesetzgeberischen Motive[722] wie auch der anfänglichen h.L.[723] und Rechtsprechung[724],

- der unternehmensfortführende Erwerber eines Handelsgeschäfts für die Verbindlichkeiten einzustehen hat (§ 25 I S. 1 HGB) (1),
- der Veräußerer nur noch zeitlich beschränkt mithaftet (§ 26 HGB) (2)
- und der Erwerber als Inhaber sämtlicher Forderungen anzusehen ist (§ 25 I S. 2 HGB), sollte der Rechtsübergang nicht gem. § 25 II HGB ausgeschlossen sein (3).

Kann hieraus der Schluss gezogen werden, dass § 25 I, II HGB im Ergebnis dazu führt, dass die unternehmensbezogenen Schuldverhältnisse auf den Erwerber

---

[717] Vgl. *Canaris*, HR, § 7 Rdn. 5.
[718] So aber bekanntermaßen *Canaris*, HR, § 8 Rdn. 16.
[719] Denkschrift, 1896, S. 36 = *Schubert/Schmiedel/Krampe*, S. 979.
[720] Dazu oben § 4 C. I. 2. (= S. 99ff.).
[721] Oben § 4 C. III. 2. b. (= S. 114f.).
[722] Vgl. Fn.702.
[723] Vgl. die Nachw. in Fn. 696-699.
[724] Vgl. Fn. 708.

übergehen? Dieselbe Frage wurde bereits in unterschiedlichen Zusammenhängen aufgeworfen. Sie begegnete bei der Rechtsprechung des ROHG zu dem handelsgewohnheitsrechtlichen Grundsatz über die Erwerberhaftung und schließlich bei der Schweizer Regelung des Art. 181 OR.[725] Die Beispiele können erweitert werden. *Heinsen* regelt in seinem Gutachten zum 14. Deutschen Juristentag aus dem Jahr 1879, in dem er einen Gesetzesvorschlag unterbreitet, das Schicksal von Forderung und Verbindlichkeit bei der Handelsgeschäftsübernahme zwar unter einer gemeinsamen Klammer, von den Rechtsverhältnissen ist hingegen nicht die Rede.[726] Auch das polnische Handelsgesetzbuch aus dem Jahr 1934,[727] das sich an der deutschen Systematik orientiert, führt gesondert das Schicksal von Forderung und Verbindlichkeit[728] auf. Der Übergang des gesamten Rechtsverhältnisses wird dagegen nicht eigens statuiert. Dass die unternehmensbezogenen Verträge jedoch übergehen, ist aus dem in Art. 46 Pol.HGB 1934[729] vorgesehenen, besonderen Kündigungsrecht und der Ausschlussmöglichkeit des Erwerbers zu schließen.[730]

Warum wurde in all diesen Fällen – mit Ausnahme des polnischen Handelsgesetzbuchs von 1934 – die Übertragung von Schuldverhältnissen nicht offen angesprochen?[731] Ist dies als bewusste Außerachtlassung dieser Möglichkeit zu erachten? Dass § 25 HGB nicht explizit auf den Übergang unternehmensbezogener Schuldverhältnisse abstellt, ist aus der dogmengeschichtlichen Entwicklung des Instituts der Vertragsübertragung zu erklären und sollte nicht als Hindernis angesehen werden. § 25 HGB stellt entsprechend dem Entwicklungsstand Ende des 19. Jahrhunderts und Anfang des 20. Jahrhunderts auf eine sog. „einzelgegenständ-

---

725 Oben unter § 4 C. I. 1. c. (= S. 96 ff.) und § 4 C. II. 1. (= S. 103 ff.).

726 *Heinsen*, Gutachten S. 244: „Wer ein Handelsgeschäft übernimmt, oder in ein solches als offener Teilhaber eintritt, übernimmt ohne Weiteres die Forderungen des Geschäfts an diejenigen Schuldner, denen das Gegentheil nicht bekannt gemacht ist, und haftet für alle vor seinem Eintritt oder der Uebernahme des Geschäfts bezüglich derselben begründeten Verbindlichkeiten. – Ein entgegenstehender Vertrag ist gegen Dritte ohne rechtliche Wirkung".

727 Zur spannenden Entstehungsgeschichte des polnischen Handelsgesetzbuchs von 1934, siehe den Überblick bei *Chodzidlo*, Pol.HGB 1934, S. 1ff.

728 Vgl. §§ 40, 43-48 PolHGB 1934, abgedruckt in deutscher Übersetzung bei *Chodzidlo*, Pol.HGB 1934, S. 17ff.

729 § 46 Pol.HGB 1934 nach der Übersetzung von *Chodzidlo*, Pol.HGB 1934, S. 18f. lautet: „§ 1. Waren im Zeitpunkt der Veräußerung des Unternehmens der Veräußerer und ein Dritter durch Vertrag zu gegenseitigen Leistungen verpflichtet, so kann der Vertrag von dem Dritten aus wichtigen, mit der Änderung der Person des Eigentümers zusammenhängenden Gründen aufgelöst werden. [...]. § 2. [...]. § 3. Im Falle der Veräußerung des Unternehmens eines Registerkaufmanns in der Form der notariellen Beurkundung kann der Erwerber erklären, daß er in den in *§ 1 bezeichneten Vertrag nicht eintrete*, wenn er von dessen Bestehen nichts wußte und auch nichts wissen konnte. [...]." (Hervorh. durch Verf.).

730 Vgl. hierzu *Oppikofer*, in: RvHwb, Bd. VII., Eintrag „Das kaufmännische Unternehmen", S. 29.

731 Eine Ausnahme bilden hier *Wieland*, HR. I., § 24 IX. (= S. 294) (zu den Ausführungen *Wielands* siehe bereits oben § 4 C. II. 1 (= S. 103ff.) und *Oppikofer*, in: RvHwb, Bd. VII., Eintrag „Das kaufmännische Unternehmen", S. 28f.).

liche Betrachtungsweise“[732] ab. Noch zur Zeit der Ausarbeitung des Handelsgesetzbuchs war die sog. Zerlegungstheorie, im Gegensatz zur heute angenommenen Einheitslehre, ganz herrschend.[733] Danach wurde die Vertragsüberleitung, wenn dies überhaupt problematisiert wurde, als eine Kombination von Forderungszession und Schuldübernahme angesehen. Für das Handelsrecht hat *Heinrich Demelius* offen ausgesprochen, dass § 25 HGB auf der Grundlage der Zerlegungstheorie, wenn gem. § 25 I S. 2 HGB die Fortführung der Firma bewilligt wird, zu einem Vertragsübergang führe.[734] Der gleiche Schluss lässt sich auch aus der oben im Kontext des Art. 181 OR angeführten Textpassage aus dem *Wieland'schen* Handelsrechtslehrbuch ziehen, jedoch mit dem Unterschied, dass § 25 I HGB sowohl das Schicksal der Schulden als auch das der Forderungen regelt.[735] Konsequent ist es ferner aus einer zerlegungstheoretischen Sichtweise, dass z.B. *Hoeninger*[736] in seiner Kommentierung zu § 25 im *Düringer/Hachenburg* die nach unserer heutigen Vorstellung in Bezug auf das gesamte Schuldverhältnis zu behandelnde Frage, inwieweit ein Schuldverhältnis auf den Unternehmenserwerber übergeht, als ein Problem des Übergangs der Forderungen gem. § 25 I S. 2 HGB abhandelt. *Hoeninger* geht dabei unter anderem auf das Problem ein, ob etwa § 399 BGB der Übertragung des Anspruchs aus einem Mietverhältnis entgegenstehen kann. Das ist von besonderem Interesse, da für die zerlegungsrechtliche Behandlung des Schuldverhältnisses die Anwendung des § 399 HGB auf der Hand liegt, für eine gesetzliche Vertragsüberleitung[737] oder aber auch eine Überleitung im Wege der Universalsukzession, spätestens seit der Aufhebung des § 132 UmwG a. F., demgegenüber abzulehnen ist.[738]

Die hier beschriebene zerlegungstheoretische Erfassung der Vertragsüberleitung bestimmt bis heute die Gesetzgebung. Selbst das Umwandlungsrecht aus dem Jahre 1994 geht nicht auf den Übergang von Schuldverhältnissen ein, sondern spricht etwa in § 131 I Nr. 1 S. 1 UmwG von „Teile[n] des Vermögens einschließlich der Verbindlichkeiten“.[739] Weitgehend dieselben Probleme sind für das Schweizer Fusionsgesetz zu beobachten, wo sogar bestritten wurde, dass aufgrund der einzelgegenständlichen Betrachtungsweise des FusG (vgl. Art. 52 S. 2 FusG) Ver-

---

[732] Nach *Voigt*, Umwandlung und Schuldverhältnis, S. 19ff., 27ff., 102; siehe dazu auch *Karsten Schmidt*, FS Medicus, S. 555, 562; so auch übernommen von *Werhahn*, Der Kreditvertrag in der Umwandlung, S. 109.

[733] *Demelius*, JherJb. 72 (1922), 412f.; *ders.*, in: Staub/Pisko, AHGB, Zusatz Art. 22 § 12 m.w.N.; *Crome*, System des bürgl. Rechts, Bd. II., § 198 1. m.w.N. in Fn. 9 (= S. 325); *O. v. Gierke*, DPR III., § 180 Fn. 26 (= S. 185); siehe auch schon Fn. 569.

[734] Siehe, wenn auch etwas missverständlich *Demelius*, JherJb. 72 (1922), 241, 287f.: „§ 25 I S. 2 [bewirkt] selbstständig den Eintritt des Erwerbers in die Aktivseite der im Betrieb begründeten Verträge“; eindeutig hingegen *ders.*, in: Staub/Pisko, AHGB, Zusatz Art. 22 § 12; gleiches nimmt *Demelius* für § 419 BGB a. F. an.

[735] Oben § 4 C. II. 1. (= S. 103ff.) bei Fn. 631.

[736] In: Düringer/Hachenburg, § 25 Anm. 25.

[737] Für den Fall der gewillkürten Übertragung spielt der § 399 BGB keine Rolle, da der betroffene Vertragspartner ohnehin zustimmen muss.

[738] Dazu noch ausführlich § 5 A. III. (= S. 143ff.) und insb. § 5 A. III. 2. b. cc. α (= S. 165ff.).

[739] Hierzu insb. *Voigt*, Umwandlung und Schuldverhältnis, S. 18.

tragsverhältnisse bei der Spaltung überhaupt übergehen können.[740] Einzig im österreichischen Unternehmensgesetzbuch wird in § 38 I S. 1 UGB der Übergang der unternehmensbezogenen Rechtsverhältnisse angeordnet. Aber auch dort versichert sich der Gesetzgeber, indem er im letzten Halbsatz noch anführt, dass das Rechtsverhältnis „mit den bis dahin entstandenen Rechten und Verbindlichkeiten" übergeht. Dass im Ergebnis nach dem UmwG, FusG und ohnehin nach dem § 38 UGB Schuldverhältnisse übergehen, wird aber grundsätzlich nicht bestritten.[741]

Restlos verständlich warum § 25 HGB nicht auf den Übergang von Schuldverhältnissen abstellt, wird es schließlich, wenn man berücksichtigt, dass die heute herrschende Einheitslehre von der Vertragsübernahme erst 1921 durch *Heinrich Siber*[742] begründet wurde. *Siber* hatte auf das Problem aufmerksam gemacht, dass eine Verfügung über ein Schuldverhältnis vom Gesetz nicht vorgesehen sei und die vorhandenen Institute der Forderungszession, Schuldübernahme und der Übertragung von Gestaltungsrechten die Übertragung des gesamten Rechtsverhältnisses nicht bewältigen können, sodass man die Vertragsüberleitung als ein Problem der Rechtsfortbildung zu verstehen habe.[743] *Siber* führt dies insgesamt auf die „Blindheit [sc. des Gesetzgebers] gegenüber dem als Organismus gedachten Schuldverhältnis"[744] zurück. Die Entwicklung ist insoweit fortgeschritten, als dass nach der heute überwiegenden Lehre[745] Schuldverhältnisse als Verfügungsgegenstände verstanden werden, die durch einheitlichen Rechtsakt übertragen werden können.[746] Vielfach wird freilich – nicht unzutreffend – darauf abgestellt, dass nicht über das Schuldverhältnis, sondern über die Vertragspartnerstellung verfügt wird.[747] Das Recht der Verfügungen ist aber insgesamt auf das Schuldverhältnis zu beziehen. So

---

740 Ausführlich hierzu unter § 5 A. I. (= S. 139 ff.).

741 Dazu noch ausführlich unten § 5 A. (= S. 137ff.); vgl. ferner die Nachw. in Fn. 840 (zum FusG) und 864 (zum UmwG).

742 JherJb. 79 (1921), 223, 278ff., 294ff.; vgl. aber auch gegen ihn *Demelius*, JherJb. 72 (1922), 241, 289ff.

743 In: Planck, Vorbm. § 398 Anm. 2. a): „Die gewohnheitsrechtliche oder auf entsprechende Anwendung des § 305 zu stützende Ausbildung einer gewillkürten Einzelrechtsnachfolge in das Schuldverhältnis, zu der natürlich das Einverständnis aller Beteiligten erforderlich wäre, dürfte ein Fortschritt sein"; siehe danach *ders.*, JherJb. 79 (1921), 223, 294ff.; *ders.*, Schuldrecht, § 41 I. 2. (= S. 178); § 49 2. (= S. 218f.); vgl. hierzu auch *Nörr*, in: Nörr/Scheyhing/Pöggler, Sukzessionen, § 17 I. (= S. 183f.) und bereits oben Fn. 194.

744 *Siber*, JherJb. 79 (1921), 223, 294; kritisch hierzu, aber die Bedeutung der „Entdeckung" des Schuldverhältnisses zu sehr relativierend *Bucher*, FS Wiegand, S. 93ff., insb. 123ff.; siehe ferner *W. Flume*, Rechtsakt und Rechtsverhältnis, S. 11, 23.

745 *Larenz/Wolf*, AT, § 23 Rdn. 37; *Schramm*, in: MünchKomm, § 185 Rdn. 9; *Gursky*, in: Staudinger, § 185 Rdn. 6; *Leptien*, in: Soergel, § 185 Rdn. 7; *Karsten Schmidt*, FS Medicus, S. 555, 561f.; *ders.*, DB 2001, 1019; *ders.*, FS Hadding, S. 1093, 1094f.; *Haedicke*, JuS 2001, 966, 967; *Thiele*, Zustimmung, 39ff.; *Voigt*, Umwandlung und Schuldverhältnis, S. 36ff., 39; siehe auch schon *v. Tuhr*, AT II./1., § 54 I. (= S. 239f.).

746 Siehe statt vieler *Nörr*, in: Nörr/Scheyhing/Pöggler, Sukzessionen, § 17 I. (= S. 183f.); *Larenz*, SchuldR AT, § 35 III. (= S. 616f.); *Busche*, in: Staudinger, Einl. zu §§ 398ff. 197ff., 201; *Voigt*, Umwandlung und Schuldverhältnis, S. 36f.

747 *Nörr*, in: Nörr/Scheyhing/Pöggler, Sukzessionen, § 17 III. 1. (= S. 186f.); siehe auch *Voigt*, Umwandlung und Schuldverhältnis, S. 36f., 39.

wird etwa über ein Schuldverhältnis verfügt, indem man eine Kündigung ausspricht oder die Aufrechnung erklärt.[748] Aber auch bei der Vertragsübernahme geht es um die Verfügung über „das" Schuldverhältnis, indem die Zuordnung des Schuldverhältnisses Gegenstand des Verfügungsgeschäfts ist.[749] Man sollte daher mit vollem Recht auch von der Verfügung über ein Schuldverhältnis sprechen um damit zum Ausdruck zu bringen, dass das Schuldverhältnis in seiner Gesamtheit einem neuen Rechtssubjekt zugeordnet wird.

Für § 25 HGB bleibt festzuhalten, dass der Wortlaut des § 25 I S. 1 und 2 HGB nicht gegen die Annahme einer vertragsüberleitenden Wirkung angeführt werden kann. Vielmehr kann man die Fassung des § 25 I S. 1 und 2 HGB sogar als *argumentum a fortiori* anführen: Es wird geregelt, was nach der damaligen Vorstellung – Anfang des 20. Jahrhunderts – eine Vertragsübernahme als Folge nach sich ziehen musste. Aber auch mit der heutigen einheitstheoretischen Fassung des Instituts der Vertragsübernahme lässt sich die These von der vertragsüberleitenden Wirkung des § 25 HGB vereinbaren. Der Schlüssel hierfür liegt darin, die Absätze 1 und 2 des § 25 HGB als einen einheitlichen rechtsgeschäftlichen Verfügungstatbestand zu verstehen. Den Parteien soll es ermöglicht werden, wie beim Verfahren der Spaltung nach dem UmwG, diejenigen Schuldverhältnisse aufzuführen und in das Handelsregister gem. § 25 II HGB einzutragen, die auf den Unternehmenserwerber übergehen sollen. Das moderne Verständnis vom Schuldverhältnis als Verfügungsgegenstand kommt damit der praktischen Durchführung von Unternehmensübertragungen entgegen, indem die Überleitung von unternehmensbezogenen Schuldverhältnissen – aufbauend auf dem die Rechtsübertragung bewirkenden § 25 I S. 1 und 2 HGB – als ein Zuordnungsproblem verstanden und als ein solches auch behandelt wird.

b. § 25 II HGB als Steuermechanismus für eine rechtsgeschäftliche Übertragung unternehmensbezogener Schuldverhältnisse

Keines der Regelungselemente des § 25 HGB hat so viel Aufregung und Streit verursacht wie der Absatz 2 der Vorschrift. Bekanntermaßen hat *Karsten Schmidt*[750] sein Plädoyer für den Grundsatz von der sog. unternehmensrechtlichen Haftungskontinuität stets mit der Aufforderung an den Gesetzgeber verbunden, § 25 II HGB zu streichen. Das hat erbitterte und heftige Gegenwehr in der Literatur ausgelöst.[751] Darauf braucht jedoch nicht mehr eingegangen zu werden, da sich die Dinge dahingehend gewandelt haben, dass – bislang weitestgehend unbemerkt –

---

748 Zur Verfügungswirkung von Gestaltungsrechten *W. Flume*, AT II., § 11 5. a) (= S. 144) unter Anführung von *Sohm*.

749 Siehe auch zur vergleichbaren Diskussion über die Rechtsnachfolge in die Mitgliedschaft in einer Personengesellschaft *W. Flume*, FS Larenz, S. 769 ff., insb. 775.

750 ZHR 145 (1981), 2, 26; *ders.*, ZIP 1989, 1025, 1028 f.; *ders.*, HR[4. Aufl.], § 8 I. 5 b) (= S. 233), § 8 I. 8. (= S. 237); beeinflusst war die Konstruktion durch die von *Karsten Schmidt* problematisierten Fälle der sog. übertragenden Sanierung.

751 Siehe nur *Canaris*, ZIP 1989, 1161 ff.; *ders.*, HR, § 7 Rdn. 13 ff.; *Lieb*, in: MünchKommHGB, § 25 Rdn. 13: „kaum begründete Übersteigerung"; *ders.*, ZHR 166 (2002), 507 f.

nun selbst *Karsten Schmidt*[752] nicht mehr für eine Streichung des § 25 II HGB eintritt.[753] Die h.M. bleibt freilich weiterhin mit der Frage konfrontiert, welche Funktion § 25 II HGB überhaupt zukommen soll und wie dies mit dem Verständnis der *ratio* des § 25 HGB als ausschließlich dem Gläubigerschutz dienender Vorschrift zu vereinbaren ist. Demgegenüber ist § 25 II HGB für das hier vertretene Konzept von zentraler Bedeutung. Geht man nun davon aus, dass das vorrangige Ziel des § 25 HGB ist, gesamte Rechtsverhältnisse zu übertragen, ist es entscheidend das Zusammenwirken der Absätze 1 und 2 des § 25 HGB näher zu beleuchten. Zwei Fragen sind zu klären: Ist der Übertragungsvorgang als ein rechtsgeschäftlicher Verfügungstatbestand zu verstehen oder treten die Rechtsfolgen unabhängig vom Willen der Parteien ein? Wie können die Parteien auf den Übertragungsvorgang Einfluss nehmen, insbesondere den Umfang der übergehenden Rechtsverhältnisse bestimmen? Der Ausgangspunkt zur Klärung der ersten Frage steht dabei unstreitig fest. Nach der ursprünglichen Auffassung sollten die Rechtsfolgen des § 25 HGB kraft Gesetzes eintreten, aber durch privatautonome Abrede zwischen den Parteien auszuschließen sein.[754] Unmissverständlich ist in der Denkschrift zu lesen:

> „Will sich der Veräußerer dem nicht aussetzen [sc. den Folgen des § 25 I S. 1 u. 2 HGB], so muß er den Übergang der Forderungen und Schulden oder nur den der Forderungen ausschließen. Die Möglichkeit hierzu gewährt der § 25 Abs. 2. Danach ist eine Vereinbarung der Parteien, derzufolge die gesetzlichen Folgen der Fortführung der Firma nicht eintreten sollen, auch den Gläubigern und Schuldnern gegenüber wirksam, sofern sie entweder in das Handelsregister eingetragen oder bekannt gemacht oder dem Gläubiger oder Schuldner von dem Erwerber oder dem Veräußerer des Geschäfts mitgeteilt worden ist."[755]

Es stellt sich hier jedoch die Frage, ob der Vorgang nicht treffender als rechtsgeschäftlicher einheitlicher Verfügungstatbestand aufgefasst werden kann. Wenn ein Rechtsübergang offensichtlich durch den privatautonomen Willen der Parteien gesteuert werden kann (§ 25 II HGB), sollte auch der Wille der Parteien maßgeblich für den Rechtsübergang sein. Gerade der in § 25 I S. 1 und 2 HGB angelegte Automatismus hat zu Irritationen und zwar folgerichtigen, aber wie insbesondere *Canaris*[756] ausführlich dargestellt hat, fragwürdigen Judikaten geführt. Bezeichnend ist ferner, dass *Karl Lehmann* die Ausgestaltung des § 25 HGB in Anlehnung an die fusionsrechtlichen Vorschriften, also als Fall der Gesamtrechtsnachfolge, ebenfalls mit Verweis auf den misslichen Automatismus, der nach seiner Aufassung damit einhergehen würde, ablehnte.[757] Schließlich zeigen die bereits oben zum

---

[752] ZHR, § 8 I. 5. b) (= S. 235), § 8 I. 8. m. Fn. 136 (= S. 239): „Zu einer radikalen Beseitigung des Absatzes 2 vermag *Verf.* nach den zu Abs. 1 Satz 2 angestellten Überlegungen nicht mehr zu raten."; ferner *ders.*, FS Medicus, S. 555, 560, 568f., 574.

[753] Darauf hatte der *Verf.* schon in ZHR 170 (2006), 737, 739 Fn. 9 hingewiesen.

[754] Siehe nur *Reichel*, Schuldmitübernahme, S. 102.

[755] Denkschrift, 1896, S. 37 = *Schubert/Schmiedel/Krampe*, II/2, S. 979.

[756] Ausführliche Rechtsprechungsanalyse in: FS Frotz, S. 11ff.

[757] *K. Lehmann*, FS Cohn, S. 395, 410f.: „Aber Gesamtrechtsnachfolge in die Geschäftsschulden beraubt die Geschäftsgläubiger ihres alten Schuldners, Gesamtrechtsnachfolge in die Aktiva legt den Parteien einen Willen unter, der ihnen gar nicht innewohnte, da der Möglichkei-

österreichischen Recht angeführte Debatte, inwieweit § 38 UGB schon allein aufgrund der Fortführung des Unternehmens durch einen Pächter zur Anwendung kommt, dass die Annahme, die Rechtsübertragung trete als gesetzliche Rechtsfolge der Unternehmensfortführung ein, zu nur schwer rechtfertigbaren Ergebnissen führt.[758] Es geht nämlich nicht nur um die Haftung des Erwerbers für nicht übernommene Verbindlichkeiten (§ 38 IV UGB), sondern vorrangig um die Übertragung von unternehmensbezogenen Schuldverhältnissen (§ 38 I UGB). Die von der österreichischen h.L. angenommene Konstruktion kann im Ergebnis zu einer „Zwangsbeglückung" der Person führen, die das Unternehmen fortführt. Das reine Faktum der Fortführung – eine Beibehaltung der Firma ist noch nicht einmal mehr erforderlich – bewirkt nämlich danach in letzter Konsequenz den Übergang sämtlicher unternehmensbezogener Schuldverhältnisse auf die unternehmensfortführende Person. Für § 38 UGB wurde bereits darauf verwiesen, dass man die Bedeutung der Zweifelsregelung des § 38 I S. 1 UGB[759] („sofern nichts anderes vereinbart ist") konsequent zu Ende denken muss und deshalb § 38 UGB als rechtsgeschäftliches Übertragungsinstrument zu verstehen ist.[760] Für den deutschen § 25 HGB bildet § 25 II HGB den Ansatzpunkt die Vorschrift insgesamt als rechtsgeschäftlichen Übertragungsvorgang anzusehen. Begreift man die *ratio* des § 25 I, II HGB dahingehend, dass mit Hilfe dieser Vorschrift unternehmensbezogene Rechtsverhältnisse übergehen können, so ist es an sich selbstverständlich, dass dies auf den rechtsgeschäftlichen Willen der Parteien zurückzuführen ist. Bei den Schuldverhältnissen handelt es sich ja nicht zuletzt um Vermögenswerte, die dem Veräußerer nicht gegen seinen Willen entzogen werden können. Vielmehr ergibt es nur Sinn § 25 II HGB dahingehend zu interpretieren, dass, wenn die Parteien den Umfang der Rechtsübertragung modifizieren können, der gesamte Verfügungsvorgang auf den rechtsgeschäftlichen Willen der Parteien zurückgeführt werden muss. Dem Gedanken nach hat bereits *Demelius*[761] denselben Schluss gezogen, indem er argumentiert hatte, dass eine Vertragsüberleitung nur anzunehmen sei, wenn in die Firmenfortführung gem. § 25 I S. 2 HGB eingewilligt wird.

Versteht man § 25 HGB als rechtsgeschäftlichen Verfügungstatbestand, ermöglicht es § 25 II HGB – dies als Antwort auf die zweite oben gestellte Frage – den

---

ten hier gar zu viele gegeben waren, die Sache anders bei Verkauf, anders bei Verpachtung eines Geschäfts lag und bei Verkauf bald so bald anders gemeint sein konnte"; *Lehmann* forderte dabei freilich *de lege ferenda* (FS Cohn, S. 395, 414f.) die Einführung eines „einheitlichen formellen Verfügungsakt[s um] die Gesamtheit der Aktiva auf den Erwerber zu übertragen"; die Forderung *Lehmanns* ist nach dem hier vertretenen Konzept zumindest hinsichtlich der Schuldverhältnisse bereits *de lege lata* realisierbar.

[758] Oben § 4 C. III. 2. b. (= S. 114f.).

[759] Die Zweifelsregelung des § 38 I S. 2 UGB kann dabei auf den § 25 II öHGB zurückgeführt werden. Die Entwurfsfassung des § 25 II UGB-E regelte nämlich noch die Möglichkeit den Rechtsübergang auszuschließen, indem § 25 II öHGB wortlautidentisch übernommen wurde. Der Fassung des § 38 I S. 1 UGB ist erst in der Endfassung, in Abwandlung des § 25 II UGB-E, entstanden; vgl. hierzu *J. W. Flume*, ZHR 170 (2006), 137, 748f.

[760] Oben § 4 C. III. 2. b. (= S. 114f.).

[761] JherJb. 72 (1922), 241, 287.

Umfang der zu übertragenden Schuldverhältnisse zu beschränken. Grundsätzlich wird man davon ausgehen müssen, dass, wenn sich die Parteien über den Rechtsübergang einigen und der Erweber das Unternehmen samt Firma fortführt, sämtliche unternehmensbezogenen Rechtsverhältnisse auf den Erwerber übergehen.[762] Den Parteien wird aber zu raten sein ein dem Spaltungsvertrag entsprechendes Verzeichnis in das Handelsregister einzureichen,[763] um dadurch auch den Rechtsübergang für die betroffenen Vertragspartner publik zu machen und auch *inter partes* Streitigkeiten auszuschließen. Ein wesentlicher Anreiz zur Eintragung in das Handelsregister wird dabei darin liegen, dass die Parteien nur so den Umfang des Rechtsübergangs beschränken können. Einigen sie sich nur und führt der Erwerber das Unternehmen fort, so gehen zwingenderweise sämtliche Schuldverhältnisse, auch etwaige unbekannte Verpflichtungen, insbesondere die deliktsrechtlichen Ansprüche, auf den Erwerber über (*argumentum e contrario* zu § 25 II HGB).

c. § 25 HGB als Verfügungstatbestand der partiellen Universalsukzession

§ 25 HGB bewirkt nach der hier vertretenen Meinung, dass aufgrund einer Vereinbarung zwischen Erwerber und Veräußerer im Zeitpunkt der Unternehmensfortführung durch den Erwerber eine Vielzahl von vertraglichen wie auch gesetzlichen Schuldverhältnissen *uno actu* auf den Erwerber übergehen. Damit ist § 25 HGB als Verfügungstatbestand der partiellen Universalsukzession einzuordnen. Partiell ist der Übergang, da § 25 HGB nur einen Teil des Geschäftsvermögens in Form der unternehmensbezogenen Schuldverhältnisse erfasst und bewirken kann. Dass § 25 HGB nur an schuldrechtliche Beziehungen anknüpft und nicht auch Sachenrechte oder andere materiell übertragungsfähige Rechtsverhältnisse umfasst, kann nur historisch erklärt werden und ist einstweilen hinzunehmen.[764] Eine so getroffene Auslegung setzt sich zwangsläufig verschiedenen Einwänden aus. Ein solcher könnte zunächst lauten, dass § 1 II UmwG der angenommenen Konstruktion entgegensteht. Dem ist jedoch entgegenzuhalten, dass es nicht darum geht, das Spaltungsrecht in Analogie zu bringen, sondern § 25 HGB als Norm zu verstehen, die auf dem allgemeinen verfügungsrechtlichen Grundsatz der Universalsukzession aufbaut. Relevanter ist demgegenüber der mögliche Einwand, dass die Fortbildung des § 25 HGB gegen das allgemeine verfügungsrechtliche *numerus clausus*-Prinzip verstoßen könnte.[765] Dem ist jedoch entgegenzuhalten, dass § 25 HGB in seinem historischen Ursprung bereits den Übergang der Schulden und Forderungen vorsah und daraus auch auf den Übergang des gesamten Schuldverhältnisses geschlossen wurde und die hier favorisierte Lösung nur den damaligen Ansatz den heutigen dogmatischen Erkenntnissen anpasst: nämlich der Nutzbarmachung der rechtsgeschäftlich zu steuernden partiellen Universalsukzession für den Unternehmensverkehr. Durch die hier vertretene Auslegung des § 25 HGB wird das Instrumentarium des Umwandlungsgesetzes dahingehend ergänzt, dass neben dem Fall der Ausglie-

[762] Im Ergebnis so auch *Karsten Schmidt*, FS Medicus, S. 555, 570.
[763] Zu den Anforderungen siehe unten § 5 B. I. 2. (= S. 187ff.).
[764] Vgl. hierzu bereits oben § 4 C. III. 2. a. (= S. 112ff.).
[765] Dazu bereits oben § 2 C. III. 4. (= S. 32ff.).

derung des Vermögens eines Einzelkaufmanns (§§ 152ff. UmwG) nun auch im Rahmen eines *Asset Deal* unternehmensbezogene Schuldverhältnisse im Wege der Universalsukzession übertragen werden können. Wie noch zu zeigen sein wird, ist die dogmatische Einordnung des § 25 HGB für eine Reihe weiterer wichtiger Folgethemen von Bedeutung: Sie ist entscheidend für die Bestimmung der Grenzen einer möglichen Rechtsübertragung und der Frage, welche Anforderungen an den Gläubigerschutz zu stellen sind.[766]

2. Die Tatbestandsmerkmale des § 25 HGB – Eine Neuausrichtung

Nachdem dargelegt wurde, dass nach der hier vertretenen Meinung § 25 HGB als Fall der rechtsgeschäftlichen partiellen Universalsukzession aufzufassen ist, soll im Folgenden, um zugleich auch die Funktionsfähigkeit des Ansatzes zu demonstrieren, auf die einzelnen Tatbestandsmerkmale eingegangen werden. Nach der h.M.[767] ist erforderlich, dass unter Kaufleuten ein Unternehmen erworben und unter Beibehaltung der Firma auch tatsächlich fortgeführt wird. Die einzelnen Merkmale können natürlich für das hier vertretene Modell nicht unbesehen übernommen werden, sondern bedürfen einer Anpassung. Denn es geht nicht darum, die Voraussetzungen aufzustellen, unter denen ein Rechtsträger haftet, sondern diejenigen, unter denen ein Rechtsübergang erfolgt.

a. „Kaufmännisches Unternehmen"

Die h.M. verlangt zunächst, dass ein „kaufmännisches Unternehmen" vorliegt.[768] Das ist insoweit missverständlich, als nicht auf das Unternehmen abgestellt wird, sondern darauf, ob Erwerber und Veräußerer gleichermaßen als Kaufleute im Sinne der §§ 1ff. HGB zu qualifizieren sind. Der Grund hierfür ist ein zweifacher. Nach dem Wortlaut des § 25 HGB ist die Firmenfortführung ein notwendiges Tatbestandsmerkmal und es muss auch möglich sein, eine abweichende Vereinbarung im Sinne des § 25 II HGB in das Handelsregister einzutragen.[769] Zudem wird, aus Sicht der h.M. überzeugend, angeführt, dass ein Nichtkaufmann nicht mit der gefährlichen handelsrechtlichen Erwerberhaftung zu rechnen habe.[770] Anderer Ansicht ist hier bekanntermaßen *Karsten Schmidt*,[771] der § 25 HGB auf alle Unternehmensträger anwenden will. Wenn man nun der Meinung folgt, dass § 25 HGB als Übertragungstatbestand zu verstehen ist, ist auf Anhieb zunächst nicht ersichtlich, warum man den Anwendungsbereich auf kaufmännische Unternehmen be-

---

[766] Dazu ausführlich unter § 5 A. (= S. 137ff.) und B. (= S. 183ff.).

[767] Siehe hierzu etwa die Darstellung bei *Karsten Schmidt*, HR, § 8 II. 1. (= S. 239ff.); *Canaris*, HR, § 7 Rdn. 20ff.; *Brox/Henssler*, HR, Rdn. 136ff.; *Lettl*, HR, Rdn. § 5 Rdn. 14ff.

[768] *Hopt*, in: Baumbach/Hopt, § 25 Rdn. 2; *Roth*, in: Koller/Roth/Morck, § 25 Rdn. 3; *Canaris*, HR, § 7 Rdn. 20.

[769] *Canaris*, HR, § 8 Rdn. 20; *Lieb*, in: MünchKommHGB, § 25 Rdn. 28ff., 36.

[770] *Canaris*, HR, § 7 Rdn. 20.

[771] HR, § 8 II. 1. a) (= S. 240) und davor ZHR 145 (1981), 2, 21f.

schränken sollte.[772] Insbesondere verhindert die rechtsgeschäftliche Einordnung des Übertragungsvorgangs nach § 25 HGB eine automatische Inanspruchnahme. Problematisch bleibt jedoch, inwieweit sich die Anwendung des § 25 HGB auf sämtliche Unternehmensträger mit dem Handelsregisterrecht vereinbaren lässt. Auf die unter Umständen hilfreiche Indizwirkung der Firmenfortführung mag man verzichten können. Auf die Beschränkung des Rechtsübergangs gem. § 25 II HGB kann hingegen nicht verzichtet werden.[773] Die Parteien einer Unternehmensübertragung müssen stets in der Lage sein den Umfang der zu übertragenden Rechte gem. § 25 II HGB zu beschränken. Daraus ergibt sich, dass der Anwendungsbereich des § 25 HGB auf diejenigen Rechtsträger zu beschränken ist, die auch in das Handelsregister eingetragen werden können. Die Zahl der Zweifelsfälle ist aber dabei überschaubar. In Frage steht hier insbesondere, ob eine Gesellschaft bürgerlichen Rechts oder eine nicht gewerblich tätige natürliche Person auch Erwerber im Sinne des § 25 HGB sein und zu ihren Gunsten auch ein Ausschluss im Sinne des § 25 II HGB eingetragen werden kann.

Für die Personengesellschaften wäre das Problem weniger dringlich, wenn man die Möglichkeit der Eintragung auch nicht gewerblichen Zwecken dienender Gesellschaften gem. § 105 II HGB annehmen würde.[774] Natürliche Personen hingegen können die Kaufmannseigenschaft gem. § 2 HGB im Gegensatz zu § 105 II HGB grundsätzlich nur erlangen, wenn sie gewerblich tätig sind.[775] Zwar ist denkbar, dass eine nicht gewerblich tätige Person ins Handelsregister eingetragen wird und nach § 5 HGB damit auch Kaufmann ist. Von einer grundsätzlichen Eintragungsfähigkeit sämtlicher Unternehmensträger ins Handelsregister kann nach geltendem Handelsrecht, anders als nach dem Modell des österreichischen § 4 II S. 2 UGB, aber noch nicht die Rede sein.[776] Da nicht zu erwarten ist, dass auch nichtkaufmännische Unternehmensträger ins Handelsregister eingetragen werden, ist einstweilen der Weg für eine Ausweitung des Anwendungsbereichs des § 25 HGB auch auf den nichtkaufmännischen Bereich versperrt. Eine Gesellschaft bürgerlichen Rechts wird gegebenenfalls den „Umweg" über die Umwandlung in eine Personenhandelsgesellschaft gehen müssen. Auch für natürliche Personen wird man an entsprechende Umgehungstaktiken denken können.

---

[772] Siehe hierzu auch *Lieb*, in: MünchKommHGB, § 25 Rdn. 29.

[773] So auch *Lieb*, in: MünchKommHGB, § 25 Rdn. 30.

[774] Die h.M. will § 105 II HGB freilich restriktiver handhaben, darauf kann hier nicht weiter eingegangen werden; vgl. aber einerseits *Koller*, in: Koller/Roth/Morck, § 105 Rdn. 10; *Schön*, DB 1998, 1169, 1174; andererseits *Karsten Schmidt*, ZIP 1997, 909, 916f.; *ders.*, DB 1998, 61f.; *ders.*, ZHR 163 (1999), 87, 89f.; *ders.*, in: MünchKommHGB, § 105 Rdn. 55ff.; siehe in diesem Kontext auch *Dauner-Lieb*, Die BGB-Gesellschaft im System der Personengesellschaften, S. 95: „Vom Rechtsformzwang zur Gestaltungsoption".

[775] Missverständlich daher *Roth*, in: Koller/Roth/Morck, § 2 Rdn. 1.

[776] Siehe aber z.B. den Gesetzgebungsvorschlag von *Karsten Schmidt*, DB 1994, 515, 517f. und danach *ders.*, JZ 2003, 585, 589f.

b. Unternehmenserwerb?

Weiterhin verlangt die h.M., in Anlehnung an den Wortlaut des § 25 I S. 1 HGB, dass das Handelsgeschäft erworben wurde. Dabei handelt es sich um das meistumstrittene Tatbestandsmerkmal des § 25 HGB, bei dem die Unsicherheiten über die dogmatische Konstruktion des § 25 HGB offen hervortreten. Nach der Rechtsprechung[777] wie auch der h.L.[778] ist es völlig ausreichend, dass der Unternehmensträger tatsächlich wechselt. Demgegenüber wollen *Lieb*[779] und andere Stimmen[780] aus der Literatur einen Unternehmenserwerb nur annehmen, wenn dieser auf einem derivativen rechtsgeschäftlichen Erwerb zwischen Veräußerer und Erwerber beruht.[781] Entscheidend ist demnach die vertragliche Grundlage zwischen Veräußerer und Erwerber. Das wird in der Regel ein Unternehmenskaufvertrag sein, es kann sich aber auch (unstreitig) um Schenkung, Tausch, Treuhandvertrag, Unternehmenspacht oder Unternehmensnießbrauch usw. handeln.[782]

Vor dem Hintergrund des hier verfochtenen Ansatzes, § 25 HGB als einen rechtsgeschäftlichen Verfügungstatbestand zu verstehen, muss auf eine vollständige Neubewertung des Merkmals des Unternehmenserwerbs gedrängt werden:[783] In Frage steht nicht, unter welchen Voraussetzungen ein Rechtsträger haftet, sondern unter welchen Voraussetzungen ein Rechtsübergang angenommen werden kann.[784] Aus der rechtsgeschäftlichen Einordnung des Übertragungsvorgangs folgt, dass weder der Auslegung des Merkmals des Unternehmenserwerbs durch Rechtsprechung und h.L., noch derjenigen von *Lieb* gefolgt werden kann. Dass ein rein tatsächlicher Unternehmenswechsel nicht ausreichen kann, sollte selbstverständlich sein. Ebensowenig kann aber auf das Kausalgeschäft abgestellt werden. Denn § 25 HGB ist nach dem hier vertretenen Konzept nichts anderes als ein rechtsgeschäftlicher Verfügungstatbestand, den es nach dem Abstraktionsprinzip vom Verfügungsgeschäft zu trennen gilt. Die Parteien schließen einen Kaufvertrag über den Erwerb des Unternehmens[785] und müssen sich (daneben) über die Übereignung der

---

[777] RGZ 93, 227, 229; 149, 25, 28; BGHZ 18, 248, 250; 22, 234, 239.; BGH NJW 1984, 1186, 1187; NJW 1992, 911f.; ZIP 2006, 367f.; siehe auch OGH SZ 23 (1950), Nr. 209, 478, 481; anders jedoch RGZ 143, 368, 370.

[778] *Karsten Schmidt*, HR, § 8 II. 1 b) (= S. 240ff.); *ders.*, ZGR 1992, 621ff.; *Hopt*, in: Baumbach/Hopt, § 25 Rdn. 5; *Roth*, in: Koller/Roth/Morck, § 25 Rdn. 4; *Emmerich*, in: Heymann, § 25 Rdn. 16; *Hüffer*, in: Staub, § 25 Rdn. 38f.

[779] FS Vieregge, S. 557ff.; *ders.*, in: MünchKommHGB, § 25 Rdn. 40ff., 49ff. m. Fn. 113.

[780] *Zimmer*, in: Ebenroth/Boujong/Joost/Strohn, § 25 Rdn. 26, 32; *Ammon*, in: Röhricht/v. Westphalen, § 25 Rdn. 5; *Vetter*, Altschuldenhaftung, S. 152f.; ferner *Canaris*, HR, § 7 Rdn. 23f., *ders.*, FS Frotz, S. 11, 20.

[781] Die Meinung ist ohne jegliche Auseinandersetzung oder auch Nennung der Protagonisten vom BGH, ZIP 2006, 367f. verworfen worden.

[782] *Lieb*, in: MünchKommHGB, § 25 Rdn. 46 mit weiteren Anwendungsfällen.

[783] In diesem Sinne jetzt auch *Torggler*, JBl. 2008, 137, 147 zu § 38 UGB.

[784] Die Haftung des Erwerbers für nicht übernommene Verbindlichkeiten, wie auch diejenige des Veräußerers stehen im Annex zur Rechtsübertragung, dazu noch ausführlich unten § 5 B. (= S. 183 ff.).

[785] Zum Problem, das Unternehmen zum Gegenstand von Verpflichtungs- und Verfügungsgeschäften zu machen, vgl. bereits oben § 3 C. (= S. 50ff.).

unternehmensbezogenen Rechtsverhältnisse einigen. Aus dem Abschluss des Kausalgeschäfts kann gegebenenfalls auf die Einigung hinsichtlich des Verfügungsgeschäfts geschlossen werden.[786] Dann müssen sich aber Anhaltspunkte dafür ergeben, dass der Wille der Parteien dahingehend zu interpretieren ist, dass die unternehmensbezogenen Rechtsverhältnisse vom Erwerber übernommen werden sollen. In jedem Fall wird den Parteien zu raten sein, ein den Anforderungen der Bestimmtheit genügendes Verzeichnis in das Handelsregister einzutragen.[787] Erfolgt nämlich keine Eintragung im Handelsregister, so können die Parteien den Umfang der auf den Erwerber übergehenden Rechte nicht beschränken.

c. Exkurs: Unwirksamkeitsfolgen

Aus der getroffenen dogmatischen Einordnung des § 25 HGB ergibt sich die Lösung etwaiger mit der Unwirksamkeit des Kausal- bzw. Verfügungsgeschäfts verbundener Folgeprobleme. Dabei ist streng danach zu unterscheiden, ob das der Unternehmensübertragung zugrunde liegende Kausalverhältnis oder das Verfügungsgeschäft nach § 25 HGB betroffen ist. Ist das Kausalgeschäft unwirksam, so wäre die Unternehmensübertragung nach allgemeinen bereicherungsrechtlichen Grundsätzen rückabzuwickeln.[788] Für außenstehende Dritte bestehen insoweit keine Probleme, da die Rechtszuordnung zum Erwerber durch die Nichtigkeit des Unternehmenskaufvertrags unberührt bleibt.[789] Weigern sich die Dritten, einer Rückübertragung auf den Veräußerer zuzustimmen, verbleibt das Vertragsverhält-

---

[786] Das stellt auch keinen unzulässigen Verstoß gegen das Abstraktionsprinzip dar, vgl. allgemein *W. Flume*, AT II., § 12 III 5. (= S. 181 f.).

[787] Dazu noch ausführlich unter § 5 B. I. 2. (= S. 187 ff.).

[788] *Lieb*, in: MünchKommHGB, Anh. § 25 Rdn. 42 ff.

[789] Gerade von einer rechtsvergleichenden Perspektive aus, ist es sehr interessant der Frage nachzugehen, wie diese Konstellation nach österreichischem UGB zu lösen wäre. Einige wenige Anmerkungen müssen hier genügen. Nach österreichischem Recht steht das Verfügungsgeschäft nicht abstrakt neben dem Verpflichtungsgeschäft. Vielmehr bewirkt die Anfechtung des Titelgeschäfts, dass das entsprechende Rechtsverhältnis von Anfang an als nicht übergegangen gilt (siehe hierzu *Karollus*, ÖJZ 1992, 677, 678). Daraus resultieren keine Rückabwicklungsschwierigkeiten, sondern die heikle Frage, in welchem Verhältnis nun der Dritte und der Veräußerer zueinander stehen, obwohl etwaige Vertragsabwicklungen – unwirksamerweise – mit dem Erwerber erfolgt sind. *Krejci* (in: Dehn/Krejci, Das neue UGB, S. 53 und *ders.*, FS Canaris, Bd. II. 735, 747) plädiert daher dafür, ohne dies freilich näher zu begründen, nur eine Unwirksamkeit ex nunc anzunehmen. Dazu mag der Befund passen, dass der OGH in zwei Entscheidungen (JBl. 1992, 183 ff. und 186 ff.; siehe dazu *Puck*, Der Unternehmenskauf, S. 98 ff.) zur Anfechtung von Unternehmenskaufverträgen in ausdrücklicher Anlehnung an die Lehre von der fehlerhaften Gesellschaft dieser nur *ex nunc* Wirkung zugesprochen hat. Inwieweit diese Lösung überzeugt und verallgemeinerungsfähig ist, soll hier offen bleiben. Vgl. hierzu auch die deutsche Literatur: *W. Flume*, AT I./1., § 12 III. (= S. 13 ff.); *ders.*, AT II., § 8 3. (= S. 101 f.); *Ulmer*, FS Flume, Bd. II., S. 308 ff.; speziell zur Anwendung auf Unternehmensverträge *Ruppietta*, Rückabwicklung unwirksamer Unternehmensverträge, S. 45 ff.; *Schäfer*, Die Lehre vom fehlerhaften Verband, S. 319 Fn. 157.

nis beim Erwerber. Dieser hat dann gem. § 818 II BGB Wertersatz zu leisten.[790] Es könnte freilich auch das Verfügungsgeschäft nichtig sein. Unter welchen Voraussetzungen dies eintreten kann, ergibt sich nach den allgemeinen zivilrechtlichen Grundsätzen. Im Gegensatz zur Rechtsübertragung nach dem Umwandlungsrecht gelten hier freilich nicht die Grundsätze über die fehlerhafte Gesellschaft, da es sich nur um ein reines Austauschgeschäft handelt.[791] In diesen Ausnahmefällen wird man also mit der Situation konfrontiert sein, dass die entsprechenden Rechtsverhältnisse als nicht übergegangen gelten.[792]

Weiterhin ist zu bedenken unter welchen Voraussetzungen die Forthaftung des Veräußerers oder eine noch zu behandelnde Mithaftung des Erwerbers für nicht übernommene Rechtsverhältnisse[793] eingreift. Knüpft die Haftung an den Abschluss des Verpflichtungsgeschäfts oder des Verfügungsgeschäfts an? Die Frage kann nur unter Berücksichtigung des Zwecks der absichernden Haftung von Veräußerer und Erwerber beantwortet werden: Sie dient – davon wird noch ausführlich die Rede sein[794] – dem Schutz des Dritten vor Gefahren, die sich daraus ergeben können, dass ihm ein neuer Vertragspartner vorgesetzt wird. Daraus ist zu folgern, dass die Haftung des Veräußerers und die Mithaftung des Erwerbers für nicht übernommene Rechtsverhältnisse nur anzunehmen ist, wenn auch die unternehmensbezogenen Schuldverhältnisse wirksam auf den Erwerber übertragen wurden. Konkret bedeutet dies, dass nur die Nichtigkeit der Übertragung der Rechtsverhältnisse gem. § 25 HGB – und nicht die des Kausalgeschäfts – die Haftungsabsicherung zunichte machen würde.

d. Firmen- und Unternehmensfortführung

Schließlich ist auf das Merkmal der Firmen- und Unternehmensfortführung einzugehen. Beide Merkmale stehen dabei weitestgehend außer Streit. Dabei hat freilich das Merkmal der Firmenfortführung mehr Aufmerksamkeit in Anspruch genommen als das der Unternehmenskontinuität.[795] Vor dem Hintergrund der bereits erwähnten Bedeutung der Nutzung einer derivativen Firma für die Übernahme des *Goodwill* ist dies nachvollziehbar.[796] Durch die Firmenfortführung wird nach außen die Fortführung des Unternehmens signalisiert.[797] Ohne die reelle hinzutretende Fortführung des Unternehmens durch den Erwerber („Unternehmenskontinui-

---

790 BGH ZIP 1991, 402ff.; NJW 2002, 1340ff.; vgl. hierzu *H.P. Westermann*, EWIR 2002, 515f. und *St. Lorenz*, LM H6/2002 Nr. 287 § 812 BGB; *Schöne*, ZGR 2000, 86, 96; *Ruppietta*, Rückabwicklung unwirksamer Unternehmensverträge, S. 76ff.

791 Dazu oben unter § 4 B. II. 2. b. (= S. 84).

792 Erste Hinweise zur Handhabung einer solchen Situation: *W. Flume*, AT II., § 8 3. (= S. 101 f.).

793 Dazu unter § 5 B. II. 2. (= S. 204 f.).

794 § 5 B. II. (= S. 183 ff.).

795 Siehe hierzu etwa *Canaris*, HR, § 7 Rdn. 33.

796 Dazu oben unter § 3 C. II. 4. a. (= S. 60 ff.); vgl. ferner jüngst *J. W. Flume*, DB 2008, 2011,

797 So auch zuletzt der BGH ZIP 2006, 367 und davor BGH NJW 1984, 1186, 1187 m. Anm. *Karsten Schmidt*; NJW 1992, 911, 912; BGHZ 146, 374, 376; BGH NJW-RR 2004, 1173, 1174.

tät“) greift aber § 25 HGB nach der ganz einhelligen Meinung nicht ein.[798] Gleichermaßen ausgeschlossen ist nach der h.M. eine Inanspruchnahme des Erwerbers, wenn dieser das Unternehmen kurze Zeit später liquidiert, weiterveräußert usw.[799] Maßgebliche Bedeutung kommt demnach dem Merkmal der Unternehmensfortführung zu, auch wenn dies in den literarischen Erörterungen von dem Merkmal der Firmenfortführung meist überdeckt zu sein scheint.

Wie dieser kurze Überblick über den Meinungsstand illustriert, wird für die Bewertung, ob eine Unternehmensfortführung anzunehmen ist, auf einen gewissen, wenn auch kurzen, Zeitraum abgestellt. Was für die nachträgliche Bestimmung einer haftungsrechtlichen Inanspruchnahme im Sinne der h.M. als tragfähig erscheint, ist, wenn es um die Übertragung von Rechtsverhältnissen geht, hingegen problematisch. Für die an einer Unternehmensübertragung beteiligten Parteien ist es wichtig, genau bestimmen zu können, ab welchem Zeitpunkt die Rechtsverhältnisse auf den Erwerber übergehen.[800] Der *Verf.*[801] hat bereits im Zusammenhang mit der ähnlich gelagerten Problematik des § 38 UGB auf das Problem hingewiesen, dass sich eine Unternehmensfortführung nicht feststellen lässt, sondern allenfalls der Übergang der Unternehmensorganisation.[802] Die österreichische Begründung zu § 38 HGB führt dabei aus, dass die Rechtsverhältnisse als übergegangen gelten, wenn „der Erwerber über die Unternehmensorganisation so verfügen kann, dass die Beziehungen zu den Vertragspartnern des Veräußerers zweckentsprechend zum Einsatz kommen können“.[803] Die Begründung lässt es also ausreichen, dass der Veräußerer das Unternehmen zwar nicht fortführt, aber die Unternehmensorganisation bereits auf ihn übergegangen ist. Im Gegensatz zu *Krejci*[804] kann es dabei nicht auf die Verfügung über die dinglichen Rechte ankommen, sondern der Erwerber muss in die Lage versetzt werden die Unternehmensorganisation nutzen zu können. Das kann ein Zeitpunkt sein, der oft mit der sachenrechtlichen Eigentumsübertragung einhergehen mag. Dies ist jedoch nicht zwingend. Das wird insbesondere in den Fällen sichtbar, in denen die Übertragung materieller Vermögenswerte, wie z.B. in den Fällen von Software- und Dienstleistungsunternehmen, nicht im Vordergrund steht. Zum Ausdruck kommt hier das schon oben herausgearbeitete Phänomen, dass das Unternehmen weitaus mehr ist, als die Summe seiner materiell-rechtlichen Ein-

---

[798] A. A. OLG Frankfurt NJW 1980, 1397, 1398 in Anlehnung an *Würdinger*, in: Staub[3. Aufl.], § 25 Anm.10; dagegen aber die ganz h. M. vgl. *Lieb*, in: MünchKommHGB, § 25 Rdn. 74; *Karsten Schmidt*, HR, § 8 II. 1. b) (= S. 242); *ders.*, ZHR 145 (1981), 2, 27 f.; *Schuhmacher*, in: Straube, § 25 Rdn. 8; *Roth*, in: Koller/Roth/Morck, § 25 Rdn. 5; *Hüffer*, in: Staub, § 25 Rdn. 116; siehe auch zuletzt OLG Bremen, unveröffentlichtes Urteil v. 13. 2. 2008, 1 U 78/07.

[799] RGZ 143, 368, 371; *Zimmer*, in: Ebenroth/Boujong/Joost/Strohn, § 25 Rdn. 46; *Lieb*, in: MünchKommHGB, § 25 Rdn. 59 f.

[800] Siehe allgemein zur Terminierbarkeit von Verfügungsgeschäften bei Unternehmenskäufen *Olgiati*, FS Forstmoser, S. 65 ff. (zum Schweizer Recht).

[801] In: ZHR 170 (2006), 737, 751.

[802] Siehe hierzu jetzt auch *U. Torggler*, JBl. 2008, 137, 147.

[803] Dehn/Krejci, Das neue UGB, S. 317 = Schummer/Kriwanek, Aus HGB wird UGB, S. 34.

[804] FS Canaris, Bd. II., S. 735, 746.

zelteile.[805] Für die Ermittlung, ob die Unternehmensorganisation bereits auf den Erwerber übergegangen ist, muss auf die tatsächliche Lage abgestellt werden. Der Erwerber muss über die Betriebsmittel, die Räumlichkeiten, das Inventar, die Kommunikationseinrichtungen und dergleichen verfügen können. Hierin ist praktisch durchaus Streitpotenzial angelegt. Anders als im österreichischen Recht, das für die Rechtsübertragung weder an das Handelsregister noch an die Firmenfortführung anknüpft, können diese bei § 25 HGB bei der Beurteilung, ob das Unternehmen auf den Erwerber übergegangen ist, wertvolle Hilfe leisten. Haben die Parteien im Handelsregister ein dem Spaltungsplan entsprechendes Verzeichnis eingereicht[806] und wird die Firma auch vom Erwerber fortgeführt, so ist vom Übergang der Unternehmensorganisation und der Unternehmensfortführung auszugehen.

3. Zwischenergebnis

§ 25 HGB ist als eine Regelung zu verstehen, unter deren Zuhilfenahme bei einem *Asset Deal* unternehmensbezogene Schuldverhältnisse übertragen werden können. Dieser Vorgang ist dabei dogmatisch auf die Verfügungstechnik der partiellen Universalsukzession zurückzuführen. Die Einigung zwischen dem Veräußerer und dem Erwerber eines Unternehmens, zusammen mit dem Realakt der Fortführung des Unternehmens durch den Erwerber, bewirkt als Gesamtakt, dass die unternehmensbezogenen Schuldverhältnisse auf diesen *uno actu* übergehen. Haben die Parteien den Rechtsübergang durch eine Eintragung gem. § 25 II HGB nicht begrenzt, so ist bei vorliegender Einigung anzunehmen, dass sämtliche unternehmensbezogenen Schuldverhältnisse übergehen. Die Parteien tuen aber gut daran, ein den Anforderungen des Bestimmtheitsgrundsatz entsprechendes Verzeichnis[807] im Handelsregister einzureichen, um Streitigkeiten *inter partes* zu begegnen, aber auch für außenstehende Dritte den Übergang der Rechtsverhältnisse kenntlich zu machen.

V. § 28 HGB – Einbringung von unternehmensbezogenen Schuldverhältnissen bei der Gründung von Personenhandelsgesellschaften

Die zu § 25 HGB getroffenen Ergebnisse sind auf die Parallelvorschrift des § 28 HGB zu übertragen. Handelt § 25 HGB von der Übertragung unternehmensbezogener Schuldverhältnisse bei einem *Asset Deal*, so geht es bei § 28 HGB – in konsequenter Fortführung des Ansatzes zu § 25 HGB – um die Einbringung unternehmensbezogener Schuldverhältnisse bei der Gründung[808] einer Personenhan-

---

805 Oben § 3 A. (= S. 39f.) und C. (= S. 50ff.); siehe auch *U. Torggler*, JBl. 2008, 137, 147.

806 Zu den Anforderungen an ein solches Verzeichnis, vgl. unten § 5 A. I. 2. (= S. 187ff.).

807 Dazu noch unter § 5 B. I. 2. (= S. 187ff.).

808 Die Einbrigung unternehmensbezogener Schuldverhältnisse in eine bereits *bestehende* Personenhandelsgesellschaft wie auch in eine Kapitalgesellschaft ist nach § 25 HGB zu bewerten;

delsgesellschaft. Die h.L. muss demgegenüber genauso ratlos auf den § 28 HGB blicken, wie sie dies bereits in Bezug auf § 25 HGB tut.[809]

Der Anwendungsbereich des § 28 HGB ist dabei, nimmt man den Wortlaut des Gesetzes ernst, erdenklich klein.[810] § 28 HGB greift nämlich nur für den Fall ein, dass „jemand als persönlich haftender Gesellschafter oder als Kommanditist in das Geschäft eines Einzelkaufmanns" eintritt. Gemeint ist damit, was bekanntermaßen[811] in § 28 I S. 1 HGB juristisch unkorrekt ausgedrückt ist, der Gründungsvorgang einer Personenhandelsgesellschaft. Es geht um die Gründung einer Personenhandelsgesellschaft durch einen Einzelkaufmann und einer weiteren Person (dem „Jemand") oder auch mehreren anderen Personen.[812] Juristisch unkorrekt ist die Ausdrucksweise in § 28 I S. 1 HGB, da der Eintritt nur in Bezug auf einen Unternehmensträger und nicht – wie es den Anschein nach § 28 I S. 1 HGB hat – in Bezug auf das ihm zugeordnete Unternehmen erfolgen kann.[813]

Für diese spezielle Konstellation entspricht § 28 HGB in seinen Rechtsfolgen vollumfänglich denen des § 25 HGB. Wie auch bei § 25 I S. 1 und 2 HGB hat die neu gegründete Personenhandelsgesellschaft gem. § 28 I S. 1 HGB für die Schulden des Unternehmens des Einzelkaufmanns einzustehen und erwirbt daneben gem. § 28 I S. 2 HGB sämtliche Forderungen, sollte nichts anderes gem. § 28 II HGB bekanntgemacht bzw. mitgeteilt worden sein.[814] Anders als zu § 25 HGB, zu dem – so weit ersichtlich – noch keine höchstrichterliche Entscheidung ergangen ist, die der Frage nachgeht, ob auch vom Übergang des gesamten Rechtsverhältnisses auszugehen ist, liegt hingegen für § 28 HGB eine Entscheidung des XII. Zivilsenats[815] vor, die eine solche Möglichkeit explizit verneint. Zu beurteilen galt es die Frage, ob ein Mietverhältnis auf eine OHG nach § 28 HGB übergegangen sei.[816] Der XII. Zivilsenat hat sich leider der eigentlichen Sachfrage nicht ange-

---

Karsten Schmidt, HR, § 8 III. 1. b) cc) (= S. 259); a.A. *Lieb*, in: MünchKommHGB, § 25 Rdn. 21.

[809] *Lieb*, in: MünchKommHGB, § 28 Rdn. 3: „Die Versuche, die gesetzliche Haftungsanordnung mit Theorien zu erklären, sind bei § 28 ebenso zahlreich wie bei § 25 HGB, aber letztlich ebenso fruchtlos.".

[810] In diesem Sinne auch *Karsten Schmidt*, HR, § 8 III. 1. b) cc) (= S. 259).

[811] *Canaris*, HR, § 7 Rdn. 80; *Karsten Schmidt*, HR, § 8 III. 1. b) und b) cc) (= S. 258f.).

[812] Auch wenn § 28 I S. 1 HGB im Singular formuliert ist („Tritt jemand"), sollte nicht zweifelhaft sein, dass auch der Eintritt mehrerer Personen neben dem Einzelkaufmann von § 28 HGB umfasst wird; im Ergebnis unstr. *Zimmer*, in: Ebenroth/Boujong/Joost/Strohn, § 28 Rdn. 18; siehe auch schon *Hoeninger*, in: Dürninger/Hachenburg, § 28 Anm. 4.

[813] Zum Verhältnis zwischen Unternehmen und Unternehmensträger siehe oben § 3 B. (= S. 40 ff.).

[814] *Hoeninger*, in: Düringer/Hachenburg, § 28 Anm. 6ff.; *K. Lehmann*, ZHR 50 (1900), 1, 44.

[815] NJW 2001, 2251 ff. (ausführliche Analyse bei *Karsten Schmidt*, GS Sonnenschein, S. 497ff.; siehe auch *Lieb*, in: MünchKommHGB, § 25 Rdn. 89 j)); im Anschluss daran OLG Naumburg, ZMR 2007, 116f. m. krit. Anm. *Dötsch*.

[816] Der Kommentierung von *Hoeninger*, in: Düringer/Hachenburg, § 25 Anm. 25 ist zu entnehmen, dass auch schon bereits zu Beginn des neu geschaffenen § 25 HGB um die Übertragung von Mietverhältnissen gestritten wurde.

nommen, sondern ist dem Problem ausgewichen.[817] Wenn man jedoch die Konstruktion für § 25 HGB billigt, kann kein Zweifel bestehen gleichermaßen die Übertragung der unternehmensbezogenen Schuldverhältnisse im Falle des § 28 HGB zu bejahen.[818]

Dabei gilt es auch im Zusammenhang mit dem § 28 HGB die Rechtsübertragung auf die Gesellschaft als einen rechtsgeschäftlichen Übertragungsvorgang einzuordnen.[819] Denn der Inferent – also der Einzelkaufmann, der vor der Gesellschaftsgründung ein einzelkaufmännisches Unternehmen geführt hat – und die Gesellschaft können den Umfang der zu übertragenden unternehmensbezogenen Rechtsverhältnisse nach § 28 II HGB beschränken.[820] Die Rechtsübertragung ist dann aber insgesamt als eine rechtsgeschäftliche Verfügung zu verstehen. § 28 HGB behandelt dabei im Gegensatz zu § 25 HGB den Spezialfall, dass unternehmensbezogene Schuldverhältnisse als Einlageleistungen bei der Gründung einer Personenhandelsgesellschaft erbracht werden.

D. Zusammenfassung

Die Institute des Umwandlungsgesetzes und auch die Regelungen der §§ 25, 28 HGB bezwecken, wie dies bereits bei *Karl Lehmann*[821] zum Ausdruck kommt, Unternehmensübertragungen zu erleichtern. Im Gegensatz noch zu *Lehmann*, dem insbesondere die Annahme einer partiellen Universalsukzession noch nicht geläufig war, können sowohl die Institute der Verschmelzung, der Spaltung und der Vermögensübertragung nach dem Umwandlungsgesetz als auch die handelsrechtlichen Regelungen der §§ 25, 28 HGB auf die Verfügungstechnik der Universalsukzession zurückgeführt werden. Kern dieser Vorschriften ist, dass Unternehmensträger rechtsgeschäftlich über ihr Vermögen bzw. Teile ihres Vermögens verfügen können. Das ist insbesondere bei der Interpretation der §§ 25, 28 HGB, aber auch der des österreichischen Pendant des § 38 UGB von Bedeutung, da sich hierdurch viele der Zweifelsfragen, die sich auf der Grundlage der h.M. ergeben, lösen lassen. Die Handelsgeschäftsübernahme bewirkt nämlich keinen Haftungsautomatismus, sondern die Regelungen der §§ 25, 28 HGB (bzw. des § 38 UGB) stellen Verfügungstatbestände dar. Die Vorschriften der §§ 25, 28 HGB, wie auch glei-

---

817 BGH, NJW 2001, 2251, 2252: „Es kann dahingestellt bleiben, ob die §§ 25, 28 HGB generell zu einem Vertragsübergang kraft Gesetzes führen können oder nicht. Jedenfalls bei Mietverträgen ist ein solcher Vertragsübergang auf einen neuen Mieter ohne Mitwirkung des Vermieters ausgeschlossen. Bei Mietverträgen sind nämlich die besonderen Regeln des Mietrechts zur Gebrauchsüberlassung der Mietsache durch den Mieter an Dritte zu beachten."

818 Gleichfalls für eine Überleitung *Karsten Schmidt*, GS Sonnenschein, S. 497ff.; *Lieb*, in: MünchKommHGB, § 28 Rdn. 29; *Dötsch*, ZMR 2007, 117, 118f.

819 Vgl. oben § 4 IV. 1. b. (= S. 123ff.).

820 Eine ganz abweichende Sichtweise zur Bedeutung des § 28 II HGB vertritt hierzu freilich *Lieb*, in: MünchKommHGB, § 28 Rdn. 35ff.

821 ZHR 50 (1900), 1ff., insb. 42ff.

chermaßen die des § 38 UGB, sind dabei insoweit „unvollständig", da sie nur auf die Übertragung von unternehmensbezogenen Schuldverhältnissen hin ausgerichtet sind. Eine Erweiterung, wie sie auch schon *Karl Lehmann*[822] vorschwebte und im Schweizer Fusionsgesetz in den Artt. 69ff. FusG[823] bereits umgesetzt wurde, wäre zu überdenken.[824]

[822] FS Cohn, S. 395, 414.
[823] Dazu bereits oben § 4 C. II. 3. (= S. 109).
[824] Siehe in diesem Kontext auch *Hurni*, Vermögensübertragung, S. 283ff.

§ 5 Universalsukzession und Privatautonomie

„Für den in der Rechtsfigur der rechtsgeschäftlichen
Vertragsübernahme denkenden Zivilrechtler
muß der Gedanke befremdlich bleiben,
daß ein unternehmensbezogenes Rechtsverhältnis
ohne Zutun des Vertragsgegners
mit dem Unternehmen soll übergehen können."

Karsten Schmidt, FS Medicus, S. 555, 569

A. Vermögenstransfer: Zu den Konsequenzen der Möglichkeit einer freien Übertragbarkeit von Schuldverhältnissen im Wege der Universalsukzession

Das geltende Recht ermöglicht es in ganz unterschiedlichen Konstellationen unter Nutzbarmachung der Verfügungstechnik der Universalsukzession Vermögen bzw. Teile eines Vermögens zu übertragen. Man könnte nun trefflich darüber streiten, ob die *uno actu* Übertragung von Sachenrechten eine Vereinfachung darstellt oder für die Praxis keinen nennenswerten Erleichterungseffekt mit sich bringt.[825] Ganz ohne Zweifel wird aber die Übertragung von Schuldverhältnissen erleichtert, ermöglichen es doch die verschiedenen Formen des Vermögenstransfers nach dem UmwG, wie auch die §§ 25, 28 HGB nach der hier favorisierten Auslegung, dass Schuldverhältnisse ohne die an sich nach den bürgerlich-rechtlichen Grundsätzen erforderliche Zustimmung des Vertragspartners übertragen werden können.[826] Es scheint wohl auch nicht übertrieben zu sein, hierin eines der zentralen Anliegen des Verschmelzungs- und Spaltungsrechts, wie auch insbesondere der Grundsätze über die Handelsgeschäftsübernahme zu sehen. Deutlich wird dies gerade am Beispiel der Reformierung der §§ 25ff. öHGB durch die österreichische Handelsrechtsreform. Dort war es nämlich das erklärte Ziel des österreichischen Gesetzgebers, die

[825] Vgl. hierzu statt vieler *Doralt*, FS Kastner, S. 123, 143. Insbesondere soll nach der Entscheidung BGHZ 175, 123ff. (zu Recht krit. hierzu *Priester*, EWiR 2008, 223f. und *Wilhelm*, LMK 2008, 259885) an die Übertragung von Grundstücken in Bezug auf die grundbuchrechtliche Kennzeichnung der einzelnen Grundstücke keine geringeren Anforderungen zu stellen sein als bei der Einzelrechtsnachfolge.

[826] Siehe hierzu bereits oben § 1 bei Fn. 31 (= S. 5f.).

Kontinuität „unternehmensbezogener Rechtsverhältnisse" sicherzustellen.[827] Die Möglichkeit, Verträge und gesetzliche Schuldverhältnisse auch ohne die Mitwirkung des Schuldvertragspartners zu übertragen, stellt eine Herausforderung dar und beschwört Probleme herauf. Die Übertragungsmöglichkeiten nach dem UmwG und dem HGB scheinen mit dem Grundsatz der Privatautonomie in seiner Ausprägung der sog. negativen Abschlussfreiheit nicht vereinbar zu sein.[828] Und so ist es nicht verwunderlich, dass die Zurückhaltung und Verunsicherung darüber, in welchem Maße Schuldverhältnisse im Wege der Universalsukzession übertragen werden können, zum Teil groß ist. Wenig thematisiert wird darüber hinaus, welche Bedeutung der Personenbezogenheit von Schuldverhältnissen im Rechtsverkehr mit Unternehmen überhaupt zukommt. Insoweit kann man schon bezweifeln, ob hier überhaupt ein Personenbezug angenommen werden kann. Geht man nämlich von der These aus, dass Schuldverhältnisse unternehmensbezogen abgeschlossen werden, so ist ein Rechtsträgerwechsel, wenn das Unternehmen vom Erwerber fortgeführt wird, für den Schuldvertragspartner grundsätzlich ohne Belang. Aber auch für den Fall, dass eine Leistung durch eine besondere Person zu erbringen ist, kann dies grundsätzlich nicht gegen die Rechtsübertragung auf einen anderen Unternehmensträger sprechen. Hat etwa eine Event-Agentur, die in der Rechtsform der AG organisiert ist, zugesagt, ein Konzert mit einem bei ihr unter Vertrag stehenden Musiker auszurichten, so hat die Verschmelzung der Event-Agentur oder die Ausgliederung der Musikabteilung grundsätzlich keinen Einfluss auf das Vertragsverhältnis. Wie im eben genannten Beispiel wird sich mit der zunehmenden Intensivierung von Unternehmensumstrukturierungen nach dem Umwandlungsgesetz, aber auch im Fall möglicherweise in Aussicht stehender Übertragungen unternehmensbezogener Schuldverhältnisse nach den §§ 25, 28 HGB, oft die Frage nach den Grenzen einer Übertragung im Wege der Universalsukzession stellen. Darüberhinaus ist auch an etwaige leistungsstörungsrechtliche Implikationen solcher Übertragungsvorgänge zu denken. Das Bürgerliche Gesetzbuch, wie auch das Umwandlungsgesetz, halten für die Beantwortung dieser beiden Fragen nur wenige Ansatzpunkte bereit.[829] Dies ist unter anderem damit zu begründen, dass das Bürgerliche Gesetzbuch, wie bereits mehrfach betont wurde, schon allein die Möglichkeit einer bürgerlich-rechtlichen Vertragsüberleitung nicht vorsieht. Weiterhin ist darauf zu verweisen, dass der Gesetzgeber die einzige Norm – § 132 UmwG a.F. –, die sich explizit der Frage nach den Grenzen einer Rechtsübertragung im Wege der Universalsukzession angenommen hat, mit dem zweiten Umwandlungsrechtsände-

---

[827] *Dehn/Krejci*, Das neue UGB, S. 314f. = *Schummer/Kriwanek*, Aus HGB wird UGB, S. 31 f.; zu § 38 UGB siehe bereits oben § 4 C. III. (= S. 111 ff.); freilich sah man es als erforderlich an, ein Widerspruchsrecht zu implementieren, dazu noch unter A. III. 4 (= S. 181 ff.).

[828] Hierzu *Wiegand/Wichtermann*, Die Überleitung von Rechtsverhältnissen, S. 85; *Dörner*, Dynamische Relativität, S. 124 m. Fn. 8; *Zöllner*, FS Claussen, S. 423, 427 m. Fn. 10; *Rieble*, ZIP 1997, 301, 304; *Kleindiek*, ZGR 1992, 513, 518f.

[829] *Rieble* ZIP 1997, 301, 303 geht sogar so weit: „Es fehlt [sc. dem Umwandlungsgesetz] die Sensibilität für das allgemeine Schuldrecht und seinen Sukzessionsschutz"; siehe hierzu auch *Petersen*, Gläubigerschutz im Umwandlungsgesetz, S. 324f. m. Fn. 1913.

rungsgesetz[830] gestrichen hat. So ungünstig die Ausgangslage auch auf den ersten Eindruck hin erscheinen mag, so sind diese Probleme wie im folgenden Kapitel ausgeführt werden soll, doch allesamt in Griff zu bekommen. Des Weiteren wird auf die Frage der Bedeutung, der dem Gläubigerschutz dienenden und die Rechtsübertragung im Wege der Universalsukzession begleitendende Spaltungshaftung gem. § 133 UmwG bzw. der Haftung nach § 26 HGB näher einzugehen sein.[831] Denn nur unter Berücksichtigung dieser Instrumente können die möglicherweise mit einer Rechtsübertragung im Wege der Universalsukzession einhergehenden Gefahren bewertet werden.

I. Die exemplarische Debatte über die Vertragsüberleitung nach dem Schweizer FusG

Geradezu symptomatisch für die Skrupel vor den sich aus der Universalsukzession ergebenden Gestaltungsmöglichkeiten ist eine zum Schweizer Fusionsgesetz geführte Diskussion: Diese dreht sich darum, ob Vertragsverhältnisse nur bei der Verschmelzung oder aber auch bei der Spaltung und der Vermögensübertragung übergehen. In der Botschaft des Bundesrates zum Schweizer Fusionsgesetz wird ausgeführt, dass Vertragsverhältnisse im Gegensatz zur Fusion bei der Spaltung nicht übergehen können.[832] Weiterhin wurde im Nationalrat ein Antrag behandelt, demzufolge man bei der Vermögensübertragung des FusG allgemein die Vertragsüberleitung ermöglichen solle.[833] Der Antrag wurde jedoch von der Mehrheit abgelehnt.[834] Die Missbrauchsmöglichkeiten seien zu groß, man wolle es bei dem allgemeinen zivilrechtlichen Grundsatz belassen, dass der betroffene Dritte zustimmen müsse.[835] Die Bundesrätin *Ruth Metzler*[836] formulierte: „Gestützt auf den Grundsatz der Privatautonomie besteht eine freie Wahl der Vertragspartner. Daraus folgt, dass ohne Zustimmung sämtlicher Vertragspartner kein Wechsel der Ver-

---

830 BGBl. I. 2007, S. 542ff., 546, Art. 1, Nr. 20 und 21.

831 Dazu unter § 5 B. (= S. 183ff.).

832 Botschaft, S. 4445 zu Art. 52: „Im Unterschied dazu [sc. den im Inventar aufgeführten Aktiva und Passiva] gehen Verträge nicht ohne Weiteres über. Für den Wechsel einer Vertragspartei ist grundsätzlich das Einverständnis aller Vertragsparteien erforderlich. [...]. Ohne entsprechende Sonderbestimmungen bewirkt die Spaltung jedoch keine einseitige Änderung der Vertragsparteien.".

833 Art. 71 S. 1 Ziff. e („Liste der Arbeitsverhältnisse, die mit der Vermögensübertragung übergehen"), sollte ergänzt werden durch „Arbeitsverhältnisse *und anderer Verträge*"; vgl. den Antrag der Bundesrätin *Ménétrey-Savary,* Amtl. Bull. 2003 Nr. 243; bei Art. 71 S. 1 Ziff. e handelt es sich nur um eine deklaratorische Auflistung, da die Arbeitsverhältnisse bereits nach Art. 76 I FusG i. V. m. Art. 333 OR übergehen.

834 Amtl. Bull. 2003 Nr. 244.

835 Vgl. die Voten des Bundesrates *Cina*, Amtl. Bull. 2003 Nr. 243 und der Bundesrätin *Metzler*, Amtl. Bull. 2003 Nr. 244; allgemein zur Lehre von der Vertragsübernahme im Schweizer Recht *Bucher*, OR, § 32 VI. 1. (= S. 592f.).

836 Amtl. Bull. 2003 Nr. 244.

tragsparteien möglich ist." Von legislativer Seite ging man also davon aus, dass abgesehen von der Verschmelzung bei der Spaltung und der Vermögensübertragung Vertragsverhältnisse grundsätzlich nicht übergehen können. Das muss erstaunen, ist dem Gesetzeswortlaut des FusG doch nicht zu entnehmen, warum Vertragsverhältnisse nicht übergehen sollen.[837] Gem. Art. 52 S. 2 FusG gehen „alle im Inventar aufgeführten Aktiven und Passiven" im Zeitpunkt der Eintragung im Handelsregister auf die übernehmende Gesellschaft über. Auch das deutsche Umwandlungsrecht spricht nicht von „Verträgen" als möglichen Übertragungsgegenständen. Dass Verträge dennoch (selbstverständlich) Verfügungsgegenstände im Rahmen einer Umwandlung sein können, hat *Voigt*[838] unter anderem mit dem Hinweis auf die von ihr als sog. einzelgegenständliche Betrachtungsweise des Gesetzgebers nachdrücklich dargelegt. Vor dem UmwG (1994) war dies freilich, wie ein Urteil des LG Hamburg[839] demonstriert, noch nicht gesichertes Terrain. Die ganz überwiegende Meinung im Schweizer Schrifttum geht zu Recht davon aus, dass auch Vertragsverhältnisse Gegenstand des „gemäß Inventar" übergehenden Vermögens sein können.[840] Auch wird man ein Urteil des Schweizer Bundesgerichts[841] in dieser Richtung verstehen können.[842] Andernfalls wäre man mit dem unsinnigen Ergebnis konfrontiert, dass die Parteien eines Spaltungsvertrags zwar die Forderungen und Verbindlichkeiten (!) übertragen könnten, aber nicht die Vertragsbeziehungen insgesamt auf den neuen Rechtsträger übergehen würden.[843] Insofern befindet man sich hier wiederum in einer bemerkenswerten Parallele zur bereits beschriebenen Konstellation zu Art. 181 OR.[844] Die schweizerische Diskussion zeigt anschaulich, wie stark zum Teil noch die Vorbehalte ausgeprägt sind, Schuldverhältnisse als einheitliche Verfügungsgegenstände aufzufassen. Die Lö-

---

[837] *Beretta*, SJZ 98 (2002), 249, 252; *Watter/Büchi*, in: BS-FusG, Art. 52 Rdn. 9; auf die Probleme hatten bereits *Behnisch/Büchi*, in: NZZ vom 15./16. 9. 2001 (Nr. 214), S. 22 hingewiesen.

[838] Umwandlung und Schuldverhältnis, Heidelberg 1997.

[839] NJW-RR 1989, 995 (zu § 52 Abs. 4 UmwG 1969); das Gericht ging davon aus, dass die Verpflichtung aus einem gegenseitigen Vertrag nicht übergegangen sei, da sie nicht separat in der Vermögensübersicht aufgelistet war. Dabei waren die Vertragsverhältnisse unter der Rubrik der Aktivgegenstände aufgelistet worden; vgl. hierzu *Voigt*, Umwandlung und Schuldverhältnis, S. 48 ff. m. w. N.; *Hügel*, Verschmelzung und Einbringung, S. 116 m. Fn. 82.

[840] (Teils wird die Annahme verschiedener Missbrauchsbarrieren wie z. B., dass nur Betriebsteile übertragen werden können, diskutiert und vorausgesetzt) *Watter/Büchi*, in: BS-FusG, Art. 52 Rdn. 12 m. w. N.; *Böckli*, Schweizer Aktienrecht, § 3 Rdn. 372 ff.; *Beretta*, SJZ 98 (2002), 249, 253; *dies.*, Umstrukturierungen, Schweizer PrivR VIII./8., S. 238 ff.; *Büchi*, Spin-off, S. 159 ff., 173 f.; *Bohrer*, ST 2004, 933 ff.; *Glanzmann*, Umstrukturierungen, Rdn. 320 f.; *Tschäni*, GesKR 2007, 170, 174; *Hurni*, Vermögensübertragung, S. 220 ff.; vgl. auch *Watter/Kägi*, SZW/RSDA 2004, 231, 238 ff., 248 (mit abweichendem Lösungsansatz); siehe ferner *Wiegand/Wichtermann*, Die Überleitung von Rechtsverhältnissen, S. 84 ff.; a. A. *Kläy*, BN 2004, 185, 226.

[841] BG, Urt. v. 31. 1. 2006, 4C.385/205.

[842] So auch *Tschäni*, GesKR 2007, 170, 174.

[843] *Watter/Kägi*, SZW/RSDA 2004, 231, 237, 240 ff. plädieren daher dafür, dass mit der Übertragung von Forderung und Verbindlichkeit, auch das gesamte Vertragsverhältnis übergeht.

[844] Dazu ausführlich oben § 4 C. II. (= S. 102 ff.).

sung ist jedoch durch die Nutzbarmachung der Verfügungstechnik im FusG vorgegeben.[845]

II. Die Bedeutung der privatautonomen Bindung der Vertragsparteien für das Thema der Sukzessionen nach der gesetzlichen Ordnung des Bürgerlichen Gesetzbuchs

Dass die gewillkürte Übertragung von Vertragspartnerstellungen zwingend an die Beteiligung des Vertragspartners geknüpft wird und dementsprechend auch im Rahmen der Diskussion um § 25 HGB immer wieder als erforderlich angemahnt wird, ist, geht man von der gesetzlichen Ordnung des Bürgerlichen Gesetzbuches aus, nachvollziehbar. Denn wie die Vertragsbegründung ist die *Siber'sche* Einheitslehre von der Verfügung über das Schuldverhältnis auf den Grundsatz der Abschlussfreiheit zurückzuführen.[846] Umschrieben wird dies meist mit der Formulierung, dass niemand sich ohne sein Zutun einen anderen Vertragspartner aufzwingen lassen muss.[847] Dies ist Ausdruck der Überlegung, dass anders als z.B. bei Eigentumsrechten vertragliche Beziehungen an die Person des Vertragspartners gebunden sind. Verträge sind demnach keine frei, d.h. ohne die Beteiligung des Vertragspartners, übertragbaren Rechte. Vielmehr sind nach der Konzeption des BGB nur die Forderungen „frei verwertbare Vermögensobjekte“.[848] Daraus erklärt sich auch, dass das Problem des Schutzes eines Vertragspartners bei Sukzessionen sich nach dem Bürgerlichen Gesetzbuch auf die Frage des Schuldnerschutzes bei der Forderungszession gem. §§ 404ff. BGB beschränkt. Denn mit der grundsätzlichen Entscheidung für die Forderungsfungibilität verlagert sich der Fokus auf den Schuldnerschutz. So führt *Reinhard Zimmermann* im Law of Obligations aus: „Once the interests of trade and commerce have been thus accommodated (in that the right of the assignee has been strengthened to the extent that he – and only he – is entitled to claim on account of his agreement with the assignor), the protection of the debtor must become the main concern of the law".[849] Dahinter verbirgt sich die Erwägung, dass die Übertragung von Forderungen im Gegen-

---

[845] Vgl. zur Diskussion über die dogmatische Konstruktion der partiellen Universalsukzession im Schweizer Recht bereits oben unter § 4 B. II. (= S. 76f.).

[846] *Nikisch*, ArbR Bd.I., § 46 I. 3. (= S. 657); *Piper*, Vertragsübernahme und Vertragsbeitritt, S. 193; *Krejci*, Betriebsübergang und Arbeitsvertrag, S. 191; *Hügel*, Gesamtrechtsnachfolge, S. 21; *Nörr*, in: Nörr/Scheyhing/Pöggler, Sukzessionen, § 17 I. (= S. 183f.).

[847] Vgl. *Piper*, *Krejci*, *Hügel* a.a.O.

[848] So *Luig*, Zession und Abstraktionsprinzip, S. 112, 113; siehe ferner *Eidenmüller*, AcP 204 (2004), 457, 462ff.: „Die Forderung als verkehrsfähiges Wirtschaftsgut“; *C. Hattenhauer*, in: HKK, §§ 398-413 Rdn. 1.; *Busche*, in: Staudinger, § 399 Rdn. 11: „Die rechtliche Anerkennung der Forderungsabtretung ist daher gleichbedeutend mit der Einschränkung der Kontrahentenwahlfreiheit des Schuldners.“.

[849] *Zimmermann*, The Law of Obligations, S. 66 m. Hinweis auf *Luig*, Zession und Abstraktionsprinzip, 112ff.; den Zusammenhang zwischen Forderungsfungibilität und Schuldnerschutz stellt auch *Eidenmüller*, AcP 204 (2004), 457, 461f., 482 deutlich heraus.

satz zur Schuld[850] grundsätzlich „keine Gefahren für die ökonomische Lage des Schuldners“[851] birgt und wirtschaftlich von eminenter Bedeutung ist.[852] Die Interessen des Schuldners werden dabei durch die Regelungen der §§ 404 ff. BGB berücksichtigt.[853]

Nach allgemeinem bürgerlichen Recht ist das Problem, wie der Vertragspartner vor gewillkürten Sukzessionen zu schützen ist, nicht existent, da der Vertragspartner selbst bestimmen kann, ob er vertraglich an den Sukzessor gebunden sein will oder nicht.[854] Die Entscheidung der prinzipiellen vertraglichen Bindung ist mit derjenigen der Einwilligung in den Wechsel des Schuldners bzw. Vertragspartners weitestgehend identisch. Ein wesentlicher Unterschied besteht allerdings darin, dass die Vertragsbegründung, also dasjenige Rechtsgeschäft, das das Recht erst kreiert, Verpflichtungsgeschäft ist, während die Vertragsübernahme Verfügungsgeschäft ist. Wenn der Vertragspartner in den Übergang der Schuldnerstellung oder sogar des gesamten Rechtsverhältnisses einwilligt, trägt dieser auch alle sich hieraus ergebenden Konsequenzen und Risiken. Der neu Eintretende ist fortan sein Schuldner bzw. Vertragspartner. Nur dieser haftet mit seinem ganzen Vermögen für die Erbringung der vertraglichen Leistung. Abgesehen von der Möglichkeit, sich gegen den Ausfall des neuen Schuldners bzw. Vertragspartners abzusichern,[855] kommt es daher entscheidend darauf an, die Leistungsfähigkeit des Nachfolgers einzuschätzen.

Für die gewillkürte Rechtsübertragung von schuldvertraglichen Beziehungen ist daher festzuhalten: Nach der gesetzlichen Ordnung des BGB sind nur Forderungen frei verwertbare Vermögensobjekte. Folglich sind nach dem BGB auch nur Vorschriften hinsichtlich des Schutzes des *debitor cessus* vorgesehen. Die Übertragung von Vertragsverhältnissen wie auch die von Schulden knüpft demgegenüber an die Mitwirkung des betroffenen Dritten an.[856] Neben den Fällen der ge-

---

850 *Windscheid*, PandR Bd. I., § 338 Fn. 4: „Die Obligation erleidet durch den Wechsel des Schuldners, wenngleich keine Aenderung ihres juristischen Bestands, doch möglicherweise eine bedeutende Aenderung ihres ökonomischen Werthes. Eine nicht realisierbare Forderung ist im ökonomischen Resultate gleich einer nicht existierenden.“.

851 *Gürgens*, JherJb. 8, (1866), 221, 231; in der historischen Perspektive sah dies freilich anders aus *Schulz*, Classical Roman Law, № 1071: „A law in which execution on the person of the debtor is a living institution cannot allow a creditor to transfer his rights to another without the consent of the debtor, thereby perhaps substituting a harsh creditor for a mild one.“.

852 *Kötz*, Europäisches Vertragsrecht, § 14 A. (= S. 398 f.); *C. Hattenhauer*, in: HKK, §§ 398-413 Rdn. 1.

853 Vgl. hierzu umfassend *v. Olshausen*, Gläubigerrechte und Schuldnerschutz bei Forderungsübergang und Regreß, Köln 1988; zur Weiterentwicklung des Schuldnerschutzes im österreichischen Zessionsrecht *Karollus*, ÖJZ 1989, 202 ff.; *ders.*, ÖJZ 1992, 677 ff.

854 Hierzu schon *Dörner*, Dynamische Relativität, S. 254; *Hügel*, Gesamtrechtsnachfolge und Strukturverbesserungsgesetz, S. 19 spricht aufgrund der Zustimmungsbedürftigkeit von dem „wirksamsten“ Schutz.

855 Durch entsprechende Personal- oder Realkreditsicherungsmittel.

856 Vor diesem Hintergrund kann die kritische Anmerkung von *Rieble*, ZIP 1997, 301, 303 (siehe oben Fn. 829) dem Umwandlungsgesetz „fehle die Sensibilität für das allgemeine Schuld-

willkürten Rechtsübertragung kennt das BGB freilich auch Fälle, in denen aufgrund gesetzlicher Anordnung ganze Vertragsverhältnisse übergehen: § 566 BGB und § 613a BGB. Hier werden zum Schutz des Mieters bzw. des Arbeitnehmers Vertragsverhältnisse auf den nachfolgenden Eigentümer bzw. Betriebsnachfolger übergeleitet. Der vormalige Vermieter bzw. Arbeitgeber muss gem. § 566 II BGB bzw. § 613a II BGB weiterhin einstehen. In den Vorschriften des § 566 II BGB und § 613a II BGB kommt dabei ein Gläubigerschutzsystem im Ansatz zum Ausdruck, das auf der haftungsrechtlichen Inanspruchnahme des ausscheidenden Vertragspartners aufbauend, den Schutz des jeweiligen Vertragspartner bezwecken soll.[857] Im Kern entspricht dies der der Spaltungshaftung gem. § 133 UmwG zukommenden Funktion.[858]

III. Der Fortbestand von Schuldverhältnissen trotz Rechtsträgerwechsel

Anders als bei der Rechtsübertragung im Wege der Singularsukzession, bei der die Frage der Übertragbarkeit eines konkreten materiellen Rechts in Frage steht, steht beim Vermögensübergang im Wege der Universalsukzession nicht so sehr die Rechtsübertragung im Vordergrund, sondern vielmehr, ob die Rechtsbeziehungen fortbestehen. Dies kommt noch in der bis in das 19. Jahrhundert vertretenen klassischen Konzeption von der Persönlichkeitsfortsetzung anschaulich zum Ausdruck, wenn es dort heißt, dass der Erbe als der in *locum defuncti* Eintretende gilt. Im Vordergrund stand damit nicht der Rechtsübergang, sondern vielmehr die Kontinuität der Rechtsbeziehungen, da der Eintretende die Persönlichkeit des Verstorbenen fortsetzt.[859] Indem man den Subjektwechsel in Abrede stellt, ist die Fortsetzung der Rechtsbeziehungen, ganz wie bei der gesellschaftsrechtlichen Rechtstechnik der Identität,[860] unzweifelhaft. Im geltenden Recht sprechen wir zwar nicht mehr von einer Persönlichkeitsfortsetzung, sondern verstehen die Universalsukzession als Rechtsübergang. Das ändert jedoch nichts an der Tatsache, dass auch nach dem heutigen Verständnis mit dem Vermögenstransfer im Wege der Universalsukzessi-

recht und seinen Sukzessionsschutz“ nicht überzeugen, da es einen solchen angeblichen Sukzessionsschutz nicht gibt.

857 Siehe hierzu ausführlich *Mickel*, Rechtsnatur der Haftung gespaltener Rechtsträger, S. 116ff. (zu § 613a BGB); ferner *Voigt*, Umwandlung und Schuldverhältnis, S. 108ff., 112ff.

858 Dazu ausführlich unter B. (= S. 183ff.).

859 Siehe hierzu auch die Ausführungen bei *Maine*, Ancient Law, S. 184f., der die Nachfolge in die Stellung des *pater familias* mit der Nachfolge des Geschäftsführers einer *corporation* vergleicht; siehe auch *J. Kohler*, Archiv f. bürgl. Recht 40 (1914), 309ff., der sich offensichtlich bei seinen Ausführungen zur Fusion, wie auch schon das Reichsgericht (vgl. oben die Nachw. in Fn. 397), auf den Gedanken der Persönlichkeitsfortsetzung stützt (*Kohler* unterteilt dabei folgendermaßen: Anwachsungspersönlichkeit + Stammpersönlichkeit = Gesamtpersönlichkeit).

860 Dazu *J. W. Flume*, in: KK-UmwG, Einleitung B, D.

on eine Kontinuitätsvermutung verbunden ist.[861] Eine Kontinuitätsvermutung nämlich, dass grundsätzlich Rechtsbeziehungen im Wege der Universalsukzession übertragungsfähig sind und unabhängig vom Subjektwechsel fortbestehen. Das ist eine Aussage, die unabhängig von den noch zu behandelnden Grenzen der Übertragbarkeit Bestand hat für sämtliche Fälle der Universalsukzession. Noch viel wichtiger ist dabei, dass die Kontinuitätsvermutung uneingeschränkt für Schuldverhältnisse gilt. So ist allerorts der Grundsatz zu lesen, dass Verträge wie auch gesetzliche Schuldverhältnisse, im Fall der Erbschaft,[862] der Verschmelzung[863] und der Spaltung[864] übertragungsfähig sind. Diesem Grundsatz steht die Verunsicherung über die Grenzen einer Rechtsübertragung im Wege der Universalsukzession und wie sie rechtlich zu begründen sind entgegen. Denn die Grenzen der Rechtsübertragung werden vielfach mit ganz unterschiedlichem Ausgang bewertet, sodass man teilweise den Eindruck erlangt, dass der angenommene Grundsatz des Fortbestehens schuldvertraglicher Beziehungen in sein Gegenteil verkehrt wird. Die Grenzen der Übertragbarkeit von Schuldverhältnissen werden meist danach bestimmt, ob die sog. Höchstpersönlichkeit einer Rechtsbeziehung zu bejahen oder zu verneinen ist.[865] Ist die Höchstpersönlichkeit zu bejahen, soll die freie Übertragbarkeit von Schuldverhältnissen ausgeschlossen sein.

---

[861] *Muscheler*, Universalsukzession und Vonselbsterwerb, S. 6; *Flad*, in: Planck, Vorbemerkungen zu Bd. V., Anm. II.; siehe auch *Schulz*, Classical Roman Law, № 358: „Rights and duties of a person are as a rule not extinguished with that person's death.".

[862] *Flad*, in: Planck, Vorbemerkungen zu Bd. V., Anm. II. 4; *Leipold*, in: MünchKomm § 1922 Rdn. 20; *A. Stein*, in: Soergel, § 1922 Rdn. 38; *v. Lübtow*, ErbR, S. 669; *Lange/Kuchinke*, ErR, § 5 III. 3. b) (= S. 91); *Muscheler*, Universalsukzession und Vonselbsterwerb, S. 6; *Oetker*, Dauerschuldverhältnis, S. 636; siehe auch *J. Schröder*, JZ 1979, 379 f.

[863] Das zeigt auch insbesondere die in den 20er Jahren des 20. Jahrhunderts geführte Diskussion über das Schicksal von Dauerschuldverhältnissen in der Fusion *J. Kohler*, Archiv f. bürgl. Recht 40 (1914), 309 ff.; *Flechtheim*, Fusion und Dauerverpflichtung, JW 1927, 1060 ff.; *Friedländer*, Konzernrecht[1. Aufl. (1927)], § 10 (= S. 93 ff.); *R. Goldschmidt*, Sofortige Verschmelzung, S. 75 ff.; *Saacke*, Gesamtrechtsnachfolge bei der Fusion, S. 43 ff., 52 ff.; *Hamburger*, in: RvHwb, Bd. III., Eintrag „Fusion", S. 586; *Breit*, ZHR 92 (1928), 337 ff.; *ders.*, ZHR 95 (1930), 1, 34; *Suter*, Fusion von Aktiengesellschaften, S. 33 ff.; *Münster*, Einfluß der Fusion auf bestehende Vertragsverhältnisse, 35 ff.; *Ohmann*, Verschmelzung von Aktiengesellschaften und ihre Wirkung auf Dauerverträge, S. 50 ff.; es sind zu diesem Thema eine Vielzahl von Dissertationen erschienen, die aber z. T. wenig beachtet wurden und vielfach auch nur kompilatorischen Charakter haben; sie schließlich aus der Rechtsprechung etwa RGZ 81, 153, 154.

[864] BGH ZIP 2003, 2155, 2156; OGH JBl. 2006, 40, 42; OGH wbl. 2005, 234, 235; OGH ecolex 2000, 435 f.; *Voigt*, Umwandlung und Schuldverhältnis, S. 45, 50; *Karsten Schmidt*, FS Medicus, S. 555, 564 f.; *ders.*, DB 2001, 1019 f.; *ders.*, GS Sonnenschein, S. 497, 512; *Hennrichs*, Formwechsel und Gesamtrechtsnachfolge, S. 47 f., 124 ff.; *Werhahn*, Der Kreditvertrag in der Umwandlung, S. 112; *Hügel*, FS Koppensteiner, S. 91, 103; *Stratz* in: Schmitt/-Hörtnagel/Stratz, UmwG, § 126 Rdn. 97; *Teichmann*, in: Lutter, UmwG, § 132 Rdn. 38 f.; so i. E. auch *Canaris*, HR, § 7 Rdn. 48, 53; *Krejci*, in: RK-UGB, Vor §§ 38-40 Rdn. 16; zum Schweizer Recht Nachw. in Fn. 840 und 841.

[865] Siehe vorerst nur für den Erbfall *Marotzke*, in: Staudinger, § 1922 Rdn. 275; für die Verschmelzung *Flechtheim*, JW 1927, 1060, 1063; für die Spaltung *Schäfer*, in: Die Spaltung im neuen Umwandlungsrecht, S. 116 ff.

Wird die sog. Höchstpersönlichkeit von Rechten beim Erbfall, der Verschmelzung und der Spaltung als Hinderungsgrund für den Rechtsübergang angeführt, verdichtet sich diese Argumentation im Rahmen des § 25 HGB zur Grundsatzkritik. Die Fortbildung des § 25 HGB zu einem Instrument, nach dem auch gesamte Rechtsverhältnisse übertragen werden können, wurde nämlich wiederholt pauschal mit dem grundsätzlichen Argument bekämpft, dass dies gegen den Grundsatz der Privatautonomie verstoße.[866] Repräsentativ hierfür ist, wenn *Canaris*[867] und *Beuthien*[868] der *Schmidt'schen* Kontinuitätslehre vorwerfen, sie würde zu einer „Vergewaltigung des Parteiwillens"[869] führen. Als Ausweg wird meist auf die Möglichkeit der Annahme einer konkludenten Zustimmung des betroffenen, außenstehenden Vertragspartners verwiesen.[870] Andere sind in ihrer Kritik zwar nicht so weit gegangen, erachten aber die Einräumung eines Widerspruchsrechts als unumgänglich. So führt etwa *Krejci*[871] zur Neufassung des § 25 öHGB durch § 38 UGB aus, dass sich der österreichische Gesetzgeber veranlasst gesehen habe, ein Widerspruchsrecht einzuführen, um „mit der Privatautonomie der vom Unternehmensübergang tangierten Dritten zurückhaltender umzugehen". Ähnliche Motive haben *Lieb*[872] bewogen, auch für die Annahme eines Widerspruchsrechts im Rahmen von § 25 HGB zu plädieren. Auffallend ist, dass bei aller Grundsatzkritik die Parallele zum Spaltungsrecht bislang meist nicht gezogen wurde.[873] Sowohl für das Spaltungsrecht als auch für die Rechtsübertragung nach § 25 HGB ist es entscheidend, den Personenbezug von Schuldverhältnissen eingehender zu untersuchen. Im ersten Fall gilt es, den Unsicherheiten hinsichtlich der Grenzen der Übertragbarkeit von Rechtsverhältnissen entgegenzutreten, im zweiten Fall einer Überhöhung der negativen Vertragsfreiheit entgegenzuwirken. Angesichts all dieser Bedenken steht zu vermuten, dass die Auswirkungen der freien Übertragbarkeit von schuldrechtlichen Beziehungen noch nicht hinreichend aufgearbeitet sind. Man könnte sich natürlich auf den Standpunkt stellen, die Spaltung als Unding

---

[866] *Zöllner*, ZGR 1983, 82, 89: „Das Problem einer Abtragung der Privatautonomie wird gar nicht thematisiert, obgleich es im Grunde zentral ist."; *Beuthien*, NJW 1992, 1737, 1738; *Canaris*, HR, § 7 Rdn. 41; *Oetker*, Dauerschuldverhältnis, S. 658; siehe ferner *Wiegand/Wichtermann*, Die Überleitung von Rechtsverhältnissen, S. 84; *Schürnbrand*, Schuldbeitritt, S. 123.

[867] Handelsrecht, § 7 Rdn. 41.

[868] NJW 1993, 1738, 1740.

[869] Nach *Karsten Schmidt*, FS Medicus, S. 555, 569; siehe auch *ders.*, GS Sonnenschein, S. 497, 508f.

[870] Siehe hierzu etwa *Canaris*, FS Frotz, S. 11, 37; *ders.*, HR, § 7 Rdn. 41; zu Recht kritisch *Waskönig*, Rechtsgrund und Tragweite der §§ 25, 28 HGB, S. 128f.: „Gefahr, einer Fiktion zu erliegen".

[871] In: Dehn/Krejci, Das neue UGB, S. 58 und jetzt *ders.*, FS Canaris, Bd. II., S. 735, 753f.; und jüngst *ders.*, ÖJZ 2007, 841, 842; davor bereits *ders.*, Betriebsübergang und Arbeitsvertrag, S. 212ff., 220f.; *ders.* ÖJZ 1975, 449, 459; siehe zur Meinung *Krejcis* aber auch *Karollus*, ÖJZ 1995, 292, 293 Fn. 80.

[872] MünchKommHGB, § 25 Rdn. 85, 89c; *ders.*, Haftung, S. 16 m. Fn. 39.

[873] Anders freilich *Canaris*, HR, § 7 Rdn. 48.

und Sonderfall zu deklarieren.[874] Einer grundsätzlichen systematischen Erklärung der Effekte einer freien Übertragbarkeit von Schuldverhältnissen würde man sich jedoch damit entziehen.

1. Erklärungsmodelle für die Kontinuität von Rechtsbeziehungen bei Unternehmensträgerwechseln

Für den Unternehmensverkehr ist die Frage, welche Auswirkungen ein Subjektwechsel im Wege der Universalsukzession auf Rechtsbeziehungen haben kann, erstmals zu Anfang des 20. Jahrhunderts bei der Verschmelzung diskutiert worden.[875] Während beim Erbfall die Kontinuität der Rechtsbeziehungen relativ einfach mit dem Rekurs auf die Unausweichlichkeit des Todes und der damit zusammenhängenden Vermeidung subjektloser Rechte gestützt werden kann,[876] schien dies bei der Verschmelzung nicht so einfach zu sein. Gefragt war nach einem Erklärungsmodell, auf das man die Kontinuität der Rechtsbeziehung stützen konnte. Die Suche nach einem solchen Erklärungsmodell setzte bei dem Thema an, ob die Erbschaft natürlicher Personen und die Fusion von Aktiengesellschaften vergleichbare Ereignisse darstellen.[877] Konkret ging es um die Frage, ob die bekannten Vorschriften des BGB und HGB über die Rechtsfolgen des Todes einer natürlichen Person gleichermaßen Anwendung finden auf den Fall der Fusion. Für den hier zu besprechenden Zusammenhang interessieren nicht so sehr die Einzelheiten,[878] sondern ein Argument, das verschiedentlich genannt wurde: So wurde angeführt, dass im Gegensatz zum Erbfall, wo sich selbstverständlich die Person des Vertragspartners ändere, dies bei der Fusion von Aktiengesellschaften nicht der Fall sei. Diese Argumentation hat das Reichsgericht in RGZ 123, 289, 295[879] (= JW 1929, 1242 m. Anm. *Hachenburg*) aufgegriffen:

---

874 Dies klingt z.B. bei *Krejci*, in: RK-UGB, Vor §§ 38-40 Rdn. 16, *ders.*, FS Canaris, Bd. II., S. 735, 753 an.

875 Vgl. die Nachw. in Fn. 863.

876 *Karsten Schmidt*, AcP 191 (1991), 495, 497 m.w.N.; siehe auch insb. *v. Lübtow*, ErbR, S. 664: „Gedanke der Werterhaltung des Nachlasses"; dies ist freilich die Lösung des deutschen Rechts, anders etwa die Erbrechtskonstruktion des *executors* in England, siehe dazu *F. Odersky*, Die Abwicklung deutsch-englischer Erbfälle, Köln 2001 oder aber die des österreichischen Rechts von der Verselbstständigung des Nachlasses; siehe ferner zur interessanten Entwicklung im südafrikanischen Recht in Abkehr vom Prinzip der Universalsukzession hin zum englischen System des executors, *R. Zimmermann*, Das römisch-holländische Recht in Südafrika, S. 185f.

877 Einerseits gegen eine solche Parallele *Blum*, ZBH 1927, 323ff.; *Breit*, ZHR 95 (1930), 1, 37ff.; *Flechtheim*, in: Düringer/Hachenburg, § 131 Anm. 7, siehe aber auch *ders.*, JW 1927, 1060, 1063; *Szamatolski*, Der Einfluß der Verschmelzung auf elastische Dauerverpflichtungen, 17ff.; andererseits das Urt. des RG Seuff. A. 65 (1910), 57ff. (Nr. 25); *Staub*, HGB[6./7. Aufl.], § 306 Anm. 11: „Die übertragende Aktiengesellschaft wird hierbei behandelt wie eine verstorbene und beerbte Partei"; *Pinner*, in: Staub[14. Aufl.], § 306 Anm. 14.

878 Dazu noch unter 2. a. (= S. 153 ff.).

879 Siehe auch RGZ 150, 289, 291f. und die Analyse bei *Karsten Schmidt*, DB 2001, 1019, 1021; an das Urt. RGZ 123, 289ff. nun anknüpfend OGH GesRZ 2007, 341, 343.

„Deren Eigenart [sc. der Aktiengesellschaft] wird weder durch die Persönlichkeiten ihrer Gesellschafter noch durch die ihrer wechselnden Vorsteher, Aufsichtsratsmitglieder u. dgl. bestimmt. Sie erfährt vielmehr ihre Kennzeichnung im Verkehrs- und Geschäftsleben durch ihre finanziellen Grundlagen, ihren Kredit, die Art und Größe ihres Betriebs u. dgl., kurz durch die in ihrer Rechtspersönlichkeit verkörperten und zusammengefaßten wirtschaftlichen Interessen und Machtmittel. [...] Sie werden aber durch eine Verschmelzung ohne Liquidation gerade nicht berührt, gehen vielmehr im bisherigen Stand und Umfang auf die Gesamtrechtsnachfolgerin über und sind dort nach wie vor vorhanden."

Auch wenn sich das Reichsgericht im Ergebnis nicht auf den in dieser Passage zum Ausdruck kommenden Standpunkte gestützt hat,[880] kann daraus ein von der Literatur immer wieder vorgebrachtes Argument gut abgelesen werden: Beim Übergang des Vermögens einer juristischen Person im Wege der Universalsukzession besteht das Unternehmen fort und es ist folglich auch kein Grund ersichtlich, an der Kontinuität etwaiger Rechtsverhältnisse zu zweifeln.[881] Der Unternehmensträger wechselt zwar, das Unternehmen bleibt jedoch bestehen. Die Diskussion um den Fortbestand von Rechtsverhältnissen bei der Fusion von Aktiengesellschaften mag als früher Vorläufer des heute von *Karsten Schmidt* geprägten Grundsatzes der Unternehmenskontinuität angesehen werden. Der Gedanke, dass schuldvertragliche Beziehungen unabhängig von etwaigen Unternehmensträgerwechseln fortbestehen und dabei sogar mit dem Übergang zu rechnen ist, ist in der heutigen Literatur freilich vorrangig im Zusammenhang mit der Diskussion um die „Neuausrichtung" des § 25 HGB wiederzufinden.[882] Kern der Argumentation ist es, den

---

[880] Zur Entscheidung stand die Frage, welche Auswirkungen die Fusion einer Aktiengesellschaft, die Kommanditistin einer KG war, auf den Fortbestand der KG hat. Das RG entschied in sinngemäßer Anwendung des § 177 HGB a.F. für den Fortbestand. Der Fall wäre auch ohne Rekurs auf § 177 HGB a.F. zu lösen gewesen, so insb. *Breit*, ZHR 95 (1930), 1, 45; diesem zustimmend *Szamatolski*, Der Einfluß der Verschmelzung auf elastische Dauerverpflichtungen, S. 19; dazu noch unter 2. a. a. bb. (= S. 157 f.).

[881] *K. Lehmann*, FS Cohn, S. 395, 419; *Breit*, ZHR 95 (1930), 1, 41; *Szamatolski*, Der Einfluß der Verschmelzung auf elastische Dauerverpflichtungen, S. 19: „Der Organismus des Rechtssubjekts bleibt."; *Oppikofer*, Unternehmensrecht, S. 126; diesen Ansatz später rezipierend: *Küry*, Fusion von Aktiengesellschaften, S. 75; *Suter*, Fusion von Aktiengesellschaften, S. 34; *Dutti*, Auswirkungen der Fusion von Aktiengesellschaften auf bestehende Rechtsverhältnisse, S. 51f.; und so auch heute *Hügel*, Gesamtrechtsnachfolge und Strukturverbesserungsgesetz, S. 29f.; *ders.*, Verschmelzung und Einbringung, S. 115f.; *ders.*, FS Koppensteiner, S. 91, 103f. (freilich ohne Bezugnahme auf die angeführten Stimmen); dem zustimmend *Enzinger*, wbl. 1997, 1, 5.

[882] *Karsten Schmidt*, FS Medicus, S. 555, 569f.; *ders.*, HR, § 8 I. 4. c) cc) (= S. 231); dem weitestgehend folgend LG Stuttgart NJW-RR 1996, 1378ff.; *Lieb*, Haftung, S. 17f.; *ders.*, in: MünchKommHGB, § 25 Rdn. 82, 89b ff.; *Oppenländer*, Pachtvertrag, S. 247ff., 251; *Karollus*, ÖJZ 1995, 292f.; siehe auch insb. *Krejci*, Betriebsübergang und Arbeitsvertrag, S. 213ff.; *ders.*, ÖJZ 1975, 449, 458 der freilich die Zustimmung des Dritten als unentbehrlich erachtet; siehe schließlich auch *Waskönig*, Rechtsgrund und Tragweite der §§ 25, 28 HGB, S. 120ff.; *Hügel* (vgl. die Nachw. in Fn. 881), bezieht den Ansatz von den „unternehmensbezogenen Rechtsverhältnissen" auf die Fälle der Verschmelzung und des Formwechsels; gegen eine solche Argumentation aber etwa *Piper*, Vertragsübernahme und Vertragsbeitritt, S. 193.

sog. *Unternehmensbezug* von Rechtsverhältnissen herauszustellen. Dabei wird man zwei Themenkomplexe, wenn sie auch eng miteinander zusammenhängen, auseinanderhalten müssen: Zum einen nämlich die weitestgehend unstreitige Auslegungsregel vom unternehmensbezogenen Kontrahieren (dazu unter a. (= S. 148)) und zum anderen die Rechtsfigur des unternehmensbezogenen Rechtsverhältnisses (dazu unter b. (= S. 149)).

a. Die Auslegungsregel vom unternehmensbezogenen Kontrahieren

Im Recht der Stellvertretung ist seit der Rechtsprechung des Reichsgerichts[883] die Auslegungsregel anerkannt, dass wer offenkundig[884] mit Vertretungsmacht im Namen eines Unternehmens handelt, den identifizierbaren Unternehmensträger verpflichtet.[885] Beachtenswert ist diese Rechtsprechung, weil ein Vertrag auch dann mit dem Unternehmensträger zustande kommen soll, wenn der Vertragspartner eine falsche Vorstellung über den Vertragspartner hat.[886] Damit wird stellvertretungsrechtlich die Bedeutung des Unternehmens unterstrichen, demgegenüber der Unternehmensträger in seiner Bedeutung zurücktritt.[887]

---

[883] RGZ 30, 77, 78; 67, 148f. (Tb. abgedruckt in: Das Recht 1908 Nr. 12); RG Das Recht 1908 Nr. 2295; RG JW 1921, 1309f. m. Anm. *Manigk*; BGHZ 62, 216, 220f.; 92, 259, 268; BGH NJW 1984, 1347, 1348; NJW 1992, 1380, 1381; NJW 1995, 43; NJW 1996, 1053, 1054 m. krit. Anm. *Noack*, EwiR 1996, 445f.; NJW 1998, 2897; NJW 2000, 2984, 2985; siehe ferner die Rechtsprechungsübersicht bei *Schramm*, in: MünchKomm, § 164 Rdn. 23ff. und *Karsten Schmidt*, HR, § 5 III. 1. (= S. 120ff.); siehe ferner zum österreichischen Recht OGH JBl. 1985 616 m. Anm. *Hügel*; JBl. 1989, 39; JBl. 1990, 519; *Hügel*, JBl. 1983, 449ff.

[884] Denn wie *Karsten Schmidt* (JuS 1987, 425, 428; HR, § 5 III.1.a) (= S. 121)) ausführt, geht es nicht um eine Ausnahme vom stellvertretungsrechtlichen Offenkundigkeitsprinzip, sondern um offenkundiges Handeln „im Namen eines Unternehmens"; *Larenz/Wolf*, AT, § 46 Rdn. 22 sprechen wenig glücklich von „abgeschwächter Offenkundigkeit".

[885] *W. Flume*, AT II., § 44 I. (= S. 764); *Medicus*, AT, Rdn. 917; *Bork*, AT, Rdn. 1390ff.; *Faust*, BGB AT, § 25 Rdn. 14; *Hügel*, JBl. 1983, 449, 453ff.; siehe schon *v. Tuhr*, AT II./2., § 84 III. (= S. 346).

[886] In Frage steht freilich die Möglichkeit der Irrtumsanfechtung wegen Irrtums über die Person des Vertragsgegners gem. § 119 II BGB (BGHZ 62, 216, 219f.), Inhaltsirrtum gem. § 119 I 1. Alt. BGB wie auch die Geltendmachung von Schadensersatzansprüchen (vgl. hierzu *Karsten Schmidt*, FS Medicus, S. 555, 570). Dabei wird die Rechtsform des Unternehmensträgers in der Regel nicht zur Irrtumsanfechtung gem. § 119 II BGB berechtigen, da für die Parteien nicht die Rechtsform wesentlich war, sondern dass ein Vertrag mit dem dem Unternehmen zugeordneten Rechtsträger zustande gekommen ist; vgl. grds. zu irrtumsrelevanten Eigenschaften bei juristischen Personen, RGZ 143, 429ff.; *Wilhelm*, Rechtsform und Haftung, S. 39ff.; *Hefermehl*, in: Soergel, § 119 Rdn. 40. Weiterhin ist nach der h.M. an eine Rechtsscheinhaftung in Analogie zu § 179 BGB zu denken, wenn das Vertrauen des Vertragspartners in die Haftung mindestens einer natürlichen Person hervorgerufen wurde, die auch für Auslandsgesellschaften gilt; grdlg. BGH NJW 2007, 1529ff. m. krit. Anm. *Altmeppen*, ZIP 2007, 889ff. und *Kindler*, NJW 2007, 1785ff.

[887] Siehe hierzu *Karsten Schmidt*, HR, § 5 III. 1 a) (= S. 122), der dies bekanntermaßen mit dem Argument von der Kompensation der fehlenden Rechtsfähigkeit des Unternehmens begründet hat.

b. Die Rechtsfigur vom sog. unternehmensbezogenen Schuldverhältnis

Schwieriger zu fassen ist der Ansatz von den sog. unternehmensbezogenen Schuldverhältnissen. Unter diesem Erklärungsansatz ist der Versuch zu verstehen, deutlich zu machen, dass Vertragsverhältnisse nicht bezogen sind auf die Eigenschaften des Vertragspartners, sondern in Bezug auf die Eigenschaften des Unternehmens abgeschlossen werden.[888] Es handelt sich um unternehmensbezogene Schuldverhältnisse, da die persönlichen Eigenschaften des Unternehmensträgers gegenüber denen des Unternehmens zurücktreten.[889] Nicht die Eigenschaften des Unternehmensträgers bestimmen also die des Unternehmens, sondern die des Unternehmens bestimmen die Eigenschaften des Unternehmensträgers. Aus diesem Umstand wird auch hergeleitet, dass wer unternehmensbezogen kontrahiert, auch mit einem Unternehmensträgerwechsel rechnen muss.[890] Wie bereits oben im Zusammenhang mit der Entscheidung des Reichsgerichts erkennbar wurde, vertraut der Vertragspartner nicht auf den Fortbestand des Unternehmensträgers, sondern auf die des Unternehmens.[891] Mit der Rechtsfigur des sog. unternehmensbezogenen Schuldverhältnisses wird also versucht, dem Einwand der Personenbezogenheit und damit verbunden, dem Eingriff in die Privatautonomie entgegenzuwirken, indem man die Bedeutung der Person des Rechtsträgers in Abrede stellt.[892] Der Ansatz vom unternehmensbezogenen Schuldverhältnis kann dabei freilich nicht zur rechtstechnischen Begründung der Rechtsübertragung dienen.[893]

c. Grenzen der Überlegungen

Die stellvertretungsrechtliche Auslegungsregel vom unternehmensbezogenen Kontrahieren, der Erklärungsansatz von den unternehmensbezogenen Rechtsverhältnissen wie auch schon die Ausführungen zum Fusionsrecht illustrieren gut, dass vielfach nicht die Eigenschaften der Person des Vertragspartners von Bedeu-

---

888 Hierzu schon *Oppikofer*, Unternehmensrecht, S. 126: „Denn gerade bei der unpersönlichen Natur der Unternehmensorganisation kann die Persönlichkeit des Unternehmers für die mit ihm geschlossenen Verträge nicht mehr als Essentiale angesehen werden.“.

889 Vgl. hierzu bereits das Textzitat aus dem *Wieland'schen* Handelsrechtslehrbuch, oben unter § 4 C. II. 1. (= S. 105f.); ferner unten § 5 A. III. 2. a. (= S. 154) die Ausführungen von *Breit*.

890 In diesem Sinne *Karsten Schmidt*, FS Medicus, S. 555, 569f.; siehe auch *Lieb*, in: MünchKommHGB, § 25 Rdn. 82, 89b.

891 Oben unter § 5 A. III. 1. (= S. 146ff.).

892 Hierzu insb. *Hügel*, Gesamtrechtsnachfolge und Strukturverbesserungsgesetz, S. 29; *Karollus*, ÖJZ 1995, 292f.

893 So aber in der Tat *Hochedlinger*, GesRZ 2002, 1, 18: „Es stellt sich hier [sc. bei den unternehmensbezogenen Rechtsverhältnissen] auch weder die Frage nach dem Sukzessionsmodus noch wäre eine allfällige Nachhaftung des Unternehmensveräußerers einzusehen.“; es beruht auf einem grundlegenden Irrtum *Hochedlingers*, GesRZ 2002, 1, 17f. m. Fn. 259, wenn dieser die Rechtsprechung zur stellvertretungsrechtlichen Problematik des unternehmensbezogenen Kontrahierens als Beweis für den Übergang von unternehmensbezogenen Rechtsverhältnissen „ex lege“ anführen will. In diesen Fällen geht es nur um den Vertragsschluss und nicht um die Vertragsüberleitung.

tung sind, sondern die Eigenschaften des Unternehmens im Vordergrund stehen. Daher kann man auch plausibel argumentieren, dass der Vertragspartner auch nichts dagegen einwenden kann, dass das Schuldverhältnis mit dem Unternehmen auf den neuen Unternehmensträger übergeht. Auch bei der hier favorisierten Rechtsübertragung nach § 25 HGB, wie auch derjenigen nach § 28 HGB, wird man darauf verweisen können, dass die Unternehmensfortführung Voraussetzung für den Rechtsübergang ist und somit auch, ähnlich der Verschmelzung, das Unternehmen erhalten bleibt.[894] *Hügel*[895] hat diese Argumentation sogar zu der Schlussfolgerung veranlasst, dass der Übergang eines Vertragsverhältnisses bei der Verschmelzung und Umwandlung als zwingendes Gebot aus dem Grundsatz der Abschlussfreiheit zu schließen sei.

Zweifelhaft bleibt jedoch, ob der Ansatz vom unternehmensbezogenen Rechtsverhältnis umfassend genug ist. Der Ansatz vom unternehmensbezogenen Rechtsverhältnis ist nämlich nur schwer mit den durch die Gestaltungsmöglichkeiten der Spaltung einhergehenden Möglichkeiten in Einklang zu bringen.[896] Schwierigkeiten bereitet der Fall der Spaltung,[897] da in diesem Fall die Spaltungsparteien aufgrund der ihnen gewährten Spaltungsfreiheit Schuldverhältnisse auch ohne das mit diesem zusammenhängende Unternehmen übertragen können.[898] Die Fallgestaltungen dieser Form des Vermögenstransfers nach dem UmwG sollte daher Anlass geben, das fortzuentwickeln, was schon durch die Ausführungen zum Unternehmensbezug von Schuldverhältnissen angedacht ist: Inwieweit nämlich beim Vertragsschluss im unternehmerischen Rechtsverkehr ein Personenbezug von Bedeutung ist.

2. Die Bedeutung des Personenbezugs von Schuldverhältnissen für den Vermögenstransfer im Wege der Universalsukzession

Wie noch einst in der *Mühlenbruch'schen* Lehre das *iuris vinculum* als unüberwindbares Hindernis der freien Übertragbarkeit von Forderungen gelten musste, steht bei der heutigen Diskussion die Personenbezogenheit vertraglicher Beziehungen einer freien Übertragbarkeit von Schuldverhältnissen im Wege der Universalsukzession entgegen. Zum Ausdruck kommt dies meist, wenn als Hinderungsgrund für den Rechtsübergang – wie bereits eingangs wurde – auf die sog.

---

[894] Bei den nicht übernommenen Rechten gem. § 25 II HGB, ist für eine Forthaftung des Erwerbers in den zeitlichen Grenzen des § 26 HGB zu plädieren, dazu unter B II. 2. (= S. 204ff.).

[895] Verschmelzung und Einbringung, S. 116.

[896] Zur Bedeutung des § 133 I S. 2 1. HS UmwG in diesem Zusammenhang siehe unten § 5 B. I. 3. b. dd. (= S. 202f.).

[897] Das konzediert *Hügel*, FS Koppensteiner, S. 91, 102 selbst: „Im Falle der partiellen Gesamtrechtsnachfolge nach dem SpaltG versagt diese Argumentation...“; *Hügel*, Verschmelzung und Einbringung, S. 177 hatte daher konsequent noch die Beschränkung auf die Übertragung von Unternehmen gefordert, die weder der deutsche noch der österreichische Gesetzgeber umgesetzt hat, dazu *ders.*, FS Koppensteiner, S. 91, 102f.

[898] Zu den Folgen einer „disproportionalen“ Verteilung siehe auch noch unter B. I. 3. b. cc. (= S. 201f.).

Höchstpersönlichkeit von Rechtsbeziehungen abgestellt wird. Repräsentativ ist die Äußerung *Flechtheims*,[899] der für die Verschmelzung formuliert hat: „Ausgenommen [sc. vom Rechtsübergang im Wege der Gesamtrechtsnachfolge] sind höchstpersönliche Rechte und Pflichten, die eine Änderung des Subjekts nicht vertragen."[900] Aber was sind solche höchstpersönlichen Rechte? Für eine erste Annäherung bietet es sich an, an das Erbrecht anzuknüpfen. Bekanntermaßen enthielt noch der erste Entwurf zum BGB in § 292 BGB-E I. eine Regelung, die das Schicksal von Schuldverhältnissen durch den Tod regeln sollte:

> „Das Schuldverhältnis erlischt nicht durch den Tod des Gläubigers oder des Schuldners, es sei denn, daß aus dem Gesetz oder aus dem Rechtsgeschäfte oder aus der Natur der Leistung ein Anderes sich ergibt."[901]

Die Vorschrift ist, wie so oft bei der Ausarbeitung des BGB, durch die II. Kommission gestrichen worden, da sie Selbstverständliches regele.[902] Der Vorschriftsentwurf ist jedoch von Interesse, da in ihm gut die generellen systematischen Gesichtspunkte deutlich werden, aus denen sich die Unvererblichkeit von Rechten ergibt.[903] Diese kann sich nämlich nur aus dem Gesetz oder einer rechtsgeschäftlichen Vereinbarung ergeben. Der Passus, dass sich „aus der Natur der Leistung ein Anderes" ergeben kann, sollte nicht zu Missverständnissen verleiten. Damit ist keine eigene Kategorie von Ausschlussgründen gemeint, sondern es sollte nur der Gedanke zum Ausdruck gebracht werden, dass sich die Unvererblichkeit bereits aus der Auslegung gesetzlicher Normen oder rechtsgeschäftlicher Vereinbarungen ergeben kann.[904] Die an sich selbstverständliche Anknüpfung entweder an gesetzliche Vorschriften oder den Inhalt eines Rechtsgeschäfts sollte zur Rationalisierung der Diskussion und zur Entmythologisierung eigenständiger Unvererblichkeitsgründe beitragen.

---

899 JW 1927, 1060, 1063.

900 Aus der heutigen Kommentarliteratur zum UmwG: *Stratz* in: Schmitt/Hörtnagel/Stratz, UmwG, § 20 Rdn. 84: „Rechte, die nur mit Rücksicht auf eine best Pers eingeräumt werden (zb persönl Wohnrecht), gehen grdsl nicht auf den Rechtsnachfolger über"; *Hörtnagel*, in: Schmitt/Hörtnagel/Stratz, UmwG, § 131 Rdn. 34: „Höchstpersönl Rechte und Pflichten können im Wege der Gesamtrechtsnachf nicht übertragen werden." (siehe auch *ders.*, § 132 Rdn. 38); ferner *Schröer*, in: Semler/Stengel, § 131 Rdn. 34 nach dem Dauerschuldverhältnisse auch übergehen, „für die eine gewisse Höchstpersönlichkeit kennzeichnend ist"; Nachw. der älteren Kommentarliteratur bei *Hennrichs*, Formwechsel und Verschmelzung, S. 78 Fn. 165, 166.

901 Abgedruckt etwa bei Mugdan II., S. XX und *Jakobs/Schubert*, Beratungen SchR I., S. 738.

902 Prot. I., 376 = Mugdan II., S. 569.

903 In der Formulierung des § 292 BGB-E I. kommt eine bereits mehrfach angetroffene terminologische Schwierigkeit zum Ausdruck: Die Vorschrift spricht vom „Schuldverhältnis" und meint damit das Schuldverhältnis im Sinne des *Siber'schen* Verständnis vom Organismus (Schuldverhältnis i. w. S.), stellt aber andererseits einzelgegenständlich auf den Tod „des Gläubigers oder Schuldners" ab.

904 *Jakobs/Schubert*, Beratungen SchR I., S. 739; treffend hierzu *Dietzel*, Untergang statt Fortbestand, S. 24; und siehe insb. *Binder*, Die Rechtsstellung des Erben, Bd. I., S. 2, 4f.

Das BGB kennt nun eine Reihe von Vorschriften, die an den Tod einer natürlichen Person anknüpfend das Erlöschen von Rechten anordnen (siehe etwa §§ 1061, 1586 I, 1615 I BGB) oder eine gesetzliche Zweifelsregelung vorsehen (z.B. §§ 473, 520, 672 S. 1, 673 S. 1, 727 I, 759 I BGB, §§ 131 III Nr. 1, 177 HGB).[905] Ein allgemeiner und nachvollziehbarer Erklärungsansatz für diese Regelungen lautet dahingehend, dass es sich hierbei um „personengebundene Rechtsstellungen"[906] handelt, die im Zweifel auch mit dem Ableben des Erblassers erlöschen und nicht auf den Erben bzw. die Erben übergehen sollen.[907] Am deutlichsten liegt dies bei den an den Status[908] einer Person anknüpfenden Rechten des Familienrechts auf der Hand,[909] hier insbesondere bei den Rechten aus der Ehe und der elterlichen Gewalt.[910]

Neben den gesetzlich ausdrücklich geregelten Fällen wird schließlich die so viel apostrophierte „Höchstpersönlichkeit" als Begründungssatz für die Unvererblichkeit von Rechtsverhältnissen angeführt.[911] Die Idee, die sich hinter dem so oft beschworenen Topos der Höchstpersönlichkeit verbirgt, ist an sich einfach. Sie kommt gut in der Rechtsprechung des Bundesgerichtshofs zum Ausdruck: Danach ist eine „bürgerlich-rechtliche Verbindlichkeit [...] nur dann unvererblich, wenn sie nach der Natur der geschuldeten Leistung ausschließlich von dem Erblasser persönlich und von dessen Erben überhaupt nicht erfüllt werden könnte".[912] Gängiges Lehrbuchbeispiel ist hier der renommierte Maler, der vor der Fertigstellung des Porträts stirbt. Dass hier der Erbe nicht verpflichtet ist, des Meisters Pinselstrich zu Ende zu führen, liegt auf der Hand. Erstaunlicher ist dagegen, dass dieses Ergebnis dogmatisch ganz unterschiedlich begründet wird. So wird teils die „Höchstpersönlichkeit von Rechtsbeziehungen" als eigener Erlöschungsgrund an-

---

905 Zu den verschiedenen Fällen sogleich a. (= S. 153 ff.).

906 So *Lange/Kuchinke*, ErbR, § 5 III. 8. (= S. 112).

907 *Boehmer*, in: Staudinger[11. Aufl.], § 1922 Rdn. 149, 154, 161 f.; *A. Stein*, in: § 1922 Rdn. 34; *Oekter*, Dauerschuldverhältnis, S. 208 ff. der zwischen „materialen" und „personalen" Dauerschuldverhältnissen unterscheidet; siehe auch *Marotzke*, in: Staudinger, § 1922 Rdn. 115, 135, 161.

908 Zu dem Begriff des familienrechtlichen Status *Budzikiewicz*, Materielle Statuseinheit und kollisionsrechtliche Statusverbesserung, S. 3 f.

909 *Flad*, in: Planck, Bd. V., Vorbemerkungen, Anm. II. 1.; siehe schon *Koeppen*, System des heutigen römischen Erbrechts, S. 171 f.: „Die in öffentlichen und ebenso die in Familienverhältnissen begründeten Rechte und Verbindlichkeiten sind ihrer Natur nach an die physische Person des Menschen geknüpft und gehen daher mit dieser unter."; Mit aller Deutlichkeit auch schon *Savigny*, System Bd. I., § 57 (= S. 385): „Eigenthum und Obligationen also werden vererbt, Ehe, väterliche Gewalt und Verwandtschaft werden nicht vererbt. Allein diejenigen künstlichen Institute des Familienrechts, die sich ganz an ein Vermögen gehörendes Recht anschließen, müssen auch die Schicksale derselben theilen.", siehe auch *ders.*, System Bd. III., § 105 (= S. 11 f.); ferner *Mühlenbruch*, PandR Bd. III., § 610 (= S. 187) zu den *jura personalissima*.

910 *Flad*, in: Planck, Bd. V., Vorbemerkungen, Anm. II. 1; *F. Endemann*, Einführung in das BGB Bd. III., § 3 2. a) (= S. 12); *A. Stein*, in: § 1922 Rdn. 31 f.

911 Lesenswert und relativierend hierzu *A. Stein*, in: Soergel, § 1922 Rdn. 39.

912 BGHZ 104, 369, 372.

gegeben, teils auf § 399 1. Alt. BGB rekurriert oder aber schließlich § 275 BGB angewendet. Die Details sollen an dieser Stelle noch nicht interessieren.[913]

Festzuhalten bleibt, dass für den Vermögensübergang beim Erbfall gem. § 1922 BGB der Rechtsübergang aufgrund gesetzlicher Spezialvorschriften oder vertraglicher Vereinbarung beschränkt sein kann. Der Rechtsübergang kann aber auch Wirkungen auf den schuldvertraglichen Leistungsinhalt erst nach der Übertragung entfalten. Dann stellt sich die Frage, wie dies leistungsstörungsrechtlich zu handhaben ist. Diese Unterscheidung wird auch das weitere Untersuchungsprogramm bestimmen. So wird zu fragen sein, inwieweit den für den Tod einer natürlichen Person vorgesehenen Sonderregelungen gleichermaßen Bedeutung für den Vermögenstransfer nach dem UmwG, sowie dem HGB zukommen (dazu unter a. (= S. 153 ff.)). Darauf folgend wird zu behandeln sein, inwieweit aus dem Inhalt eines Schuldverhältnisses auf die Nichtübertragbarkeit geschlossen werden kann (dazu unter b. (= S. 159 ff.)).

a. Analoge Anwendung der gesetzlichen Zweifelsregelungen über die Auswirkung des Todes einer natürlichen Person?

Es entspricht bis heute einem gängigen Ansatz, den Tod einer natürlichen Person und das Erlöschen eines Unternehmensträgers als vergleichbare Vorgänge anzusehen.[914] Dies ist wohl kaum so deutlich formuliert worden wie in einem nur selten zur Kenntnis genommenen Urteil des Reichsgerichts,[915] in dem die Auswirkungen der Fusion zweier Unfallversicherer auf ein Versicherungsverhältnis zu bewerten waren:

> „Der rechtliche Vorgang bei der Fusion zweier Akt.-Gesellschaften mit sofortiger Verschmelzung ist im Wesentlichen derselbe wie bei der Beerbung einer natürlichen Person. Es findet nicht die Übertragung einzelner Rechte und die Übernahme von einzelnen Schulden statt, sondern die übernommene Gesellschaft wird behandelt wie eine verstorbene und beerbte Person, es findet eine Gesamtrechtsnachfolge in ihr Vermögen statt. In die laufenden gegenseitigen Verträge der aufgelösten Gesellschaft tritt die übernehmende Gesellschaft als Vertragspartei ein, und es hängt deshalb der Übergang der Verbindlichkeiten aus solchen Verträgen auf die übernehmende Gesellschaft nicht von der Zustimmung des anderen Vertragsteils ab. Einen neuen Schuldner erhält dieser nur in dem Sinne, in welchem auch die Gläubiger eines Verstorbenen in der Person des Erben einen neuen Schuldner erhalten. [...] Nur wenn solche Rechtsverhältnisse in Frage stehen, die ihrer Natur nach oder kraft positiver Vorschrift (vgl. z.B. §§ 613, 664 BGB) nicht auf die Erben übergehen, muß auch bei der Fusion ihre Beendigung als Folge der Fusion eintreten."

Einen kardinalen Angriff auf die Bastion der scheinbar so nahe liegenden Analogie zum Tod einer natürlichen Person hatte der bereits in anderem Zusammenhang[916] angeführte *James Breit* gestartet. Die Ausführungen *Breits* aus dem

---

[913] Ausführlich dazu sogleich unter a. (= S. 153 ff.).

[914] Hierzu zuletzt *Dreyer*, JZ 2007, 606 ff.; ferner *Hennrichs*, Formwechsel und Gesamtrechtsnachfolge, S. 69; zum österreichischen Recht *Fries*, ecolex 1992, 477 ff.; siehe ferner die in Fn. 877 Genannten.

[915] Seuff. A. 65 (1910), 57 f. die aufnehmende Gesellschaft war dabei die *Allianz Berlin*.

[916] Siehe oben unter § 3 B. I. 2. a. (= S. 73).

95. Band der ZHR seien hier als Kontrast zur Entscheidung des Reichsgerichts in voller Länge abgedruckt:

> „In Wahrheit entbehrt die herrschende Auffassung, daß der Tod der physischen Person mit dem Erlöschen einer juristischen Person für die sog. höchstpersönlichen Rechtsverhältnisse auf eine Stufe zu stellen sei, jeder Grundlage. Diese Ansicht ist [...][917] wirtschaftsfeindlich. Sie steht wirtschaftlich gebotenen Verschmelzungen hemmend entgegen.
>
> Soweit das Gesetz dem Tode eine vernichtende Wirkung auf laufende Verträge beilegt und damit das betreffende Rechtsverhältnis den Auswirkungen der Gesamtrechtsnachfolge entzieht, liegt der Grund in dem individuellen Moment, das diese Rechtsverhältnisse von anderen auszeichnet. Konkreter: das Gesetz geht davon aus, daß die persönlichen Eigenschaften des Berechtigten oder Verpflichteten, sein Charakter, seine wirtschaftliche und gesellschaftliche Stellung usw. für den anderen Teil bei Eingehung der Rechtsbeziehungen mit bestimmbar waren. Mit dieser Erkenntnis wäre es nicht vereinbar, wenn im Fall des Todes ohne weiteres der Erbe den Platz des ursprünglich Berechtigten oder Verpflichteten einnehmen würde. Nur wenn der Vertragsgegner von vornherein sich mit dem Übergang auf den Erben einverstanden erklärt und somit zu erkennen gegeben hat, daß für ihn die Individualität des Kontrahenten nicht von entscheidender Bedeutung ist, geht auch ein grundsätzlich „höchstpersönliches" Rechtsverhältnis im Wege der Gesamtrechtsnachfolge über.
>
> Für diese Rücksicht auf das individuelle Moment in der Person des Vertragsgegners ist beim Kontrahieren mit einer juristischen Person, insbesondere einer Aktiengesellschaft, kein Raum. Gewiß kann die Persönlichkeit der leitenden Männer Veranlassung zum Vertragsabschlusse gebildet haben. Aber die Verwaltung der Gesellschaft kann wechseln; die Identität der Rechtspersönlichkeit und mithin der Bestand der von ihr eingegangenen Rechtsverhältnisse wird durch den Wechsel nicht betroffen. Ja, der Vertragsgegner muß zusehen, wie die ihm gegenüber berechtigte oder verpflichtete Aktiengesellschaft ihre Firma ändert, ihren Zweck und Gegenstand wechselt, ihr Grundkapital erhöht oder herabsetzt usw. usw.
>
> Alle solche Veränderungen innerhalb ein und derselben Gesellschaft können sehr viel einschneidender sein als der Untergang der Gesellschaft durch Fusion und das damit verbundene Aufgehen in einer anderen Gesellschaft. Ist das individuelle Moment des Vertragsgegners, auf dem die Idee der oben erwähnten „höchstpersönlichen" Rechtsverhältnisse beruht, beim Kontrahieren mit einer Aktiengesellschaft ausgeschaltet, so ist die Gleichschaltung der Fusion mit dem Tode und die Übertragung der für den Fall der Gesamtrechtsnachfolge kraft Erbfalls vom Gesetz vorgeschriebenen Ausnahme auf die Gesamtrechtsnachfolge kraft Fusion willkürlich. Selbstverständlich ist möglich, daß eine Rechtsbeziehung der untergegangenen Gesellschaft infolge der Fusion erlischt. Aber als Grund hierfür kann niemals angeführt werden, daß die fragliche Rechtsbeziehung nach positiver Vorschrift nicht auf den Erben übergehe. Die übernehmende Gesellschaft ist zwar – ebenso wie der Erbe – Gesamtrechtsnachfolger, sie ist aber nicht Erbe, und sie ist nicht gestorben."[918]

Breit widerspricht der geläufigen Vorstellung, die Fusion mit dem Tod einer natürlichen Person gleichzustellen, indem er das „individuelle Moment", das beim Kontrahieren mit natürlichen Personen von Bedeutung sein kann, für die Aktiengesellschaft verneint. Für die Zeit *Breits* und den damaligen Stand des Verschmel-

[917] *Breit* verweist an dieser Stelle auf den Aufsatz von *Blum*, ZBH 1927, 323ff.

[918] *Breit*, ZHR 95 (1930), 1, 41f. (Hervor. auch im Original).

zungsrechts[919] war klar, dass sich die Diskussion auf die Gesellschaftsformen der AG und GmbH beschränken musste. Aber auch das Reservoir der in Betracht zu ziehenden Vorschriften war damals wie heute klein. Ausdrücklich ist für das BGB nur die Unübertragbarkeit des Nießbrauchs in § 1059 BGB geregelt. *Breit* konnte dabei freilich noch nicht die erst 1935[920] eingeführte Vorschrift des § 1059a BGB berücksichtigen.[921] Denn diese Vorschrift besagt gerade für den einzigen geregelten Ausschlusstatbestand, dass der Rechtsübergang zum Erhalt wirtschaftlicher Werte möglich ist.[922] Und dieses soll entweder gelten, wenn das Vermögen im Wege der Universalsukzession auf eine juristische Person (§ 1059a I Nr. 1 BGB) oder Personengesellschaft[923] übergeht, oder ein Unternehmen im Wege der Singularsukzession übertragen wird (§ 1059a I Nr. 2 BGB).[924] Neben diesem Spezialfall ist nur eine sehr geringe Anzahl von Gesetzesvorschriften für eine eventuelle analoge Anwendung überhaupt in Betracht zu ziehen. Dass viele der bereits angeführten Vorschriften für den unternehmensrechtlichen Kontext ausscheiden müssen, versteht sich dabei von selbst.[925] Im Wesentlichen sind nur zwei Themenfelder auszumachen: Zum einen die Rechtsnachfolge in Aufträge, Geschäftsbesorgungsverträge und den damit zusammenhängenden Vollmachten (vgl. §§ 673, bzw. 675 I, 673 BGB und § 168 S. 1 BGB)[926] und zum anderen die Rechtsnachfolge in Personengesellschaftsanteile (§ 727 BGB, §§ 131 III Nr. 1, 177 HGB).[927, 928]

aa. Aufträge, Geschäftsbesorgungsverträge und Vollmachten

§ 673 BGB beruht, ausweislich der Motive,[929] auf dem Gedanken eines zwischen dem Auftraggeber und Beauftragten bestehenden Vertrauensverhältnisses.[930] Verstirbt der Beauftragte, soll das Auftragsverhältnis erlöschen, da es im Zweifel nicht den Interessen des Auftraggebers entspricht, dass der eintretende Erbe den

---

919 Hierzu *J. W. Flume*, in KK-UmwR Einleitung B Rdn. 9ff.

920 RGBl. I. 1935, S. 1468ff.; Amtliche Begründung, DJ 1936, 21f.

921 Siehe aber *Breit*, ZHR 95 (1930), 1, 38, 49f. der Überlegungen anstellt, ob nicht beim Erhalt des Unternehmens vom Fortbestand des Nießbrauchs auszugehen sei. Dies verneint *Breit* jedoch in Anschluss an die allgemeine Meinung der damaligen Zeit (Nachw. in Fn. 62, a.a.O.).

922 *Schön*, Nießbrauch an Sachen, S. 238ff.

923 BGHZ 50, 307, 310; *Schön*, Nießbrauch an Sachen, S. 240.

924 Die Vorschrift gilt gleichermaßen für die beschränkte persönliche Dienstbarkeit (§ 1092 II BGB) und für das dingliche Vorkaufsrecht (§ 1098 III BGB); zur österreichischen Diskussion siehe *Hoyer*, FS Krejci, Bd. II., S. 1211ff. (zur persönlichen Dienstbarkeit).

925 Siehe hierzu etwa die Persiflage von *Schäfer*, in: Die Spaltung im neuen Umwandlungsrecht, S. 116 in Bezugnahme auf den alten § 1300 BGB a.F.

926 Dazu unter aa. (= S. 155ff.).

927 Dazu unter bb. (= S. 157f.).

928 Diese stellen zwei der Hauptfälle dar, die hier exemplarisch behandelt werden, daneben ist noch an § 473 S. 1 BGB (Vorkaufsrecht) und § 613 S. 2 BGB (Dienstvertrag) (siehe hierzu RGZ 81, 153, 154) zu denken; für sie sind jedoch die gleichen Schlussfolgerungen angebracht, vgl. *Richardi*, in: Staudinger, § 613 Rdn. 8; *M. Wolf*, Der Konzern 2003, 661, 669, 672.

929 Mot. II., S. 549 = Mugdan II., S. 307.

930 *Mansel*, in: Jauernig, § 673 Rdn. 1; *Seiler*, in: MünchKomm, § 673 Rdn. 1.

Auftrag fortführt. Die Zweifelsregelung des BGB Gesetzgebers mag für die Situation der Auftragsvergabe an eine natürliche Person durchaus überzeugen. Für die Beauftragung in einem unternehmensrechtlichen Kontext ist dies hingegen zweifelhaft. Während sich nämlich die Vertrauensbeziehung in Hinsicht auf eine konkrete natürliche Person begründen lässt und der Tod dieser Person durchaus eine Zäsur darstellt, kann man dies nicht gleichermaßen für die Fälle der unternehmensrechtlichen Universalsukzession behaupten. Für die Verschmelzung und den Übertragungsvorgängen nach den §§ 25, 28 HGB kann man auf die Argumentation zum Unternehmensbezug von Rechtsgeschäften verweisen: Grundsätzlich ist für die Eigenschaften des Unternehmensträgers das Unternehmen maßgeblich. Wird das Unternehmen übertragen, spricht grundsätzlich nichts dagegen, von der Kontinuität der Rechtsbeziehungen und hier speziell der Auftrags- bzw. Geschäftsbesorgungsverhältnisse und den damit zusammenhängenden Vollmachten auszugehen.[931] Nichts anderes kommt bereits bei der angeführten Äußerung *Breits* zum Ausdruck.[932]

Für das Spaltungsrecht fällt die Argumentation nicht so einfach, da nicht zwingenderweise das gesamte Unternehmen auf den übernehmenden Rechtsträger übertragen werden muss.[933] Der Gesetzgeber hat jedoch mit seiner Entscheidung für die Spaltungsfreiheit sich grundsätzlich zugunsten einer Verfügungsfreiheit der beteiligten Rechtsträger ausgesprochen.[934] Eine Verfügungsfreiheit, die mit der Last der Spaltungshaftung und dem Anspruch auf Sicherheitsleistung verbunden ist.[935] Theoretische Szenarien der ausschließlichen Abspaltung von Geschäftsbesorgungsverhältnissen sind zwar denkbar, unter Berücksichtigung der Spaltungshaftung aber meist unbegründet. Zudem kann der Auftraggeber stets auf die sich nach allgemeinem Schuldrecht ergebenden Instrumente, wie insbesondere auf außerordentliche Kündigungsrechte, zurückgreifen.[936] Vor diesem Hintergrund wäre es nicht recht verständlich, wenn man die Analogie bei der Verschmelzung und dem Vermögenstransfer verneint, sie aber bei der Spaltung bejahen würde. Vielmehr gilt es, die grundsätzliche Entscheidung des Gesetzgebers für eine Umstrukturierungsfreiheit im Spaltungsrecht auch im Rahmen des § 673 BGB zu respektieren.

Ging man bislang insbesondere in der Instanzenrechtsprechung[937] von einer entsprechenden Anwendung der Vorschrift aus, hat sich mittlerweile in der Litera-

[931] Zweifel hieran bei *Hennrichs*, Formwechsel und Gesamtrechtsnachfolge, S. 79.

[932] Gerade das sagt auch das Reichsgericht in RGZ 150, 289, 291 f. ohne zu bemerken, dass es sich von der Anwendung des § 673 BGB verabschiedet hat; siehe hierzu auch *Karsten Schmidt*, DB 2001, 1019, 1021.

[933] Hierzu bereits oben unter § 5 A. III. 1. c. (= S. 149 f.).

[934] Zur Bedeutung der Spaltungsfreiheit vgl. bereits oben § 4 B. II. 1. (= S. 78 ff.).

[935] Dazu noch ausführlich unter B. (= S. 183 ff.).

[936] Dazu noch unter b. cc. γ. (= S. 173 ff.).

[937] Siehe etwa OLG Düsseldorf NJW-RR 1990, 1299, 1300; LG Koblenz NJW-RR 1998, 38, 39; BayObLG NJW-RR 2002, 732, 734 m. w. N.; streitträchtig war insb. der Übergang des WEG-Verwalteramtes (ausf. hierzu DNotI-Report 2005, 59 ff.).

tur[938] die Meinung durchgesetzt, die von einer Kontinuität der Auftragsverhältnisse ausgeht.[939] Vertreten wird freilich weiterhin auch die Meinung, dass an § 673 BGB auch für Umwandlungsfälle festzuhalten sei, dieser aber nur eingreife, wenn ein gesteigertes Vertrauensverhältnis vorliege.[940] Mit einem solchen Ansatz lässt sich vieles und auch nichts begründen.[941] Dass Vertragsbeziehungen mithin oft auf einer gewissen Vertrauensbeziehung aufbauen, ist nicht zu bestreiten. Maßstäbe für ein gesteigertes Vertrauen lassen sich aber nicht verifizieren. Ein solches Kriterium kann daher auch nicht für die analoge Anwendung einer gesetzlichen Zweifelsregelung maßgeblich sein.

Bei allem Streit darf nicht übersehen werden, dass die Folgen der Abkehr von der analogen Anwendung des § 673 BGB maßvoll sind und sich gut in ein Kontinuitätskonzept einfügen: Es gilt nicht die gesetzliche Zweifelsregelung des § 673 BGB, sondern die Parteien können rechtsgeschäftlich die Modalitäten der Beendigung des Auftragsverhältnisses bestimmen. War von den Parteien aber nichts vereinbart, so geht das Auftragsverhältnis auf den neuen Rechtsträger über.

bb. Rechtsnachfolge in Personengesellschaftsanteile

Als maßgebliche Entscheidung für die Bewertung der Rechtsfolgen einer Umwandlungsmaßnahme auf die Beteiligung an einer Personengesellschaft gilt die bereits angeführte Entscheidung des Reichsgerichts im 123. Band der amtlichen Entscheidungssammlung.[942] Dem hat sich der Oberste Gerichtshof in Wien (OGH) jüngst für den Fall der Verschmelzung einer Gesellschafts-Kommanditistin auf eine SE, in Übernahme der Argumentation des Reichsgerichts, ausdrücklich angeschlossen.[943] Die Argumentation des Reichsgericht, wie nun auch des OGH, ist jedoch inkonsequent, da zum einen nämlich hervorgehoben wird, dass das „persönliche Element“ bei der Aktiengesellschaft „völlig in den Hintergrund tritt“,[944] auf der anderen Seite aber wiederum die Parallele zum Tod einer natürlichen Person gezogen wird, um die Fortsetzung der Kommanditgesellschaft mit der eintreten-

---

[938] Grundlegend *Karsten Schmidt*, DB 2001, 1019ff.; dem folgend *Seiler*, in: MünchKomm, § 678 Rdn. 2 (anders noch in der 3. Aufl.); *Schwab*, in: AnwK, § 673 Rdn. 4; *Höhn*, in: jurisPK-BGB, § 678 Rdn. 5; *Martinek*, in: Staudinger § 673 Rdn. 3; dem zugeneigt *Sprau*, in: Palandt, § 673 Rdn. 3; *Dreyer*, JZ 2007, 606, 614 und so bereits *Breit* ZHR 95 (1930), 1, 43 (alle Autoren beziehen sich jedoch nur auf die Verschmelzung; entgegen der Ausführungen von *Höhn* hat *Karsten Schmidt* seine Ausführungen nicht auch auf die Spaltung bezogen).

[939] Die Einzelheiten sind hier nicht zu wiederholen, siehe hierzu ausführlich *Karsten Schmidt*, DB 2001, 1019ff.; *Dreyer*, JZ 2007, 606, 612ff.

[940] LG Koblenz NJW-RR 1998, 38, 39; *Grunewald*, in: Lutter, UmwG, § 20 Rdn. 24.

[941] *Karsten Schmidt*, DB 2001, 1019, 1020; *Schwab*, in: AnwK, § 673 Rdn. 4; siehe auch krit. zur Bedeutung der Herausbildung von Vertrauensbeziehungen bei Dauerschuldverhältnissen *Ulmer*, Vertragshändler, S. 256.

[942] RGZ 123, 289ff., dazu schon oben unter § 5 A. III. 1. (= S. 146 ff.).

[943] OGH GesRZ 2007, 341, 343 m. Anm. *Hochedlinger*.

[944] RGZ 123, 289, 295.

den Aktiengesellschaft bzw. SE zu begründen.[945] Für den konkreten Fall lieferte die Argumentation das passende Ergebnis. Denn nach § 177 HGB a.F. wie auch der n.F. ist von der Fortsetzung der KG durch die eintretenden „Erben" auszugehen. Wäre aber das Reichsgericht – und jetzt der OGH – auch dazu bereit gewesen, die Auflösung der Gesellschaft anzunehmen (§§ 161 II, 131 Nr. 4 HGB a.F. bzw. §§ 161 II, 131 Nr. 4 UGB), wenn die eintretende und durch die Fusion entstandene AG nicht Kommanditistin, sondern Komplementärin gewesen wäre?[946] Konsequent wäre es daher gewesen, insgesamt von der Anwendung des § 177 HGB Abstand zu nehmen. Wie schon beim Auftragsrecht sollte gelten, dass der Übergang eines Mitgliedschaftsrechts im Wege der Universalsukzession auf einen neuen Unternehmensträger grundsätzlich ohne Auswirkungen auf das Beteiligungsengagement an einer Personengesellschaft ist. Und so scheint sich auch allmählich die Ansicht durchzusetzen, die allgemein für umwandlungsrechtliche Szenarien die Anwendung der § 727 I BGB,[947] §§ 131 III Nr. 1,[948] 177 HGB[949] ausschließt.[950] Die Gesellschafter haben freilich stets die Möglichkeit, Abweichendes im Gesellschaftsvertrag zu regeln.[951] Schließlich bleibt den Mitgesellschaftern immer noch der Weg, die Auflösung der Gesellschaft oder aber die Ausschließung des Gesellschafters nach den §§ 133, 140 HGB zu betreiben.[952]

---

[945] Krit. zum Urt. des RG bereits *Breit*, ZHR 95 (1930), 1, 45f. (siehe schon oben Fn. 880); *Karsten Schmidt*, DB 2001, 1019, 1021.

[946] So bereits *Breit*, ZHR 95 (1930), 1, 46.

[947] *Ulmer*, in: MünchKomm, § 727 Rdn. 8; *Habermeier*, in: Staudinger, § 727 Rdn. 5; a.A. *Grunewald*, in: Lutter, UmwG, § 20 Rdn. 18.

[948] Zuletzt *Dreyer*, JZ 2007, 606, 612; *Kübler*, in: Semler/Stengel, UmwG, § 20 Rdn. 24f. (in Aufgabe der Meinung in der Voraufl.); *Schäfer*, in: Staub, § 131 Rdn. 81 (jedoch argumentativ an § 132 UmwG a.F. anknüpfend und darüber hinausgehend für die Möglichkeit der Übertragbarkeit, selbst wenn diese gesellschaftsvertraglich ausgeschlossen sein sollte); *Riegger*, FS Bezzenberger, S. 379, 384; *Koller*, in: Koller/Roth/Morck, § 131 Rdn. 5; *Ulmer*, in: Staub[3. Aufl], § 131 Anm. 86f. (mit Differenzierungen aufgrund des zeitbedingten Entwicklungsstandes des Umwandlungsrechts); siehe auch *A. Hueck*, Recht der OHG, § 23 II. 4 m. Fn. 24 (= S. 347); davor bereits *Flechtheim*, in: Düringer/Hachenburg, § 131 Anm. 7; *Breit*, ZHR 95 (1930), 1, 46; a.A. *Grunewald*, in: Lutter, UmwG, § 20 Rdn. 19; *Marsch-Barner*, in: Kallmeyer, UmwG, § 20 Rdn. 7; *Grünwald*, Umwandlung-Verschmelzung-Spaltung, S. 297 (zum österreichischen Recht).

[949] Der unproblematischste Fall, da § 177 HGB auf Fortsetzung der KG angelegt ist. Zu unterscheiden sind freilich die Begründungsansätze, vgl. einerseits *Breit*, ZHR 95 (1930), 1, 45; *Flechtheim*, in: Düringer/Hachenburg, § 171 Anm. 8; andererseits RGZ 123, 298, 294f.; daran anknüpfend *Karsten Schmidt*, in: MünchKommHGB, 177 Rdn. 11; siehe aber auch krit. *ders.*, DB 2001, 1019, 1021; *Grunewald*, in: Lutter, UmwG, § 20 Rdn. 20; *Kübler*, in: Semler/Stengel, UmwG, § 20 Rdn. 23.

[950] Ausführlich zu diesem Themenkomplex *Hennrichs*, Formwechsel und Gesamtrechtsnachfolge, S. 66ff., 70; *Dreyer*, JZ 2007, 606, 612.

[951] A.A. *Schäfer*, in: Staub, § 131 Rdn. 80a (jedoch in Anlehnung an § 132 UmwG a.F.).

[952] Ganz h.M. *Ulmer*, in: Staub[3. Aufl.], § 131 Anm. 86; *Schäfer*, in: Staub, § 131 Rdn. 80a; *Karsten Schmidt*, in: MünchKommHGB, § 177 Rdn. 11 und bereits *Breit*, ZHR 95 (1930), 1, 46.

b. Höchstpersönlichkeit von Schuldverhältnissen?

Zu Beginn wurde für den Erbfall darauf hingewiesen, dass sich die Unvererblichkeit von Rechten entweder aus dem Gesetz oder aus einer rechtsgeschäftlichen Vereinbarung der Parteien ergeben kann (oben unter § 5 A. 2. (= S. 150 ff.)). Anhand der viel diskutierten Fälle des § 673 BGB wie auch der Vorschriften über die Rechtsnachfolge in Personengesellschaftsanteile wurde gezeigt, dass von der scheinbar so nahe liegenden analogen Anwendung der Vorschriften über den Tod einer natürlichen Person auf Umwandlungskonstellationen abzurücken ist. Daraus folgt aber, dass das BGB und HGB grundsätzlich keine Vorschriften enthalten, die die Übertragung von Schuldverhältnissen beim Vermögenstransfer nach dem UmwG oder dem HGB einschränken.[953] Damit bleibt die Frage zu klären, ob sich die so oft beschworene Höchstpersönlichkeit konkretisieren lässt und gegebenenfalls Auswirkungen auf einen etwaigen Rechtsübergang im Wege der Universalsukzession haben kann.[954]

aa. Die schuldrechtlichen Auswirkungen des Todes einer natürlichen Person auf bestehende Schuldverhältnisse

Auch hier soll wiederum der Einstieg in die Thematik über das Erbrecht genommen werden. Dass Vertragsparteien ein Vertragsverhältnis auf den Todesfall einer der Parteien hin bedingen, befristen oder aber auch andere Regelungen treffen können, ist unzweifelhaft und unproblematisch.[955] In einem solchen Fall ergibt sich die Auswirkung des Todes einer der Vertragsparteien aus der vereinbarten Regelung. Problematisch und hier zu thematisieren ist, welche Auswirkung der Tod einer natürlichen Person auf einen Vertrag hat, wenn, um das bereits angeführte BGH-Zitat noch einmal anzuführen „nach der Natur der geschuldeten Leistung ausschließlich von dem Erblasser persönlich und von den Erben überhaupt nicht erfüllt werden“[956] kann und – so mag man ergänzen – der Vertrag für den Fall des Todes keine Regelung vorsieht. Dabei sollte man sich davor hüten, dem Sprachgebrauch von den „unvererblichen Rechten“ präjudizierende Wirkung beizumessen und in all denjenigen Fällen, in denen von der Unvererblichkeit die Rede ist, auch davon auszugehen, dass diese mit dem Erlöschen eines Rechts verbunden ist.[957] Dies mag für manche Rechte, wie insbesondere das Erlöschen des

---

[953] Mit § 613a BGB und § 566 BGB werden Arbeits- und Mietverhältnisse einer Sondernachfolge unterworfen; sie sind von vornherein einem etwaigen Vermögenstransfer entzogen, *Voigt*, Umwandlung und Schuldverhältnis, S. 112ff.; siehe auch die Nachw. in Fn. 1004.

[954] Siehe zuletzt etwa in der Begründung zur Aufhebung des § 132 UmwG a.F., BT-Drucks. 16/2919, S. 19: „Danach bleiben von der Rechtsnachfolge nur höchstpersönliche Rechte und Pflichten ausgenommen.“.

[955] *Flad*, in: Planck, Vorbemerkungen zu Bd.V., Anm. II.; *Marotzke*, in: Staudinger, § 1922 Rdn. 302; *Dietzel*, Untergang statt Fortbestand, S. 30f.; *Binder*, Die Rechtsstellung des Erben, Bd.I., S. 6.

[956] BGHZ 104, 369, 372.

[957] So aber offensichtlich *Marotzke*, in: Staudinger, § 1922 Rdn. 115f.; siehe hierzu auch *Binder*, Die Rechtsstellung des Erben, Bd.I., S. 4f.

Nießbrauchs gem. § 1061 S. 1 BGB, zutreffen. Dies gilt jedoch, wie noch zu zeigen sein wird, nicht gleichermaßen für Schuldverhältnisse. Daher ist es sehr wichtig, zwischen dem dogmatischen Ansatz und der daran anknüpfenden Rechtsfolge zu unterscheiden.

Für die Lösung des rechtlichen „Schicksals" von Schuldverhältnissen, die auf die Leistung durch eine verstorbene Person bezogen sind, werden, ohne dass dies in der Literatur bislang hinreichend deutlich wird,[958] ganz unterschiedliche Ansätze vertreten:

- Nach *Boehmer*,[959] soll allein die Höchstpersönlichkeit für die Übertragbarkeit von Schuldverhältnissen ausschlaggebend sein. Sie dient als Begründungsansatz und gibt als Rechtsfolge das Erlöschen des Schuldverhältnisses vor.
- Ein in der Literatur[960] gängiger Lösungsansatz ist es, auf § 399 1. Alt. BGB abzustellen. Danach soll die Vererblichkeit ausgeschlossen sein, wenn sich durch den Rechtsübergang der Inhalt des Schuldverhältnisses ändern würde. Als Folge soll der Leistungsanspruch erlöschen.[961]
- Schließlich wird in der Rechtsprechung[962] und von gewichtigen Stimmen aus der Literatur[963] § 275 BGB zur Anwendung gebracht und dies als Fall des sog. Zweckfortfalls angesehen. Mit dem Zweckfortfall erlischt gem. § 275 I BGB die Leistungspflicht.

Dem Ansatz von *Boehmer* ist nicht zu folgen. Wenn auch die Bezugnahme auf die Höchstpersönlichkeit plastisch klingen mag, kann mit ihr keine eigene juristische Kategorie begründet werden.[964] Auch kann die Rechtsfolge nicht überzeugen,

---

[958] Siehe aber die Aufarbeitungen bei *Oettinghaus*, Schicksal von Dauerschuldverhältnissen beim Tod, S. 24 ff. und *Dietzel*, Untergang statt Fortbestand, S. 28 ff.

[959] In: Staudinger[11. Aufl.], § 1922 Rdn. 197; dem folgend *Marotzke*, in: Staudinger, § 1922 Rdn. 275, siehe auch Rdn. 115.

[960] *A. Stein*, in: Soergel, § 1922 Rdn. 39 (siehe aber auch die Ausführungen in Rdn. 40); *Leipold*, in: MünchKomm, § 1922 Rdn. 27; *Oettinghaus*, Schicksal von Dauerschuldverhältnissen beim Tod, S. 31 ff., 36.

[961] *A. Stein*, in: Soergel, § 1922 Rdn. 39; *Leipold*, in: MünchKomm, § 1922 Rdn. 27 a.E.; ohne Präzisierung der Rechtsfolge *Oettinghaus*, Schicksal von Dauerschuldverhältnissen beim Tod, S. 44.

[962] RG HRR 1933, Nr. 569 (betreffend die Pflicht zur Rechnungslegung nach § 259 BGB); daran anknüpfend BGH NJW 1985, 3068, 3069 (zu § 2027 I BGB); BGHZ 104, 369, 372 (zu § 259 BGB); in beiden Urteilen wird zwar nicht, wie beim RG, auf § 275 BGB rekurriert, aber in der Sache genauso vorgegangen; zu den (rechtsgeschäftlichen) Einschränkungsmöglichkeiten der Rechenschaftspflicht durch den Erblasser, siehe BGH NJW-RR 1990, 131.

[963] *Binder*, Die Rechtsstellung des Erben, Bd. I., S. 6; *Lange/Kuchinke*, ErbR, § 5 III. (= S. 95); aus der umfangreichen schuldrechtlichen Literatur siehe nur *Ernst*, in: MünchKomm, § 275 Rdn. 151 ff.; *Emmerich*, Leistungsstörungen, § 24 II. 4. (= S. 366 ff.) mit umfang. Nachw.; *Henssler*, Risiko, S. 82 ff.

[964] Siehe schon *Binder*, Die Rechtsstellung des Erben, Bd. I., S. 5 f.: „Solche Begriffsbestimmungen [sc. persönliche Eigenschaften] sind viel zu allgemein und nichtssagend, als dass sie verwertbar sein können; es sind mehr oder weniger zutreffende Umschreibungen gesetzgeberischer Motive, welche die gesetzliche Unvererblichkeit rechtfertigen sollen, welche aber die logische Unvererblichkeit nicht zu begründen vermögen. Um den wirklichen Grund der Letzteren zu ermitteln, ist es nötig, auf das Gesetzbuch selbst zurückzugehen."; der gleichen Kri-

da insoweit unstreitig die Leistungspflicht untergeht, dieses aber nicht bedeutet, dass damit zugleich das gesamte Schuldverhältnis erlischt. Es ist vollkommen unstreitig, dass der Erbe bzw. die Erben für etwaige Sekundäransprüche der Gläubiger aufkommen müssen bzw. selbst diese geltend machen können.[965] Das kann nur erklärt werden, wenn man grundsätzlich vom Fortbestand der Beziehung ausgeht. Zu klären ist daher, welche Auswirkungen der Tod des Erblassers auf die Leistungspflicht haben kann. Es geht darum, das Ereignis des Todes des Erblassers in das System des Leistungsstörungsrechts einzupassen.[966]

α. § 399 1. Alt. BGB als Anknüpfungspunkt für die Bestimmung der sog. Höchstpersönlichkeit von Schuldverhältnissen?

Eine Auseinandersetzung muss aber zunächst mit der Meinung erfolgen, die § 399 1. Alt. BGB für das Erlöschen der Leistungspflicht heranziehen will. Zwar handelt es sich hierbei um keine dem Leistungsstörungsrecht[967] zuzuordnende Vorschrift; da aber auf sie das Erlöschen der Leistungspflicht gestützt wird und man gängigerweise in § 399 1. Alt. BGB die „Höchstpersönlichkeit" einer Forderung definiert wissen will,[968] kommt den folgenden Überlegungen besondere Bedeutung zu.

(αα) Zur Bedeutung und Funktionsweise des § 399 1. Alt. BGB

Nach § 399 1. Alt. BGB ist eine Forderungsabtretung ausgeschlossen, wenn sie nicht ohne Veränderung des Inhalts erfolgen kann. *Andreas von Tuhr*[969] hat darauf hingewiesen, dass „genau genommen [...] ein Wechsel in der Person des Gläubigers stets eine Veränderung des Inhalts der Leistung bedingt". Man ist automatisch an die im 19. Jahrhundert geführte Diskussion erinnert, inwieweit die fehlende Identität der Forderungsrechte beim Subjektwechsel grundsätzlich der Annahme der Möglichkeit einer Forderungszession entgegensteht.[970] Diese Zweifel konnten erst überwunden werden, nachdem sich die Ansicht Bahn gebrochen hatte, „daß das Subjekt", um noch einmal *von Tuhr*[971] anzuführen, „für die Identi-

---

tik ist auch die Konstruktion *Gaa's* AcP 161 (1962), 433, 440ff. von der „Eigenpersönlichkeit" ausgesetzt.

965 Siehe nur *A. Stein*, in: Soergel, § 1922 Rdn. 40.

966 Hierzu wiederum *Binder*, Die Rechtsstellung des Erben, Bd. I., S. 6: „Der Tod des Berechtigten muss einen der im Gesetz anerkannten Tilgungsgründe der Obligation bilden, da er selbst als Tilgungsgrund im Gesetz nicht anerkannt ist.".

967 Zum Begriff der Leistungsstörung *U. Huber*, Leistungsstörungen Bd. I., § 1 I. 1. (= S. 2f.).

968 Siehe *Heinichen*, in: Staub[14. Aufl.], Anhang zu § 374 Anm. 2c.; *Busche*, in: Staudinger, § 399 Rdn. 6; *G.H. Roth*, in: MünchKomm, § 399 Rdn. 2, 7f., 23; *Stürner*, in: Jauernig, §§ 399, 400 Rdn. 1; für die Erbfolge die Nachw. in Fn. 960; in Anwendung auf die Aufspaltung des UmwG *Schäfer*, in: Die Spaltung im neuen Umwandlungsrecht, S. 116, 123; ferner *M. Wolf*, Der Konzern 2003, 661, 669; *Schall/Horn*, ZIP 2003, 327, 331.

969 AT I., § 12 III. 1. (= S. 222).

970 *v. Olshausen*, Gläubigerrecht und Schuldnerschutz bei Forderungsübergang und Regreß, S. 7f.; *C. Hattenhauer*, in: HKK, §§ 398-413 Rdn. 3, 21.

971 AT I, § 12 I. (= S. 220).

tät des Rechts nicht wesentlich [...] [und] daher eine Übertragung des Rechts möglich ist". Für Geldforderungen, die bei der Forderungszession klar im Vordergrund stehen und die Diskussion beherrschen, stellt dies in der Regel kein Problem dar. Leistungserschwerungen, die speziell durch die Leistung an den Zessionar entstehen, sind so gering, dass sie vernachlässigbar sind oder aber gegebenenfalls eventuelle Mehrkosten vom Zessionar zu tragen wären.[972] Natürlich ist der Schuldner mit einem neuen Gläubiger konfrontiert, der ihm unliebsam sein kann. Daran ist jedoch nach der grundsätzlichen Anerkennung der Möglichkeit der Forderungszession nichts zu ändern.

Steht aber nicht der Paradefall der „anonymen" Geldforderung in Frage, sondern eine Leistungspflicht, die auf eine bestimmte Person bezogen ist, können sich aus dem Inhalt eines Vertrags Grenzen für die Möglichkeit der Forderungszession ergeben. Prägnantes Beispiel ist hier der Mietvertrag: Das Wohnrecht kann natürlich nicht durch eine einfache Forderungszession auf eine dritte Person übertragen werden.[973] Denn die Einräumung des Wohnrechts an einen Dritten ist nicht Forderungszession, sondern Vertragsabänderung. Sie bedarf der Zustimmung des Vermieters[974] und kann nicht durch eine Forderungszession zwischen dem Mieter und einem Dritten herbeigeführt werden. Der Inhalt des Mietvertrags ist nämlich bezogen auf die Einräumung des Wohnrechts an den Mieter. Dem Institut der Forderungszession sind hier also durch den Vertragsinhalt Grenzen gesetzt.

In Literatur[975] und Rechtsprechung[976] wird, wie bereits angedeutet, nun vielfach versucht, die Bedeutung des § 399 1. Alt. BGB dahingehend zu konkretisieren, dass sich ein Abtretungsausschluss aus der Höchstpersönlichkeit einer Rechtsbeziehung ergeben kann. Ist mit dem Sprachgebrauch von der Höchstpersönlichkeit nur der manchen Vertragstypen zugrunde liegende besondere Personenbezug gemeint, der einer Forderungszession entgegensteht,[977] so wäre dem nichts entgegenzusetzen. Das Problem mit der Bezugnahme auf die sog. Höchstpersönlichkeit von Rechtsbeziehungen ist jedoch, dass er in der Diskussion häufig eine Eigendynamik entwickelt, die sich von der Auslegung des konkreten Vertragsinhaltes entfernt. Dies kann an dem oft angeführten[978] Beispielfall der Anfertigung eines Porträts demonstriert werden. In einem solchen Fall wird argumentiert, dass eine Übertragung des Anspruchs, porträtiert zu werden, automatisch zu einer Abänderung des Inhalts des Forderungsrechts führen würde und deshalb ausscheiden muss. Offensichtlich steht dahinter die allzu naturalistische Vorstellung, dass durch eine Forderungszession dem Künstler ein fremder Dritter als Modell aufgedrängt werden könnte, und just dies gegen den höchstpersönlichen Charakter des

---

972 *Siber*, in: Planck, § 399 Anm. 1; *v. Tuhr*, AT I., § 12 III. 1. m. Fn. 9 (= S. 222).

973 RG JW 1911, 487 Nr. 7; *Heinichen*, in: Staub[14. Aufl.], Anhang zu § 374 Anm. 2c; siehe zur Frage der Übertragbarkeit von Mietverhältnissen bereits oben § 4 C. II. 1. m. Fn. 632 (= S. 103ff.) und § 4 C. IV. 1. a. (= S. 119ff.).

974 Zu beachten ist dabei die Sonderreglung des § 540 BGB.

975 Siehe die Nachw. in Fn. 968.

976 BGH NJW 2003, 2987.

977 So auch i.E. *Busche*, in: Staudinger, § 399 Rdn. 11.

978 *Busche*, a.a.O.; *G.H. Roth*, a.a.O.; *Schäfer*, a.a.O. (in Fn. 968).

Werkvertrags verstoßen würde. Natürlich kann der Zedent durch eine Forderungszession den Leistungsinhalt des Vertrags nicht abändern. Wenn der Leistungsinhalt auf eine Person bezogen ist, bleibt auch weiterhin die vom Schuldner zu bewirkende Leistung bezogen auf die vertraglich fixierte Person. Hat sich der Maler verpflichtet, den X zu malen, bleibt der Leistungsinhalt des Werkvertrags auch nach der Forderungszession, dass X der zu Malende ist. Es spricht aber nichts dagegen, dass die Leistung durch einen Zessionar eingefordert werden soll.[979] So kann etwa der Kunsthändler Y ein Interesse daran haben, dass das Bild direkt an ihn übereignet wird. Die Parteien können natürlich ein *pactum de non cedendo* im Sinne des § 399 2. Alt. BGB schließen. Der große Unterschied besteht jedoch darin, dass sich in diesem Fall die Nichtabtretbarkeit des Rechts nicht aufgrund einer vorgegebenen Höchstpersönlichkeit der Rechtsbeziehung, sondern aus einer Vereinbarung zwischen den Parteien ergibt.[980]

(ββ) Der Unterschied zwischen der auf die Forderungszession bezogenen Vorschrift des § 399 1. Alt. BGB und dem Erlöschen der Leistungspflicht beim Erbgang

Nach § 399 1. Alt. BGB ist die Möglichkeit der Zession ausgeschlossen, wenn die Abtretung der Forderung an den Zessionar den Inhalt der vertraglichen Leistung abändern würde. Nichts anderes würde gelten, wenn § 399 1. Alt. BGB nicht geregelt wäre.[981] Denn aus der Auslegung des jeweiligen Vertragstypus ergibt sich, ob die Abtretung des jeweiligen Forderungsrechts zuzulassen ist oder ein besonderer Personenbezug dem entgegensteht. § 399 1. Alt. BGB sagt aber nichts zu der Frage, was zu geschehen hat, wenn das gesamte Rechtsverhältnis im Wege der Universalsukzession auf eine dritte Partei übergeht und welche Konsequenzen sich aus dem Subjektswechsel insbesondere für die Hauptleistungspflichten ergeben. Beim Ausschluss des Forderungsübergangs einerseits und dem Übergang eines ganzen Schuldverhältnisses andererseits handelt es sich nämlich um zwei klar voneinander zu trennende Fragenkomplexe. Beschränkungen die sich für das Insti-

---

[979] So *Siber*, in: Planck, § 399 Anm. 1; *Cosack/Mitteis*, Bd. I., § 175 I. 2 b) (= S. 485 f.).

[980] Nun könnte man vertreten, dass selbst im Fall des § 399 1. Alt. BGB, also wenn grundsätzlich die Forderungszession ausgeschlossen ist, der Zedent dem Zessionar nur einen „Splitter" der Forderung übertragen kann, sodass dieser die Leistung an den Zedenten als eigenes Recht geltend machen kann. Und in der Tat hat man versucht, das Institut der Einziehungsermächtigung zessionsrechtlich zu begründen (siehe etwa *Löbl* AcP 129 (1928), 257 ff.; *Grüneberg*, in: Palandt, § 398 Rdn. 29). Die Ermächtigung ist jedoch, wie *Werner Flume* (AT II, § 57 1. a) (= S. 901 ff.)) ausgeführt hat, keine Rechtsübertragung: „Der Ermächtigende bleibt vielmehr der Inhaber des Rechts, und der Ermächtigte wird von ihm nur autorisiert, das Recht im eigenen Namen auszuüben oder geltend zu machen". Gleichwohl ist ganz herrschend anerkannt, dass auch eine Einziehungsermächtigung nicht erteilt werden kann, wenn es sich um eine nicht abtretbare Forderung im Sinne von § 399 1. Alt. BGB handelt oder aber ein Abtretungsverbot vereinbart wurde. Die Nichtabtretbarkeit der Forderung kann durch die Einräumung einer Einziehungsermächtigung nicht umgangen werden (*W. Flume*, AT II., § 57 Fn. 7 (= S. 904) m. Nachw. aus der Rspr.).

[981] So auch bereits *Binder*, ZHR 59 (1906), 1, 21 Fn. 35 a. E.

tut der Forderungszession mit Selbstverständlichkeit ergeben, dass z.B. durch eine Zession nicht das Mietverhältnis abgetreten werden kann, gelten nicht auch gleichermaßen für die Fälle in denen Rechtsverhältnisse gerade ohne die Zustimmung der anderen Vertragsparteien übergehen sollen. Denn im zweiten Fall ist es gerade Sinn und Zweck, das jeweilige Vertragsverhältnis im Ganzen auf eine andere Person überzuleiten.

β. § 275 BGB und die Leistungspflicht der Erben

Sind aus § 399 1. Alt. BGB keine Anhaltspunkte für die Lösung der Konsequenzen des Todes auf bestehende Schuldverhältnisse zu entnehmen, so muss es darum gehen den Tod des Erblassers als leistungsstörungsrechtliches Ereignis aufzufassen: Der Tod des Erblassers kann zur objektiven Unmöglichkeit der Leistungserbringung führen. Dabei würde es auf einem grundlegenden Missverständnis beruhen, wenn man die Lösung der sog. Unvererblichkeitsfälle über das Unmöglichkeitsrecht mit dem Argument bestreiten würde, dass die Unmöglichkeit erst nach dem Rechtsübergang festgestellt werden kann und es darum gehen müsse, schon den Übergang des Schuldverhältnisses auszuschließen.[982] Dass das gesamte Schuldverhältnis grundsätzlich übergeht, sollte nicht bestritten werden. Denn nur auf diesem Wege lässt sich begründen, warum der Erbe bzw. die Erben Ersatzansprüchen ausgesetzt sind, bzw. selbst Ersatzansprüche geltend machen und gegebenenfalls noch bestehende Gestaltungsrechte ausüben können. In Frage steht nicht der Ausschluss des Übergangs der gesamten Rechtsbeziehung, sondern nur der Ausschluss der Leistungspflichten.[983] Der Ausschluss der Leistungspflicht ist dabei eine Frage des Unmöglichkeitsrechts.[984]

Die Lösung über das Unmöglichkeitsrecht führt zu nachvollziehbaren und passenden Ergebnissen: Ist der bereits angeführte Künstler vor Beendigung des Werkes verstorben, so ist die Leistungserbringung durch den Erben bzw. die Erben objektiv unmöglich im Sinne des § 275 I BGB. Gleiches wird zu gelten haben etwa bei der Beauftragung eines Experten, ein Gutachten zu erstellen. Gefragt ist die Expertise nur des jeweiligen Experten. Gleiches wird in vielen Fällen der sog. freien Berufe zu gelten haben.[985] War hingegen nicht die Anfertigung eines Kunstwerkes, sondern beispielsweise eine ausschließlich handwerkliche Leistung gefragt, die auch von anderen zu erfüllen ist, bleibt die Leistungspflicht bestehen.

bb. Zwischenergebnis

Die sog. Höchstpersönlichkeit von Rechtsverhältnissen ist nicht als eigenständiger Ausschlussgrund für einen Rechtsübergang gem. § 1922 BGB anzuerkennen. Die Rechtsverhältnisse des Erblassers gehen in jedem Fall auf die Erben über. Denn

[982] So aber in der Tat *Oettinghaus*, Schicksal von Dauerschuldverhältnissen beim Tod, S. 32.

[983] Treffend *A. Stein*, in: Soergel, § 1922 Rdn. 40 (wenngleich auch in Rdn. 39 die Unvererblichkeit von Rechten anhand des § 399 BGB erklärt wird).

[984] Siehe die Nachw. in Fn. 962 und 963.

[985] Hierzu auch noch unter cc. β. (= S. 169 ff.).

nur so lässt sich begründen, warum der Erbe bzw. die Erben Ersatzansprüchen ausgesetzt sind, bzw. selbst Ersatzansprüche geltend machen und gegebenenfalls noch bestehende Gestaltungsrechte ausüben können. Davon zu unterscheiden ist, welche leistungsstörungsrechtlichen Implikationen dem Tod des Erblassers auf die Leistungspflichten zukommt. Dies ist eine Frage des Unmöglichkeitsrechts. Ob die Leistungspflichten auch weiterhin von den Erben zu erfüllen sind, richtet sich somit nach § 275 BGB. Man mag in diesem Zusammenhang davon sprechen, dass ein Recht an die Person des Erblassers gebunden ist oder dieses sogar mit dem gängigen Sprachgebrauch als höchstpersönliches Recht bezeichnen und als unvererblich deklarieren. Der Sprachgebrauch darf jedoch nicht als Erklärungs- und Lösungsansatz verstanden werden und als Ersatz für die zwingend zu liefernde dogmatische Verortung des Problems fungieren.[986] Ist die Rede von einem höchstpersönlichen oder unvererblichen Schuldverhältnis, wird damit noch nicht das Ergebnis, sondern nur die Frage vorgegeben: Ist der Erbe verpflichtet, aus dem auf ihn übergegangenen Schuldverhältnis die Leistung zu erbringen oder ist ihm dies unmöglich?

cc. Personenbezug von Schuldverhältnissen im Unternehmensverkehr?

Für den Erbfall wurde festgestellt, dass, wenn man von der Unvererblichkeit oder Höchstpersönlichkeit einer Rechtsbeziehung spricht, das leistungsstörungsrechtliche Problem der Unmöglichkeit angesprochen wird. Ausgehend davon soll es nun darum gehen, inwieweit höchstpersönliche Rechte im Unternehmensverkehr überhaupt bestehen können[987] oder ob sich die Diskussion um die Höchstpersönlichkeit von Rechtsbeziehungen weitestgehend als ein Scheinproblem darstellt.[988] Wie schon beim Erbfall stellt sich die Frage nur, wenn die Parteien keine besondere Regelung für „Strukturänderungen" einer der Vertragsparteien getroffen haben. Ist eine solche Vereinbarung getroffen (neudeutsch: Change-of-Control-Klausel), wird sich die Rechtsfolge in aller Regel aus der getroffenen Vereinbarung ergeben.[989] Ist eine solche Regelung nicht getroffen, so stellt sich, wie schon beim Erbfall, das Problem, inwieweit der Inhalt eines Schuldverhältnisses einem Rechtsübergang im Wege der Universalsukzession nach dem UmwG oder den §§ 25, 28 HGB entgegenstehen könnte oder zumindest bei der Bejahung des Übergangs leistungsstörungsrechtliche Implikationen anzunehmen wären.

α. Normativer Anknüpfungspunkt: § 132 UmwG a.F.

Für die Diskussion über die Grenzen der Verfügungstechnik der Universalsukzession ist es überaus spannend und gewinnbringend, auf die Konzeption der mittler-

---

986 Verwiesen sei noch einmal auf die Ausführungen *Binder's* in Fn. 964.

987 Siehe dazu bereits das oben auf S. 151 angeführt Zitat von *Flechtheim* und die Nachw. in Fn. 900.

988 *Breit*, ZHR 95 (1930), 1, 40 spricht dies schon aus, wenn er sagt, dass man der „Suggestion der sog. „Höchstpersönlichkeit"" erlegen sei; siehe ferner *Karsten Schmidt*, DB 2001, 1019.

989 Dazu noch unten § 5 A. III. 3. (= S. 180f.).

weile durch das zweite Umwandlungsrechtsänderungsgesetz[990] aufgehobenen §§ 131 I Nr. 1 S. 2, 132 UmwG a.F. einzugehen. Denn sie offenbaren ein ursprüngliches Konzept des Gesetzgebers, dessen Kenntnis – trotz der sehr zu begrüßenden Aufhebung[991] der Vorschriften – auch für das Verständnis des geltenden Umwandlungsrechts weiterführend ist. Die Paragraphen regelten Folgendes:

§ 131 I Nr. 1 S. 2 UmwG a.F.

„Gegenstände, die nicht durch Rechtsgeschäft übertragen werden können, verbleiben bei Abspaltung und Ausgliederung im Eigentum oder in Inhaberschaft des übertragenden Rechtsträgers."

§ 132 UmwG a.F.

„Allgemeine Vorschriften, welche die Übertragbarkeit eines bestimmten Gegenstandes ausschließen oder an bestimmte Voraussetzungen knüpfen oder nach denen die Übertragung eines bestimmten Gegenstandes einer staatlichen Genehmigung bedarf, bleiben durch die Wirkung der Eintragung nach § 131 unberührt. § 399 des Bürgerlichen Gesetzbuchs steht der Aufspaltung nicht entgegen."

Jens Petersen[992] hat ganz zu Recht das Grundanliegen der Regelung des § 132 UmwG a.F. folgendermaßen zusammengefasst: „Es geht um die Klarstellung der Geltung des zivilrechtlichen Sukzessionsschutzes". § 132 UmwG war als Versuch zu verstehen, der Spaltungsfreiheit zum Schutz vor Missbräuchen Grenzen zu setzen. Nun besteht jedoch das Problem, dass der „zivilrechtliche Sukzessionsschutz" nach der gesetzlichen Ordnung des Bürgerlichen Gesetzbuchs gerade an die Zustimmung der Parteien anknüpft, die im Fall der Spaltung entbehrlich ist.[993] Es muss daher nicht erstaunen, dass ähnlich wie bei der angeführten Debatte zum Schweizer FusG[994] auch in Deutschland vertreten wurde, dass Verträge aufgrund der Vorschrift des § 132 UmwG a.F. nicht übertragungsfähig sind.[995] Damit nivelliert man jedoch den Unterschied, der zwischen dem auf die rechtsgeschäftliche Singularsukzession bezogenen System des BGB und den Tatbeständen der rechtsgeschäftlich steuerbaren Universalsukzession nach dem UmwG besteht. Man wendet diejenigen Vorschriften an, deren Anwendung gerade durch die Einhaltung der spaltungsrechtlichen Prozedur entbehrlich sein soll.[996]

---

990 BGBl. I. 2007, S. 542ff., 546, Art. 1, Nr. 20 und 21.

991 So die ganz einhellige Meinung *Bayer/Schmidt*, NZG 2006, 737, 743: „unzweifelhaft eine der wichtigsten Reformen des vorliegenden Entwurfs"; DAV-Handelsrechtsausschuss, NZG 2006, 737, 743; DNotV, Stellungnahme zum Referentenentwurf, Anm. Nr. 10; *K.J. Müller*, NZG 2006, 491ff.; *Schröer*, in: Semler/Stengel, UmwG, § 131 Rdn. 12.

992 Gläubigerschutz im Umwandlungsrecht, S. 347.

993 Siehe dazu bereits oben § 5 A. II. (= S. 141ff.).

994 Siehe oben unter § 5 A. I. (= S. 139ff.).

995 So etwa *Goutier*, in: Goutier/Knopf/Tulloch, UmwR, § 131 Rdn. 13.

996 Siehe hierzu einerseits die treffenden Ausführungen des BAG ZIP 2005, 957, 960f.; andererseits AG Hamburg ZIP 2005, 1249ff. (zur Möglichkeit der Ausgliederung von Pensionsverbindlichkeiten; gute Übersicht hierzu bei *Hohenstatt/Seibt*, ZIP 2005, 231ff.).

Vor diesem Hintergrund ist auch zu verstehen, dass die Vorschrift erhebliche Verunsicherung hervorgerufen hat.[997] Dennoch müssen, wie schon bei der kaufrechtlichen Debatte zu § 444 BGB a.F., die teilweise versuchten Auslegungsklimmzüge befremden.[998] Für die hier interessierenden Zusammenhänge sollen die folgenden Ausführungen genügen: Problematisch an der Regelung des § 132 UmwG a.F. war nicht der Satz 1, sondern der Satz 2 der Vorschrift.[999] Mit der Anordnung des Satzes 1 konnte man leben, da er ohnehin nur Selbstverständliches regelte, das auch weiterhin gilt, nachdem die Vorschrift gestrichen wurde. Von einem Rechtsübergang ausgenommen sind diejenigen Rechte, deren Übertragbarkeit durch Gesetz explizit ausgeschlossen sind.[1000] Diese mögen sich aus dem öffentlichen Recht[1001] ergeben oder einen der seltenen zivilrechtlichen Fälle betreffen. Zu nennen ist der Nießbrauch mit der Sonderregelung des § 1059a BGB. Der Rechtsübergang richtet sich hier nicht nach Spaltungsrecht, sondern nach den Voraussetzungen des § 1059a I Nr. 1 BGB.[1002] Vom Rechtsübergang im Wege der Univer-

---

[997] Siehe nur die verschiedenen, teils auf die Auslegung des § 132 UmwG fokussierten Dissertationen von *Gutzler*, Übertragungshindernis bei der Spaltung, Frankfurt a.M. 2000; *Marx*, Auswirkungen der Spaltung nach dem Umwandlungsgesetz, Berlin 2001; *Müntefering*, Zivilrechtliche Schranken der partiellen Universalsukzession, Berlin 2003; vgl. ferner die Referate von *Schäfer*, S. 114ff. und *Jesch*, S. 148ff., in: Die Spaltung im neuen Umwandlungsrecht (jeweils 1999); schließlich *Petersen*, Gläubigerschutz im Umwandlungsrecht, S. 344ff.; *Heidenhain*, ZHR 168 (2004), 468ff.; *Werhahn*, Der Kreditvertrag in der Umwandlung, S. 113ff.; siehe auch noch zum Ref-E *Hennrichs*, AG 1993, 508ff.

[998] Deutliche Worte findet auch *Voigt*, Umwandlung und Schuldverhältnis, S. 46, wenn sie davon spricht, dass viele der Auslegungsversuche „gekünstelt" wirken.

[999] Es geht zu weit, wenn *Voigt*, Umwandlung und Schuldverhältnis, S. 46 davon spricht, dass es sich bei § 132 S. 1 UmwG um ein „Musterbeispiel für die dogmatische Präzision des Umwandlungsgesetzgebers" handelt. Dem Grundtenor ist jedoch zuzustimmen. Fehlleitend war die begleitende Begründung des Gesetzgebers (BT-Drucks. 12/6699, S. 121); leider behandelt *Voigt* nicht den Satz 2 der Vorschrift.

[1000] BAG, ZIP 2005, 957, 961.

[1001] Es ist jeweils zu prüfen, ob der Rechtsübergang ausgeschlossen ist, sodass nur die Neubegründung in Betracht kommt oder aber die Übertragung an besondere Voraussetzungen geknüpft ist; die Einzelheiten interessieren hier nicht weiter; Auflistungen relevanter Genehmigungstatbestände etwa bei *Hörtnagel*, in: Schmitt/Hörtnagel/Stratz, UmwG, § 132 Rdn. 48.

[1002] Freilich ist hier streitig, ob von § 1059a I Nr. 1 BGB auch die Spaltung erfasst ist, da dieser Fall historisch für den Fall der Verschmelzung konzipiert wurde (dazu *Karsten Schmidt*, FS Ulmer, S. 557, 570f.); entgegen der vielfach vertretenen Meinung (siehe *Karsten Schmidt*, FS Ulmer, S. 557, 571 und *Bungert*, BB 1997, 897ff. freilich mit ganz unterschiedlicher Bewertung im Detail) geht es aber nicht darum zu verhindern, dass der Nießbrauch im Wege des Spaltungsplans übertragungsfähig gemacht wird. Denn der Nießbrauch kann aufgrund des § 1059 BGB niemals im Wege der Universalsukzession per Spaltungsvertrag übertragen werden. Die Gesamtrechtsnachfolge ist nur Tatbestandsmerkmal für den Rechtsübergang kraft Gesetzes (*Pohlmann*, in: MünchKomm, § 1059a Rdn. 6); zu befürworten ist jedoch, den Nießbrauchsübergang auch bei der Spaltung zuzulassen, wenn das betriebene Unternehmen oder ein Teil desselben im Sinne des § 1059a I Nr. 2 BGB übertragen wird (so auch *Teichmann*, in: Lutter, UmwG, § 132 Rdn. 27; siehe hierzu auch *Breit*, ZHR 95 (1930), 1, 49f. (dazu schon Fn. 921)).

salsukzession sind gleichermaßen ausgeschlossen Mietverhältnisse, die unter den Sukzessionsschutz des § 566 BGB fallen[1003] und Arbeitsverhältnisse, die von § 613a BGB[1004] erfasst werden. Zu beachten gilt es weiterhin, dass im Gegensatz zu der vielfach vertretenen Meinung unter § 132 S. 1 UmwG a.F. auch nicht die Vorschriften über die Auswirkungen des Todes einer natürlichen Person fallen. Wie unter III. 2. a. (= S. 153 ff.) ausgeführt wurde, ist ohnehin davon abzurücken, diese Vorschriften in Analogie heranzuziehen. Zusammenfassend kann man daher sagen, dass man mit der Regelung des § 132 S. 1 UmwG a.F. hätte leben können, da es so gut wie keine Anwendungsfälle gab.

Weitaus problematischer ist die Regelung des § 132 S. 2 UmwG a.F. Denn aus ihr kann und ist geschlossen worden, dass § 399 BGB in den Fällen der Abspaltung und Ausgliederung, wenn also der Ausgangsrechtsträger bestehen bleibt, anwendbar ist.[1005] Dass zunächst ein *pactum de non cedendo* (§ 399 2. Alt. BGB) den Übergang des gesamten Rechtsverhältnisses bei einem Spaltungsvorgang behindern konnte, war schon damals nicht einzusehen. Denn es besteht ein großer Unterschied, ob die Parteien eine Forderung als nicht fungibel ausgestalten oder aber eine Regelung für den Fall des Übergangs des gesamten Rechtsverhältnisses treffen.[1006] Als weitaus problematischer erweist sich demgegenüber die Anwendung des § 399 1. Alt. BGB.[1007] Es kann hier an das bereits oben angeführte Mietvertragsbeispiel[1008] angeknüpft werden: Ein Mietverhältnis kann nicht abgetreten werden, da die Auswechslung der Mietpartei eine Inhaltsänderung im Sinne des § 399 1. Alt. BGB der zu bewirkenden Leistung bedeuten würde und eine Abtretung daher ausgeschlossen ist. Sollen daher sämtliche Mietverhältnisse bei einer Unternehmensabspaltung oder -ausgliederung nicht übergehen? Teilweise versucht man, die Auswirkungen des § 399 1. Alt. BGB mit dem Hinweis auf den Unternehmensbezug von Verträgen abzuschwächen.[1009] Das konnte jedoch nicht über die grundsätzliche Problematik hinweghelfen. Denn über § 399 1. Alt. BGB, der zugeschnitten ist auf die Forderungszession, ist man in der Lage, den Sinn und Zweck der Universalsukzession als Mittel des Subjektwechsels ohne die Zustimmung des anderen Vertragspartners vollständig zu konterkarieren.

[1003] *Voigt*, Umwandlung und Schuldverhältnis, S. 112ff.; zum Anwendungsbereich des § 566 *Riecke*, in: AnwK, § 566 Rdn. 5ff.

[1004] *Willemsen*, in: Kallmeyer, UmwG, § 324 Rdn. 18, 52f.; *Annuß*, in: Staudinger, § 613a Rdn. 41, 130ff.

[1005] BT-Drucks. 12/6699, S. 121; *Busche*, in: Staudinger, Einl. zu §§ 398ff. Rdn. 194; *Kallmeyer*, in: Kallmeyer, UmwG, § 132 Rdn. 4; *Teichmann*, in: Lutter, UmwG, § 132 Rdn. 5, 38; a.A. *Hörtnagel*, in: Schmitt/Hörtnagel/Stratz, UmwG, § 132 Rdn. 24ff. (differenzierend zwischen § 399 1. Alt. und 2. Alt. BGB).

[1006] Für den Erbfall bereits *Boehmer*, in: Staudinger[11. Aufl.], § 1922 Rdn. 204; *Marotzke*, in: Staudinger, § 1922 Rdn. 302; für das UmwR *Karsten Schmidt*, DB 2001, 1019, 1022; *ders.*, in: MünchKommHGB, § 354a Rdn. 15.

[1007] Siehe auch noch gleich zur Anwendung des § 399 1. Alt. BGB als Ausschlussgrund des Rechtsübergangs bei der Fusion von Brauereien unten γ. (αα) (= S. 173 ff.).

[1008] Siehe oben unter § 5 A. III. 2. b. aa. α. (αα) (= S. 161ff.).

[1009] *Busche*, in: Staudinger, Einl. zu §§ 398ff., Rdn. 194.

Wie der Anordnung des § 132 S. 2 UmwG a.F. beizukommen gewesen wäre, ist glücklicherweise nicht mehr von Relevanz. Die Analyse bleibt jedoch reizvoll, da an ihr sehr gut die Unterschiede zwischen der Rechtsübertragung im Wege der Singularsukzession nach BGB und der Vermögensübertragung im Wege der Universalsukzession aufgezeigt werden kann. Für das geltende Umwandlungsrecht, aber auch für die Rechtsübertragung nach den §§ 25, 28 HGB, sollte gelten, dass § 399 BGB sowohl in der ersten als auch in der zweiten Variante keine Anwendung findet. Besteht ein Vertragsverhältnis, in dem die Forderungsfungibilität gem. § 399 2. Alt. BGB eingeschränkt ist, so geht das gesamte Rechtsverhältnis ohne Zweifel auf den neuen Rechtsträger über.[1010] Selbstverständlich ist der Sukzessor dabei im gleichen Maße an das *pactum de non cedendo* gebunden wie sein Vorgänger.

β. Leistungserbringung im unternehmensrechtlichen Kontext

In der Gesetzesbegründung zur Aufhebung des § 132 UmwG a.F. ist zu lesen, dass „von der Rechtsnachfolge nur höchstpersönliche Rechte und Pflichten ausgenommen“[1011] sind. Und ausdrücklich ist in § 38 UGB formuliert, dass nur „die unternehmensbezogenen, nicht höchstpersönlichen Rechtsverhältnisse des Veräußerers“ übergehen. Was nun im Einzelnen unter der Höchstpersönlichkeit eines Rechts verstanden wird, ist sehr stark abhängig von der getroffenen Definition, wenn der Begriff nicht sogar als Sammelbecken für nur schwer kategorisierbare Fälle benutzt wird. Nicht dazu zählen sollte man die Fälle, in denen die Parteien eine rechtsgeschäftliche Vereinbarung für ein Umwandlungsszenario getroffen haben. Aus der rechtsgeschäftlichen Vereinbarung ergibt sich, ob das Recht überhaupt übergeht, möglicherweise ein besonderes Kündigungsrecht oder andere schuldrechtliche Folgen aufgrund des Eintritts des vereinbarten Ereignisses nach sich zieht. Das hat aber nichts mit der Höchstpersönlichkeit des Rechtsverhältnisses zu tun, sondern bedeutet, dass die Parteien schlicht privatautonom für den eventuellen Fall einer Rechtsübertragung besondere Vereinbarungen getroffen haben. Schließlich sind hierzu auch nicht die Vorschriften des BGB über die Auswirkungen des Todes einer natürlichen Person auf Rechtsverhältnisse zu zählen, denn von einer analogen Anwendung dieser Vorschriften ist abzurücken.[1012] Der Tod einer natürlichen Person ist nicht mit dem Vermögenstransfer im unternehmensrechtlichen Kontext vergleichbar. Auf der Grundlage dieser Einschränkungen kann der Frage nachgegangen werden, inwieweit ein besonderer Personenbezug einer Rechtsübertragung im Wege der Universalsukzession entgegenstehen könnte. Es geht darum, inwieweit der persönlichen Leistungserbringung im unterneh-

---

[1010] *Karsten Schmidt*, DB 2001, 1019, 1022; *ders.*, in: MünchKommHGB, § 354a Rdn. 15; aus dem Schweizer Recht *Watter/Kägi*, SZW/RSDA 2004, 231, 242 (mit dem überdenkenswerten Ansatz, dass die Übertragung einer vinkulierten Forderung ausgeschlossen sei, wenn es nur darum gehe einzelne Forderungen zu übertragen); zur Verschmelzung bereits *Saacke*, Gesamtrechtsnachfolge bei der Fusion, S. 45.

[1011] BT-Drucks. 16/2919, S. 19; so auch DAV-Handelsrechtsausschuss, NZG 2006, 737, 743.

[1012] Dazu bereits oben § 5 A. III. 2. a. (= S. 153 ff.).

mensrechtlichen Kontext Bedeutung zukommt und sie Auswirkungen auf die Rechtsübertragung haben kann oder auch nur nach dem Rechtsübergang Wirkung entfaltet. Dies führt zurück zu den eingangs ausgeführten Überlegungen von *James Breit*.[1013] Denn *Breit* stellt das beim Kontrahieren mit natürlichen Personen anzutreffende „individuelle Moment" für juristische Personen in Abrede. Ganz ähnlich hat der OGH[1014] in der bereits angeführten Entscheidung zu § 131 UGB ausgeführt: „Wer mit einer juristischen Person kontrahiert, hat idR von vorneherein die Irrelevanz eines Wechsels der Gesellschafter und Organe anerkannt; er muss daher auch eine Gesamtrechtsnachfolge hinnehmen". Es wäre nun voreilig daraus zu schließen, dass beim Kontrahieren mit einer Gesellschaft stets jeglicher Personenbezug auszuschließen sei und die Leistungserbringung *qua definitionem*, anders als wenn man mit einer natürlichen Person kontrahiert, ohne Bezug auf die persönlichen Eigenschaften einzelner Personen abgeschlossen würde. Hier muss differenziert werden.

Grundsätzlich kann natürlich ein Verband Leistungspflichten nur durch eine zurechenbare Handlung seiner Organe oder durch Dritte erfüllen.[1015] Die Leistungspflicht eines Verbandes ist im Gegensatz zu der Leistungspflicht einer natürlichen Person jedoch insofern modifiziert, als dass die Rechtsverhältnisse unternehmensbezogen abgeschlossen werden.[1016] Im unternehmensrechtlichen Kontext ist die Leistungserbringung nicht auf eine individuelle Person ausgerichtet, sondern auf eine Organisationsstruktur: das Unternehmen. Damit ist jedoch nichts zu dem Problem gesagt, welche Bedeutung einer vereinbarten Leistungserbringung durch eine besondere Person zukommen mag. Dies ist, wie *Karsten Schmidt*[1017] in Bezug auf die Gesellschaft bürgerlichen Rechts ausgeführt hat, eine Frage des *Vertragsinhalts*. Kontrahiert etwa ein Mandant mit einer Rechtsanwaltssozietät oder einer Arztpraxis[1018] und wird der Vertrag nicht mit einem einzelnen Sozius oder Arzt abgeschlossen („im eigenen Namen"), so ist es eine Frage der Vertragsauslegung, ob die entsprechende Leistung nur von einer speziellen Person erbracht werden kann.[1019]

Ist die Vereinbarung einer persönlichen Leistungserbringung ohne Weiteres möglich, so ist es eine ganz andere Frage, ob dies auch der Übertragung des Rechtsverhältnisses im Wege der Universalsukzession entgegenstehen kann. Wie

---

1013 Oben unter § 5 A. III. 2. a. (= S. 153 ff.).

1014 GesRZ 2007, 341, 343.

1015 Zur Handlungsfähigkeit juristischer Personen durch ihre Organe siehe nur *W. Flume*, AT I./2., § 11 I. (= S. 377 ff.); *Karsten Schmidt*, GeslR, § 10 (= S. 247 ff.).

1016 Dazu oben unter A. III. 1. a. und b. (= S. 148).

1017 GeslR, § 60 II. 2. (= S. 1776).

1018 Auf die berufsrechtlichen Vorgaben ist nicht näher einzugehen, siehe aber für den Bereich des Medizinrechts *Katzenmeier*, MedR 1998, 113 ff. und zur Rechtsanwalts-GmbH *Henssler*, ZHR 161 (1997), 305 ff.

1019 Nicht zu folgen ist der gängigen Ansicht, die aus den §§ 713 i. V. m. 664 I BGB folgern will, dass im Zweifel die Leistung durch den geschäftsführenden Gesellschafter zu erbringen ist (vgl. etwa *Krüger*, in: MünchKomm, § 267 Rdn. 5). § 713 BGB betrifft nur die Binnenordnung der Gesellschaft.

schon im Zusammenhang mit der Erbfolge gem. § 1922 BGB ausgeführt wurde, kann der Ausschluss des Rechtsübergangs nicht allein auf die sog. „Höchstpersönlichkeit" einer Rechtsbeziehung gestützt werden. War eine besondere persönliche Leistungserbringung vereinbart, so bleibt diese auch nach dem Rechtstransfer bestehen. Der Inhalt der jeweiligen Rechtsbeziehung ist nur insoweit relevant, als dass er als Anknüpfungspunkt für etwaige nach dem Rechtsübergang eintretende leistungsstörungsrechtliche Folgen dienen kann.[1020] Nicht unberücksichtigt darf dabei auch bleiben, dass bei einer Spaltung oder einer Rechtsübertragung nach den §§ 25, 28 HGB der übertragende Rechtsträger weiterhin gesamtschuldnerisch verpflichtet bleibt.[1021] Dem kann eine besondere Bedeutung zukommen, wenn es zu keiner deckungsgleichen Zuweisung der Produktionsmittel und der Leistungspflichten kommt.[1022] Festzuhalten bleibt noch einmal, dass die sog. Höchstpersönlichkeit keine eigene Kategorie bildet, die den Vermögenstransfer nach UmwG oder HGB ausschließen kann.[1023]

§ 38 UGB des österreichischen Unternehmensgesetzbuchs liest sich freilich anders. Nach § 38 I UGB gehen nur die „unternehmensbezogenen, nicht höchstpersönlichen Rechtsverhältnisse" auf den Erwerber über. Streng genommen ist dies ein Widerspruch.[1024] Wird nämlich ein Rechtsgeschäft unternehmensbezogen abgeschlossen, ist die Leistungsvereinbarung auf das Unternehmen bezogen. Dass auch bei unternehmensbezogenen Rechtsgeschäften die Leistungserbringung auf eine besondere Person bezogen sein kann, wurde bereits angeführt. Das macht sie aber noch lange nicht zu höchstpersönlichen Rechtsbeziehungen, die nicht übertragungsfähig sind. Das Problem am Passus von der Höchstpersönlichkeit in § 38 UGB wird daher immer sein, dass er sich nur schwer rechtlich konkretisieren lässt. *Sonja Bydlinski*[1025] weist in einer der ersten Kommentierungen zum UGB darauf hin, dass der „Höchstpersönlichkeit" Bedeutung bei Freiberuflern zukommen mag, wenn diese die Leistungserbringung in Person zugesagt haben. Das UGB findet nämlich im Gegensatz zum deutschen HGB nun auch bei den freien Berufen Anwendung, wenn die Eintragung in das Firmenbuch veranlasst wurde. Aber auch bei den freien Berufen wird ein Interesse bestehen, das Büro, die Praxis etc. unter Zuhilfenahme des § 38 UGB an einen Erwerber zu übertragen. Hat sich nun z.B. ein Architekt verpflichtet, ein Haus zu errichten, und wurde gerade dieser Archi-

---

1020 dazu gleich unten γ. (= S. 173ff.).

1021 Hierzu *M. Wolf*, Der Konzern 2003, 661, 669f.: „Die Interessen des Gläubigers werden deshalb (sc. aufgrund der Spaltungshaftung) durch den Übergang der höchstpersönlichen Verbindlichkeit grundsätzlich nicht beeinträchtigt."; zur Spaltungshaftung noch ausführlich unter B. (= S. 183 ff.).

1022 Dazu noch unter § 5 B. I. 3. b. cc. (= S. 201 f.).

1023 Verwiesen sei nochmals auf die Ausführungen von *Binder* Fn. 964.

1024 A.A. *Krejci*, in: Dehn/Krejci, Das neue UGB, S. 49; *ders.*, FS Canaris, Bd. II., S. 735, 742; siehe auch *S. Bydlinski*, in: RK-UGB, § 38 Rdn. 16: „Die weitere Einschränkung auf „nicht höchstpersönliche" Rechtsverhältnisse dürfte keine große Bedeutung haben, weil unternehmensbezogene Rechtsverhältnisse eher selten zugleich auch höchstpersönliche Rechte oder Verpflichtungen begründen."

1025 In: RK-UGB, § 38 Rdn. 16.

tekt aufgrund seines besonderen Stils ausgewählt, so könnte man aus diesen Umständen auf die Höchstpersönlichkeit des Vertragsverhältnisses schließen und die Möglichkeit eines Rechtsübergangs daher verneinen. Wie sieht es aber aus, wenn der Architekt seine laufenden Vertragsverhältnisse in eine Gesellschaft einbringen will? Wird man ihm auch in diesem Fall die Rechtsübertragung mit Hinweis auf die höchstpersönliche Natur des Vertrags verwehren? Klar sollte sein, dass nach dem Rechtsübergang die im Vertrag festgelegte persönliche Leistungserbringung weiterhin unverändert bestehen bleibt. War der Architekt aufgrund seiner besonderen Eigenschaften verpflichtet worden, so besteht auch nach dem Rechtsübergang die rechtliche Verpflichtung, dass die Erstellung der Pläne etc. auch weiterhin durch diesen Architekten erfolgen muss. Ersichtlich fällt die Unterscheidung einfacher, je nach dem, ob der aufnehmende oder übertragende Rechtsträger eine Gesellschaft ist.[1026] Es ist aber durchaus zweifelhaft, ob für die Frage der Rechtszuordnung ein derart großer Unterschied zwischen natürlichen Personen und Gesellschaften zu ziehen ist. Selbst für den Fall, dass der Architekt sein Büro an einen anderen Architekt übertragen will, sind die Dinge nicht so eindeutig, wie sie scheinen. So wird in der überwiegenden Zahl der Fälle der Erwerber gleichermaßen die Auftragserteilung bewältigen können und die besondere persönliche Leistungserbringung nur die Ausnahme darstellen.[1027] Auch wird nicht die Übertragung einzelner Verträge den Regelfall bilden, sondern, gerade weil die Aufträge einen großen Teil des *Goodwill* des Unternehmens ausmachen, der Erwerber ein Interesse daran haben, in den Gesamtbestand der noch ausstehenden Verträge einzutreten. Es darf hier nicht vergessen werden, dass der Unternehmensfortführung im Rahmen des § 38 UGB wie auch des § 25 HGB entscheidende Bedeutung zukommt. Weiterhin ist zu berücksichtigen, dass auch Veräußerer und Erwerber zeitlich begrenzt für die Leistungserbringung einzustehen haben.[1028] Der Frage wird im österreichischen Recht aber wohl in der Praxis keine gesteigerte Bedeutung zukommen, da die betroffenen Vertragspartner ohnehin den Übergang des Rechtsverhältnisses durch die Ausübung des Widerspruchsrechts zunichte machen können.

War nun mehrfach von den freien Berufen die Rede, muss in diesem Zusammenhang darauf hingewiesen werden, dass für die Übertragung von Rechtsverhältnissen bestimmter Personengruppen der freien Berufe sich Besonderheiten aus dem strafbewehrten Schutz von Berufsgeheimnissen gem. § 203 StGB ergeben können.[1029] Das Problem ist von der Literatur – soweit ersichtlich, gibt es hier

---

[1026] Für das deutsche Recht ist die Diskussion auch auf diese Konstellation beschränkt, da Freiberufler nur in Form einer Gesellschaft als „Kaufleute" auftreten können und somit auf die Gestaltungsmöglichkeiten des UmwG und des § 25 HGB zurückgreifen können; siehe dazu auch oben § 3 C. III. 2. a. (= S. 127 f.).

[1027] So wohl auch die Einschätzung von *S. Bydlinski*, in: RK-UGB, § 38 Rdn. 16; siehe in diesem Zusammenhang auch die grundsätzlichen Überlegungen bei *Oppikofer*, Unternehmensrecht, S. 10.

[1028] Hierzu noch unter § 5 B. II. 2. (= S. 204 f.).

[1029] *Teichmann/Kiessling*, ZGR 2001, 33, 39, 62ff.; siehe auch bereits die Angaben oben in Fn. 359.

noch keine einschlägige Rechtsprechung[1030] – im Zusammenhang mit der Diskussion um die datenschutzrechtlichen Auswirkungen von Umwandlungen[1031] angesprochen worden. Für den Rechtsübergang gilt in einem solchen Fall Folgendes: Der Verschmelzungs- oder Spaltungsvertrag ist sowohl in schuldrechtlicher als auch in dinglicher Hinsicht gem. § 134 BGB nichtig. Ob der Vertrag dennoch aufrechterhalten werden kann, ist eine Frage des § 139 BGB. Der Registerrichter wird die Eintragung aber in jedem Fall verweigern müssen.[1032] Ist die Umwandlungsmaßnahme aber erst einmal eingetragen, so wird man dem Übertragungsakt gem. §§ 20 II bzw. 131 II UmwG Bestandskraft zusprechen müssen.[1033]

γ. Mögliche leistungsstörungsrechtliche Folgen eines Rechtsübertragung im Wege der gewillkürten Universalsukzession

Geht man grundsätzlich davon aus, dass Verträge, wenn die Parteien keine besondere Absprachen getroffen haben, grundsätzlich frei übertragbar sind, können sich aus dem Übergang des Rechts auf den übernehmenden Unternehmensträger leistungsstörungsrechtliche Folgen ergeben.

(αα) Unmöglichkeit

Die Erfüllung von Leistungspflichten kann aufgrund des Übergangs eines Vertrags auf einen anderen Rechtsträger unmöglich werden. Weiterhin können sich hieran anknüpfend Schadensersatzpflichten ergeben. Davon wird noch zu handeln sein, da diese Frage nur im Zusammenhang mit der Ausgestaltung der Spaltungshaftung bzw. der Haftung von Erwerber und Veräußerer beantwortet werden kann.[1034] Es kann aber nicht oft genug betont werden, dass der Eintritt der Unmöglichkeit nur zu klären ist, wenn man den Vertragsinhalt im Wege der Auslegung nach den §§ 133, 157 BGB ermittelt. Der in das Vertragsverhältnis eintretende Unternehmensträger ist in gleicher Weise an die vertraglichen Übereinkünfte ge-

---

[1030] Ob den Entscheidungen des OLG München, NJW 2000, 2592 ff. und – im Ergebnis davon abweichenden – des BGH (BGHZ 148, 97 ff.) Aussagewert zukommt, ist zweifelhaft, da nicht klar wird, ob die Gerichte auch eine Fusion im rechtstechnischen Sinne im Blick hatten.

[1031] Auf die datenschutzrechtlichen Implikationen von Umwandlungen und Unternehmensübertragungen ist nicht einzugehen; siehe hierzu aber eingehend *Teichmann/Kiessling*, ZGR 2001, 33 ff.; ferner die Referate in der ZHR 165 (2001) von *Marsch-Barner/Mackenthun*, S. 426 ff., *Zöllner*, S. 440 ff. und *Simitis*, S. 453 ff.; a. A. aber etwa *Wengert/Widmann/Wengert*, NJW 2000 1289 ff.; zum österreichischen Recht *Feltl/Mosing*, GesRZ 2007, 233 ff.; zum Schweizer Recht *Gericke*, SJZ 99 (2003), 1 ff.

[1032] Siehe hierzu den Fall des OLG Hamm, NJW 1997, 666 f.

[1033] *Teichmann/Kiessling*, ZGR 2001, 33, 70; *Kübler*, in: Semler/Stengel, UmwG, § 20 Rdn. 91; siehe zu § 20 II UmwG schon oben unter § 3 II. 2. b) (= S. 84); eine solche Privilegierung ist hingegen im Rahmen des § 25 HGB nicht anzunehmen, vgl. dazu oben § 4 IV. 2. c. (= S. 130 f.).

[1034] Dazu unten B I. 3. cc. (= S. 201 f.).

bunden wie sein Vorgänger.[1035] Das mag alles trivial klingen, wird aber vielfach nicht hinreichend beachtet.

Wie wichtig die Beachtung der in einem Vertrag festgelegten Leistung ist, kann anhand einer in der Weimarer Republik geführten in manchen Details geradezu kurios wirkenden Debatte über die Auswirkungen der Fusion von Brauereien auf Bierlieferungsverträge veranschaulicht werden. Viele Wirte hatten sich im Zuge der Konzentration der Brauereiindustrie bei der Fusion der einzelnen Brauereien geweigert anzuerkennen, dass die Bierlieferungsverträge auf die übernehmende Gesellschaft übergegangen und mit dieser fortzuführen seien.[1036] Das alleine ist noch nicht erstaunlich. Erstaunlich war, wie diese Fälle durch die Rechtsprechung beurteilt wurden. So hatte das Reichsgericht in JW 1908, 219 entschieden, dass dem Vertragsübergang nichts im Wege stünde, da für den Vertrag nicht die Art des Bieres, sondern nur die „Gegenleistung für den Abkauf" wesentlich sei. In zwei Urteilen des Reichsgerichts[1037] wurde schließlich die Meinung vertreten, dass das Brauen von Bier eine unvertretbare Leistung darstelle und „auf die Anschauung des konsumierenden Publikums, selbst wenn sie auf Vorurteilen beruhen", Rücksicht zu nehmen sei. Begründet wurde damit das Freiwerden des Wirtes von der Bindung des Bierlieferungsvertrags nach der Fusion der Brauereien. *Künstler*[1038] hat dies damit begründet, dass der Übertragung des Vertrags § 399 1. Alt. BGB entgegenstehen würde. Darüber hinaus vertrat er sogar die Meinung, dass die explizite Vereinbarung des Fortbestehens des Bierlieferungsvertrags an § 138 BGB scheitern müsse.[1039] Dass dieser Auffassung nicht zu folgen ist, steht außer Frage. Es geht aber auch nicht darum, dass der Rechtsübergang durch § 399 1. Alt. BGB verhindert wird,[1040] sondern, dass die aufnehmende Brauerei an den Inhalt des jeweiligen Bierlieferungsvertrags gebunden ist.[1041] Ganz zu Recht hat das Reichsgericht in JW 1908, 209 formuliert, das der Vertrag „so wie er bestand" auf die neue Gesellschaft übergeht. „So wie er bestand" hat die übernehmende Gesellschaft den Vertrag zu erfüllen. Es geht ganz grundsätzlich darum zu ermit-

---

1035 RG JW 1908, 219; *Breit*, ZHR 95 (1930), 337, 365f.

1036 Hierzu *Künstler*, Bierlieferungsvertrag[2. Aufl.], S. 72, 74; *ders.*, JW 1929, 1105; teilweise relativierend aber *ders.*, Bierlieferungsvertrag[3. Aufl.], S. 147ff.; dagegen aber zu Recht *R. Goldschmidt*, Sofortige Verschmelzung, S. 78.

1037 Das Recht 1906, 503 („Unions-Bräuerei ./. Münchner Kindl") und JW 1913, 539f.

1038 JW 1929, 1105 (siehe auch Fn. 1036).

1039 *Künstler*, Bierlieferungsvertrag[2. Aufl.], S. 69f.,[3. Aufl.], S. 147f.; *ders.*, JW 1929, 1105; siehe auch zustimmend *Heinichen*, in: Staub[14. Aufl.], Anhang zu § 374 Anm. 2c.

1040 Gegen die Anwendung des § 399 1. Alt. BGB bereits oben A. III. 2. b. aa. α. (αα) (= S. 161 ff.) m. Fn. 1006.

1041 Das wird auch heutzutage zu wenig beachtet, wenn der Frage nachgegangen wird, ob ein Vertragsverhältnis aufgeteilt werden kann (siehe etwa zuletzt *Berner/Klett*, NZG 2008, 601ff.). Die Frage, ob ein Vertragsverhältnis aufgeteilt werden kann, ist ohnehin überaus missverständlich. Denn zu einer Zuweisung des Vertragsverhältnisses muss es in jedem Fall kommen. Problematisch ist insoweit, ob die aus einem Rechtsverhältnis resultierenden Forderungen und Schulden „asymmetrisch" verteilt werden können. Der Leistungsinhalt, mit Ausnahme des Leistungsempfängers, der ja gerade wechseln soll, kann jedoch nicht abgeändert werden.

teln, welche Eigenschaften zum wesentlichen Bestandteil des Vertrags durch die Parteien erhoben wurden.[1042]

In der Entscheidung JW 1913, 539f. lag das Problem nicht in der Frage, ob das Bier eine vertretbare Sache ist, sondern darin, dass die übernehmende Gesellschaft die Brauerei stillgelegt hatte und nun dem Wirt ein Bier aus anderer Produktion liefern wollte. War nun aber im Bierlieferungsvertrag nur die Lieferung des Bieres der stillgelegten Produktion vereinbart worden, so war er auch nicht verpflichtet, anderes Bier anzunehmen. Die übernehmende Gesellschaft hatte das Unmöglichwerden der Leistung zu vertreten.[1043] Mit der Fusion hatte das aber nur mittelbar zu tun.

(ββ) Außerordentliches Kündigungsrecht

Aufgrund des Rechtsübergangs auf einen neuen Unternehmensträger können Kündigungsrechte entstehen. Anerkannt und auch von der Rechtsprechung[1044] bestätigt ist dabei, dass sich allein aus der Tatsache der Rechtsübertragung kein Kündigungsrecht ergeben kann.[1045] Wiederum hat *James Breit*[1046] in aller Klarheit die Zusammenhänge für das Verschmelzungsrecht dargestellt:

> „Eine ganz andere Frage ist die, ob der Untergang der aufgenommenen Gesellschaft im einzelnen Falle einen wichtigen Grund zur Auflösung des Vertragsverhältnisses bildet. Die Möglichkeit ist natürlich gegeben. Nur wird in Wahrheit der wichtige Grund nicht sowohl in der juristischen Vernichtung des ursprünglich berechtigten und verpflichteten Subjektes zu suchen sein, als vielmehr in der mit der Fusion verbundenen wirtschaftlichen Veränderung. Man wird daher auch in Annahme eines solchen wichtigen Grundes sehr zurückhaltend sein müssen. Denn in der Regel wird durch die Fusion das Interesse des Vertragsgegners an der Aufrechterhaltung des Vertragsverhältnisses überhaupt nicht berührt, und nur unter ganz besonderen Umständen wird man den Schluß ziehen dürfen, daß dem Vertragsgegner infolge der Fusion die weitere Durchhaltung des Vertragsverhältnisses nicht mehr zugemutet werden kann."

Würde man den betroffenen Dritten per se ein Kündigungsrecht geben, wäre das Ziel des Umwandlungsgesetzes, Vertragsverhältnisse auf den neuen Rechtsträger ohne die Zustimmung des betroffenen Dritten zu ermöglichen, weitestgehend konterkariert.[1047] Dies würde der Installierung eines Widerspruchsrechts, wie es in

---

[1042] Grundlegend hierzu *W. Flume*, Eigenschaftsirrtum und Kauf, Regensberg 1948; *ders.*, AT II., § 24 2. b) (= S. 476), § 26 3. (= S. 497ff.).

[1043] So auch *Künstler*, Bierlieferungsvertrag[2. Aufl.], S. 69, ohne aber dass diese Erkenntnis bei der Bewertung der nachfolgenden Urteile des Reichsgericht berücksichtigt werden.

[1044] BGHZ 150, 365ff. (Pachtverhältnis).

[1045] *Karsten Schmidt*, DB 2001, 1019, 1023; *ders.*, FS Ulmer, S. 557, 570; *Kleindiek/Rottschäfer*, WuB I E. 1. Kreditvertrag 1.02, 19; *Hennrichs*, Formwechsel und Gesamtrechtsnachfolge, S. 49; *Glanzmann*, Umstrukturierungen, Rdn. 660.

[1046] ZHR 95 (1930), 1, 36.

[1047] In diese Richtung auch *Böckli*, ST 2004, 899, 904 für das Schweizer Recht; siehe aber auch *Wiegand/Wichtermann*, Die Überleitung von Rechtsverhältnissen, S. 85 m. Fn. 106; im Rahmen der Ausarbeitung des sog. Risikobegrenzungsgesetz (Gesetz v. 12. 8. 2008, BGBl. I. 2008, S. 1666ff.) wurde darüber nachgedacht dem Darlehensnehmer, dessen Darlehen durch ein Grund- oder Schiffspfandrecht gesichert ist und das ohne seine Zustimmung auf einen

§ 38 III UGB vorgesehen ist, gleichkommen. Dem Vertragspartner kann nur ausnahmsweise ein außerordentliches Kündigungsrecht zustehen.[1048] Entscheidungen zu diesem Thema sind bislang rar.[1049] Überzeugend hat aber das OLG Karlsruhe[1050] in jüngerer Zeit entschieden, dass durch die Fusion zweier Banken das Vertrauensverhältnis zu einem kreditnehmenden Kunden unterminiert wurde und dieser dann kündigungsberechtigt ist. Der betroffene Vertragspartner wird aber stets besonders schwerwiegende Gründe vorbringen müssen, die auf die Unzumutbarkeit der Fortführung der Vertragsbeziehung schließen lassen.

Bei der Bewertung möglicher Kündigungsgründe wird man ferner zu berücksichtigen haben, dass das Kündigungsrecht in einer Verbindung mit dem Anspruch auf Sicherheitsleistung steht.[1051] Der Anspruch auf Sicherheitsleistung will die Gläubiger vor der Gefährdung ihrer Ansprüche, die aus der Umwandlung folgen könnten, schützen.[1052] Eine relevante Fallgruppe ist hier insbesondere die Verschlechterung der Solvenz des Vertragspartners durch die jeweilige Verschmelzungs- bzw. Spaltungsmaßnahme.[1053] Grundsätzlich sollte davon ausgegangen werden, dass so lange wie ein Anspruch auf Sicherheitsleistung geltend gemacht werden kann, ein Kündigungsrecht, gestützt auf die Gründe, die von § 22 UmwG erfasst werden, ausscheiden muss.[1054] Der Gläubiger kann das Vertragsverhältnis

---

anderen Rechtsträger übergeht, ein Sonderkündigungsrecht einzuräumen. Diese Vorschläge haben sich aber zu Recht nicht durchsetzen können. Vgl. hierzu *Habersack*, Stellungnahme, S. 7f.

1048 *Karsten Schmidt*, DB 2001, 1019, 1023; *Rieble*, ZIP 1997, 301, 305; *Petersen*, Gläubigerschutz im Umwandlungsrecht, S. 333ff.; *Grunewald*, in: Lutter, UmwG, § 20 Rdn. 50; *Maier-Reimer*, in: Semler/Stengel, UmwG, § 22 Rdn. 55; so auch schon *Breit*, ZHR 95 (1930), 1, 36, 38 in der oben zitierten Passage.

1049 Siehe aber schon RGZ 60, 56ff. (auch referiert bei *Petersen*, Gläubigerschutz in der Umwandlung, S. 330f.); 72, 15ff.; RG Seuff. A. 65 (1910), 57ff.; OLG München, JW 1929, 2365f. m. Anm. *Künstler* (Zur Frage, ob die Übernahme einer Brauerei durch eine Genossenschaft Auswirkungen auf die Bierqualität hat und zur Kündigung berechtigt; vom OLG zutreffenderweise verneint); BGHZ 150, 365ff.; siehe ferner das in § 46 Pol.HGB 1934 (vgl. oben in Fn. 729) statuierte außerordentliche Kündigungsrecht.

1050 NJW-RR 2001, 1492ff. (der XI. Zivilsenat des BGH hat die Revision nicht angenommen, gleichwohl seine Billigung der rechtlichen Würdigung durch das Berufungsgericht zum Ausdruck gebracht, Besch. v. 12. 3. 2002 – XI ZR 285/01) m. zust. Anm. *Kleindiek/Rottschäfer*, WuB I E. 1. Kreditvertrag 1.02; im konkreten Fall war das Kündigungsrecht aber verfristet.

1051 BGHZ 150, 365, 370; es ist jedoch unzutreffend, wenn im Urteil ausgeführt wird, dass zukünftige Ansprüche aus Dauerschuldverhältnissen nicht von § 22 UmwG erfasst werden. Die Ansprüche sind bereits begründet, die Frage ist nur für welchen „Zeitkorridor“ Sicherheit zu leisten ist, siehe hierzu *Maier-Reimer*, in: Semler/Stengel, UmwG, § 22 Rdn. 19, 46f. m.w.N.

1052 *Maier-Reimer*, in: Semler/Stengel, UmwG, § 22 Rdn. 1, siehe aber auch zum „Gebot“ der Zurückhaltenden Anwendung Rdn. 5.

1053 *Maier-Reimer*, in: Semler/Stengel, UmwG, § 22 Rdn. 21; *Grunewald*, in: Lutter, UmwG, § 22 Rdn. 12f.

1054 In diese Richtung auch *Grunewald*, in: Lutter, UmwG, § 20 Rdn. 50; dies wird auch für § 321 BGB (zur Auslegung dieser Norm allgemein *Tettinger*, in: AnwK, § 321 Rdn. 1ff.) zu aber außerordentlich kündigen, wenn der Rechtsträger dem begründeten Sicherheitsbegehren nach § 22 UmwG nicht nachkommt.[1055]

(γγ) Geschäftsgrundlage

Schließlich ist hier die äußerst schwierig zu fassende Thematik vom Wegfall der Geschäftsgrundlage anzusprechen.[1056] Wie sich für das allgemeine Zivilrecht nun in Anknüpfung an die Vorschrift des § 313 BGB die Geltung der sog. Grundsätze über die Geschäftsgrundlage ergibt,[1057] wird auch für das Umwandlungsrecht die Möglichkeit des Erfordernisses einer Vertragsanpassung bejaht.[1058] Dem Umwandlungsrecht ist dabei mit § 21 UmwG, der auf § 240 III S. 2 AktG 1937 (= § 346 III S. 2 AktG 1965) zurückzuführen ist, schon seit langem eine Sondervorschrift über die Anpassung des Vertrags bekannt.[1059] Damit ist jedoch noch nicht viel gesagt. Denn bekanntermaßen besteht gerade das Problem darin, zu extrahieren, wann nun ein Fall vorliegt, in dem kraft richterlichen Votums der Vertragsinhalt abgeändert werden muss. Solche Fälle sind rar. Unstreitig sollte sein, dass allein der Rechtsübergang kein hinreichender Grund für eine Vertragsanpassung darstellt.[1060] Ferner liegt es in der Konsequenz der zunehmenden Verbreitung von Change-of-Control-Klauseln in Lizenz-, Manager- und Kreditverträgen usw., dass sich für viele Bereiche etwaige Probleme nur noch in einem sehr eingeschränkten Maße stellen werden.[1061] Durch die Regelung von Change-of-Control-Klauseln geschieht nichts anderes, als dass die Praxis antizipierend für mögliche Konfliktfälle Sonderregelungen trifft.

---

gelten haben, siehe § 321 I S. 2 BGB, a. A. *Saacke*, Gesamtrechtsnachfolge bei der Fusion, S. 50 (zu einer Zeit, als das AktG noch keinen Anspruch auf Sicherheitsleistung vorsah).

1055 *Maier-Reimer*, in: Semler/Stengel, UmwG, § 22 Rdn. 69, § 133 Rdn. 7.

1056 Siehe hierzu grundsätzlich *W. Flume*, AT II., § 26 (= S. 494ff.).

1057 Zur Kodifizierung von Richterrecht krit. *Dauner-Lieb*, in: Zivilrechtswissenschaft und Schuldrechtsreform, S. 305ff.

1058 *Karsten Schmidt*, DB 2001, 1019, 1023; *Petersen*, Gläubigerschutz im Umwandlungsrecht, S. 326ff.; *Grunewald*, in: Lutter, UmwG, § 20 Rdn. 53.

1059 § 240 III S. 2 AktG 1937 ist auf einen Vorschlag der Akademie für Deutsches Recht zurückzuführen (*Klausing*, AktG 1937, S. 209; aufschlussreich ist die Wiedergabe der Sitzungsprotokolle bei *Schubert*, Akademie für Deutsches Recht, Ausschuss für Aktienrecht, S. 53ff., 439, 514). Der Vorschlag war jedoch vom Zeitgeist ideologisch unbelastet, da er sich insb. auf eine Anfang des 20. Jahrhunderts geführte Diskussion stützte; vgl. aus der Rspr. die Leitentscheidungen RGZ 89, 354ff., 108, 20ff. und RG JW 1926, 1809f. m. abl. Anm. *Kipp*; dazu aus der Lit. *Flechtheim*, JW 1927, 1060ff.; *Breit*, ZHR 95 (1930), 337ff. (mit Gesetzgebungsvorschlag auf S. 366); *R. Goldschmidt*, Sofortige Verschmelzung, S. 78ff.; *Lehner*, Die Einwirkung der aktienrechtlichen Fusion auf Verträge zur Behandlung von Wettbewerbsverboten bei der Spaltung, S. 69ff.; siehe heute *Maier-Reimer*, in: Semler/Stengel, UmwG, § 133 Rdn. 43ff.

1060 *Karsten Schmidt*, DB 2001, 1019, 1023; siehe auch *Breit*, ZHR 95 (1930), 337, 364.

1061 Lesenswert im Kontext der heutzutage anzutreffenden Change-of-Control-Klauseln in Managerverträgen sind die Ausführungen von *Breit*, ZHR 95 (1930), 337, 342f.

c. Zwischenergebnis

1. Die Grenzen der Übertragung von Schuldverhältnissen im Wege der Universalsukzession sind oft behandelt worden. Viele der anzutreffenden Streitfragen entpuppen sich sowohl im Erbrecht, als auch im Unternehmensrecht bei näherem Hinsehen jedoch als Scheinprobleme.[1062]
2. Die Bestimmung der Grenzen einer Rechtsübertragung im Wege der Universalsukzession fällt dabei zunächst nicht einfach, da mit Ausnahme der sachenrechtlichen Regelung des § 1059 BGB,[1063] das BGB, HGB, wie auch das UmwG für die unternehmensrechtlichen Übertragungsvorgänge keine expliziten Regelungen vorsehen. Geht man die Frage nach den Grenzen der Übertragbarkeit von Schuldverhältnissen systematisch an, so können sich Anhaltspunkte für die Beschränkung eines Rechtsübergangs entweder aus den im BGB und HGB vorgesehenen Zweifelsregelungen über den Tod einer natürlichen Person oder aus dem Inhalt eines Schuldverhältnisses ergeben.[1064]
3. Nach den für den Tod einer natürlichen Person vorgesehenen Regelungen der §§ 673, 168 S. 1 BGB ergibt sich, dass im Zweifel Aufträge, Geschäftsbesorgungsverträge und Vollmachten erlöschen. Ferner nach § 727 BGB und § 131 III Nr. 1 HGB eine Rechtsnachfolge in die Mitgliedschaft einer Personengesellschaft, sollte im Gesellschaftsvertrag nichts anderes geregelt sein, nicht erfolgt. Im Unternehmensrecht wird schon seit langem thematisiert, ob die genannten Zweifelsregelungen über den Tod einer natürlichen Person analog auf umwandlungsrechtliche Konstellationen zu übertragen sind.[1065] Auch wenn die analoge Anwendung vielfach diskutiert wird, wird sie, selbst von denjenigen, die sie annehmen wollen, im Ergebnis meist nicht umgesetzt. Der mittlerweile überwiegenden Meinung entspricht es, von einer vollumfänglichen Fortsetzung der Rechtsbeziehungen – sollte nichts anderes vertraglich geregelt sein – durch den neuen Unternehmensträger auszugehen.[1066] Dem ist zuzustimmen. Das kann insbesondere darauf gestützt werden, dass anders als beim Tod einer natürlichen Person bei einem Unternehmensträgerwechsel im Fall der Verschmelzung und der §§ 25, 28 HGB das Unternehmen erhalten bleibt. Schwierigkeiten bereitet insoweit nur die Spaltung. Es wäre jedoch nicht recht verständlich, warum man die Analogie in den beiden letzten Fällen verneinen, sie aber für die Spaltung bejahen sollte. Vielmehr wird man, der gesetzgeberischen Entscheidung für die Umstrukturierungsfreiheit entsprechend, auch im Fall der Spaltung eine analoge Anwendung der einschlägigen Vorschriften verneinen müssen. Keine der im BGB und HGB vorgesehenen Zweifelsregelungen, die auf den Tod einer natürlichen Person ausgerichtet sind, sind damit auf die unternehmensrechtlichen

[1062] In diese Richtung bereits *Breit*, ZHR 95 (1930), 1, 40; siehe ferner *Karsten Schmidt*, DB 2001, 1019.
[1063] Zu § 1059 BGB vgl. oben § 5 A. III. 2. a. am Ende (= S. 155).
[1064] Dazu bereits oben § 5 A. III. 2. (= S. 150ff.).
[1065] Dazu oben § 5 A. III. 2. a. (= S. 153ff.).
[1066] Dazu oben § 5 A. III. 2. a. aa. und bb. (= S. 155ff.).

Konstellationen eines Vermögenstransfers im Wege der Universalsukzession anzuwenden.

4. Schließlich wird der Rechtsübergang im Wege der Universalsukzession auch nicht durch die sog. „Höchstpersönlichkeit" einer Rechtsbeziehung ausgeschlossen. Dahinter verbirgt sich das Problem, wie sich Schuldverträge, die auf die Leistungserbringung einer speziellen Person bezogen sind, auf die Rechtsübertragung auswirken können. Wie im Erbrecht[1067] gilt auch für das Unternehmensrecht, dass durch einen speziellen Personenbezug eines Schuldverhältnisses der Übergang des Rechtsverhältnisses *nicht* ausgeschlossen wird. Das gilt umsomehr nach der zu begrüßenden Wegfall des § 132 UmwG a.F.[1068] Dass ein personenbezogener Leistungsinhalt der Rechtsübertragung nicht entgegensteht, wird deutlich, wenn eine, durch eine bestimmte Person zu erbringende Leistung von einer Gesellschaft übernommen wird. Gehen in einem solchen Fall die Verträge auf eine andere Gesellschaft über, ist nicht am Fortbestand der Verpflichtung zu zweifeln. Dabei ist aber zu beachten, dass der im Vertrag festgelegte Leistungsinhalt natürlich weiterhin auch inhaltsidentisch vom übernehmenden Rechtsträger zu erfüllen ist.[1069] Das Szenario, dass daneben insbesondere ein Freiberufler die von ihm kontrahierten Verträge an einen Erwerber übertragen oder aber auch in eine Gesellschaft einbringen will, braucht nicht geklärt zu werden, da Freiberufler nach deutschem Recht nur in Form einer Gesellschaft als „Kaufleute" auftreten können, um auf die Gestaltungsmöglichkeiten des Umwandlungsgesetzes und des § 25 HGB zurückgreifen zu können. Wie aber bereits ausgeführt wurde, ist der Übergang personenbezogener Verpflichtungen die durch eine Gesellschaft eingegangen wurden unproblematisch anzunehmen. Besonderheiten ergeben sich einzig und allein für die sog. freien Berufe aufgrund des § 203 StGB. Bei der Rechtsübertragung wird man daher auf besondere Einwilligungserklärungen achten müssen.[1070]
5. Aus dem Rechtsübergang auf einen neuen Unternehmensträger können sich jedoch leistungsstörungsrechtliche Implikationen ergeben. Eine der wichtigsten ist hierbei das Erlöschen der Leistungspflicht infolge des Eintritts der Unmöglichkeit.[1071] Ferner ist zu denken an außerordentliche Kündigungsrechte[1072] und in äußerst seltenen Fällen an die Anpassung der Geschäftsgrundlage.[1073]

[1067] Vgl. oben § 5 A. III. 2. b. aa. (= S. 159ff.).
[1068] Dazu oben 5 A. III. 2. b. cc. α. (= S. 165ff.).
[1069] Dazu unter 5 A. III. 2. b. cc . β. am Ende (= S. 169ff.) und γ. α. (αα) (= S. 173ff.)
[1070] Dazu oben § 5 A. III. 2. b. cc. β. am Ende (= S. 169ff.).
[1071] Dazu oben § 5 A. III. 2. b. cc. γ. α. (αα) (= S. 173ff.).
[1072] Dazu oben § 5 A. III. 2. b. cc. γ. α. (ββ) (= S. 175f.).
[1073] Dazu oben § 5 A. III. 2. b. cc. γ. α. (γγ) (= S. 177).

3. Privatautonome Reaktionen auf Vermögensübergänge im Wege der Universalsukzession

Schuldverhältnisse sind nach den vorhergehenden Erörterungen im Rahmen der universalsukzessiven unternehmensrechtlichen Übertragungstatbestände grundsätzlich frei übertragbar. Dieser Grundsatz wird aber nur verständlich, wenn man auf der anderen Seite auch darauf hinweist, dass es den Parteien eines Vertrags unbenommen ist, spezielle Regelungen für den eventuellen Fall eines Rechtsübergangs im Wege der Universalsukzession zu treffen.[1074]

Einführend ist zunächst darauf zu verweisen, dass ein Abtretungsverbot den Rechtsübergang nicht hindern kann und von diesem auch nicht auf den Ausschluss des Rechtsübergangs des gesamten Rechtsverhältnisses geschlossen werden kann.[1075] Sukzessionshindernd sind Absprachen nur, wenn das jeweilige Rechtsgeschäft auf das entsprechende Ereignis hin (auflösend) bedingt ist.[1076] Aber selbst in diesem Fall ist die schuldvertragliche Rückabwicklung mit dem Rechtsnachfolger[1077] durchzuführen, wenn der ursprüngliche Rechtsträger liquidationslos untergeht, wie im Fall der Verschmelzung und der Aufspaltung. Die Vereinbarung des automatischen Erlöschens eines Rechtsverhältnisses wird aber in der Regel nicht sinnvoll sein, da dies im Ergebnis nur zu Neuverhandlungen führt.[1078] In einer weitaus besseren Position befindet sich der „außenstehende" Vertragspartner, wenn ein außerordentliches (vertragliches) Kündigungsrecht vereinbart wird.

Für viele Bereiche der Wirtschaftspraxis gehört die Vereinbarung von sog. Change-of-Control-Klauseln bereits zum „Marktstandard".[1079] Ihr Anwendungsbereich geht aber weit über Umwandlungsszenarien hinaus. Behandelt werden sie vielfach im Zusammenhang mit den Abwehrmaßnahmen gegen feindliche Übernahmen.[1080] Dies gilt insbesondere für Kreditverträge.[1081] So bedingen sich die Banken regelmäßig ein außerordentliches Kündigungsrecht für näher bezeichnete

---

1074 Hierzu bereits *Flechtheim*, JW 1927, 1060, 1063; *Breit*, ZHR 95 (1930), 1, 50; aus der heutigen Literatur, *Hennrichs*, Formwechsel und Gesamtrechtsnachfolge, S. 115ff.; *Mielke/Nguyen-Viet*, DB 2004, 2525ff.; aus dem Schweizer Recht *Watter/Kägi*, SZW/RSDA 2004, 231, 243.

1075 So auch explizit *Karsten Schmidt*, DB 2001, 1019, 1923 und siehe bereits oben Fn. 1006.

1076 In diesem Sinne schon *Saacke*, Gesamtrechtsnachfolge bei der Fusion, S. 49; das Ereignis muss dabei natürlich bestimmt genug gefasst werden, z.B. Eintragung der Umwandlungsmaßnahme in das Handelsregister; in der Kautelarpraxis wird hiervon nur selten Gebrauch gemacht *Fuhrmann/Simon*, AG 2000, 49, 57 (zu den Gründen sogleich im Text); siehe auch *Dellinger*, ÖBA 2008, 176, 184 inweit es als sinnvoll erscheint nach § 38 UGB AGB-rechtlich im Voraus den Widerspruch nach § 38 II UGB zu erklären.

1077 Besondere Probleme können sich dabei in seltenen Fällen ergeben, wenn das Rückabwicklungsverhältnis nicht einer der Spaltungsparteien zugeordnet werden kann, vgl. § 131 III UmwG; dazu noch unter B. I. b. aa. β. (= S. 194 ff.).

1078 So *Karsten Schmidt*, DB 2001, 1019, 1023.

1079 *Krause*, AG 2002, 133, 143.

1080 *Arnold*, Steuerung des Vorstandshandelns, S. 240; *C. Bank*, Präventivmaßnahmen, S. 134f., 365f.

1081 Hierzu monografisch *Werhahn*, Der Kreditvertrag in der Umwandlung, Berlin 2007.

Change-of-Control Situationen aus.[1082] Darüber hinaus sind insbesondere Regelungen in Managerverträgen,[1083] D&O Versicherungen[1084] und schließlich in Lizenzverträgen[1085] anzutreffen. Mit der zunehmenden Verbreitung von Change-of-Control-Klauseln erreicht man, dass der Wirkungsradius der möglichen Rechtsübertragung im Wege der Universalsukzession eingeschränkt wird. Problematisch wird dies, wenn die Handlungsfreiheit von Unternehmen über die Maßen eingeschränkt wird. Dass durch den Ausschluss der Übertragbarkeit von Rechten die wirtschaftliche Bewegungsfreiheit eingeschränkt werden kann, hat schon der Ausschluss der Forderungsübertragung gem. § 399 2. Alt. BGB deutlich gezeigt.[1086] Für den Bereich der Unternehmensumstrukturierungen wirft dies ganz eigene AGB-rechtliche und kartellrechtliche Fragestellungen auf. Diese bedürfen einer eigenen Untersuchung.[1087]

IV. Schuldverhältnisse als grundsätzlich „frei übertragbare Verfügungsobjekte" beim Vermögenstransfer im Wege der Universalsukzession

Der Schweizer Rechtshistoriker *Hans Giger* hat im Rahmen einer breit angelegten rechtsgeschichtlichen Arbeit[1088] beklagt, dass sich der Gesetzgeber nie der „prinzipiellen „Urfrage" nach einer für das Recht konsequenzenlosen Auswechselbarkeit des Subjekts" angenommen habe. „Das juristische Instrumentarium weist hier eine Lücke auf, die man durch Regelung konkreter Sekundärprobleme überbrückt." Der Gesetzgeber hat sich aber nie mit der „Urfrage" beschäftigen müssen, da mit der grundsätzlichen Anerkennung der Forderungsfungibilität nur noch die „Sekundärprobleme", wie nämlich der Schuldnerschutz bei der Forderungszession auszugestalten ist, zu behandeln war.[1089]

So wie sich mit der Anerkennung der Forderung als „frei verwertbare Vermögensobjekt"[1090] das Institut der Forderungszession Mitte des 19. Jahrhunderts Bahn brechen konnte, so kann man für den unternehmensrechtlichen Kontext aufgrund der Tatbestände des Umwandlungsgesetzes und der §§ 25, 28 HGB auch ganze Rechtsverhältnisse als „frei übertragbare Verfügungsobjekte" bezeichnen.

1082 *K.P. Berger*, in: MünchKomm, § 490 Rdn. 63; *U.H. Schneider*, FS Zöllner, Bd.I., S. 539, 544.

1083 *Dauner-Lieb*, DB 2008, 567ff.; *Hoffmann-Becking*, ZIP 2007, 2101ff.

1084 *Lange*, AG 2005, 459ff.

1085 *Hilty*, FS Zobl, S. 565ff. (zum Schweizer Recht).

1086 Siehe nur *C. Hattenhauer*, in: HKK, §§ 398-413, Rdn. 55ff. m.w.N.

1087 Literatur hierzu ist – soweit ersichtlich – rar, siehe aber *Mielke/Nguyen-Viet*, DB 2004, 2525ff.

1088 Das Schicksal des Rechts beim Subjektwechsel unter besonderer Berücksichtigung der Erbfolgekonzeption, Bd.I., Zürich 1973, Bd. II., Zürich 1975, das Zitat stammt aus Bd. II. S. 1.

1089 Zu *Giger*, siehe *Luig*, Zession und Abstraktionsprinzip, S. 112, 113f.; *v. Olshausen*, Gläubigerrecht und Schuldnerschutz bei Forderungsübergang und Regreß, S. 14 Fn. 50.

1090 Dazu schon oben § 5 A. II. (= S. 141 ff.) unter Anlehnung an *Luig* Fn. 848.

Die freie Übertragbarkeit von Rechtsverhältnissen kann zumindest für das Umwandlungsrecht nicht mehr bestritten werden[1091] und dementsprechend konzentrieren sich Wissenschaft und Praxis auf die Bewältigung der „Sekundärprobleme“: Wie nämlich der Gläubigerschutz auszutarieren ist. Aber auch für die §§ 25, 28 HGB gilt es anzuerkennen, dass es sich hierbei um Fälle der Rechtsübertragung in Parallele zum Spaltungsrecht handelt.[1092] Dem kann auch nicht der Vorwurf des Eingriffs in die Privatautonomie entgegengehalten werden. Verträge werden unternehmensbezogen abgeschlossen. Damit ist die Leistungserbringung bezogen auf das Unternehmen und der Wechsel des Unternehmensträgers grundsätzlich unproblematisch.[1093] *Hügel*[1094] hat, wie bereits angeführt wurde, aus dem Unternehmensbezug von Schuldverhältnissen sogar den Schluss gezogen, dass der Übergang eines Vertragsverhältnisses bei der Verschmelzung und der übertragenden Umwandlung als zwingendes Gebot aus dem Grundsatz der Abschlussfreiheit zu schließen sei. Die Parteien können natürlich stets abweichende Vereinbarungen treffen. Dann ergeben sich jedoch die Rechtsfolgen aus der vertraglichen Vereinbarung.

All diejenigen Ansätze, die bei verschiedenen Sukzessionstatbeständen für eine Installation eines Widerspruchsrechts plädieren, gehen nicht auf das eigentliche Problem ein, sondern stellen damit inzident die Möglichkeit einer freien Übertragung in Frage.[1095] Insoweit hat *Karollus*[1096] ganz zu recht einmal beiläufig angemerkt, dass die Konstruktionsbemühungen *Krejcis*, die immer an ein Widerspruchsrecht gebunden waren und nun auch Eingang in das UGB gefunden haben, nicht weit genug gehen, da „die praktisch wohl wichtigste Frage ungelöst bleibt“. Auch *Lieb* ist entgegenzuhalten, dass durch die Annahme eines Widerspruchsrechts nicht nur die „nachteiligen Wirkungen auf den Vertragspartner [...], neutralisiert werden“, sondern damit die Wirkung des Rechtsübergangs insgesamt neutralisiert wird. Die Installation eines Widerspruchsrechts, so wie sie in § 38 II UGB geschehen ist, lässt befürchten, dass das gesetzte Ziel Unternehmensübergänge zu vereinfachen, teilweise wieder aufgehoben wird.[1097]

Es gilt zu vermuten, dass, wie *Karsten Schmidt*[1098] in der Festschrift für *Medicus* dargelegt hat, „[f]ür den in der Rechtsfigur der rechtsgeschäftlichen Ver-

---

[1091] Siehe die umfangreichen Nachw. in den Fn. 863 und 864.

[1092] Unter der Voraussetzung eines funktionierenden Gläubigerschutzes sind an den §§ 25ff. HGB genauso wenig wie am Spaltungsrecht verfassungsrechtliche Bedenken angebracht; siehe in diesem Zusammenhang zum Spaltungsrecht *Petersen*, Gläubigerschutz im Umwandlungsrecht, S. 324f.

[1093] *Karsten Schmidt*, FS Medicus, S. 555, 569; siehe auch *Hügel*, Verschmelzung und Einbringung, S. 116; ferner *Lieb*, in: MünchKommHGB, § 25 Rdn. 89b.

[1094] Verschmelzung und Einbringung, S. 116.

[1095] *Mickel*, Rechtsnatur der Haftung gespaltener Rechtsträger, S. 113 m. Fn. 385; siehe auch *Canaris*, HR § 7 Rdn. 48.

[1096] ÖJZ 1995, 292, 293 Fn. 80.

[1097] Dazu bereits der *Verf.*, ZHR 170 (2006), 737, 756; dem jetzt zustimmend *Hurni*, Vermögensübertragung, S. 284.

[1098] FS Medicus, S. 555, 569.

tragsübernahme denkenden Zivilrechtler [...] der Gedanke befremdlich bleiben [muß], daß ein unternehmensbezogenes Rechtsverhältnis ohne Zutun des Vertragsgegners mit dem Unternehmen soll übergehen können". Von dieser Vorstellung wird man sich für den Unternehmensverkehr verabschieden müssen. Man mag hierin die viel zitierte „Schrittmacherfunktion" des Handelsrechts für das allgemeine Zivilrecht erkennen.

B. Haftung: Zum Zusammenhang zwischen Vermögenstransfer und Haftung

Wie bereits mehrfach angeführt wurde, kann die freie Übertragung von Schuldverhältnissen im Wege der Universalsukzession nur vor dem Hintergrund des jeweils flankierend bestehenden Haftungssystems verstanden werden. Am deutlichsten kann dies für den Fall der Spaltung gezeigt werden: Im Spaltungsrecht wird die Haftung gem. § 133 UmwG als Korrelat zur Spaltungsfreiheit aufgefasst.[1099] Da nämlich den Spaltungsparteien aufgrund der ihnen gewährten Spaltungsfreiheit[1100] die Möglichkeit eröffnet ist, das Vermögen des übertragenden Rechtsträgers auf die beteiligten Rechtsträger frei aufzuteilen, so soll die Spaltungshaftung dazu dienen, den Wegfall der nach allgemeinen bürgerlich-rechtlichen Grundsätzen für die Übertragung von Schuldverhältnissen erforderlichen Mitwirkung des Vertragspartners zu kompensieren und vor Missbräuchen zu schützen.[1101] Von der Kompensation fehlender Mitwirkungsmöglichkeiten zu sprechen ist jedoch problematisch. Denn der Ausschluss der Mitwirkung des betroffenen Vertragspartners bei der Rechtsübertragung ist gerade ein Hauptziel der Rechtsübertragung im Wege der Universalsukzession und eine Kompensation der fehlenden Mitwirkungsrechte ist dabei schlicht weg nicht möglich. Gleichwohl würde es eine Verkürzung darstellen, der Spaltungshaftung ausschließlich die, wenn auch wichtigen, Funktionen der Erhaltung des Haftungssubstrats[1102] und der Begegnung missbräulicher Verwendung des Spaltungsverfahrens zuzuschreiben.[1103] Vielmehr wird man als eine Hauptaufgabe der Spaltungshaftung die Absicherung des Erfüllungs-

---

[1099] *Habersack*, FS Bezzenberger, S. 93; *Hommelhoff/Schwab*, in: Lutter, UmwG, § 133 Rdn. 15; *Ihrig*, in: Die Spaltung im neuen Umwandlungsrecht, S. 80f.; siehe auch *Maier-Reimer*, in: Semler/Stengel, UmwG, § 133 Rdn. 1; *Doralt*, FS Kastner, S. 123, 143.

[1100] Dazu bereits oben unter § 4 B. II. 1. (= S. 78 ff.).

[1101] Mit unterschiedlicher Schwerpunktsetzung: *Kleindiek*, ZGR 1992, 513, 521; *Hommelhoff*, in: Kölner Umwandlungsrechtstage, S. 119f.; *Habersack*, FS Bezzenberger, S. 93f., 98; *Petersen*, Gläubigerschutz im Umwandlungsrecht, S. 9f., 258, 324; *Schürnbrand*, Schuldbeitritt, S. 44; *Mertens*, Umwandlung und Universalsukzession, S. 119ff., 140f., 160f.; aus dem österreichischen Recht *Doralt*, FS Kastner, S. 123, 143f., 147; *Kalss*, wbl. 2003, 49f.

[1102] Hierzu *Maier-Reimer/Gesell*, FS Horn, S. 455, 459ff.

[1103] Schon *Staub* (ADHGB[2. Aufl.], Art. 247 § 7) hat zum Verschmelzungsrecht des ADHGB angeführt: „Weil aber die Folgen der Fusion ein Schuldnerwechsel ist, so müssen die Gläubiger gegen die hierin liegenden wirtschaftlichen Gefahren geschützt werden: sie können leicht anstatt eines solventen und soliden Schuldners einen insolventen und insoliden erhalten.".

interesses der Gläubiger erkennen können.[1104] Die Spaltungshaftung kann die Mitwirkungshandlung des Dritten zwar nicht ersetzen, sie kann aber den Eingriff in die Privatautonomie dahingehend kompensieren, dass der aus dem Vertragsverhältnis ausscheidende Vertragspartner weiterhin im Rahmen der Nachhaftungsbegrenzungsfrist (§ 133 III UmwG) für die Erfüllung einzustehen hat.[1105] Wie die Spaltungshaftung dabei ausgestaltet ist, wird noch zu behandeln sein.

Die Funktionsweise und Bedeutung der Spaltungshaftung ist ein Ausschnitt aus der grundsätzlichen Thematik der „Schuldenhaftung beim Unternehmensübergang".[1106] Allgemeine systematische Erwägungen hierzu orientieren sich an der Unterscheidung der Übertragung eines Unternehmens im Wege der Singularsukzession und der Universalsukzession. Im Gegensatz zu dem sehr ausdifferenzierten und durch europäisches Recht[1107] teilweise vorgegebenen Gläubigerschutzsystem des Umwandlungsrechts muss für die Übertragung eines Unternehmens im Wege der Singularsukzession aber bezweifelt werden, ob neben den allgemeinen Vorschriften des Deliktsrechts (§§ 823, 826 BGB) und des Anfechtungsgesetzes besondere Schutzvorschriften überhaupt existieren.[1108] Lange Zeit konnte man freilich auf die umstrittene „Auffangvorschrift" des § 419 a.F. BGB verweisen. § 419 a.F. BGB ordnete bei der rechtsgeschäftlichen Übertragung eines Vermögens im Wege der Einzelrechtsnachfolge die zwingende, aber gegenständlich (*cum viribus*) beschränkbare Schuldmitübernahme des Erwerbers an.[1109] Mit dem Inkrafttreten der InsO ist § 419 BGB a.F. aber bekanntermaßen aufgehoben worden.[1110] Geblieben ist damit nur noch die Vorschrift des § 25 HGB. Eine Vorschrift, deren Sinnhaftigkeit auf der Grundlage der Auslegung durch die herrschende Meinung zu bezweifeln ist: Welchen Sinn macht eine Haftungsvorschrift, die disponibel ist? Selbst *Karsten Schmidt*, der lange Zeit für die Streichung des § 25 II HGB eingetreten war, hat sich von einem solchen Schritt distanziert und die Funktion des Absatzes 2 in den Kontext der Rechtsübertragung gestellt.[1111] Folgt man dem hier vertretenen Konzept zur Auslegung der §§ 25, 28 HGB, so ist das Thema von der „Schuldenhaftung beim Unternehmensübergang" ausschließlich im Zusammenhang mit der Rechtsübertragung im Wege der Universalsukzes-

---

[1104] *Voigt*, Umwandlung und Schuldverhältnis, S. 64f.; *Mickel*, Rechtsnatur der Haftung gespaltener Rechtsträger, S. 57.

[1105] In diese Richtung auch *Mickel*, Rechtsnatur der Haftung gespaltener Rechtsträger, S. 57.

[1106] So treffend zuletzt *Maier-Reimer/Gesell*, FS Horn, S. 455, 459.

[1107] Art. 12 SpaltRL, Art. 13 VerschmRL; zu den Regelungsalternativen des deutschen Gesetzgebers *Maier-Reimer*, in: Semler/Stengel, UmwG, § 133 Rdn. 6; *Rümker*, FG Hellner, S. 73, 74.

[1108] Siehe insb. die Kontroverse zwischen *Karsten Schmidt*, ZIP 1989, 1025ff. und *Canaris*, ZIP 1989, 1161ff. im Zusammenhang mit der Abschaffung des § 419 BGB a.F.

[1109] *Möschel*, in: MünchKomm[3.Aufl.], § 419 Rdn. 39, 44; a.A. *Kaduk*, in: Staudinger[10./11. Aufl.], § 419 Rdn. 138 nach dem der Vermögenserwerber die Haftungsbeschränkung nicht erst geltend machen muss; siehe zu § 419 a.F. BGB zusammenfassend *Meyer-Pritzl*, in: HKK, §§ 414-418 Rdn. 30ff.

[1110] Art. 33 Nr. 16 EGInsO, BGBl. I. 1994, 2911.

[1111] Dazu bereits oben § 4 C. III. 1. b. (= S. 123 ff.); das übersehen *Maier-Reimer/Gesell*, FS Horn, S. 455, 459.

sion zu sehen.[1112] So wie die Spaltungshaftung das Erfüllungsinteresse der Gläubiger sichert und dem Missbrauchsrisiko entgegenwirken soll, so erfüllt die durch § 26 HGB festgelegte, zeitlich begrenzte (Fort-)Haftung des Veräußerers wie auch die (Fort-)Haftung des einbringenden Kaufmanns gem. § 28 III S. 1 HGB den gleichen Zweck.[1113] Die §§ 26, 28 III S. 1 HGB, §§ 133 III, 157 UmwG haben denselben Zuschnitt: Sie regeln die zeitliche Begrenzung der Haftung des Veräußerers bzw. des sog. mithaftenden Rechtsträgers.[1114] Man sollte sich von der Vorstellung eines Systems der Haftungskontinuität bei der Vermögensübertragung im Wege der Singularsukzession verabschieden und die Haftung nur noch in ihrer Funktion als den Vermögenstransfer im Wege der Universalsukzession „begleitende" Transferhaftung verstehen.[1115] Der gemeinsame Rahmen für die Analyse ist dabei durch die vom Nachhaftungsbegrenzungsgesetz[1116] vereinheitlichten Regelungen der §§ 26 HGB, 133 III, 157 UmwG vorgegeben.[1117]

I. Die Spaltungshaftung nach § 133 UmwG

Einzugehen ist im Folgenden zunächst auf die Bedeutung und Funktionsweise der Spaltungshaftung. Sie bildet geradezu eine Parabel für ein allgemeines Modell einer Transferhaftung, die zum Schutz individueller Gläubiger bei gewillkürten Vermögensübertragungen im Wege Universalsukzession eingreift. Die Ergebnisse zur Ausgestaltung der Spaltungshaftung gilt es sodann im Anschluss an die Aus-

---

[1112] Lesenswert in diesem Zusammenhang *Maier-Reimer/Gesell*, FS Horn, S. 455, 464, die auf der Grundlage der herrschenden Meinung zu § 25 HGB ausführen, dass nur bei der Spaltung das „Prinzip der Haftungskontinuität" „ausdrücklich gesetzlich geregelt" wäre.

[1113] Es ist kein Zufall, wenn *Karsten Schmidt* sowohl die Haftung nach § 26 HGB als auch die Spaltungshaftung nach § 133 UmwG als akzessorische Haftung verstehen will, siehe *Karsten Schmidt*, FS Medicus, S. 555, 568; *ders.*, GeslR, § 13 IV. 5. a) (= S. 400f.); dazu noch unten I. 3. b. bb. (= S. 196 ff.) und II. (= S. 203 ff.).

[1114] *Karsten Schmidt/Schneider*, BB 2003 1961ff., 1967 (unter Zugrundelegung der Ansicht, dass infolge der Unternehmensübertragung im Wege der Singularsukzession die unternehmensbezogenen Schuldverhältnisse nach den §§ 25ff. HGB übergehen).

[1115] Gleiches ist angezeigt für die Vorschrift des § 38 UGB, hierzu bereits der *Verf.*, ZHR 170 (2006), 737, 757f.

[1116] BGBl. I. 1994, S. 560ff.

[1117] Geradezu abenteuerlich ist hier die Situation im Schweizer FusG, das nämlich keine Enthaftungsfrist für Spaltungshaftung vorsieht, dazu *Watter/Büchi*, GesKR 2007, 164, 167; siehe hierzu bereits oben § 4 B. II. 2. (= S. 107 ff.); im deutschen Schriftum wird diskutiert, ob die zeitliche Limitierung der Spaltungshaftung gem. § 133 III UmwG richtlinienwidrig sei, so *Heidenhain*, EuZW 1995, 327, 330; *Habersack*, EuGeslR, § 7 Rdn. 50. Mit der h.M. (*Maier-Reimer*, in: Semler/Stengel, UmwG, § 133 Rdn. 7; *Hommelhoff/Schwab*, in: Lutter, UmwG, § 133 Rdn. 8; *Hörtnagel*, in: Schmitt/Hörtnagel/Stratz, UmwG, § 133 Rdn. 1; *Bayer/Schmidt*, in: Aktienrecht im Wandel, Bd.I., 18. Kapitel, Rdn. 106) ist jedoch von der Richtlinienkonformität der zeitlichen Nachhaftung auszugehen, da das Gläubigerschutzsystem insgesamt ein angemessenes Schutzniveau vorsieht. Gerade die Erfahrungen aus dem Schweizer Recht zeigen, wie fatal es wäre die essentielle Bedeutung der zeitlichen Nachhaftungsbegrenzung nicht anzuerkennen.

führungen zum Umwandlungsrecht auf die Transferhaftung gem. § 26 HGB zu übertragen.[1118]

1. Einbindung in den Gesamtkontext des umwandlungsrechtlichen Gläubigerschutzes

Die Spaltungshaftung ist ein wichtiger Bestandteil des Gläubigerschutzsystems des Umwandlungsrechts. Die Spaltungshaftung ist dabei bezogen auf die im Spaltungsplan bzw. -vertrag[1119] vorgegebene Vermögensverteilung. Eventuelle Missbräuche einer disproportionalen Verteilung – sollte etwa versucht werden, lediglich Passiva zu übertragen – werden dabei durch die Spaltungshaftung nicht ausgeschlossen.[1120] Wie solchen Missbräuchen entgegengewirkt werden kann, lässt sich nur in Bezugnahme auf das Gesamtsystem des umwandlungsrechtlichen Gläubigerschutzes im Zusammenspiel des sog. individuellen und institutionellen Gläubigerschutzes beantworten.[1121] Relevant ist hier neben der Spaltungshaftung der Sicherheitsleistungsanspruch gem. § 22 UmwG,[1122] Schadensersatzpflichten der Vertretungsorgane (§ 23 UmwG), ferner – auch wenn dies bislang noch nicht thematisiert wird – Ansprüche aus existenzvernichtenden Eingriff gem. § 826 BGB und schließlich insbesondere die Befolgung des an die Anteilsgewährungspflicht anknüpfenden Kapitalaufbringungsrechts.[1123] All diese Schutzmechanismen ergeben zusammen den Rahmen, in dem Umwandlungsmaßnahmen durchgeführt werden können, und legen fest, welches Gläubigerschutzniveau gewährleistet wird. So ist z.B. eine Abspaltung lediglich von Passiva zwar verfügungsrechtlich unproblematisch denkbar, sie wird jedoch bei den Kapitalgesellschaften am Verbot der Unter-Pari-Emission scheitern. Auf die Einzelheiten kann hier nicht weiter eingegangen werden.[1124] Im vorliegenden Zusammenhang interessiert ausschließlich, wie durch die Spaltungshaftung bei der Vertragsübernahme durch den übernehmenden Rechtsträger bei „normalen" Spaltungsvorgängen das Interesse einzelner Gläubiger gewahrt werden kann. Da die Spaltungshaftung an die Vermögenszuordnung im Spaltungsvertrag anknüpft, sind der Behandlung

---

[1118] Dazu unter II. (= S. 203ff.).

[1119] Im Folgenden wird nur vom Spaltungsvertrag die Rede sein. Die Aussagen gelten aber auch, soweit nichts anderes vermerkt ist, für den Spaltungsplan.

[1120] Dies kann auch nicht durch § 133 I S. 2 1. HS UmwG erreicht werden, siehe hierzu unter 3. b. dd. (= S. 202 ff.).

[1121] So die an *Karsten Schmidt*, ZGR 1993, 366ff. anknüpfende geläufige Terminologie, siehe hierzu nur *Petersen*, Gläubigerschutz im Umwandlungsrecht, S. 16ff.; relativierend *Maier-Reimer*, in: Semler/Stengel, UmwG, § 22 Rdn. 1: „systematisierender und didaktischer Art".

[1122] *Maier-Reimer*, in: Semler/Stengel, UmwG, § 133 Rdn. 119ff.

[1123] Umfassend hierzu etwa *M. Huber*, Anteilsgewährungspflicht im Umwandlungsrecht?, Bielefeld 2005; aus dem österreichischen Schrifttum *Justich*, Kapitalerhaltung und Gläubigerschutz bei Verschmelzungen, Wien 2005.

[1124] Siehe hierzu aber die Kontroverse zwischen einerseits *Petersen*, Der Gläubigerschutz im Umwandlungsrecht, S. 189ff.; *ders.*, Der Konzern, 2004, 185, 188ff.; und anderseits *Maier-Reimer*, GmbHR 2004, 1128ff.; *Simon*, Der Konzern 2004, 191ff.

der Ausgestaltung und Funktionsweise der Spaltungshaftung (dazu unter 3. (= S. 191 ff.)) grundsätzliche Ausführungen zur Publizität des Rechtsübergangs (dazu unter 2. (= S. 187 ff.)) voranzustellen.

2. Die Publizität der Rechtsübertragung beim Vermögenstransfer im Wege der Universalsukzession

Für die an einer Rechtsübertragung im Wege der Universalsukzession beteiligten Rechtsträger, wie auch die außenstehenden Dritten, ist es von entscheidender Bedeutung zu wissen, auf welchem Weg die Zuweisung von Rechtsverhältnissen bewirkt werden kann. Die Perpektiven unterscheiden sich dabei freilich. Für die an der Rechtsübertragung beteiligten Rechtsträger geht es darum welcher Modus für die Rechtsübertragung eingehalten werden muss, während der ausstehende Schuldner mit der Frage konfrontiert sein wird, an wen er zu leisten hat, und ganz grundsätzlich, wer als sein neuer Vertragspartner anzusehen ist. Problematisch sind hierbei all diejenigen Fälle, in denen es nicht wie bei der Verschmelzung zu einer Gesamtvermögensübertragung kommt und auch nach der Umwandlungsmaßnahme nicht nur ein Rechtsträger, sondern zwei oder mehrere Rechtsträger bestehen bleiben.[1125]

a. Zu den Vorzügen eines Registerverfahrens

Die erforderliche Publizität des Übertragungsaktes wird in den ganz überwiegenden Fällen durch Eintragung in das Handelsregister erzielt. Das gilt unisono für das deutsche UmwG, österreichische Verschmelzungsrecht (§§ 219 ff. öAktG, §§ 96 ff. öGmbHG) und SpaltG, Schweizer FusG, aber auch für die hier vertretene Vermögensübertragung nach den §§ 25, 28 HGB.[1126] Nur die Regelung des § 38 UGB verzichtet auf eine Verknüpfung der Rechtsübertragung mit einem Registerverfahren. Dies lässt sich wohl nur damit erklären, dass man es mit der Verabschiedung des Registerbezugs während der Ausarbeitung der Vorschrift[1127] scheinbar als konsequent ansah auch die Anknüpfung des Rechtsübergangs an das Firmenregister, wie in Österreich das Handelsregister genannt wird, aufzugeben. Es ist jedoch heikel, die Verfügungstechnik der gewillkürten Universalsukzession auch außerhalb eines Registerverfahrens anzuwenden. Denn der Schuldner kann

[1125] Vgl. hierzu *Doralt*, FS Kastner, S. 123, 138; *M. Wolf*, Der Konzern 2003, 661, 663; *Kalss*, FS Doralt, S. 275, 290; *dies.*, in: Kalss/Schauer, Gutachten, 16. ÖJT, Band II/1., S. 633 ff.; und davor bereits *Hügel*, Gesamtrechtsnachfolge und Strukturverbesserungsgesetz, S. 39 f.

[1126] Im österreichischen Recht ist die Handelsregistereintragung an eine Vorveröffentlichungspflicht geknüpft, § 7 I SpaltG, § 221 a I öAktG, § 96 II öGmbHG i. V. m. § 221 a I öAktG; nach dem Schweizer FusG (Art. 43 I i. V. m. Art. 46 FusG) muss bei der Spaltung mindestens 2 Monate vor der Beschlussfassung ein Schuldenaufruf an die Gläubiger veröffentlicht werden *Glanzmann*, Umstrukturierungen, Rdn. 581; zu Recht krit. zu dieser Form des Präventivschutzes *Binder*, Gläubigerschutz, S. 15 f.

[1127] Die Regelung des § 25 UGB-E knüpfte noch an das Firmenbuch an, vgl. hierzu die Erläuterungen zum UGB-E, S. 29.

von sich selbst aus nicht nachvollziehen, ob sein Vertragspartner gewechselt hat oder nicht.[1128] Demgegenüber ist der entscheidende Vorteil eines Registerverfahrens, dass der Schuldner grundsätzlich selbst nachvollziehen kann, auf wen sein Rechtsverhältnis übergegangen ist: Aufgrund des allgemeinen handelsregisterrechtlichen Einsichtsrechts gem. § 9 I dHGB i.V.m. § 8a I der deutschen Handelsregisterverordnung[1129] kann der Schuldner auf den betreffenden „Registerordner“ zugreifen und nachvollziehen, ob sein Rechtsverhältnis übergegangen ist oder nicht.[1130] Die voranschreitende Digitalisierung[1131] des Handelsregisters und die damit verbundene schnelle Verfügbarkeit der Informationen unterstreicht die Vorzüge eines registerbezogenen Rechtsübergangs.

Freilich wird es Situationen geben, in denen der Vertragspartner ohne Kenntnis der Handelsregistereintragung an den „vormaligen“ Vertragspartner leistet oder aber an diesen Willenserklärungen abgibt. Ausdrückliche allgemeine Regelungen[1132] kennt das deutsche Recht im Gegensatz zum österreichischen Spaltungsrecht nicht.[1133] Die erste Frage wird man aber in entsprechender Anwendung des § 407 BGB lösen können. Das Problem des Absendens einer Willenserklärung an den „vormaligen“ Vertragspartner ist in entsprechender Anwendung der allgemeinen Grundsätze über die Zugangsverhinderung zu lösen.[1134] Für eventuell hieraus

---

[1128] So bereits *Verf.*, ZHR 170 (2006), 737, 757; dies gilt auch, wenn man § 38 UGB als Tatbestand der Singularsukzession versteht; die Folgen sind freilich durch das Widerspruchsrecht gem. § 38 III UGB abgemildert.

[1129] I.d.F. des EHUG, BGBl. I. 2006, S. 2553ff.

[1130] Mutatis mutandis gilt für das österreichische, vgl. (den vom Wortlaut des dHGB abweichenden) § 9 I öHGB i.V.m. § 12 öFB („Urkundensammlung“) und Schweizer Recht, vgl. Art. 930 OR i.V.m. Art. 9 I HRegV-CH („Belege“); zum Umfang des Einsichtsrecht siehe *Krafka*, in: MünchKommHGB, § 9 Rdn. 3.

[1131] Zu den Konsequenzen einer vollständigen Digitalisierung des Handelsregisters siehe *Dauner-Lieb/Linke*, DB 2006, 767ff.

[1132] Eine Ausnahme ergibt sich jedoch aufgrund des jüngst verabschiedeten Risikobegrenzungsgesetzes v. 12. 8. 2008 (BGBl. I. 2008, S. 1666ff.) für Immobiliardarlehensverträge. Nach dem neuen § 492 Ia BGB muss der Darlehensnehmer über die Möglichkeit informiert werden, dass sein Vertrag eventuell im Wege der partiellen Universalsukzession ohne seine Zustimmung übertragen werden kann. Kommt es tatsächlich zu einem Wechsel in der Person des Darlehensgebers, so ist der Darlehensnehmer gem. § 496 II BGB darüber zu informieren.

[1133] Das österreichische SpaltG sieht die folgenden Regelungen vor, § 14 IV SpaltG: „Solange einem Schuldner nicht bekannt wird, welcher der an der Spaltung beteiligten Gesellschaften die Forderung zugeordnet ist, kann er mit schuldbefreiender Wirkung an jede von ihnen bezahlen oder sich sonst mit jeder von ihnen abfinden.“; § 14 V SpaltG: „Solange einem Gläubiger nicht bekannt wird, welcher der an der Spaltung beteiligten Gesellschaften die Verbindlichkeit zugeordnet ist, kann er Erklärungen, die diese Verbindlichkeit betreffen, gegenüber jeder von ihnen abgegeben.“; siehe ferner § 16 SpaltG, der einen eigenen Auskunftsanspruch statuiert; zu diesen Regelungen *Kalss*, FS Doralt, S. 275, 290; *dies.*, in: Kalss/Schauer, Gutachten, 16. ÖJT, Band II/1., S. 633ff., *dies.*, Handkommentar, § 16 Rdn. 1ff.

[1134] Für die Verschmelzung *Grunewald*, in: Lutter, UmwG, § 20 Rdn. 54; siehe in diesem Kontext BGH NJW 2002, 3110ff. (rechtsmissbräuchliche Berufung auf die Verjährung); allgeentstandene Schäden haftet der Hauptschuldner gem. den §§ 280 I, 241 II BGB.[1135]

b. Allgemeine Inventarisierungspflicht oder Bestimmtheit?

Damit ist jedoch noch nicht gesagt, welchen Anforderungen das zum Register einzureichende Verzeichnis der Vermögensgegenstände genügen muss. Die Auflistung der Vermögenswerte dient, neben dem mit der Eintragung einhergehenden Gläubigerschutz durch die Handelsregisterpublizität, der Vermögenszuordnung zwischen den beteiligten Rechtsträgern.[1136] Die Vermögensauflistung ist nämlich Bestandteil eines Verfügungsgeschäfts.[1137]

Welcher Anforderung diese Auflistung genügen muss, wird z.T. recht unterschiedlich bewertet. Am extremsten ist hier wohl der Standpunkt des Handelsregisteramtes des Kantons Zürich, auf den *Büchi*[1138] aufmerksam gemacht hat. Demnach sollen bei der Vermögensübertragung nach dem FusG die Identität der Vertragsparteien, der Vertragsgegenstand und das Datum des Vertragsschlusses aufgeführt werden.[1139] Die Auffassung des Handelsregisteramtes ist jedoch unhaltbar.[1140] Würde sie zutreffen, wäre das Institut der Vermögensübertragung für die Praxis unbrauchbar. Die Unternehmen müssten die Einzelheiten des „Deals" für die Wettbewerber auf dem Präsentierteller darreichen.[1141] Bezeichnenderweise geht das Handelsregisteramt für die Spaltung nur vom Erfordernis der Bestimmbarkeit für Dritte aus.[1142] Maßgeblich ist, dass das Schweizer FusG *nur* für Grundstücke, Wertpapiere, immaterielle Werte und Arbeitsverhältnisse eine all-

---

mein *Bork*, AT, Rdn. 636ff.; *W. Flume*, AT II., § 16 3 e) (= S. 238ff.) (der im Gegensatz zur h.M. nicht mit einer Zugangsfiktion operiert).

[1135] *Maier-Reimer*, in: Semler/Stengel, UmwG, § 133 Rdn. 13; a.A. *Hörtnagel*, in: Schmitt/Hörtnagel/Stratz, UmwG, § 133 Rdn. 13 (beide allgemein zur Haftung für Sekundärverpflichtungen).

[1136] OGH wbl. 2005, 234, 235; siehe hierzu auch *Botschaft*, S. 4462: „Das Erfordernis einer eindeutigen Zuordnung ist unverzichtbar, da eine zu vage Umschreibung des übertragenen Vermögens eine ständige Unsicherheit über das Eigentum und die Rechtszuständigkeit zur Folge hätte, was nicht nur für die Vertragsparteien, sondern auch für Dritte, insbesondere Gläubigerinnen und Gläubiger, problematisch wäre und die Rechts- und Verkehrssicherheit gefährden könnte.".

[1137] Hierzu bereits oben unter § 4 B. II. 2. (= S. 80 ff.).

[1138] REPRAX 2006, 36ff.

[1139] Vgl. Handelsregisteramt Kanton Zürich, Fragen und Antworten zum neuen Fusionsgesetz, v. 31. 7. 2008, S. 13.

[1140] So auch *Büchi*, REPRAX 2006, 36, 44.

[1141] Gerade in diese Richtung scheinen die Erwägungen des Handelsregisteramtes aber zu gehen, Handelsregisteramt Kanton Zürich, Fragen und Antworten zum neuen Fusionsgesetz, v. 31. 7. 2008, S. 13: „Wollen die Parteien des Vermögensübertragungsvertrages die Parteien der Verträge, welche übergehen sollen, nicht preisgeben, können sie diese Verträge mittels Singularzession übertragen; diese Vorgänge sind nicht im Handelsregister einzutragen und somit kann die Geheimhaltung gewährleistet werden.".

[1142] Handelsregisteramt Kanton Zürich, Fragen und Antworten zum neuen Fusionsgesetz, v. 31. 7. 2008, S. 7.

gemeine Inventarpflicht statuiert und keine Rückschlüsse auf eine allgemeine Inventarisierungspflicht von Verträgen zulässt.[1143] Daher kommt es – wie im deutschen und österreichischen Recht – darauf an, dass das Vermögensverzeichnis bestimmt genug angelegt ist.

Die dabei häufig anzutreffenden Aussagen, dass im Rahmen der Verfügungstechnik der partiellen Universalsukzession der Bestimmtheitsgrundsatz entbehrlich[1144] oder die Durchbrechung des Spezialitätsprinzips nur eine unvollständige sei,[1145] sind unzutreffend und missverständlich. Die Einhaltung der nach dem Spezialitätsgrundsatz grundsätzlich erforderlichen Singularzessionstatbestände ist gerade nicht erforderlich.[1146] Demgegenüber muss aber, den Anforderungen des Bestimmtheitsgrundsatzes genügend, das übergehende Vermögen definiert werden.[1147] Am unproblematischsten ist dies bei der Verschmelzung. Die Bestimmtheit ergibt sich hier aus dem Totalübergang von selbst.[1148] Demgegenüber müssen die Parteien in allen anderen Fällen, wenn nur ein Teilvermögen übertragen wird, definieren, welche Vermögensgegenstände übergehen sollen.

Es muss vom Empfängerhorizont eines verständigen Dritten klar zu ermitteln sein, wem der jeweilige Vermögensgegenstand zugewiesen wurde.[1149] Explizit gebilligt wurden von der Rechtsprechung sog. All-Klauseln.[1150] Missverständlich ist jedoch, wenn der XII. Zivilsenat[1151] des Bundesgerichtshofes ausführt, dass der

---

[1143] Vgl. Artt. 37b, i, 71b., e FusG.

[1144] So *Hörtnagel*, in: Schmitt/Hörtnagel/Stratz, UmwG, § 126 Rdn. 62.

[1145] So *Grünwald*, Umwandlung-Verschmelzung-Spaltung, S. 140f.

[1146] Bei beiden Grundsätzen handelt es sich auch nicht um „sachenrechtliche“ Grundsätze (so aber etwa *Fuhrmann/Simon*, AG 2000, 49, 53), sondern um ganz allgemein für alle Verfügungsgeschäfte zu beachtende Grundsätze, dazu ausführlich oben § 2 C. II. und III. (= S. 27 ff.).

[1147] Hierzu bereits oben § 2 C. III. 3. (= S. 32).

[1148] *Doralt*, FS Kastner, S. 123, 138.

[1149] OGH wbl. 2005, 234, 235; *M. Wolf*, Der Konzern 2003, 661, 663f.; *Kalss*, FS Doralt, S. 275, 292; *Priester*, in: Lutter, UmwG, § 126 Rdn. 14; *Watter/Reutter*, in: BS-FusG, Art. 37 Rdn. 9ff.

[1150] BGH ZIP 2003, 2155ff.; ausführlich *Limmer*, in: Limmer, Hdb. der Unternehmensumwandlung, Rdn. 1504ff.; hierzu auch DNotI, Gutachten, Bd. IV. UmwR, Nr. 29, S. 210f.; siehe jetzt aber auch zur Übertragung von Grundstücken BGHZ 175, 123ff. m. krit. Anm. *Priester*, EWiR 2008, 223f.; *Wilhelm*, LMK 2008, 259885; nach dieser Entscheidung sind bei der Übertragung von Grundstücken in Bezug auf die grundbuchrechtliche Kennzeichnung der einzelnen Grundstücke keine geringeren Anforderungen zu stellen, als bei der Einzelrechtsnachfolge. Das kann jedoch nicht überzeugen. Gerade der Fall der Aufspaltung zeigt, dass die Vorschriften des § 126 II UmwG einerseits und § 131 III UmwG andererseits nicht hinreichend aufeinander abgestimmt sind. Man sollte es dabei belassen, dass Grundstücke auch übertragen werden können, wenn sie nach den allgemeinen Grundsätzen bestimmt genug im Vermögensverzeichnis aufgeführt sind (vgl. ausführlich *Volmer*, WM 2002, 428, 430f.). Folgt man der Rechtsprechung des V. Zivilsenats in BGHZ 175, 123ff. so bleibt in jedem Fall die schuldrechtliche Verpflichtung zur Übertragung bzw. Übernahme des Grundstücks bestehen. Das entsprechende Grundstück ist in einem solchen Fall dann nachträglich im Wege der Singularsukzession zu übertragen.

[1151] ZIP 2003, 2155, 2157.

Handelsregisterinhalt nach den §§ 133, 157 BGB auszulegen wäre. Es geht darum, den Inhalt einer Registereintragung zu ermitteln. Wie auch bei der Verfügung über Immobiliarsachenrechte ist der Registerinhalt dabei objektiv zu ermitteln.[1152] Danach muss vom Empfängerhorizont eines verständigen Dritten ermittelt werden, wem die einzelnen Vermögensobjekte zuzuordnen sind.[1153] Problematisch ist daher auch die Bezugnahme auf etwaige Bilanzen (vgl. § 126 II S. 2 1. HS UmwG). Das gilt für all diejenigen Daten, deren Zuordnung nur unter Zugrundelegung weiterer Unterlagen – die nicht zu Anlage in das Handelsregister eingereicht wurden – möglich ist oder die in den Bilanzen nicht aufgeführt werden (nicht bilanzierungsfähige Vermögensgegenstände).[1154] In diesen Fällen ist eine gesonderte Zuweisung unumgänglich.

3. Zur Ausgestaltung und Funktionsweise der Spaltungshaftung

a. Zunächst: Eine terminologische Klarstellung

Für die Diskussion um die Ausgestaltung und Funktionsweise der Spaltungshaftung ist es zweckmäßig, sich für die mitunter komplizierten Sachverhalte einer griffigen Terminologie zu bedienen. Geläufig ist ein auf *Karsten Schmidt*[1155] zurückgehender Sprachgebrauch, nach dem derjenige Rechtsträger, dem im Spaltungsvertrag eine „Verbindlichkeit" im Sinne von § 133 I S. 1 UmwG zugewiesen wurde, in Bezug auf diese Verbindlichkeit als „Hauptschuldner", und all diejenigen Rechtsträger, denen die „Verbindlichkeit" nicht zugewiesen wurde, und die nach § 133 III UmwG nach Ablauf der Nachhaftungsfrist befreit werden, als „Mithafter" zu bezeichnen sind. Dieser Sprachgebrauch soll auch den folgenden Überlegungen zugrunde gelegt werden.[1156]

b. „Gesamtschuldmodell" vers. „Akzessorietätsmodell"

Nach § 133 I S. 1 UmwG „haften die an der Spaltung beteiligten Rechtsträger als Gesamtschuldner". Trotz des scheinbar eindeutigen Wortlauts ist ein grundlegender Streit darüber entbrannt, wie das System der Spaltungshaftung nach § 133 UmwG zu verstehen ist. Während man ursprünglich davon ausging, dass alle an der Spaltung beteiligten Rechtsträger für die Verbindlichkeiten als Gesamtschuld-

---

1152 Vgl. hierzu *Wacke*, in: MünchKomm, § 873 Rdn. 38, 53; *Gursky*, in: Staudinger, § 873 Rdn. 61, 265; *H. Roth*, in: Staudinger, § 157 Rdn. 45.

1153 OGH wbl. 2005, 234, 235; *M. Wolf*, Der Konzern 2003, 661, 664; so auch *Priester*, in: Lutter, UmwG, § 126 Rdn. 14 (auch wenn dieser dem Spaltungsvertrag keine dingliche Wirkung zusprechen will, vgl. § 126 Rdn. 7).

1154 *Doralt*, FS Kastner, S. 123, 140; DNotI, Gutachten, Bd. IV. UmwR, Nr. 29, S. 209; *Mayer*, in: Widmann/Mayer, UmwG, § 126 Rdn. 203; *Stratz* in: Schmitt/Hörtnagel/Stratz, UmwG, § 126 Rdn. 77; *Limmer*, in: Limmer, Hdb. der Unternehmensumwandlung, Rdn. 1498; a. A. *Priester*, in: Lutter, UmwG, § 126 Rdn. 52; *Fuhrmann/Simon*, AG 2000, 49, 54.

1155 ZGR 1993, 366, 386f.

1156 Dem Sprachgebrauch darf natürlich keine präjudizierende Wirkung beigelegt werden, *Maier-Reimer/Gesell*, FS Horn, S. 455, 457.

ner im Sinne der §§ 421 ff. BGB haften („Gesamtschuldmodell“[1157]), geht die heute mittlerweile herrschende Ansicht[1158] in Anlehnung an einen Beitrag von *Habersack*[1159] davon aus, dass die Verpflichtung des Hauptschuldners und des Mithafters bzw. der Mithaftenden im Verhältnis der Akzessorietät zu einander stehen („Akzessorietätsmodell“[1160]). Eine Gesamtschuld soll demnach nur zwischen den Mithaftenden bestehen.

aa. Die Zuordnung des Rechtsverhältnisses im Spaltungsvertrag als Ausgangspunkt für die Einordnung der Spaltungshaftung

In § 133 I S. 1 UmwG ist die Rede davon, dass die Rechtsträger für die „Verbindlichkeiten“ als Gesamtschuldner haften. Dass nur von den Verbindlichkeiten die Rede ist, erscheint zunächst auf Anhieb als zutreffend, handelt doch die Spaltungshaftung von der möglichen Inanspruchnahme aller an einer Spaltung beteiligten Rechtsträger. Zudem, so mag man ergänzen, ist es unstreitig, gleich welchem „Haftungsmodell“ man folgt, dass sämtliche Rechtsträger grundsätzlich auf Erfüllung haften.[1161] Die Mithaftenden stehen dabei nicht nur subsidiär für die Erfüllung ein, sondern die Gläubiger können auch ohne Vorbehalt auf jeden der Rechtsträger zugreifen.[1162] Auf den zweiten Blick ist die Ausgestaltung des § 133 I UmwG insoweit fragwürdig, als dass „einzelgegenständlich“[1163] nur auf die Haftung abgestellt wird und nicht auf die Zuweisung des (gesamten) Schuldverhältnisses an den übernehmenden Rechtsträger im Spaltungsvertrag oder den Verbleib des Rechtsverhältnisses beim Ausgangsrechtsträger.[1164] Das hat Auswirkungen auf das grundsätzliche Verständnis der Funktionsweise der Spaltungshaftung, wie auch im Besonderen auf die Problematik der sog. „vergessenen Verbindlichkeiten“.

1157 *Maier-Reimer*, in: Semler/Stengel, UmwG, § 133 Rdn. 31 ff.; *ders./Gesell*, FS Horn, S. 455 ff.; *Hörtnagel*, in: Schmitt/Hörtnagel/Stratz, UmwG, § 133 Rdn. 2; *Noack*, in: Staudinger, § 421 Rdn. 103; *Ihrig*, in: Die Spaltung im neuen Umwandlungsrecht, S. 80, 85 f.; *Vossius*, in: Widmann/Mayer, UmwG, § 133 Rdn. 25 f.; *K.J. Müller*, DB 2001, 2637 ff.; siehe auch davor, *Rümker*, FG Hellner, S. 73, 74 ff.

1158 So auch die Einschätzung von *Maier-Reimer*, in: Semler/Stengel, UmwG, § 133 Rdn. 30.

1159 Grundlegend FS Bezzenberger, S. 93 ff.; siehe auch *ders.*, in: MünchKomm, Vor § 765 Rdn. 13; *ders.*, in: *Emmerich/Habersack*, Aktien- und GmbH-Konzernrecht, § 322 Rdn. 3 f.

1160 Ausführlich hierzu zuletzt *Mickel*, Rechtsnatur der Haftung gespaltener Rechtsträger nach § 133 Abs. 1 und 3 UmwG, 2004; davor *Rieble*, ZIP 1997, 303, 312; *Petersen*, Gläubigerschutz im Umwandlungsrecht, S. 259 f.; *Karsten Schmidt*, GeslR, § 13 IV. 5. a) (= S. 400 f.); *Schürnbrand*, Schuldbeitritt, S. 43 ff., 123 ff.; *Hommelhoff/Schwab*, in: Lutter, UmwG, § 133 Rdn. 26; *Kallmeyer*, in: Kallmeyer, UmwG, § 133 Rdn. 3; *Werhahn*, Der Kreditvertrag in der Umwandlung, S. 270 ff.

1161 *Maier-Reimer*, in: Semler/Stengel, UmwG, § 133 Rdn. 40 m. w. N.; *Hommelhoff/Schwab*, in: Lutter, UmwG, § 133 Rdn. 31.

1162 Anders die Regelung des Art. 47 FusG der nur eine subsidiäre Haftung vorsieht.

1163 Hierzu bereits oben unter § 4 C. IV. 1. a (= S. 119 ff.) und § 5 A. I. (= S. 139 ff.).

1164 Relevant für den Fall Abspaltung und Ausgliederung, wenn also der Ausgangsrechtsträger bestehen bleibt und der bzw. die übernehmenden Rechtsträger für die Verbindlichkeiten des übertragenden Rechtsträgers einzustehen haben.

α. Die spaltungsrechtliche Mithaftung als (gesetzlicher) Schuldbeitritt?

Für die dogmatische Einordnung der Spaltungshaftung gem. § 133 I S. 1 UmwG hat *Maier-Reimer*[1165] wichtige Überlegungen angestellt. Er widerspricht der Auffassung, dass die Erweiterung des Kreises der haftenden Mitschuldner als Schuldbeitritt zu qualifizieren sei.[1166] Der übertragende Rechtsträger werde durch die Vermögensübertragung nicht befreit, sondern haftet, wie in den Fällen der §§ 156, 157 UmwG und §§ 166, 167 UmwG, weiterhin fort. Die gesamtschuldnerische Haftung gem. § 133 I S. 1 UmwG soll den Übergang der Verbindlichkeit modifizieren. Daher sei der Vorgang als „zeitlich gestreckte privative Schuldübernahme" zu verstehen.[1167] Auch wäre es nach *Maier-Reimer*[1168] gekünstelt, davon zu sprechen, dass der übertragende Rechtsträger „seiner bisher eigenen Verbindlichkeit als Schuldner beitrete". Nur hinsichtlich der übernehmenden Rechtsträger, denen die entsprechende Verbindlichkeit nicht zugewiesen wurde, könne man von einem gesetzlichen Schuldbeitritt sprechen.

Hinter den Überlegungen, die aber nur für den Fall der Ausgliederung und der Abspaltung Bestand haben können, steht offensichtlich die Motivation, den Interzessionscharakter der Haftung der Mithaftenden, also derjenigen Rechtsträger, denen die Verbindlichkeit nicht zugewiesen wurde, argumentativ zu widerlegen.[1169] Betrachtet man nur die Verbindlichkeiten isoliert, haben die Überlegungen vieles für sich. Ihnen ist jedoch entgegenzuhalten, dass die Spaltungshaftung auf die Vermögens(neu)zuordnung durch den Spaltungsvertrag bezogen ist. Durch diesen werden nämlich die Rechtsverhältnisse einem neuen Rechtsträger zugeordnet, sodass ein Rechtsträgerwechsel tatsächlich stattfindet. Dass der übertragende Rechtsträger dann gegebenenfalls seinem „eigenen" Vertragsverhältnis als Schuldner beitritt, mag auf den ersten Blick verwundern, ergibt sich jedoch in der Konsequenz der Auswechselung des Rechtsinhabers.

Von besonderem Interesse ist es ferner, dass *Maier-Reimer*[1170] zur Unterstützung seiner These unter anderem auf § 156 UmwG abstellt. Nach § 156 S. 1 UmwG wird der Einzelkaufmann durch den Übergang der Verbindlichkeit auf die übernehmende Gesellschaft nicht befreit, sondern er haftet „weiter". Von besonderem Interesse ist die Bezugnahme auf diesen Paragraphen, da sie einen Streit zwischen *Claus-Wilhelm Canaris* und *Karsten Schmidt* in Erinnerung ruft: Inwieweit nämlich Sicherungsrechte, die für den Kaufmann bestellt wurden, fortbestehen,

1165 In: Semler/Stengel, UmwG, § 133 Rdn. 26ff.; *ders./Gesell*, FS Horn, S. 455ff.

1166 Verwiesen wird auf BGH NJW 2001, 1217, 1218 und *Karsten Schmidt*, ZGR 1993, 366, 387: „Sie läuft auf einen zeitlich begrenzten gesetzlichen Schuldbeitritt der Nicht-Hauptschuldnerin(nen) hinaus.".

1167 *Maier-Reimer*, in: Semler/Stengel, UmwG, § 133 Rdn. 40; bei Rdn. 32 wird angeführt: „Die Schuld bleibt eigene Schuld des übertragenden Rechtsträgers."; vgl. hierzu auch oben § 4 C. II. 1. (= S. 103ff.) zur parallelen Situation im Schweizer Recht.

1168 In: Semler/Stengel, UmwG, § 133 Rdn. 28.

1169 *Maier-Reimer*, in: Semler/Stengel, UmwG, § 133 Rdn. 32, 48.

1170 In: Semler/Stengel, UmwG, § 133 Rdn. 28 m. Fn. 81.

und in welchem Umfang.[1171] Nach *Canaris*[1172] soll die Vorschrift des § 156 S. 2 UmwG lediglich die ursprüngliche Schuld absichern und mit der Enthaftung des Einzelkaufmanns auch erlöschen. *Canaris* folgert aus § 156 S. 2 UmwG, „dass die Identität der Schuld des Einzelkaufmanns trotz der Umstrukturierung gewahrt bleibt und Sicherheiten für *diese* deshalb unberührt bleiben, doch gilt das folgerichtig eben nur, solange sie fortbesteht".[1173] Das soll gelten, auch wenn *Canaris*[1174] an anderer Stelle ausführt, dass der übernehmende Rechtsträger in die Verbindlichkeiten eintritt. *Canaris* scheint offensichtlich selbst für den Fall des § 152 UmwG den Übergang des Rechtsverhältnisses nicht recht annehmen zu wollen. Demgegenüber haben *Karsten Schmidt* und *Schneider*[1175] angeführt, dass der Fortbestand von Sicherheiten kein Problem darstellt, da die „Unternehmensverbindlichkeiten auf den Zielrechtsträger übergehen".[1176] Dem ist zuzustimmen. Es geht nicht um ein Forthaften des Einzelkaufmanns, sondern nur um eine zeitlich befristete Mithaftung. Die für die jeweilige Verbindlichkeit bestellte Sicherheit geht auf den neuen Rechtsträger über und bleibt auch nach der Enthaftung bestehen.[1177]

Zusammenfassend ist damit Folgendes festzuhalten: Rechtsverhältnisse können, mit Ausnahme des Falls der Aufspaltung, bei dem übertragenden Rechtsträger verbleiben oder aber im Spaltungsvertrag einem neuen Rechtsträger zugewiesen werden. Damit wird das jeweilige Rechtsverhältnis einem neuen Rechtsträger zugeordnet. Im Sinne der gebräuchlichen Terminologie ist dies der Hauptschuldner. Er haftet schon allein aufgrund der Tatsache, dass er der neue Inhaber des Rechtsverhältnisses ist. Das würde auch gelten, wenn § 133 UmwG nicht existieren würde. Alle daneben an der Spaltung beteiligten Rechtsträger haften aufgrund des (gesetzlichen) Schuldbeitritts gem. § 133 I S. 1 UmwG. Die Frage nach der Ausgestaltung der Spaltungshaftung ist demnach die Frage, in welchem Verhältnis die Haftung des Hauptschuldners, als dem Rechtsinhaber, zu der der Mithafter steht. Das Verhältnis der Mithafter untereinander interessiert nur am Rande. Es folgt dem Regime der Gesamtschuld.[1178]

β. Die Behandlung sog. „vergessener Verbindlichkeiten"

Die Abwendung von der „einzelgegenständlichen Betrachtungsweise" und das Verständnis für die Bedeutung der Zuweisung des Schuldverhältnisses als Einheit

---

1171 Siehe hierzu insb. die Übersicht bei *Maier-Reimer*, in: Semler/Stengel, UmwG, § 133 Rdn. 100.

1172 HR, § 7 Rdn. 61; dem folgend *Petersen*, Gläubigerschutz im Umwandlungsrecht, S. 361f.

1173 *Canaris*, HR, § 7 Rdn. 61 (Hervorh. auch im Original).

1174 HR, § 7 Rdn. 48; siehe auch *Karsten Schmidt/Schneider*, BB 2003, 1961, 1967.

1175 BB 2003, 1961, 1967; siehe auch schon davor *Karsten Schmidt*, FS Krejci, Bd.I., S. 325, 333f.

1176 Dafür bedarf es entgegen *Canaris*, HR, § 7 Rdn. 61 Fn. 141 keiner Analogie.

1177 So i. E. auch *Maier-Reimer*, in: Semler/Stengel, UmwG, § 133 Rdn. 100f., § 156 Rdn. 11.

1178 Dieses Verhältnis wird relevant für einen eventuellen Binnenregress zwischen den Mithaftern, wenn nämlich vom Hauptschuldner kein Ausgleich zu erlangen ist, hierzu *Maier-Reimer*, in: Semler/Stengel, UmwG, § 133 Rdn. 67.

zeigen auch, dass die Thematik von den sog. „vergessenen Verbindlichkeiten" neu zu überdenken ist. Das Problem wird in der Praxis freilich nur selten auftauchen. Es stellt sich nur bei der Aufspaltung. Dazu kommt, dass meist im Wege der Auslegung die Rechtsverhältnisse einer der Spaltungsparteien zugewiesen werden können.[1179] Hilfsweise sind in den meisten Fällen im Spaltungsvertrag – wozu auch nur geraten werden kann – Auffangklauseln[1180] vorgesehen. Für das seltene „worst case scenario", wenn einmal ein Vermögensgegenstand keiner der Spaltungsparteien zugewiesen werden kann, sieht § 133 III UmwG in Anlehnung an Art. 3 III SpaltRL eine Regelung vor, die so gar nicht auf „vergessene Schuldverhältnisse" passen will. Sowohl in der SpaltRL wie auch bei der Umsetzung in das deutsche Recht geht man davon aus, dass zwischen den Gegenständen des Passivvermögens und des Aktivvermögens zu unterscheiden sei. Für die „Aktiva" sah man die Regelung des § 131 III UmwG vor. Für die „Passiva" hingegen wurde kein Regelungsbedürfnis gesehen, da es sich hier nur um eine Haftungsfrage handeln soll:

> „Für „vergessene" Verbindlichkeiten ist nach dem System des Entwurfs eine besondere Regelung entbehrlich. Für sie wie für alle anderen Verbindlichkeiten ordnet § 133 Abs. 1 ganz allgemein die gesamtschuldnerische Haftung der an der Spaltung beteiligten Rechtsträger an, damit den Gläubigern dieser Forderungen die bisher vorhandene Haftungsmasse erhalten bleibt."[1181]

Die separate Regelung des Schicksals der „Aktiva" auf der einen und der „Passiva" durch § 133 I UmwG auf der anderen Seite wird der Rechtsnatur des Schuldverhältnisses nicht gerecht.[1182] Das Schuldverhältnis ist ein einheitliches Recht, dessen Zuordnung nicht dadurch gelöst werden kann, dass man die Forderungen den an der Aufspaltung beteiligten Rechtsträgern nach Maßgabe des § 131 III UmwG zuteilt[1183] und für die „Passivseite" auf § 133 UmwG verweist.[1184] Damit löst man nicht das Zuordnungsproblem. Das wird am Beispiel der „vergessenen Dauerschuldverhältnisse" deutlich.[1185] Nach *Rieble*[1186] sollen die Rechtsträger in einem solchen Fall „gemeinsam die Vertragspartnerstellung" einnehmen oder, wie *Wiesner*[1187] ausführt, „gemeinschaftliche Vertragspartner" werden. Aber was be-

---

[1179] Es gilt das Primat der Auslegung, *Maier-Reimer*, in: Semler/Stengel, UmwG, § 133 Rdn. 37; hierzu bereits unter § 5 B. I. 2. b. (= S. 189 ff.).

[1180] Nach dem österreichischen Spaltungsgesetz (§ 2 I Nr. 11 SpaltG) ist sogar verpflichtend eine Auffangregel vorzusehen.

[1181] BT-Drucks. 16/6699, S. 121.

[1182] So auch *Wiesner*, in: Die Spaltung im neuen Umwandlungsrecht, S. 168, 174.

[1183] So aber ausdrücklich Art. 38 II FusG; zu den „Findelkindern der Spaltung" (*Böckli*) nach dem FusG vgl. *Böckli*, Schweizer Aktienrecht, § 3 Rdn. 310.

[1184] Zudem könnte man die Regelung des § 133 III UmwG dahingehend verstehen, dass nach dem Ablauf der Nachhaftungsfrist sämtliche Rechtsträger befreit würden. Dieser Schluss wird aber ganz überwiegend nicht gezogen. Die h.L. geht i.E. davon aus, dass in einem solchen Fall die Enthaftung ausgeschlossen ist; *Maier-Reimer*, in: Semler/Stengel, UmwG, § 133 Rdn. 38 m.w.N. in Fn. 111.

[1185] Siehe *Wiesner*, in: Die Spaltung im neuen Umwandlungsrecht, S. 168, 174.

[1186] ZIP 1997, 303, 311.

[1187] In: Habersack/Koch/Winter, Spaltung, S. 168, 174.

deutet es, dass die Parteien „gemeinschaftliche Vertragspartner" werden? Ist dies überhaupt möglich? Die Frage wird heute, wenn auch selten, im Zusammenhang mit der Abgrenzung der Bruchteilsgemeinschaft (§§ 741 ff. BGB) und der BGB-Gesellschaft (§§ 705 ff. BGB) behandelt.[1188] Sie spielte auch eine besondere Rolle bei der Diskussion um die Rechtsfähigkeit der Personengesellschaften. Dort konnte nämlich auf der Grundlage der „traditionalistischen" Gesamthandslehre nur davon ausgegangen werden, dass die Gesellschaft*er* Vertragspartner werden.[1189] Dem heutigen Entwicklungsstand entspricht es jedoch, dass ein Schuldverhältnis nur mit einzelnen Personen oder aber mit einer Personengesellschaft zustande kommen kann. Eine Bruchteilsgemeinschaft an Schuldverhältnissen soll es demgegenüber nicht geben.[1190] Wurde ein Schuldverhältnis „vergessen" und kann es nicht im Wege der Auslegung einer einzelnen Person zugewiesen werden, kann es nur der Mehrheit der nach der Aufspaltung bestehenden Rechtsträger zugewiesen werden. Die Ausübung des Rechtsverhältnisses richtet sich dann nach den Regeln der BGB-Gesellschaft. Die Lösung mag nicht befriedigen. Sie ist aber zurzeit die einzige Möglichkeit, dieses wohl seltene Zuordnungsproblem zu lösen.

bb. Haftungskoordinierung

Es wurde bereits dargelegt, dass es für die Qualifizierung der Spaltungshaftung darauf ankommt zu klären, in welchem Verhältnis die Haftung des Hauptschuldners, als dem Rechtsinhaber, zu der des Mithafters bzw. der Mithaftenden steht. Es geht um die Haftungskoordinierung zwischen den an der Spaltung beteiligten Rechtsträgern.

Der Gesetzeswortlaut des § 133 I S. 1 UmwG ist eindeutig: Die beteiligten Rechtsträger haften als Gesamtschuldner.[1191] Die europäischen Vorgaben geben hier keine Lösungen vor.[1192] Zwar wird teilweise ausgeführt, dass das Akzessorietätsmodell der Spaltungsrichtlinie besser entsprechen würde;[1193] da aber auch die Gesamtschuldlösung richtlinienkonform ist,[1194] ist der Spaltungsrichtlinie argu-

---

[1188] *W. Flume*, AT I./1., § 8 (= S. 110 ff.); *ders.*, ZHR 136 (1972), 177, 199 ff.; *Karsten Schmidt*, in: MünchKomm, § 741 Rdn. 18; *Aderhold*, in: Erman, § 741 Rdn. 13; unklar *Langhein*, in: Staudinger, § 742 Rdn. 124.

[1189] *Dauner-Lieb*, Unternehmen in Sondervermögen, S. 522; dazu auch noch sogleich unter bb. (= S. 196 ff.).

[1190] *W. Flume*, AT I./1., § 8 (= S. 114 f.); a. A. aber (seit der 4. Aufl.) *Karsten Schmidt*, in: MünchKomm, § 741 Rdn. 18, siehe aber auch wieder relativierend die Ausführungen unter Rdn. 19 ff.

[1191] *Maier-Reimer*, in: Semler/Stengel, UmwG, § 133 Rdn. 31; das konzidiert auch *Habersack*, FS Bezzenberger, S. 93, 98.

[1192] So auch *Maier-Reimer*, in: Semler/Stengel, UmwG, § 133 Rdn. 31.

[1193] *Hommelhoff/Schwab*, in: Lutter, UmwG, § 133 Rdn. 27: „Die „Gesamtschuld" in der deutschen Fassung der Richtlinie und in Konsequenz auch in § 133 fungiert hier nur als ungenaue deutsche Übersetzung eines Rechtsbegriffs, der in seiner Ursprungsrechtsordnung [sc. dem französischen Spaltungsrecht] mit einem anderen Inhalt besetzt ist."; ausführlich *Mickel*, Rechtsnatur der Haftung gespaltener Rechtsträger, S. 139 ff.

[1194] *Hörtnagel*, Schmitt/Hörtnagel/Stratz, UmwG, § 133 Rdn. 3.

mentativ in diesem Streit keine weitere Bedeutung zuzumessen. Die Diskussion um die Ausrichtung der Spaltungshaftung wird dadurch erschwert, dass die Lösungen der Einzelprobleme sich im Ergebnis vielfach decken. Dies gilt insbesondere, entgegen anderer Auffassung, für die Behandlung der Unmöglichkeit,[1195] aber auch für den Regress.[1196] Unterschiede können sich im Einzelnen aus dem für die Grundschuld geltenden Grundsatz der Einzelwirkung gem. § 425 BGB ergeben, der für die Akzessorietät gerade nicht gilt.[1197] Der Unterschied wirkt sich aber nur insofern aus, als dass „Tatsachen", die gegenüber dem Hauptschuldner eintreten, nach dem Gesamtschuldmodell nur für diesen wirken, wohingegen sie bei der Akzessorietätslösung gleichermaßen für die Mithaftenden von Relevanz sind. Treten hingegen die „Tatsachen" gegenüber einem Mithaftenden ein, so gelten diese nur für diesen, aber nicht auch für den Hauptschuldner. Hier gleichen sich also die Lösungen.

Während das Gesamtschuldmodell unter Beachtung der gesetzlichen Anordnung einer Gesamtschuld viele der Einzelfragen in Anlehnung an die Bestimmungen der §§ 421 ff. BGB lösen kann, müssen die Vertreter der Akzessorietätslehre „Anleihen" im Recht der OHG und des Bürgschaftsrechts tätigen. Aber auch die am Gesetz orientierte Gesamtschuldlösung kommt nicht ohne „Anleihen" aus dem OHG Recht aus. Dies gilt unstreitig für die einredeweise Geltendmachung der dem Hauptschuldner zustehenden Einwendungen und Einreden durch den bzw. die Mithaftenden.[1198] Beide Modelle müssen hier eine Lösung auf das Problem liefern, dass nur ein Rechtsträger, der Hauptschuldner, zur Rechtsausübung befugt ist.[1199] Es handelt sich um ein prinzipielles Normanwendungsproblem. Das ist schon allein darin zu sehen, auch wenn man dem nicht beitreten will,[1200] dass die Gesamtschuldregelungen in besonderen Maße als „flexibel" angesehen werden und eine Überlagerung der Gesamtschuldregelungen durch Akzessorietätsregeln als möglich erachtet und insbesondere für das Recht der Personengesellschaften angenommen wird.[1201] Sieht man die Dinge ergebnisorientiert, fällt es schwer, die „Überlegenheit" der Akzessorietätslösung darzulegen und entgegen dem Wortlaut des § 133 I S. 1 UmwG die Anknüpfung an die §§ 421 ff. BGB zu verneinen.

Den Ausschlag geben aber die folgenden allgemeineren systematischen Erwägungen. Dies führt zurück zu der unter 3. b. aa. (= S. 192 ff.) dargelegten Bedeutung der Zuordnung der Rechtsverhältnisse im Spaltungsvertrag für die Einordnung der Spaltungshaftung. Dort wurde ausgeführt, dass sich die Haftung des

---

1195 Dazu unter cc. (= S. 201 ff.).

1196 Siehe einerseits *Maier-Reimer*, in: Semler/Stengel, UmwG, § 133 Rdn. 32; *ders./Gesell*, FS Horn, S. 455, 458 m. Fn. 17, 466; andererseits *Habersack*, FS Bezzenberger, S. 93, 108 f.

1197 *Hommelhoff/Schwab*, in: Lutter, UmwG, § 133 Rdn. 25.

1198 Einerseits *Maier-Reimer*, in: Semler/Stengel, UmwG, § 133 Rdn. 35, 53 und allgemein für die Gesamtschuld *Bydlinski*, in: MünchKomm, § 425 Rdn. 10; anderseits *Habersack*, FS Bezzenberger, S. 93, 96 f., 106 f.

1199 Siehe hierzu auch *Maier-Reimer*, in: Semler/Stengel, UmwG, § 133 Rdn. 35.

1200 So dezidiert a. A. etwa *Schürnbrand*, Schuldbeitritt, S. 27 ff.

1201 *W. Flume*, FS Knur, 125, 129 ff.; *ders.*, AT I./1., § 16 II. 2. (= S. 286 ff.); *Noack*, in: Staudinger, § 421, Rdn. 35 ff., 40; siehe auch *Lieb*, GS Lüderitz, S. 455, 462.

Hauptschuldners schon allein aus der Zuweisung des Rechtsverhältnisses ergibt, während die anderen an der Spaltung beteiligten Rechtsträger nur aufgrund der gesetzlichen Haftungserstreckung des § 133 I S. 1 UmwG einzustehen haben. Vor diesem Hintergrund kann der Sicherungscharakter der Haftung des Mithaftenden nicht in Abrede gestellt werden.[1202] Aufgrund des Sicherungscharakters liegt es nahe, die Haftungsverhältnisse der Mithaftenden akzessorisch an das dem Hauptschuldner im Spaltungsvertrag zugewiesene Rechtsverhältnis anzuknüpfen. Es handelt sich hierbei um eine grundsätzliche systematische Frage, deren Bedeutung über das Umwandlungsrecht hinausgeht und als solche auch zu behandeln ist. Sie ist im Kontext der Einordnung der Haftung des Veräußerers und Erwerbers nach § 25 HGB, der Eingliederungshaftung nach § 322 AktG und auch der Haftung der Arbeitgeber nach § 613a BGB zu sehen.[1203] Ferner ist sie in den Kontext der akzessorischen Gesellschafterhaftung in der Gesellschaft bürgerlichen Rechts und den Personenhandelsgesellschaften zu stellen.

Eine Unterscheidung ist zunächst zwischen den beiden aufgeführten Themenfeldern geboten: Bei den § 25 HGB, § 322 AktG und § 613a BGB werden Rechtsverhältnisse bzw. ein Vertragsverhältnis einem neuen Rechtsträger zugewiesen. Der daneben weiterhin bestehende Rechtsträger soll zum Zweck des Gläubigerschutzes haften. Demgegenüber ist die Gesellschafterhaftung auf die Mitgliedschaft in der Personengesellschaft bezogen. Erhellend hat *Werner Flume*[1204] formuliert:

> „Die Gesellschaft, d. h. die Gruppe und nicht die einzelnen Gesellschafter, ist die Beteiligte des rechtsgeschäftlichen Verkehrs. Nur die Gesellschaft ist Beteiligte des Schuldverhältnisses als Organismus, und die Haftung für die sich aus dem Schuldverhältnis ergebenden Verbindlichkeiten wird nur von der Gesellschaft auf die Gesellschafter erstreckt."

Die Haftung ergibt sich für *Werner Flume* aus der Zugehörigkeit des Gesellschafters zur Gruppe.[1205] Die heute überwiegende Meinung will hingegen die Haftung auf eine Analogie zu § 128 HGB stützen.[1206] Unstreitig sollte jedoch sein, dass die unbeschränkte akzessorische Gesellschafterhaftung keiner positiven Begründung

---

1202 A. A. freilich *Maier-Reimer*, in: Semler/Stengel, UmwG, § 133 Rdn. 32.

1203 Auf die beiden letzten Tatbestände ist zugunsten einer Fokussierung auf die rechtsgeschäftlichen Übertragungstatbestände des Umwandlungsrechts und des § 25 HGB nicht näher einzugehen; siehe jedoch zu § 322 AktG: *Habersack*, in: *Emmerich/Habersack*, Aktien- und GmbH-Konzernrecht, § 322 Rdn. 3 f.; *Schürnbrand*, Schuldbeitritt, S. 42, 124 f.; zu § 613 a BGB: *Mickel*, Rechtsnatur der Haftung gespaltener Rechtsträger, S. 116 ff.

1204 AT I./1., § 16 II. 1. (= S. 285).

1205 *W. Flume*, AT I./2., § 16 IV. 3. (= S. 32 5. ff.); hierzu zuletzt auch *Altmeppen*, NJW 2004, 1563 f.; siehe auch *Wilhelm*, SaR, Rdn. 178 ff.; in diese Richtung wird man auch die beiden Urteile BGHZ 142, 315, 319 und 146, 341, 358 verstehen können, da dort nicht von einer Analogie zum OHG Recht die Rede ist, sondern Bezug genommen wird auf den „allgemeinen Grundsatz des bürgerlichen Rechts und des Handelsrechts, dass derjenige, der als Einzelperson oder in Gemeinschaft mit anderen Geschäfte betreibt, für die daraus entstehenden Verpflichtungen mit seinem gesamten Vermögen haftet." (BGHZ 142, 315, 319).

1206 Siehe nur *Ulmer*, in: MünchKomm, § 714 Rdn. 36.

bedarf, sondern vielmehr die Haftungsbeschränkung begründungsbedürftig ist.[1207] Eine haftungsrechtliche Freistellung einer unternehmerisch tätigen Gruppe von Personen ist nur in der Rechtsform der juristischen Person zu erreichen.[1208] Interessant ist die Konstruktion der Haftung der Personengesellschafter, da an ihr gut die Wandlung von einer an die Regelungen der Gesamtschuld anknüpfenden Haftung der Gesellschafter hin zu einer akzessorischen und an die Verbindlichkeit der Gesellschaft anknüpfenden Gesellschafterhaftung aufgezeigt werden kann.[1209] Ursprünglich ging man bis zur Anerkennung der Gruppen-Lehre *Werner Flumes* in BGHZ 146, 341 von der Nichtrechtsfähigkeit der Gesellschaft bürgerlichen Rechts aus. Nach der traditionalistischen Lehre wurden die Gesellschafter durch das Handeln des geschäftsführenden Gesellschafters (§ 714 BGB) verpflichtet. Es wurde eine „Eigenschuld" der Gesellschafter begründet, für die die Gesellschafter in Anwendung der Zweifelsregelung des § 427 BGB als Gesamtschuldner aufzukommen hatten.[1210] Nachfolgend wurde von den Vertretern der sog. Doppelverpflichtungslehre ebenfalls das Vorliegen eines Gesamtschuldverhältnisses angenommen.[1211] Sie erkannten die Rechtsfähigkeit der Gesellschaft bürgerlichen Rechts bereits an, wollten die Haftung der Gesellschafter mit den bekannten Folgeproblemen auf einen rechtsgeschäftlichen Schuldbeitritt stützen. Auf die weiteren Einzelheiten ist hier nicht einzugehen.[1212] Entscheidend ist, dass heute die akzessorische Haftung ganz herrschend ist. Sie entspricht der Vorstellung, dass die Haftung des Gesellschafters den Anspruch, der gegenüber der Gesellschaft besteht, besichert. Vertragspartner ist die Gesellschaft.[1213] Die Haftung wird nur auf die Gesellschafter „erstreckt".[1214]

Das „Erstrecken" der Haftung stellt den gemeinsamen Rahmen auch zwischen der Vorschrift des Spaltungsrechts, des § 25 HGB[1215] und der Haftung der Personengesellschafter dar. Es geht jeweils um die haftungsrechtliche (gesetzliche)

[1207] *Karsten Schmidt*, GeslR, § 18 IV. 1. b) bb) (= S. 539f.), § 60 III. 2. (= S. 1790ff.); *ders.*, Zur Stellung der OHG im System der Handelsgesellschaften, S. 103ff.; *Dauner-Lieb*, Unternehmen in Sondervermögen, S. 533f.

[1208] *Dauner-Lieb*, Unternehmen in Sondervermögen, S. 43ff., 522ff.

[1209] Siehe hierzu *Dauner-Lieb*, Unternehmen in Sondervermögen, S. 522ff.; *S. Meier*, in: HKK, §§ 420-432 I., Rdn. 18f.

[1210] *Dauner-Lieb*, Unternehmen in Sondervermögen, S. 522; *Noack*, in: Staudinger, § 427 Rdn. 43 m.w.N.; *S. Meier*, in: HKK, §§ 420-432 I., Rdn. 18.

[1211] *Ulmer*, in: MünchKomm[3. Aufl.], § 714 Rdn. 45: „unechte oder scheinbare Gesamtschuld"; siehe aber auch *Habersack*, JuS 1993, 1, 5; *ders.*, JZ 1997, 857, 865 der eine rechtsgeschäftlich begründete Akzessorietät annehmen wollte.

[1212] Aus den zahlreichen Anmerkung sei nur verwiesenen auf *Dauner-Lieb*, DStR 2001, 356ff.; *dies.*, VGR 5 (2002), 17ff.; *Karsten Schmidt*, NJW 2001, 993ff.; *Ulmer*, ZIP 2001, 585ff. jeweils m.w.N.

[1213] *Dauner-Lieb*, VGR 5 (2002), 17, 124; siehe zuvor *dies.*, Unternehmen in Sondervermögen, S. 524.

[1214] *W. Flume*, AT I./1., § 16 II. 1. (= S. 285) (siehe bereits das oben im Text wiedergegebene Zitat).

[1215] Dazu sogleich unter II. (= S. 203ff.); zur besseren Verständlichkeit der Zusammenhänge wird auf eine Darstellung der Parallelen zu § 28 HGB verzichtet.

Verknüpfung der Haftung eines Dritten für die Verbindlichkeit eines Rechtsträgers. Während die Haftungsverknüpfung zwischen Gesellschafter und Gesellschaft als geklärt gelten muss, ist dies für die Spaltungshaftung, wie bereits angeführt wurde, noch nicht der Fall. Für § 25 HGB scheint die Einordnung der Haftung des Erwerbers als Gesamtschuld unstreitig.[1216] Dies gilt aber nur aufgrund des Verständnisses der h.M., die § 25 HGB als Haftungsnorm begreifen will. In beiden Fällen geht es um die Einordnung der Rechtsfolgen eines gesetzlichen Schuldbeitritts. Überwiegend geht man davon aus, dass in den Fällen des gesetzlichen Schuldbeitritts eine Gesamtschuld entsteht.[1217] Eine neuere Auffassung in der Literatur will demgegenüber danach entscheiden, ob es sich um einen *Sicherungsbeitritt* oder einen *Übernahmebeitritt* handelt.[1218] Während beim Übernahmebeitritt eine eigenständige, den Regelungen der Gesamtschuld folgende, Haftungserstreckung anzunehmen sei, soll beim Sicherungsbeitritt, der Sicherungszweck im Vordergrund stehen und die Verbindlichkeit des Beitretenden an die des Hauptschuldners angebunden sein. Die Diskussion wird dabei überwiegend mit Fokus auf den rechtsgeschäftlichen Schuldbeitritt geführt, sie ist aber auch von Bedeutung für die Fälle des gesetzlichen Schuldbeitritts.[1219] Denn die Kategorisierung verdeutlicht die Funktionsweise verschiedener Formen von Haftungskoordinierung zwischen einer Mehrzahl von verpflichteten Schuldnern. Für die Lösung des oben angesprochenen Normanwendungsproblems ist ausschlaggebend, dass das Rechtsverhältnis einem Rechtsträger durch den Spaltungsvertrag zugewiesen wird. Dieser ist der neue Rechtsinhaber. Wie auch bei der Personengesellschaft ist es daher konsequent, auch bei der Spaltungshaftung die Haftung der mithaftenden Rechtsträger akzessorisch an die Hauptverbindlichkeit anzuknüpfen.

Für § 25 HGB ist man auf der Grundlage der Auslegung durch die h.M. freilich dazu gezwungen, von einer gesamtschuldnerischen Haftung von Veräußerer und Erwerber auszugehen. Insofern mag man von einem Übernahmebeitritt sprechen,[1220] da die Haftung des Erwerbers ja auch noch über den Zeitraum des Ausscheidens des Veräußerers gem. § 26 HGB hinaus wirksam sein soll.[1221] Eine akzessorische Verknüpfung mit der Verpflichtung des Veräußerers ist ersichtlich

---

1216 Ausführlich zur Begründung einer Gesamtschuld bei § 419 a.F. BGB und § 25 HGB, *Goette*, Gesamtschuldbegriff und Regreßproblem, S. 94ff.

1217 *Noack*, in: Staudinger, § 421 Rdn. 49; *Möschel*, in: MünchKomm, Vor § 414 Rdn. 17; *Goette*, Gesamtschuldbegriff und Regreßproblem, S. 94ff.

1218 *Habersack*, in: MünchKomm, Vor § 765 Rdn. 10; *Schürnbrand*, Schuldbeitritt, 32f.; *Kothe*, JZ 1990, 997, 998f.

1219 *Schürnbrand*, Schuldbeitritt, S. 121.

1220 *Habersack*, in: MünchKomm, Vor § 765 Rdn. 10 spricht im Zusammenhang mit dem Übernahmebeitritt davon, dass der„Übergang auf der Schuldnerseite abzufedern" sei.

1221 Gerade dieser Ablauf der Dinge ist es, den *Canaris*, HR, § 7 Rdn. 42ff.; *ders.*, FS Odersky, S. 753ff. anprangert; siehe hierzu auch *Karsten Schmidt*, FS Krejci, Bd.I., 325, 330. Nach dem hier gewählten Konzept entgeht man jedoch den Problemen, da der Gläubiger gerade nicht seinen Schuldner verliert. Man muss dann natürlich anerkennen, dass das Rechtsverhältnis insgesamt übertragen wird. Siehe hierzu auch *Karsten Schmidt/Schneider*, BB 2003, 1961, 1967.

nicht vertretbar. Nach der hier vertretenen Meinung stellen sich die Dinge freilich anders dar. Denn sowohl bei § 25 HGB als auch bei der Spaltung geht es um dasselbe Ziel, nämlich die Gläubiger bei der Übertragung von Rechtsverhältnissen auf einen neuen Unternehmensträger zu schützen. Insofern ist die Haftung des Veräußerers in eine Linie mit der Haftung der Mithaftenden bei der Spaltung zu stellen. Sie ist akzessorisch an die Haftungsverbindlichkeit des Erwerbers gebunden.[1222] Die Konsequenzen aus der Ausrichtung der Spaltungshaftung sind im Einzelnen nicht auszudeklinieren. Zwei Themen bedürfen jedoch einer kurzen Erwähnung.

cc. Unmöglichkeit bei Sachleistungsschulden?

In den meisten Fällen wird die Haftung auf eine Geldleistung gerichtet sein. Dies wird in der Regel keine weiteren Probleme bereiten. Problematisch ist es hingegen, wie oft im Recht der OHG behandelt,[1223] wenn eine Sachleistung im Spiel ist. Die Dinge können sich bei der Spaltung dramatischer darstellen, da die Parteien aufgrund der ihnen gewährten Spaltungsfreiheit die für die Leistungserbringung erforderliche Hardware und die korrespondierenden vertraglichen Verpflichtungen „asymmetrisch" auf die an der Spaltung beteiligten Rechtsträger verteilen können.[1224] Es ist jedoch zweifelhaft, ob diese praktisch relevantes Szenario darstellt Immerhin können sich Probleme aber ergeben, wenn die Vermögensgegenstände irrtümlich falsch verteilt wurden.

Es ist, wie bereits angeführt wurde,[1225] als eine wesentliche Aufgabe der Spaltungshaftung aufzufassen, das Erfüllungsinteresse der Gläubiger selbst für den Fall zu erhalten, dass es zu einer solchen „asymmetrischen" Zuordnung kommt, gleich, ob dies nun irrtümlich oder bewusst geschehen ist. Grundsätzlich ist es unstreitig, dass sämtliche Spaltungsparteien auf Erfüllung haften.[1226] Wie schon aus dem Recht der OHG bekannt, ist es eine Frage des Unmöglichkeitsrechts, ob die betreffende in Anspruch genommene Spaltungspartei von ihrer Leistungspflicht frei wird. Während die Gesamtschuldlösung auf § 425 II BGB abstellt und der Unmöglichkeit Einzelwirkung zuspricht, muss die Akzessorietätslösung danach unterscheiden, ob die Unmöglichkeit in der Person des Hauptschuldners oder des Mithaftenden eintritt.[1227] *Maier-Reimer*[1228] hat eingewendet, dass die Akzessorietätslösung im Fall

---

[1222] *Karsten Schmidt*, FS Medicus, S. 555, 568; *Mickel*, Rechtsnatur der Haftung gespaltener Rechtsträger, S. 114f.; siehe auch *Schürnbrand*, Schuldbeitritt, S. 122 der die Einordnung als „konsequent" bezeichnet, auch wenn er der h. M. zu § 25 HGB folgt.

[1223] Hierzu *W. Flume*, AT I./1., § 16 III. 3. (= S. 304ff.).

[1224] Auszuschließen versucht dies freilich *Voigt*, Umwandlungsrecht und Schuldverhältnis, S. 95ff. über § 133 I S. 2 UmwG (siehe hierzu auch *Bayer*, ZHR 163 (1999), 138, 140). Das kann aber aufgrund der hier vertretenen Deutung des § 25 HGB nicht überzeugen, dazu noch sogleich unter dd. (= S. 202 f.).

[1225] Oben unter § 5 B. (= S. 183 ff.).

[1226] *Maier-Reimer*, in: Semler/Stengel, UmwG, § 133 Rdn. 40.

[1227] *Hommelhoff/Schwab*, in: Lutter, UmwG, § 133 Rdn. 38.

[1228] In: Semler/Stengel, UmwG, § 133 Rdn. 40; siehe auch ausführlich *ders./Gesell*, FS Horn, S. 455, 467ff.

des Unvermögens des Hauptschuldners nur unter „Durchbrechung“ der Akzessorietät das Fortbestehen der Leistungspflicht der Mithafter bejahen kann. Auch könne nach der Schuldrechtsreform die Leistungspflicht nicht in Anlehnung an die für die zur OHG bekannten Grundsätze[1229] bejaht werden. Soweit sich die Kritik *Maier-Reimers* auf das Konzept des alten Unmöglichkeitsrechts bezieht, ist dem entgegenzuhalten, dass es nach dem alten Unmöglichkeitsrecht durchaus stimmig war, den Gesellschafter, auch wenn der Gesellschaft die Leistung subjektiv unmöglich war, auf Erfüllung zu verklagen und einen Titel zu erwirken.[1230] Zutreffend ist freilich der Hinweis, dass sich durch die Schuldrechtsreform das Konzept des Unmöglichkeitsrechts gewandelt hat. Daher wird man auch die akzessorische Gesellschafterhaftung neu überdenken müssen. Auffallend ist dabei, dass die Vertreter beider Meinungsblöcke das Vorliegen der subjektiven Unmöglichkeit im Sinn des § 275 I BGB vorschnell bejahen und soweit ersichtlich niemand auf § 275 II BGB abstellt.[1231] Durch die Schuldrechtsreform haben sich die Dinge insoweit gewandelt, als dass der Anwendungsbereich der subjektiven Unmöglichkeit gem. § 275 I BGB durch die Regelung des § 275 II BGB drastisch eingeschränkt wurde.[1232] Die bloße Tatsache, dass eine Spaltungspartei nicht mehr in der Lage ist, eine Sachleistung zu erbringen, dies aber durch eine der anderen Spaltungsparteien weiterhin möglich ist, kann nicht die Einwendung der Unmöglichkeit begründen. Dabei wird man weiterhin zu berücksichtigen haben, dass die Spaltungsparteien das Leistungshindernis allemal zu vertreten haben, da sie es vorhersehbar verursacht haben (§ 275 II S. 2 BGB). Vielmehr bleibt die entsprechende Spaltungspartei leistungspflichtig. Kann die Leistung von der Spaltungspartei nicht erlangt werden, haftet diese nach Nachfristsetzung gem. § 281 BGB.[1233]

dd. § 133 I S. 2 1. HS UmwG

Einzugehen ist noch auf die Vorschrift des § 133 I S. 2 1. HS UmwG. Danach bleiben die §§ 25, 26 und 28 HGB „unberührt“. Dahinter ist ein insbesondere von *Karsten Schmidt*[1234] propagiertes System zu sehen, mit dem versucht wurde, die Spaltungswillkür der Parteien zu beschränken. § 133 I S. 2 1. HS UmwG soll darauf hinauslaufen, dass die Mithaftenden unabhängig von der Enthaftung des § 133 III UmwG auch für diejenigen Verbindlichkeiten einzustehen haben, deren Nichtübernahme gem. § 25 II HGB nicht publiziert wurde. „Das Prinzip der unterneh-

---

[1229] Hierzu vor der Schuldrechtsreform *Habersack*, FS Bezzenberger, S. 93, 107f.

[1230] *W. Flume*, AT I./1., § 16 III. 3. (= 304ff.); *Habersack*, in: Staub, § 128 Rdn. 31.

[1231] Vgl. *Maier-Reimer/Gesell*, FS Horn, S. 455, 467ff.; *Maier-Reimer*, in: Semler/Stengel, UmwG, § 133 Rdn. 41; *Hommelhoff/Schwab*, in: Lutter, UmwG, § 133 Rdn. 34ff.

[1232] *Dauner-Lieb*, in: AnwK, § 275 Rdn. 34f.; *Ernst*, in: MünchKomm, § 275 Rdn. 52; davon geht auch *Maier-Reimer*, in: Das neue Schuldrecht in der Praxis, S. 291, 292 für allgemeine schuldrechtliche Konstellationen aus.

[1233] Zur Wirkung des § 281 IV BGB, siehe *Hommelhoff/Schwab*, in: Lutter, UmwG, § 133 Rdn. 52f.

[1234] ZGR 1990, 580, 598ff.; *ders.*, ZGR 1993, 366, 391ff.; *ders.*, ZGR 1995, 675, 686f.; *ders.*, GeslR, §13 IV. 5. b) (= S. 401f.); siehe insbesondere auch *Voigt*, Umwandlung und Schuldverhältnis, S. 95ff. (zu ihr bereits Fn. 1224).

mensrechtlichen Haftungskontinuität [soll] sich auch bei der partiellen Universalsukzession im Umwandlungsrecht durch[setzen]".[1235] Versteht man jedoch die Spaltung und die Unternehmensübertragung nach § 25 HGB als parallel konstruierte Instrumente,[1236] so kann es keine Überlagerung des Anwendungsbereichs des § 25 HGB und des Spaltungsrechts geben. Allenfalls, das wird sogleich zu diskutieren sein, müssen gegebenenfalls zum Schutz der Gläubiger Analogien aus dem HGB hin zum UmwG gezogen werden.[1237] Das Prinzip der Haftungskontinuität ist, wie bereits gesagt wurde, als eine den Vermögenstransfer im Wege der Universalsukzession „begleitende" Transferhaftung derjenigen Rechtsträger zu verstehen, denen das entsprechende Rechtsverhältnis nicht zugewiesen wurde. Im Spaltungsrecht ergibt sich diese Haftung aus § 133 I S. 1 UmwG, im Fall der §§ 25, 28 HGB aus § 26 HGB.

c. Zusammenfassung

Die Spaltungshaftung nach § 133 UmwG ist orientiert an der Vermögenszuordnung im Spaltungsvertrag. Sie dient dazu, vor Missbräuchen zu schützen, indem die verfügbare Haftungsmasse den Gläubigern erhalten bleibt. Daneben kommt ihr aber auch die Funktion zu, das Erfüllungsinteresse der Gläubiger zu schützen. Dieses dient auch der Kompensation des Eingriffs in die Privatautonomie. Die Haftungskoordinierung zwischen dem durch den Spaltungsvertrag bestimmten Rechtsinhaber, dem sog. Hauptschuldner, und den sog. Mithaftern folgt dabei den Regeln der Akzessorietät.

II. Transferhaftung gem. § 26 HGB

Abschließend ist auf die den Rechtsübergang gem. § 25 HGB „begleitende" Haftung gem. § 26 HGB einzugehen. Anknüpfend an die bereits oben unter B. (S. 183ff.) getroffenen Ausführungen zur Bedeutung der „Schuldenhaftung beim Unternehmensübergang" kann nur noch einmal betont werden, dass die Haftung des Veräußerers genau wie bei der Spaltung einen dem Gläubigerschutz dienenden Sicherungszweck erfüllt.[1238] Das wird schnell übersehen, da üblicherweise das Modell der h.M. zu § 25 HGB, die von einem gesetzlichen Schuldbeitritt des Erwerbers ausgeht, immer nur mit der vertragsüberleitenden Wirkung des § 25 HGB (nach der Gegenauffassung) in Kontrast gesetzt wird. Richtigerweise muss es daher lauten: Nach § 25 HGB gehen die Rechtsverhältnisse über und nach § 26 HGB haftet der Veräußerer akzessorisch zur übergegangenen Schuld. Damit ist nichts anderes gesagt als in den §§ 156 S. 1, 157 I S. 1 UmwG. Es geht nicht um ein „Weiterhaften", sondern um einen gesetzlichen Schuldbeitritt zum Zwecke des

---

[1235] *Karsten Schmidt*, GeslR, § 13 IV. 5. b) (= S. 402).

[1236] Davon geht auch ganz offensichtlich *Karsten Schmidt/Schneider*, BB 2003, 1961, 1967 aus.

[1237] Dazu unter II. (= S. 203 ff.).

[1238] *Karsten Schmidt*, HR, § 8 I. 6. c) (= S. 236f.); *ders./Schneider*, BB 2003 1961, 1967.

Gläubigerschutzes.[1239] Die gleichen Schlussfolgerungen sind für § 28 III S. 1 HGB zu ziehen. Zur Komplettierung des Gläubigerschutzes sind noch zwei Themenkomplexe anzusprechen.

1. Analogie zu § 22 UmwG?

Es stellt sich die Frage, ob auch den Gläubigern im Rahmen der Unternehmensübertragung ein Anspruch auf Sicherheitsleistung gem. § 22 UmwG zuzusprechen ist. Dafür votiert insbesondere *Canaris*,[1240] freilich um den in seinen Augen bestehenden verfassungsrechtlichen Bedenken der Enthaftungswirkung des § 26 HGB zu begegnen. Sieht man die Parallelität der Fälle zwischen dem Umwandlungsrecht auf der einen und dem § 25 HGB auf der anderen Seite, ist dem – freilich mit anderer Zielsetzung – zuzustimmen.

2. Die Haftung für nicht übernommene Verbindlichkeiten

Weitaus heikler ist die Frage, inwieweit der Erwerber auch für die nicht übernommenen Verbindlichkeiten einzustehen hat. Die Lösung des Spaltungsrechts ist es hier gerade nicht den übernehmenden Rechtsträger aus der Haftung zu entlassen, sondern diesen als Mithafter gem. § 133 I S. 1 UmwG für die vor der Spaltung vom übertragenden Rechtsträger begründeten Verbindlichkeiten einstehen zu lassen. Beachtenswert ist weiterhin, dass die Haftung des übernehmenden Rechtsträgers für nicht übernommene Verbindlichkeiten bei der Ausgliederung eines einzelkaufmännischen Unternehmens nach § 152 UmwG, auch wenn sich dies nicht aus dem Gesetz ergibt, mit Selbstverständlichkeit in Anknüpfung an § 133 I S. 1 UmwG angenommen wird.[1241] Dies ist auch überzeugend, da es gerade dem Gläubigerschutzkonzept des Umwandlungsrechts entspricht, dass die Parteien der Spaltung bzw. der Unternehmensübertragung gem. § 152 UmwG für die Dauer der Nachhaftungsfrist zu einer „Schicksalsgemeinschaft"[1242] verbunden werden. Damit bleibt den Gläubigern des Ausgangsrechtsträgers das Haftungsvermögen des Rechtsträgers erhalten.

Geht man nun davon aus, dass die Parteien bei der Rechtsübertragung gem. § 25 HGB Rechtsverhältnisse gem. § 25 II HGB ausnehmen können – nur für diese Konstellationen ist die folgende Überlegung von Bedeutung –, muss man für die nicht übernommenen Rechtsverhältnisse, die vor der Unternehmensübertragung begründet wurden, eine Mithaftung des Erwerbers in Analogie des § 133 I

[1239] A. A. *Maier-Reimer*, in: Semler/Stengel, UmwG, § 156 Rdn. 12, siehe hierzu schon oben § 5 B. I. 3. b. aa. A. (= S. 193 ff.).

[1240] HR, § 7 Rdn. 49; hierzu *Lieb*, in: MünchKommHGB, § 26 Rdn. 5 a: „erwägenswert"; *Karsten Schmidt*, FS Krejci, Bd. I., S. 325, 332 Fn. 26: „beachtlich".

[1241] Das hebt insb. *Canaris*, HR, § 7 Rdn. 48 hervor; *Karollus*, in: Lutter, UmwG, § 156 Rdn. 3, 12; *Maier-Reimer*, Semler/Stengel, UmwG, § 156 Rdn. 15.

[1242] *Karsten Schmidt*, ZGR 1993, 366, 389; *Hommelhoff*, in: Kölner Umwandlungsrechtstage, S. 117, 131 f.

S. 1 UmwG befürworten. Gleiches hat für § 28 HGB zu gelten. Ein Ausweg wäre freilich, den Absatz 2 des § 25 HGB für zwingend zu erklären. Das entspricht jedoch nicht dem Gesetz: § 25 HGB eröffnet gerade die Ausschlussmöglichkeit.[1243] Die neue österreichische Regelung des § 38 UGB geht hier andere Wege: Nach § 38 IV S. 3 UGB soll ein Ausschluss der Haftung des Erwerbers dadurch erreicht werden können, dass dieser in das Firmenbuch eingetragen, auf verkehrsübliche Weise bekannt gemacht oder dem Dritten mitgeteilt wird.[1244] Es handelt sich hier also um das Freiwerden des Erwerbers durch die Publizierung der Nichthaftung. Das kann nicht überzeugen,[1245] denn die zwingende Haftungserstreckung ist der Preis für die gewährte Übertragungsautonomie.

[1243] *Karsten Schmidt*, HR, § 8 I. 5. b) (= S. 234f.); zu § 25 II HGB siehe bereits oben § 4 C. IV. 1. b. (= S. 123 ff.).

[1244] Zu den Schwierigkeiten bei der Erfassung der Bedeutung des § 38 IV S. 1 siehe *U. Torggler*, JBl. 2008, 137, 154f.

[1245] Kritisch hierzu bereits der *Verf.*, ZHR 170 (2006), 737, 757f.; scharf abzulehnen sind auch die Bestrebungen im Schweizer Schrifttum (Fn. 645) die Spaltungshaftung im FusG abzuschaffen; problematisch ist nach dem FusG nicht die Spaltungshaftung, sondern die unbegrenzte Forthaftung (dazu oben unter § 4 B. III. 2. (= S. 107 ff.)).

§ 6 Schlussbetrachtung und Ergebnisse

„Der Begriff des Rechtsüberganges [ist] kein Produkt logischer Notwendigkeit, sondern das Resultat der historischen Entwicklung des dogmatischen Denkens."

A. v. Tuhr, AT I., § 12 I.

I.

Den Ausgangspunkt der Arbeit bildete die Frage, in welchem Umfang die „Universalsukzession kraft Rechtsgeschäft"[1246] für den Unternehmensverkehr nutzbar gemacht werden kann. Aktueller Anlass der Untersuchung sind die durch das deutsche Umwandlungsgesetz von 1994 – sowie auf rechtsvergleichender Ebene das Schweizer Fusionsgesetz aus dem Jahr 2003 und das österreichische Unternehmensgesetzbuch aus dem Jahr 2007 – eröffneten Gestaltungsmöglichkeiten. Im Kontext der historischen Entwicklung hat sich dabei erwiesen, dass die umwandlungsrechtlichen Sondermaterien der Spaltung und Vermögensübertragung ihr Pendant in den handelsrechtlichen Vorschriften der §§ 25, 28 HGB finden, die gleichfalls auf der Verfügungstechnik der Universalsukzession beruhen. Entwicklungen, die in die gleiche Richtung weisen, sind die Fortentwicklung des Schweizer Art. 181 OR zum Institut der Vermögensübertragung nach dem Fusionsgesetz, sowie die Neufassung des § 25 öHGB in § 38 des österreichischen Unternehmensgesetzbuchs. Den gemeinsamen Nenner all dieser Konstellationen bildet die Tatsache, dass es sich um *rechtsgeschäftliche universalsukzessive Übertragungstatbestände* handelt. Das ist insoweit bemerkenswert, da der bürgerlich-rechtliche Güterverkehr ausschließlich die Rechtsübertragung im Wege der Singularsukzession kennt.

Der gewillkürte Vermögenstransfer *uno actu* wirft freilich viele Folgeprobleme auf. Solche ergeben sich dabei insbesondere in Bezug auf die freie Übertragbarkeit von Schuldverhältnissen. Umstritten sind hier sowohl die Grenzen der Übertragbarkeit als auch, welche möglichen leistungsstörungsrechtlichen Implikationen der Rechtsübergang auf einen neuen Unternehmensträger mit sich bringen kann. Die Beantwortung dieser Fragen kann nur vor dem Hintergrund eines den Vermögenstransfer *uno actu* begleitenden Gläubigerschutzsystems verstanden werden. Eine

[1246] So der Titel des Aufsatzes von *Karsten Schmidt*, AcP 191 (1991), 495 ff.

herausragende Rolle spielt hier die zeitlich beschränkte haftungsrechtliche Inanspruchnahme sämtlicher an einem Vermögenstransfer im Wege der Universalsukzession beteiligten Unternehmensträger nach § 133 UmwG, wie auch nach § 26 HGB. Der *Vermögenstransfer uno actu* kann nur in Verbindung mit der Frage der *Haftung* verstanden werden.

II.

1. Das Recht der Verfügungen ist nach der bürgerlich-rechtlichen Ausgangslage auf den Grundsatz der Einzelrechtsübertragung hin ausgerichtet. Sämtliche rechtsgeschäftliche Verfügungstatbestände des Bürgerlichen Gesetzbuchs können nur die Übertragung einzelner Rechte bewirken. Die Möglichkeit, rechtsgeschäftlich im Wege der Universalsukzession über ein Vermögen zu verfügen, ist dem BGB hingegen nicht bekannt. Vielmehr muss nach dem Grundsatz der Spezialität jedes einzelne Verfügungsobjekt nach den jeweils einschlägigen Voraussetzungen übertragen werden. Grundsätzlich reicht dabei gem. § 413 BGB eine schlichte Einigung aus. Entsprechende Abweichungen vom Grundsatz der schlichten Einigung ergeben sich dabei, insbesondere im Sachenrecht, aus den besonderen Publizitätsanforderungen an den Übertragungsvorgang. Das Recht der Verfügungen, so wie es im BGB zum Ausdruck kommt, ist dabei kein Spezifikum des Sachenrechts, sondern ein Grundprinzip des Rechts der Güterzuordnung insgesamt. Die auch heute noch gängige Vorstellung von der „Autarkie" des Sachenrechts speist sich dabei unter anderem aus dem zutreffenden historischen Ausgangspunkt, dass der dingliche Vertrag das „Urbild der Verfügung" (*Heck*) darstellt. So ist noch zur Zeit *Savignys* der dingliche Vertrag der einzige Fall der Singularsukzession *inter vivos*. Nach dem BGB wurde jedoch die Lehre vom abstrakten dinglichen Vertrag zum gesetzlichen Grundprinzip des Güterverkehrs ausgebaut. Das zeigt sich insbesondere daran, dass im Gegensatz zur Zeit *Savignys* nach dem BGB auch Forderungen und Schulden als materiell-rechtlich übertragungsfähige Rechte angesehen werden. Für das Bürgerliche Gesetzbuch ist damit die Frage der Güterzuordnung wie auch die des Gütertransfers gleichermaßen Aufgabe des Schuld- und Sachenrechts.
2. Auf der Grundlage der Betrachtungen zum Recht der Verfügungen nach dem BGB war der Frage nachzugehen, welche Möglichkeiten bestehen, Unternehmensübertragungen rechtlich zu gestalten. Die Schwierigkeiten ergeben sich daraus, dass sich das Unternehmen als eine „wirtschaftliche Organisationseinheit" aus einer Vielzahl von materiell-rechtlichen Vermögenswerten, aber auch immateriellen Positionen, dem sog. *Goodwill*, zusammensetzt. Versuche das Unternehmen zum Rechtssubjekt zu erklären, um die Probleme der juristischen Erfassung des Unternehmens zu lösen, haben sich zu Recht nicht durchsetzen können. Die Aufwertung des Unternehmens zum Rechtssubjekt würde nämlich die Probleme nicht beseitigen, sondern sie verschärfen, indem die uns bekannte Ordnung der verschiedenen Unternehmensträger in Frage gestellt würde. Der Rechtsverkehr bedarf für die Gestaltung von Rechtsverhältnissen juristischer

Zurechnungsendpunkte. Dafür kann aber nicht das Unternehmen dienen, sondern nur der jeweils mit dem Unternehmen in Verbindung zu setzende Unternehmensträger. Von der juristisch notwendigen Dichotomie zwischen Unternehmen und Unternehmensträger kann daher nicht abgewichen werden. Auf der Grundlage der Unterscheidung zwischen dem Unternehmen und dem Unternehmensträger lassen sich auch die beiden Formen beschreiben, durch die im wirtschaftlichen Ergebnis eine Unternehmensübertragung umsetzbar ist. Ein Unternehmenserwerb kann entweder auf dem Wege eines *Share Deal* oder als *Asset Deal* erfolgen. Während der *Share Deal* auf einen Herrschaftsgewinn über den Unternehmensträger abzielt, bezweckt der *Asset Deal*, ein Unternehmen auf den Erwerber zu übertragen. Das wesentliche Problem des *Asset Deal* besteht dabei darin, wie die Unternehmensübertragung auch verfügungsrechtlich umzusetzen ist. Vorstellungen, das Unternehmen könne dabei selber *uno actu* übertragen werden, sind dabei entweder missverständlich formuliert oder gehen an der wirtschaftlichen Realität vorbei. Denn aufgrund des im Unternehmen umfassten *Goodwill* kann es keine einheitliche Verfügung über „das" Unternehmen geben, sondern stets nur eine Verfügung über das materiell-rechtlich erfassbare Unternehmenssubstrat. Der praktische Ausweg aus diesem Dilemma ist die Annahme schuldrechtlicher „Hilfskonstruktionen" wie die Annahme von Einweisungspflichten des Veräußerers und die Annahme von Wettbewerbsverboten, aber natürlich auch die Übertragung des Firmenrechts auf den Erwerber. Daneben müssen die materiell-rechtlichen Bestandteile des Vermögens des veräußernden Unternehmensträgers, die für den Betrieb des Unternehmens erforderlich sind, übertragen werden. Auf der Grundlage der bürgerlich-rechtlichen Grundsätze des Güterverkehrs geht die h.M. davon aus, dass diese Übertragung nur *singulis actibus* und nicht *uno actu* erfolgen kann.

3. Eine Möglichkeit, Unternehmensübertragungen insgesamt zu vereinfachen und Unternehmenswerte zu erhalten, ist es, Vermögensübertragungen im Wege der Universalsukzession zuzulassen. So kann man schon bei *Förtsch*[1247] zum Verschmelzungsrecht des ADHGB lesen, dass die „Lage einer Aktiengesellschaft [...] es wünschenswert erscheinen lassen [kann], die Gesellschaft aufzulösen, ohne das Unternehmen selbst zu unterdrücken". Der Zweck des Verschmelzungsrechts ist es nämlich, ein an der Zerschlagung eines Unternehmens orientiertes Liquidationsverfahren zu vermeiden, indem das Vermögen liquidationslos auf den übernehmenden Rechtsträger übergeht. Seit den fragmentarischen Anfängen des Fusionsrechts des ADHGB hat die Regelungsdichte immer mehr zugenommen, sodass man heute von einem im Wesentlichen geschlossenen System der Umwandlungen von Gesellschaften sprechen kann. Die vollzogene Entwicklung kann man dabei ansatzweise daran ermessen, wie die Anmerkung eines Kommissionsmitgliedes bei den Nürnberger Beratungen zum ADHGB, der noch zu bedenken gab, ob die Fusionen nicht „bloß ephemerer Natur" seien, auf den heutigen Leser wirken muss. Wesentliche Ergänzungen des Bestands des umwandlungsrechtlichen Instrumentariums sind aber erst auf das Umwand-

[1247] In: Puchelt, ADHGB, Art. 247 Anm. 2) (= S. 631).

lungsgesetz von 1994 zurückzuführen. Zu nennen ist hier allen voran die Einführung eines allgemeinen gesellschaftsrechtlichen Spaltungsrechts, das auf der revolutionär anmutenden Rechtstechnik der partiellen Universalsukzession aufbaut. Das Spaltungsrecht hat dabei der Vorstellung, dass die universalsukzessive Unternehmensübertragung insgesamt auf den rechtsgeschäftlichen Willen der Parteien zurückzuführen ist zum Durchbruch verholfen. Die Konstruktion des Instituts der Vermögensübertragung offenbart schließlich, dass sich der Unterschied zwischen den gesellschaftsrechtlich geprägten Umwandlungsvorgängen der Verschmelzung und Spaltung einerseits und der Vermögensübertragung anderseits darauf beschränkt, dass es sich nicht um ein Verbandsgeschäft, sondern nur um ein Austauschgeschäft handelt.

4. Im Gegensatz zum Umwandlungsrecht, das auf das Fusionsrecht des ADHGB zurückgeführt werden kann, liegen die Urspünge der §§ 25ff. HGB im Handelsgewohnheitsrecht des 19. Jahrhunderts, wie auch dem rechtsfortbildenden Tätigwerden des Reichsgerichts. Nach der ständigen Rechtsprechung des ROHG war es als Handelsgewohnheitsrecht anerkannt, dass derjenige der öffentlich die Übernahme der Schulden kundbar machte, für diese auch aufzukommen hatte. Daneben vertrat das Reichsgericht die Auffassung, dass schon allein die Firmenfortführung des Erwerbers für eine haftungsrechtliche Inanspruchnahme ausreichend sei. Sowohl nach der Rechtsprechung des ROHG, wie auch nach der des Reichsgerichts, konnte die Mithaftung des Erwerbers jedoch noch nicht zu einer Enthaftung des Veräußerers führen. Dies wurde erst als konzeptioneller Ansatz in § 26 HGB des Handelsgesetzbuchs von 1897 neu integriert. Die weitere Entwicklung ist durch die Kodifizierung der Grundsätze über die Handelsgeschäftsübernahme in den §§ 25ff. HGB bestimmt. Nach der damaligen Rechtsprechung und h.L. bewirkten dabei sowohl § 25 HGB als auch § 28 HGB den Übergang der Forderungen und Schulden auf den Unternehmenserwerber. Daraus wurde – auf der Grundlage des damals vorherrschenden zerlegungstheoretischen Verständnisses der Vertragsübernahme – auch auf den Übergang der Schuldverhältnisse auf den Erwerber geschlossen. Die heute herrschende Meinung will von einer solchen Auslegung nichts mehr wissen. Sie versteht die §§ 25, 28 HGB lediglich als ein primär dem Gläubiger-, wie auch dem Schuldnerschutz dienendes System, das bei singularsukzessiven Unternehmensübertragungen eingreift. Demgegenüber gilt es, der ursprünglichen Interpretation der Norm entsprechend, § 25 HGB als einen Verfügungstatbestand zu verstehen, der auf der Rechtstechnik der Universalsukzession beruht. Damit wird der ursprünglich in den §§ 25, 28 HGB angelegte Normzweck den heutigen dogmatischen Erkenntnissen angepasst. Wichtig ist darüber hinaus hervorzuheben, dass die §§ 25, 28 HGB nach der hier vertretenen Ansicht als rechtsgeschäftliche Verfügungstatbestände verstanden werden, da der Übergang der unternehmensbezogenen Schuldverhältnisse auf die Einigung zwischen Veräußerer und Erwerber zurückzuführen ist. Damit können Haftungsszenarien wie sie sich auf der Grundlage der h.M. ergeben haben, ausgeschlossen werden. Die Stimmigkeit dieses Ansatzes wird durch die rechtsvergleichenden Entwicklungen in der Schweiz und Österreich untermauert. Zwar wurde in beiden Län-

dern der Gesetzgeber tätig, indem in der Schweiz das Institut der Vermögensübertragung nach dem FusG und in Österreich § 38 UGB geschaffen wurde, die Diskussionen im Vorfeld beider Reformen zeigen, dass eine rechtsfortbildende Weiterentwicklung der §§ 25, 28 HGB als praktikabel und durchführbar erscheint. Die §§ 25, 28 HGB wären nach der hier vertretenen Auslegung sogar fortschrittlicher als § 38 UGB, da die deutschen Vorschriften nicht auf einen Handelsregisterbezug verzichten und zudem nicht durch ein Widerspruchsrecht belastet sind, das den Wert des gesamten Instituts in Frage stellt.

5. Die Grenzen der Übertragung von unternehmensbezogenen Schuldverhältnissen im Wege der Verfügungstechnik der Universalsukzession nach den Tatbeständen des Umwandlungsgesetzes wie auch der §§ 25, 28 HGB sind im Gegensatz zur landläufigen Meinung relativ einfach zu bestimmen. Schuldverhältnisse gehen stets über, es sei denn die Parteien haben ausdrücklich eine abweichende Vereinbarung getroffen. Gängigerweise wird demgegenüber angenommen, dass man die im BGB und HGB für den Tod einer natürlichen Person vorgesehenen Zweifelsregelungen (vgl. z.B. §§ 673, 727 BGB, § 131 III Nr. 1 HGB) analog anwenden soll. Die analoge Anwendung der Zweifelsregelungen kann aber nicht überzeugen, da diese auf den Tod einer natürlichen Person zugeschnitten sind und nicht auf das Szenario der Fortführung eines Unternehmens durch einen Unternehmenserwerber passen. Ferner wird aus der sog. Höchstpersönlichkeit auf die Nichtübertragbarkeit von Schuldverhältnissen geschlossen. Die Höchstpersönlichkeit stellt aber keine eigenständige dogmatische Kategorie dar, mit deren Hilfe der Ausschluss der Rechtsübertragung begründet werden könnte. Vielmehr ist die sog. Höchstpersönlichkeit nur relevant für den vertraglichen Leistungsinhalt. Dabei versteht sich von selbst, dass der Leistungsinhalt nicht durch die Rechtsübertragung abgeändert werden kann. Aus dem Rechtsübergang können sich aber leistungsstörungsrechtliche Implikationen ergeben. Praktisch von großer Relevanz sind hierbei außerordentliche Kündigungsrechte und ferner das Erlöschen der Leistungspflicht infolge des Eintritts der Unmöglichkeit. In seltenen Fällen wird auch an die Anpassung der Geschäftsgrundlage zu denken sein.
6. Die Rechtsübertragung im Wege der gewillkürten Universalsukzession im Fall der Spaltung und nach den §§ 25, 28 HGB kann nur unter Zugrundelegung des Gläubigerschutzinstrumentariums verstanden werden. Sie dienen nämlich nach einer geläufigen Begründung dazu, die fehlende Mitwirkung des betroffenen Vertragspartners bei der Übertragung des Rechtsverhältnisses zu kompensieren. Da eine Kompensation von Mitwirkungsrechten nur schwer vorstellbar ist, sollte man besser den Sinn und Zweck des Gläubigerinstrumentariums dahingehend bestimmen, dass das Erfüllungsinteresse der Gläubiger abgesichert wird. Ferner dient das Gläubigerschutzinstrumentarium als Missbrauchsbarriere. Hauptinstrument für die Absicherung der Gläubigerinteressen ist dabei die Spaltungshaftung nach § 133 UmwG. Sie knüpft an die im Spaltungsvertrag getroffene Vermögenszuordnung an. Die Partei, der das entsprechende Schuldverhältnis im Spaltungsvertrag zugewiesen wurde, ist dabei als der sog. Hauptschuldner zu bezeichnen, neben dem der sog. Mithafter in den zeitlichen Grenzen des

§ 133 III UmwG forthaftet. Die Haftungskoordinierung zwischen dem durch den Spaltungsvertrag bestimmten Rechtsinhaber, dem sog. Hauptschuldner, und den sog. Mithaftern folgt dabei den Regeln der Akzessorietät. Aufgrund der Parallelen zwischen der spaltungsrechtlichen Übertragung von unternehmensbezogenen Schuldverhältnissen und den der §§ 25, 28 HGB ist auf eine Angleichung der Gläubigerschutzinstrumentarien zu drängen. Dabei entspricht die Mithaftung des Veräußerers gem. § 26 HGB bzw. des einbringenden Kaufmanns gem. § 28 III HGB funktional der Spaltungshaftung der Mithaftenden gem. § 133 I S. 1 UmwG. Nicht geregelt ist einzig und allein die Haftung des Erwerbers bzw. der Personenhandelsgesellschaft für nicht übernommene Verbindlichkeiten. Hier wird man eine Analogie zu § 133 I S. 1 UmwG bejahen müssen. Die Haftungserstreckung ist nämlich, wie schon bei der Spaltung, der Preis für die gewährte Übertragungsfreiheit.

III.

In einer jüngst erschienenen Schweizer Monographie wurde darauf hingewiesen, dass sich vor dem Hintergrund der Entwicklungen im Schweizer, italenischen, deutschen und österreichischen Recht eine „mitteleuropäische Uniformität des Unternehmensübertragungsrechts“[1248] abzeichnet. Dem ist zuzustimmen. Nach der hier vertretenen These ist dies auf die immer weiter fortschreitende Nutzbarmachung der Verfügungstechnik der Universalsukzession zurückzuführen. Es bleibt noch Entwicklungspotential. So wäre daran zu denken, ob nicht die §§ 25ff. HGB – ähnlich den Entwicklungen zum Schweizer Fusionsgesetz – zu einem vollwertigen Institut der Vermögensübertragung ausgebaut werden sollten.

Abschließend ist die These zu wagen, dass sich mit der Möglichkeit, Schuldverhältnisse im Wege der gewillkürten Universalsukzession ohne die Zustimmung des Vertragspartners zu übertragen, ein Verständniswandel der Privatautonomie abzeichnet. Historisch kann eine schrittweise „Entpersonalisierung“ von Vertragsverhältnissen aufgezeigt werden. Noch in der ersten Hälfte des 19. Jahrhunderts wurde von der ganz herrschenden Meinung die Forderungszession mit Hinweis auf das zwischen den Parteien bestehende *vinculum juris* verneint.[1249] Mit der Anerkennung der Forderungszession wurden die Forderungen zu „frei verwertbaren Vermögensobjekten“.[1250] Mit der Anerkennung der Verfügungstechnik der partiel-

[1248] *Hurni*, Vermögensübertragung, S. 284; in dieser Monographie wird auch ausführlich das italienische Institute der *„cessione d'azienda“* behandelt.

[1249] *Georg H. Maier*, Iuris vinculum inter personas, S. 3 führt bei der Charakterisierung der Doktrin des 19. Jahrhunderts aus: „Gegenüber dem Mühlenbruch'schen Klassizismus, der um des vinculum iuris willen dem modernen Verkehr das Institut der Forderungsabtretung verkümmern wollte, bedeutet der Nachweis Delbrücks, dass Zession und Schuldübernahme unentbehrlich und dem Rechtsleben seiner Zeit vollkommen geläufige Institute waren, eine Erlösung“.

[1250] So *Luig*, Zession und Abstraktionsprinzip, S. 112, 113; siehe auch *Eidenmüller*, AcP 204 (2004), 457, 462ff.: „Die Forderung als verkehrsfähiges Wirtschaftsgut“; *C. Hattenhauer*, len, gewillkürten Universalsukzession ist man noch einen Schritt weiter gegangen. Verträge können hiernach ohne die Zustimmung der betroffenen Partei einem neuen Unternehmensträger zugewiesen werden. Damit sind Schuldverhältnisse im Rahmen *gewillkürter universalsukzessiver Vermögensübergänge* zu „frei übertragbare Verfügungsobjekten" geworden.

---

in: HKK, §§ 398-413 Rdn. 1; *Principles of European Contract Law*, Part III., S. 85: „Contractual claims represent a major tradeable asset".

Literaturverzeichnis

Altmeppen, Holger, Verfassungswidrigkeit der akzessorischen Haftung in der GbR?, NJW 2004, 1563f.

ders., Geschäftsleiterhaftung für Weglassen des Rechtsformzusatzes aus deutsch-europäischer Sicht, ZIP 2007, 889ff.

Anschütz/v. Völderndorff, August, Otto, Kommentar zum Allgemeinen Deutschen Handelsgesetzbuche, Erster Band, Erlangen 1868 (*zitiert:* Anschütz/v. Völderndorff, ADHGB)

Anwaltkommentar, BGB, Band 2, Schuldrecht, Teilband 1: §§ 241 bis 610, Bonn 2005, Teilband 2: §§ 611 bis 853, Bonn 2005 (*zitiert: Bearbeiter,* in: AnwK)

Arnold, Arnd, Die Steuerung des Vorstandshandelns, Eine rechtsökonomische Untersuchung der Principal-Agent-Problematik in Publikumskapitalgesellschaften, München 2007 (*zitiert:* Arnold, Steuerung des Vorstandshandelns)

Arnold, J. C., Landlord and Tenant Act 1927, 2. Aufl., 1928 London (*zitiert:* Arnold, Landlord and Tenant Act 1927)

Artmann, Eveline, Offene Fragen zum Unternehmensübergang nach §§ 38f UGB, wbl. 2007, 253ff.

Athanassopoulou, Victoria, Schiffsunternehmen und Schiffsüberlassungsverträge, Tübingen 2005 (*zitiert:* Athanassopoulou, Schiffsunternehmen und Schiffsüberlassungsverträge)

Avenarius, Martin, Savignys Lehre vom intertemporalen Privatrecht, Göttingen 1993 (*zitiert:* Avenarius, Savignys Lehre vom intertemporalen Privatrecht)

ders., Struktur und Zwang im Schuldvertragsrecht, Zur funktionellen Bedeutung des § 241 S. 1 BGB, JR 1996, 492ff.

Bähr, Otto, Über die sog. Verträge zugunsten Dritter, JherJb. 6 (1863), 131ff.

Bainbridge, Stephen M., Corporation Law and Economics, New York 2002 (*zitiert:* Bainbridge, Corporation Law and Economics)

Ballerstedt, Kurt, Unternehmen und Wirtschaftsverfassung, JZ 1951, 486ff.

ders., Rezension, Thomas Raiser, Das Unternehmen als Organisation, Berlin 1969, ZHR 134 (1970), 251ff.

Bamberger/Roth, Heinz-Georg, Herbert, Kommentar zum Bürgerlichen Gesetzbuch, Band 1, §§ 1-610, CISG, 2. Aufl., München 2007 (*zitiert: Bearbeiter,* in: Bamberger/Roth)

Bank, Christian, Präventivmaßnahmen börsennotierter Gesellschaften zur Abwehr feindlicher Übernahmeversuche in Deutschland und Großbritannien, Eine rechtsvergleichende Untersuchung des deutschen und britischen Rechts unter Berücksichtigung der Europäischen Übernahmerichtlinie, Frankfurt a. M. 2006 (*zitiert:* C. Bank, Präventivmaßnahmen)

Barandun, Nicolà, Die Übernahme eines Geschäfts mit Aktiven und Passiven, Bern 1993 (*zitiert:* Barandun, Geschäftsübernahme)

Basler Kommentar, Obligationenrecht I., Art. 1-529 OR, 3. Aufl., Basel 2003 (*zitiert: Bearbeiter,* in: BS-OR)

Basler Kommentar, Fusionsgesetz, Basel 2005 (*zitiert: Bearbeiter,* in: BS-FusG)

Baur/Stürner, Jürgen F., Rolf, Sachenrecht, 17. Aufl., München 1999 (*zitiert:* Baur/Stürner, SaR)

Baumbach/Hopt, Adolf, Klaus J., Handelsgesetzbuch, 32. Aufl., München 2006 (*zitiert: Bearbeiter,* in: Baumbach/Hopt)

Baumbach/Hueck, Adolf, Alfred, GmbH-Gesetz, 18. Aufl., München 2006 (*zitiert: Bearbeiter*, in: Baumbach/Hueck)

Bayer, Walter, Rezension, Annette Voigt, Umwandlung und Schuldverhältnis, Heidelberg 1996, ZHR 163 (1999), 138ff.

Bayer/Schmidt, Walter, Jessica, Der Regierungsentwurf zur Änderung des Umwandlungsgesetzes – Eine kritische Stellungnahme, NZG 2006, 841 ff.

dies., Umwandlungen, in: Aktienrecht im Wandel, Band I., Grundsatzfragen des Aktienrechts, Tübingen 2007, Kapitel 18. (*zitiert:* Bayer/Schmidt, in: Aktienrecht im Wandel)

Beck/Klar, Ralf, Michael, Asset Deal versus Share Deal – Eine Gesamtbetrachtung unter expliziter Berücksichtigung des Risikoaspekts, DB 2007, 2819ff.

Behling, Alfred, Anm. zum Urt. des OLG Stuttgart vom 29. 10. 1947 – Rev. 114/47, NJW 1949, 27

Behnisch/Büchi, Urs R., Raffael, Mängel des Fusionsgesetz-Entwurfs, in: NZZ vom 15.-16. 9. 2001 (Nr. 214), S. 22

Behrend, Jakob Friedrich, Lehrbuch des Handelsrechts, Band I., Berlin 1886 (*zitiert:* Behrend, HR)

ders., Ueber die Haftung des Firmenerwerbers für die vor seiner Geschäftsübernahme unter dem Namen der Firma kontrahierten Passiva, Zeitschrift f. Gesetzgebung u. Rechtspflege, 4 (1870), 429ff.

Beretta, Piera, Vertragsübertragung im Anwendungsbereich des geplanten Fusionsgesetzes, SJZ 98 (2002), 249ff.

dies., Strukturanpassungen, Fusion – Spaltung – Umwandlung – Vermögensübertragung, Schweizer Privatrecht VIII./8., Basel 2006 (*zitiert:* Beretta, Schweizer PrivR VIII./8.)

Bergfeld, Christoph, Einzelkaufmann und Unternehmen, Person und Organisation im Handelsrecht, in: Wissenschaft und Kodifikation des Privatrechts im 19. Jahrhundert, Band VI., Frankfurt a.M. 1982, S. 126ff. (*zitiert:* Bergfeld, in: Wissenschaft und Kodifikation des Privatrechts im 19. Jahrhundert, Band VI.)

ders., Nationalökonomie und Handelsrecht bei Wilhelm Endemann, in: Wirtschaft und Wirtschaftstheorien in der Rechtsgeschichte und Philosophie, Frankfurt a.M. 2004, S. 163ff. (*zitiert:* Bergfeld, Nationalökonomie und Handelsrecht bei Wilhelm Endemann)

Berner/Klett, Klaus, Sabine, Die Aufteilung von Vertragsverhältnissen, Ein Beitrag zu mehr Rechtssicherheit bei umwandlungsrechtlichen Spaltungen, NZG 2008, 601 ff.

Beuthien, Volker, Zu zwei Mißdeutungen des § 25 HGB, NJW 1993, 1737ff.

Beuthien/Helios, Volker, Marcus, Die Umwandlung als transaktionslose Rechtsträgertransformation, NZG 2006, 369ff.

Beyerle, Franz, Rezension, Franz Jenny, Der öffentliche Glaube des Grundbuchs nach dem schweizer ZGB, Bern 1926, AcP 127 (1927), 368ff.

ders., Hans Oppikofer †, SZ Ger. Abt. 71 (1954), 548ff.

Binder, Andreas, Der Schutz der Gläubiger von Aktiengesellschaften bei Spaltung und Vermögensübertragung, Zürich 2005 (*zitiert:* Binder, Gläubigerschutz)

ders., Wege, Irrwege und Umwege für Umstrukturierungen, GesKR 2007, 123ff.

Binder, Julius, Die Rechtsstellung des Erben nach dem deutschen bürgerlichen Gesetzbuch, I. Teil, Leipzig 1901, II. Teil, Leipzig 1903 (*zitiert:* Binder, Die Rechtsstellung des Erben, Bd.I. bzw. II.)

ders., Der Gegenstand, ZHR 59 (1906), 1 ff.

Blum, Arno, Fusion und Vertragsuntergang, ZBH 1927, 323f.

Böckli, Peter, Schweizer Aktienrecht, 2. Aufl., Zürich 1996, 3. Aufl., Zürich 2004 (*zitiert:* Böckli, Schweizer Aktienrecht bzw. Schweizer Aktienrecht$^{2. \text{Aufl.}}$)

ders., Rechtsfragen zum Spaltungsverfahren des Fusionsgesetzes, ST 2004, 899ff.

Bohrer, Andreas, Übergang von Vertragsverhältnissen bei der Vermögensübertragung, ST 2004, 933ff.

Bolze, Eintrag, Heinrich Wiener, in: Allgemeine Deutsche Bibliografie, Band 55, Leipzig 1910, S. 70ff. (abrufbar unter: http://mdz.bib-bvb.de/digbib/lexika/adb, Stand: August 2008)

Bork, Reinhard, Allgemeiner Teil des Bürgerlichen Gesetzbuchs, 2. Aufl., Tübingen 2006 (*zitiert:* Bork, AT)

Börner, Bodo, § 25 Abs. 1 HGB: Vertragsübertragung kraft Gesetzes, in: FS Philipp Möhring, München 1975, S. 37ff. (*zitiert:* Börner, FS Möhring)

Brecher, Fritz, Das Unternehmen als Rechtsgegenstand, Bonn 1953 (*zitiert:* Brecher, Unternehmen als Rechtsgegenstand)

ders., Rezension, Thomas Raiser, Das Unternehmen als Organisation, Berlin 1969, AcP 171 (1971), 378ff.

Brehm/Berger, Wolfgang, Christian, Sachenrecht, 2. Aufl., Tübingen 2006 (*zitiert:* Brehm/Berger, SaR)

Breit, James, Fusion und Aktienrechtsreform, ZHR 93 (1928), 335ff., 94 (1929), 356ff., 95 (1930), 1ff., 337ff.

Brodmann, Erich, Kritische Betrachtungen über die neusten Vorschläge zur Beseitigung nationaler Unterschiede im Gebiete des privaten Seerechts, ZHR 59 (1907), 201ff.

ders., Warum sind bei Fusionen Zuzahlungen wider das Gesetz, ZBH 1927, 124ff.

ders., Aktienrecht, Berlin 1928 (*zitiert:* Brodmann, Aktienrecht)

ders., Gesetz, betreffend die Gesellschaft mit beschränkter Haftung, 2. Aufl., Berlin 1930 (*zitiert:* Brodmann, GmbHG)

Brox/Henssler, Hans, Martin, Handelsrecht mit Grundzügen des Wertpapierrechts, 19. Aufl., München 2007 (zitiert: Brox/Henssler, HR)

Bucher, Eugen, Schweizerisches Obligationenrecht, 2. Aufl., Zürich 1988 (*zitiert:* Bucher, OR)

ders., «Schuldverhältnis» des BGB: Ein Terminus – drei Begriffe, 140 Jahre Wandlung eines Wortes durch die Institutionen und wie weiter?, in: FS Wolfgang Wiegand, Bern 2005, S. 93ff. (*zitiert:* Bucher, FS Wiegand)

Büchi, Raffael, Spin-off, Rechtliche Aspekte von Abspaltungen bei Publikumsgesellschaften, Bern 2001 (*zitiert:* Büchi, Spin-off)

ders., Allgemeine Inventarpflicht für Verträge bei der Vermögensübertragung nach Fusionsgesetz?, REPRAX 2006, 36ff.

Budzikiewicz, Christine, Materielle Statuseinheit und kollisionsrechtliche Statusverbesserung, Tübingen 2007 (*zitiert:* Budzikiewicz, Materielle Statuseinheit und kollisionsrechtliche Statusverbesserung)

Bungert, Hartwin, Die Übertragung beschränkter persönlicher Dienstbarkeiten bei der Spaltung, BB 1997, 897ff.

Burwitz, Gero, Handelsrechtsausschuss des DAV: Gesetzgebungsvorschlag zum Spruchverfahren bei Umwandlung und Sachkapitalerhöhung und zur Erfüllung des Ausgleichsanspruchs durch Aktien, NZG 2007, 497ff.

Bydlinski/Potyka/Weber, Sonja, Matthias, Martin, URÄG, 2008, Unternehmensrechts-Änderungsgesetz 2008, Textausgabe mit Erläuterungen, Wien 2008 (*zitiert:* Bydlinski/Potyka/Weber, URÄG 2008)

Canaris, Claus-Wilhelm, Rechtspolitische Konsequenzen aus der geplanten Abschaffung von § 419 BGB für § 25 HGB, ZIP 1989, 1161ff.

ders., Unternehmenskontinuität als Haftungs- und Enthaftungsgrund im Rahmen von § 25 HGB?, in: FS für Gerhard Frotz, Wien 1993, S. 11ff. (*zitiert:* Canaris, FS Frotz)

ders., Die Enthaftungsregelungen der §§ 26, 28 Abs. 3 HGB auf dem Prüfstand der Verfassung, in: FS Walter Odersky, Berlin 1996, S. 753ff. (*zitiert:* Canaris, FS Odersky)

ders., Handelsrecht, 24. Aufl., München 2006 (*zitiert:* Canaris, HR)

Chitty on Contracts, Volume I., General Principles, London 2004 (*zitiert: Bearbeiter*, in: Chitty on Contracts Vol. I.)

Chodzidlo, Josef Anton, Sammlungen polnischer Gesetze in deutscher Übersetzung, Band 3, Das polnische Handelsgesetzbuch mit den Einführungsvorschriften, Berlin 1943 (*zitiert:* Chodzidlo, Pol.HGB 1934)

Citron, Zur Form des Verschmelzungsvertrages bei Genossenschaften, JW 1929, 620

Cohn, Max, Eintrag: Jacob Friedrich Behrend, in: Jewish Encyclopedia, 1901 ff., S. 645, abrufbar unter: www.jewishencyclopedia.com (Stand: August 2008)

Coing, Hermann, Europäisches Privatrecht, Band II., 19. Jahrhundert, Überblick über die Entwicklung des Privatrechts in den ehemals gemeinrechtlichen Ländern, München 1989 (*zitiert:* Coing, Europ. PrivR II.)

Conard, Alfred, Fundamental changes in marketable share companies, in: International Encyclopedia of Comparative Law, Bd. XIII/1: Business and Private Organizations, Abschluss des Beitrags: 1972, Tübingen 2006 (*zitiert: Conard*, Fundamental changes in marketable share companies, Int.Enc.Comp.L. XIII/2 ch. 6 (1972))

Conradi, Johannes, Das Unternehmen im Handelsrecht, Heidelberg 1993 (*zitiert:* Conradi, Das Unternehmen im Handelsrecht)

Cosack/Mitteis, Konrad, Heinrich, Lehrbuch des Bürgerlichen Rechts, Erster Band, Die allgemeinen Lehren und das Schuldrecht, Jena 1927 (*zitiert:* Cosack/Mitteis, Bd. I.)

Crome, Carl, System des deutschen bürgerlichen Rechts, Erster Band, Einleitung und Allgemeiner Teil, Tübingen 1900, Zweiter Band, Recht der Schuldverhältnisse, Tübingen 1902 (zitiert: Crome, System des bürgl. Rechts, Bd. I. bzw. II.)

Dauner-Lieb, Barbara, Verbraucherschutz durch Ausbildung eines Sonderprivatrechts für Verbraucher, Berlin 1983 (*zitiert:* Dauner-Lieb, Verbraucherschutz)

dies., Unternehmen in Sondervermögen, Tübingen 1998 (*zitiert:* Dauner-Lieb, Unternehmen in Sondervermögen)

dies., Die BGB-Gesellschaft im System der Personengesellschaften, in: Die Reform des Handelsstandes und der Personengesellschaften, München 1999, S. 95 ff. (*zitiert:* Dauner-Lieb, Die BGB-Gesellschaft im System der Personengesellschaften)

dies., Ein neues Fundament für die BGB-Gesellschaft, DStR 2001, 356 ff.

dies., Kodifizierung von Richterrecht, in: Zivilrechtswissenschaft und Schuldrechtsreform, Tübingen 2001, S. 305 ff. (*zitiert:* Dauner-Lieb, in: Zivilrechtswissenschaft und Schuldrechtsreform)

dies., Das „Weiße Roß" – Urteil des BGH vom 29. 1. 2001 – Rechtsdogmatische Konsequenzen, VGR 5 (2002), 117 ff.

dies., Der Effizienzgedanke in der modernen Gesetzgebung, in: Verein zur Förderung der Rechtswissenschaften, Fakultätsspiegel, Wintersemester 2004/2005, Köln 2005, S. 9 ff. (*zitiert:* Dauner-Lieb, Der Effizienzgedanke in der modernen Gesetzgebung)

dies., Change of Control-Klauseln nach Mannesmann, DB 2008, 567 ff.

Dauner-Lieb/Linke, Barbara, Bernd, Digital gleich optional?! – Der Regierungsentwurf des Gesetzes über elektronische Handelsregister und Genossenschaftsregister sowie das Unternehmensregister (EHUG), DB 2006, 767 ff.

DAV-Handelsrechtsausschuss, Vorschläge des Handelsrechtsausschusses des Deutschen Anwaltvereins e. V. – zur Änderung des UmwG, NZG 2000, 802 ff.

DAV-Handelsrechtsausschuss, Gesetzgebungsvorschläge Corporate Governance, NZG 2003, Sonderbeilage zu Heft 9

DAV-Handelsrechtsausschuss, Stellungnahme zum Regierungsentwurf eines Zweiten Gesetzes zur Änderung des Umwandlungsgesetzes, NZG 2006, 737 ff.

Dehn/Krejci, Wilma, Heinz, Das neue UGB, SWK-Sonderheft, Wien 2005 (*zitiert: Bearbeiter*, in: Dehn/Krejci, Das neue UGB)

Dellinger, Markus, Von wechselnden Kreditnehmern und widersprechenden Bürgen, §§ 38 f UGB aus Sicht der Banken, ÖBA 2008, 176 ff.

Demelius, Heinrich, Vertragsübernahme, JherJb 72 (1922), 241 ff.

Denkschrift, Denkschrift zum Entwurf eines Handelsgesetzbuchs und eines Einführungsgesetzes, Berlin 1896 (*zitiert:* Denkschrift)

Deutsches Notarinstitut, Gutachten zum Umwandlungsrecht, 1996/98, Band IV., Würzburg 1998 (*zitiert:* DNotI, Gutachten, Bd. IV. UmwR)

Dernburg, Heinrich, Pandekten, Erster Band, Allgemeiner Theil und Sachenrecht, 5. Aufl., Berlin 1896 (*zitiert:* Dernburg, PandR Bd. I.)

Dietzel, Andreas, Untergang statt Fortbestand – zur Abgrenzung der unvererblichen Rechtsbeziehungen im Schuldrecht, Paffenweiler 1991 (*zitiert:* Dietzel, Untergang statt Fortbestand)

Dilcher/Landa, Gerhard, Rudi, Das Unternehmen als Gegenstand und Anknüpfungspunkt rechtlicher Regelungen in Deutschland 1860-1920, in: Recht und Entwicklung der Großunternehmen im 19. und frühen 20. Jahrhundert, Göttingen 1979 (*zitiert:* Dilcher/Landa, Das Unternehmen als Gegenstand und Anknüpfungspunkt rechtlicher Regelungen)

DNotI-Report, Übertragung des Amtes des Wohnungseigentumsverwalters bei einer Verschmelzung, DNotI-Report 2005, 59ff.

DNotV, Stellungnahme zum Referentenentwurf eines Zweiten Gesetzes zur Änderung des Umwandlungsgesetzes, vom 28. 4. 2006, Az: III A 1-3501/19-32 151/2006, abrufbar unter: www.dnotv.de (Stand: August 2008) (*zitiert:* DNotV, Stellungnahme zum Referentenentwurf)

Doralt, Peter, Zur Gestaltung handelsrechtlicher Vorschriften über die Spaltung, in: FS Walther Kastner, Wien 1992, S. 123ff. (*zitiert:* Doralt, FS Kastner)

Dölle, Hans, Familienrecht, Band I., Karlsruhe 1964 (*zitiert:* Dölle, FamR Bd. I.)

Dörner, Heinrich, Dynamische Relativität, Der Übergang vertraglicher Rechte und Pflichten, München 1985 (*zitiert:* Dörner, Dynamische Relativität)

Dötsch, Wolfgang, Anm. zum Urt. des OLG Naumburg, v. 17. 1. 2006, 9 U 86/05, ZMR 2007, 117ff.

Dreyer, Gunda, Rechtsnachfolge in „höchstpersönliche" Rechte von Verbänden, JZ 2007, 606ff.

Düringer/Hachenburg, Adelbert, Max, Das Handelsgesetzbuch vom 10. 5. 1897, Erster Band, Erstes Buch: Handelsstand, Mannheim 1899 (*zitiert:* Düringer/Hachenburg, HGB$^{1. Aufl.}$)

Düringer/Hachenburg, Adelbert, Max, Das Handelsgesetzbuch vom 10. 5. 1897, I. Band, Allgemeine Einleitung und §§ 1-104, 3. Aufl., Mannheim 1930, II. Band, 1. Hälfte, Allgemeine Einführung: Das Gesellschaftsrecht des bürgerlichen Rechts, 3. Aufl., Mannheim 1932, II. Band, 2. Hälfte, §§ 105-177, 335-342, 3. Aufl., Mannheim 1932, III. Band, 3. Teil, 1. Lieferung, Kommanditgesellschaft auf Aktien, §§ 320-334, Mannheim 1935, III. Band, 3. Teil, 2. Lieferung, Die Umwandlung von Kapitalgesellschaften und die Steuererleichterung, Mannheim 1935 (*zitiert: Bearbeiter,* in: Düringer/Hachenburg)

Dutti, Klaus, Auswirkung der Fusion von Aktiengesellschaften auf bestehende Rechtsverhältnisse, Köln 1966 (*zitiert:* Dutti, Die Auswirkung der Fusion von Aktiengesellschaften auf bestehende Rechtsverhältnisse)

Ebenroth/Boujong/Joost/Strohn, Karlheinz, Carsten Thomas, Detlev, Lutz, Handelsgesetzbuch, Band 1, §§ 1-324e, 2. Aufl., München 2008 (*zitiert: Bearbeiter,* in: Ebenroth/Boujong/Joost/Strohn)

Ehrenberg, Victor, Ueber das Wesen der Firma, ZHR 68 (1882), 25ff.

ders., Handbuch des gesamten Handelsrechts mit Einschluß des Wechsel-, Scheck-, See und Binnenschiffahrtsrechts, des Versicherungrechts sowie des Post- und Telegraphenrechts, Zweiter Band, I. Abschnitt, Leipzig 1914, Dritter Band, I. Abschnitt, Leipzig 1916 (*zitert: Bearbeiter,* in: Ehrenbergs Hdb. II./1. bzw. III/1.)

Eidenmüller, Horst, Die Dogmatik der Zession vor dem Hintergrund der internationalen Entwicklungen, AcP 204 (2004), 457ff.

Einsele, Dorothee, Inhalt, Schranke und Bedeutungen des Offenkundigkeitsprinzips, JZ 1990, 1005ff.

Emmerich, Volker, Das Recht der Leistungsstörungen, 5. Aufl., München 2003 (*zitiert:* Emmerich, Leistungsstörungen)

Emmerich/Habersack, Volker, Mathias, Aktien- und GmbH-Konzernrecht, 4. Aufl., München 2005 (*zitiert: Bearbeiter,* in: Emmerich/Habersack, Aktien- und GmbH-Konzernrecht)

Endemann, Friedrich, Einführung in das Studium des Bürgerlichen Gesetzbuchs, Lehrbuch des bürgerlichen Rechts, Dritter Band, Das Erbrecht, 3. bis. 5. Aufl., Berlin 1899 (*zitiert:* F. Endemann, Einführung in das BGB Bd. III.)

Endemann, Wilhelm, Das deutsche Handelsrecht, 1. Aufl., Heidelberg 1865, 2. Aufl., Heidelberg 1868, 3. Aufl., Heidelberg 1876 (*zitiert:* Endemann, HR$^{1. Aufl., 2. Aufl.}$ bzw. $^{3. Aufl.}$)

Engelmeyer, Cäcilie, Die Spaltung von Aktiengesellschaften nach dem neuen Umwandlungsrecht, Köln 1995 (*zitiert:* Engelmeyer, Spaltung von Aktiengesellschaften)

English Private Law, Volume II, Oxford 2000 (*zitiert: Bearbeiter*, in: English Private Law II.)

Enneccerus/Lehmann, Ludwig, Heinrich, Recht der Schuldverhältnisse, 14. Aufl., Tübingen 1954 (*zitiert:* Enneccerus/Lehmann, SchuldR)

Enneccerus/Nipperdey, Ludwig, Hans Carl, Allgemeiner Teil des Bürgerlichen Rechts, 15. Aufl., Erster Halbband, Tübingen 1959, Zweiter Halbband, Tübingen 1960 (*zitiert:* Enneccerus/Nipperdey, AT I./1. bzw. I./2.)

Entwurf eines Handelsgesetzbuchs für die Preussischen Staaten, Nebst Motiven, Berlin 1857, Nachdruck 1986, Werner Schubert (Hrsg.), Frankfurt a. M. 1986 (*zitiert:* Preußischer Entwurf eines Handelsgesetzbuchs (1857))

Entwurf eines Unternehmensgesetzbuchs, Herausgegeben vom Bundesministerium für Justiz, Wien 2003, 41 S., abrufbar unter: www.justiz.gv.at (Stand: Dezember 2007) (*zitiert:* UGB-E)

Enzinger, Michael, Umwandlungsrecht Quo Vadis?, wbl. 1997, 1 ff.

Erläuterungen zum UGB-E, Herausgegeben vom Bundesministerium für Justiz, Wien 2003, 78 S., abrufbar unter: www.justiz.gv.at (Stand: August 2008) (*zitiert:* Erläuterungen zum UGB-E)

Erman, Bürgerliches Gesetzbuch, Band I., 12. Aufl., Münster 2008 (*zitiert: Bearbeiter*, in: Erman)

Esser, Josef, Wert und Bedeutung der Rechtsfiktionen, Frankfurt a. M. 1940 (*zitiert:* Esser, Rechtsfiktionen)

Esser/Schmidt, Josef, Eike, Schuldrecht, Band I, Allgemeiner Teil, Teilband 2, 8. Aufl. Heidelberg 2000 (*zitiert:* Esser/Schmidt, AT I./2.)

Faust, Florian Bürgerliches Gesetzbuch, Allgemeiner Teil, Baden-Baden 2005 (*zitiert:* Faust, BGB AT)

Fechner, Erich, Das wirtschaftliche Unternehmen in der Rechtswissenschaft, Antrittsvorlesungen der Rheinischen Friedrich-Wilhelms-Universität Bonn, Bonn 1942 (*zitiert:* Fechner, Das wirtschaftliche Unternehmen in der Rechtswissenschaft)

Feltl/Mosing, Christian/Max W., Grundrecht auf Datenschutz bei Verschmelzung und Spaltung, GesRZ 2007, 233 ff.

Fezer, Karl-Heinz, Liberalisierung und Europäisierung des Firmenrechts, Vom handelsrechtlichen Firmenregisterschutz zum kennzeichnungsrechtlichen Immaterialgüterrechtsschutz, ZHR 161 (1997), 52 ff.

ders., Markenrecht, 3. Aufl., München 2001 (*zitiert:* Fezer, Markenrecht)

Fikentscher, Wolfgang, Schuldrecht, 9. Aufl., Berlin 1997 (*zitiert:* Fikentscher, SchuldR)

Filzmoser, Friedrich, Haftet der Pächter für Schulden des Verpächters nach § 38 UGB?, ecolex 2006, 894 f.

Fischer, Robert, Das Recht zur Fortführung alter Firmen durch den bisherigen Inhaber, ZHR 111 (1948), 18 ff.

Flechtheim, Julius, Fusion und Dauerverpflichtung, JW 1927, 1060 ff.

Fleischer, Holger, Der Numerus Clausus der Sachenrechte im Spiegel der Rechtsökonomie, in: FS Hans-Bernd Schäfer, Wiesbaden 2008, S. 125 ff. (zitiert: Fleischer, FS H.-B. Schäfer)

Fluhme, Wilhelm, Die Theorieen der Passiv-Succession, Dortmund 1896 (*zitiert:* Fluhme, Die Theorieen der Passiv-Succession)

Flume, Johannes W., Partielle Universalsukzession außerhalb des Spaltungsrechts?, Die österreichische Handelsrechtsreform als Denkanstoß für die §§ 25 ff. HGB, ZHR 170 (2006), 737 ff.

ders., Die Firma als „tradeable Asset", Die derivative Firmennutzung zwischen Vollrechtsübertragung und schuldrechtlicher Namenslizenzierung, DB 2008, 2011 ff.

ders., Dogmengeschichte des Umwandlungsrechts, in: Kölner Kommentar zum Umwandlungsrecht, angekündigt für Köln 2009 (zitiert nach den Gliederungsebenen des Manuskripts) (*zitiert:* J. W. Flume, in: KK-UmwG Einl. B).

Flume, Werner, Eigenschaftsirrtum und Kauf, Regensberg 1948 (*zitiert:* W. Flume, Eigenschaftsirrtum und Kauf) *ders.*, Rechtsgeschäft und Privatautonomie, in: Hundert Jahre Deutsches Rechtsleben, Festschrift zum hundertjährigen bestehen des Deutschen Juristentages 1860-1960, Band I., Karlsruhe 1960, S. 135 ff. (*zitert:* W. Flume, Rechtsgeschäft und Privatautonomie)

ders., Gesellschaft und Gesamtheit, ZHR 136 (1972), 177 ff.

ders., Gesellschaftsschuld und Haftungsverbindlichkeit des Gesellschafters bei der OHG, in: FS Alexander Knur, München 1972, S. 125 ff. (*zitiert:* W. Flume, FS Knur)

ders., Die Rechtsnachfolge in die Mitgliedschaft in einer Personengesellschaft durch Übertragung der Mitgliedschaft, in: FS Karl Larenz, München 1973, S. 769 ff. (*zitiert:* W. Flume, FS Larenz)

ders., Allgemeiner Teil des Bürgerlichen Rechts, Erster Band, Erster Teil, Die Personengesellschaft, Berlin 1977, Erster Band, Zweiter Teil, Die juristische Person, Berlin 1983, Zweiter Band, Das Rechtsgeschäft, 4. Aufl., Berlin 1992 (*zitiert:* W. Flume, AT I./1., AT I./2., bzw. AT II.)

ders., Unternehmen und juristische Person, in: FS Günther Beitzke, Berlin 1979, S. 43 ff. (*zitiert:* W. Flume, FS Beitzke)

ders., Um ein neues Unternehmensrecht, Berlin 1980 (*zitiert:* W. Flume, Um ein neues Unternehmensrecht)

ders., Gesammelte Schriften, Band I. und II., Köln 1988 (*zitiert:* W. Flume, GSch. I. bzw. II.)

ders., Rechtsakt und Rechtsverhältnis, Römische Jurisprudenz und modernrechtliches Denken, Paderborn 1990 (zitiert: W. Flume, Rechtsakt und Rechtsverhältnis)

Forkel, Hans, Zur Zulässigkeit beschränkter Übertragungen des Namensrechtes, NJW 1993, 3181 ff.

Friedländer, Heinrich, Konzernrecht, 1. Aufl., Mannheim 1927 (*zitiert:* Friedländer, Konzernrecht$^{\text{1. Aufl. (1927)}}$)

Fries, Christa, Gesamtrechtsnachfolge bei Verschmelzungen, ecolex 1992, 477 ff.

Früh, Peter, Die Vertragsübernahme im schweizerischen Recht, Aarau 1945 (*zitiert:* Früh, Vertragsübernahme)

Fuhrmann/Simon, Lambertus, Stefan, Praktische Probleme der umwandlungsrechtlichen Ausgliederung, AG 2000, 49 ff.

Füller, Jens Thomas, Eigenständiges Sachenrecht?, Tübingen 2006 (*zitiert:* Füller, Eigenständiges Sachenrecht?)

ders., The German Property Law and its Principles – Some Lessons for a European Property Law, in: Rules for the Transfer of Movables, A Candidate for European Harmonisation or National Reforms?, München 2008, S. 197 ff. (*zitiert:* Füller, The German Property Law and its Principles)

Gaa, Lothar, Die Vererbung von Unterlassungspflichten, AcP 161 (1962), 433 ff.

Gamm, Otto-Friedrich Frhr. v., Wettbewerbsrecht, Zweiter Halbband, 5. Aufl., Köln 1987, (*zitiert:* v. Gamm, WettbR)

Gaul, Björn, Schuldrechtsmodernisierung und Unternehmenskauf, ZHR 166 (2002), 35 ff.

Gericke, Dieter, M&A und Datenschutz, SJZ 99 (2003), 1 ff.

Gernhuber, Joachim, Bürgerliches Recht, 3. Aufl., München 1991 (*zitert:* Gernhuber, BürgR)

Gierke, Julius von, Das Handelsunternehmen, ZHR 111 (1948), 1 ff.

ders., Firmenuntergang und Firmenverlegung, ZHR 112 (1949), 1 ff.

Gierke, Otto von, Deutsches Privatrecht, Band 3, Schuldrecht, Leipzig 1917 (*zitiert:* O. v. Gierke, DPR III.)

Gierke/Sandrock, Julius von, Otto, Handels- und Wirtschaftsrecht, Band 1: Allgemeine Grundlagen, Der Kaufmann und sein Unternehmen, Berlin 1975 (*zitiert:* Gierke/Sandrock, I.)

Gieseke, Paul, Die rechtliche Bedeutung des Unternehmens, in: FS Ernst Heymann, Band II. Recht der Gegenwart, Weimar 1940, S. 112 ff. (*zitiert:* Gieseke, FS Heymann)

Giger, Hans, Das Schicksal des Rechts beim Subjektwechsel unter besonderer Berücksichtigung der Erbfolgekonzeption, Band I., Wertkritische Deutung des ideologischen Gedankenguts bis zum 20. Jahrhundert – eine privatrechtsphilosophische Studie, Zürich 1973, Band II.,

Wertkritsche Deutung des ideologischen Gedankenguts im 20. Jahrhundert – eine privatrechtsvergleichende Studie, Zürich 1975 (*zitiert:* Giger, Subjektswechsel Bd. I. bzw. Bd. II)

Gilbert, Formzwang und Fusionsverträge?, JW 1928, 2597 ff.

Glanzmann, Lukas, Umstrukturierungen, Eine systematische Darstellung des schweizer Fusionsgesetzes, Bern 2006 (*zitiert:* Glanzmann, Umstrukturierungen)

Goette, Wulf, Gesamtschuldbegriff und Regreßproblem, Bonn 1974 (*zitiert:* Goette, Gesamtschuldbegriff und Regreßproblem)

ders., Anm. zum Urt. des BGH v. 8. 5. 2000 – II ZR 308/98, DStR 2000, 1023 f.

ders., Anm. zum Urt. des BGH v. 13. 6. 2001 – VIII ZR 176/00, DStR 2001, 1263

ders., Aktuelle höchstrichterliche Rechtsprechung zur Freiberuflersozietät, AnwBl. 2007, 637 ff.

Goldschmidt, Levin, Entwurf eines preußischen Handelsgesetzbuchs, Krit.Z.f.g.Rechtswiss. 4 (1857), 105 ff.

ders., Gutachten über den Entwurf eines Deutschen Handelsgesetzbuchs nach den Beschlüssen zweiter Lesung, Beilageheft 3 zu ZHR 3 (1860), Erlangen 1860 (*zitiert:* L. Goldschmidt, Beilageheft 3 zu ZHR 3 (1860))

ders., Ueber die Benutzung der Berathungsprotokolle für die Interpretation des Deutschen Handelsgesetzbuchs, ZHR 10 (1866), 325 ff.

ders., Handbuch des Handelsrechts, 2. Aufl., Erlangen 1874 (*zitiert:* L. Goldschmidt, Hd. d. HR)

ders., Universalgeschichte des Handelsrecht, Erste Lieferung, Stuttgart 1891 (*zitiert:* L. Goldschmidt, Universalgeschichte)

Goldschmidt, Robert, Die Neugestaltung des Fusionsrechts im Entwurf eines Gesetzes über Aktiengesellschaften und Kommanditgesellschaften auf Aktien, ZBH 1930, 346 ff.

ders., Die sofortige Verschmelzung (Fusion) von Aktiengesellschaften, Berlin 1930 (*zitiert:* R. Goldschmidt, Sofortige Verschmelzung)

Göppinger, Horst-Peter Persönlichkeitsrechte als Vermögensrechte, Tübingen 1995 (*zitiert:* Göppinger, Persönlichkeitsrechte als Vermögensrechte)

Goutier/Knopf/Tulloch, Klaus, Rüdiger, Anthony, Kommentar zum Umwandlungsrecht, Heidelberg 1995 (*zitiert:* Goutier/Knopf/Tulloch, UmwR)

Gretton, George L., Ownership and its Objects, RabelsZ 71 (2007), 802 ff.

Großfeld/Luttermann, Bernhard, Claus, Bilanzrecht, Die Rechnungslegung in Jahresabschluß und Konzernabschluß nach Handelsrecht und Steuerrecht, Europarecht und IAS/IFRS, 4. Aufl., Heidelberg 2005 (*zitiert:* Großfeld/Luttermann, BilanzR)

Großkommentar Aktiengesetz, Vierter Band, §§ 291-410, Einführungsgesetz zum Aktiengesetz, 3. Aufl., Berlin 1975 (*zitiert: Bearbeiter,* in: GK-AktG$^{3. \text{Aufl.}}$)

Groupe de réflexion „Gesellschaftsrecht", Schlussbericht der Groupe de réflexion „Gesellschaftsrecht" vom 24. 9. 1993, Bern 1993 (*zitiert:* Groupe de réflexion „Gesellschaftsrecht", Schlussbericht)

Grünwald, Alfons, Umwandlung-Verschmelzung-Spaltung, Der Rechtsübergang bei unternehmensrechtlichen Strukturmaßnahmen, Wien 1996 (*zitiert:* Grünwald, Umwandlung-Verschmelzung-Spaltung)

Gürgens, Heinrich, Die Singularsucession in die Schuld, JherJb. 8 (1866), 221 ff.

Gutzler, Stephan, Übertragungshindernisse bei der Unternehmensspaltung, Die partielle Gesamtrechtsnachfolge bei der Spaltung nach dem UmwG 1995 unter besonderer Berücksichtigung des § 132 UmwG, Frankfurt a. M. 2000 (*zitiert:* Gutzler, Übertragungshindernisse bei der Unternehmensspaltung)

Habersack, Mathias, Die Haftungsverfassung der Gesellschaft bürgerlichen Rechts – Doppelverpflichtung und Akzessorietät, JuS 1993, 1 ff.

ders., Die Akzessorietät – ein Strukturprinzip der europäischen Zivilrechte und eines künftigen europäischen Grundpfandrechts, JZ 1997, 857 ff.

ders., Grundfragen der Spaltungshaftung nach § 133 Abs. 1 S. 1 UmwG, in: FS Gerold Bezzenberger, Berlin 2000, S. 93 ff. (*zitiert:* Habersack, FS Bezzenberger)

ders., Europäisches Gesellschaftsrecht, 3. Aufl., München 2006 (*zitiert:* Habersack, EuGeslR)

ders., Sachenrecht, 5. Aufl., Heidelberg 2007 (*zitiert:* Habersack, SaR)
ders., Stellungnahme vom 14. 1. 2008 zur öffentlichen Anhörung zu dem Regierungsentwurf eines Risikobegrenzungsgesetzes – Drucksache 16/7438, Diskussionspunkte zur Einführung erweiterter Schuldnerschutzmöglichkeiten bei Forderungsverkäufen durch Banken, abrufbar unter: www.bundestag.de/ausschuesse/a07/anhoerungen/082/Stellungnahmen/index.html (Stand: September 2008)
Hachenburg, Max, Staub's. Kommentar zum Gesetz betreffend die Gesellschaft mit beschränkter Haftung, 2. Aufl., Berlin 1906 (*zitiert:* Hachenburg, GmbHG$^{2. Aufl.}$)
ders., Sind bei der Fusion zweier Aktiengesellschaften neben der Gewährung von Aktien auch andere Leistungen zulässig?, LZ 1911, 646ff.
ders., Anm. zum Urt. des RG v. 12. 2. 1929, 295/28 II., JW 1929, 1243f.
Hadding, Walther, Sicherungsrechte beim Unternehmenskauf, ZGR 1982, 476ff.
Haedicke, Maximilian, Der bürgerlich-rechtliche Verfügungsbegriff, JuS 2001, 966ff.
ders., Rechtskauf und Rechtsmängelhaftung – Forderungen, Immaterialgüterrechte und sonstige Gegenstände als Kaufobjekte und das neue Schuldrecht, Tübingen 2003 (*zitiert:* Haedicke, Rechtskauf und Rechtsmängelhaftung)
Hamburger, Georg M., Eintrag „Fusion", in: RvHwb, Band III., Berlin 1931, 572ff. (*zitiert:* Hamburger, in: RvHwb, Bd. III., Eintrag „Fusion")
Hammen, Horst, Die Bedeutung Friedrich Carl v. Savignys für die allgemeinen dogmatischen Grundlagen des Deutschen Bürgerlichen Gesetzbuches, Berlin 1983 (*zitiert:* Hammen, Savignys Bedeutung für dir dogmatischen Grundlagen des BGB)
Handelsgesetze des Erdballs, Band XI./I., Great Britain and Ireland, Berlin 1906 (*zitiert: Bearbeiter,* in: Die Handelsgesetze des Erdballs, Bd. XI./I., Great Britain and Ireland)
Handelsregisteramt Kanton Zürich, Fragen und Antworten zum neuen Fusionsgesetz, v. 31. 7. 2008, abrufbar im Internet unter: www.hra.zh.ch (Stand: August 2008) (*zitiert:* Handelsregisteramt Kanton Zürich, Fragen und Antworten zum neuen Fusionsgesetz, v. 31. 7. 2008)
Handwörterbuch der Staatswissenschaften, 4. Aufl., Band 8, Jena 1928 (zitiert: Bearbeiter, in: HwbStW, Bd. VIII.)
Hasse, Johann Christian, Ueber Universitas juris und rerum, und über Universal- und Singular-Succession, AcP 5 (1822), 1ff.
Heck, Phillpp, Grundriß des Schuldrechts, Tübingen 1929 (*zitiert:* Heck, SchuldR)
ders., Grundriß des Sachenrechts, Tübingen 1930 (*zitiert:* Heck, SaR)
Hedemann, Justus Wilhelm, Zivilistische Rundschau 1906-1907, Die Lehre von den Rechtsgegenständen, Archiv f. bürg. Recht 31 (1908), 322ff.
Heidenhain, Martin, Fehlerhafte Umsetzung der Spaltungsrichtlinie, EuZW 1995, 327ff.
ders., Partielle Gesamtrechtsnachfolge bei der Spaltung, Bemerkungen zu § 132 Umwandlungsgesetz, ZHR 168 (2004), 468ff.
Heinsen, J., Gutachten, in: Verhandlungen des 14. DJT, Band I., Berlin 1878, S. 215ff. (*zitiert:* Heinsen, Gutachten)
Hennrichs, Joachim, Wirkungen der Spaltung, Überlegungen zu §§ 126 Abs. 2, 131 Abs. 1 Nr. 1 Satz 2 des Referentenentwurfs eines Gesetzes zur Bereinigung des Umwandlungsrechts vom 15. 4. 1992, AG 1993, 508ff.
ders., Formwechsel und Gesamtrechtsnachfolge bei Umwandlungen, Berlin 1995 (*zitiert:* Hennrichs, Formwechsel und Gesamtrechtsnachfolge)
ders., Zum Formwechsel und zur Spaltung nach dem neuen Umwandlungsgesetz, ZIP 1995, 794ff.
ders., Unternehmensbewertung und persönliche Ertragssteuer aus (aktien-)rechtlicher Sicht, ZHR 164 (2000), 453ff.
Henssler, Martin, Risiko als Vertragsgegenstand, Tübingen 1994 (*zitiert:* Henssler, Risiko)
ders., Gewerbe, Kaufmann und Unternehmen, ZHR 161 (1997), 13ff.
ders., Die Rechtsanwalts-GmbH – Zulässigkeit und Satzungserfordernisse, ZHR 161 (1997), 305ff.
Henssler/Kilian, Martin, Matthias, Erwerb von Anwaltssozietäten – Das Prinzip des „sanften Übergangs", MDR 2001, 1274ff.

Heusler, Andreas, Institutionen des Deutschen Privatrechts, Erster Band, Leipzig 1885 (*zitiert:* Heusler, Institutionen dPR)

Heymann, (Rechtsanwalt und Notar Bremen, Vorname unbekannt), Aktienrechtliche Fusion, ZHR 93 (1928), 217ff.

Heymann, Handelsgesetzbuch, Band 1, Erstes Buch, Einleitung, §§ 1-104, 2. Aufl., Berlin 1995, Band 4, §§ 343-475h, 2. Aufl., Berlin 2005 (zitiert: *Bearbeiter*, in: Heymann)

Hilty, Reto M., Lizenzvertragsrecht, Bern 2001 (*zitiert:* Hilty, Lizenzvertragsrecht)

ders., Vermögensübertragung nach Fusionsgesetz – Auswirkungen auf Verträge am Beispiel des Lizenzvertrags, in: FS Dieter Zobl, Zürich 2004, S. 565ff. (*zitiert:* Hilty, FS Zobl)

Hirsch, Ernst E., Handelsrecht, in: RvHwb Band IV., Berlin 1933, S. 161ff. (*zitiert:* Ernst E. Hirsch, in: RvHwb, Bd. IV., Eintrag „Handelsrecht“)

Historisch-kritischer Kommentar zum BGB, Band I., Allgemeiner Teil §§ 1-240, Tübingen 2003, Band II., Schuldrecht Allgemeiner Teil, 1. Teilband: §§ 241-304, 2. Teilband: §§ 305-432, Tübingen 2007 (*zitiert: Bearbeiter*, in: HKK)

Hochedlinger, Gerhard, Die Übertragung von Unternehmen und Gesellschaftsanteilen nach § 142 HGB, GesRZ 2002, 1ff.

ders., Anm. zum Urt. des OGH v. 22. 5. 2007, 4 Ob 51/07i, GesRZ 2007, 345f.

Hoffmann-Becking, Michael, Abfindungsleistungen an ausscheidende Vorstandsmitglieder, ZIP 2007, 2101ff.

Hofmeister, Herbert, Privatrechtsgeschichte für Österreich unter der Herrschaft des Nationalsozialismus, in: Nationalsozialimus und Recht, Rechtssetzung und Rechtswissenschaft in Österreich unter der Herrschaft des Nationalsozialimus, Wien 1990, S. 124ff. (*zitiert:* Hofmeister, Privatrechtsgeschichte für Österreich unter der Herrschaft des Nationalsozialismus)

Hohenstatt/Seibt, Klaus-Stefan, Christoph H., Ausgliederung laufender Pensionsverbindlichkeiten: Eine arbeits- und umwandlungsrechtliche Betrachtung, ZIP 2005, 2331ff.

Holtzendorff/Kohler, Franz von, Josef, Encyklopädie der Rechtswissenschaften in systematischer Bearbeitung, 6. Aufl., Erster Band, Leipzig 1904 (*zitiert: Bearbeiter*, in: Holtzendorff/Kohler)

Hommelhoff, Peter, Anm. zum Urt. des BGH v. 5. 5. 1977 – II ZR 237/75, JR 1978, 69f.

ders., Gläubigerschutz und Anteilseigner-Information bei Spaltungen, in: Kölner Umwandlungsrechtstage: Verschmelzung, Spaltung, Formwechsel nach neuem Umwandlungsrecht und Umwandlungssteuerrecht, Köln 1995, S. 117ff. (*zitiert:* Hommelhoff, in: Kölner Umwandlungsrechtstage)

Horn, Christian, Die Virtualisierung von Unternehmen als Rechtsproblem, München 2005 (*zitiert:* C. Horn, Virtualisierung von Unternehmen)

Hoyer, Hans, Unübertragbarkeit persönlicher Dienstbarkeiten juristischer Personen bei Fusions- und Abspaltungsvorgängen?, FS Heinz Krejci, Wien 2001, Band II., S. 1211ff. (*zitiert:* Hoyer, FS Krejci, Bd. II.)

Huber, Markus, Anteilsgewährungspflicht im Umwandlungsrecht?, Bielefeld 2005 (*zitiert:* M. Huber, Anteilsgewährungspflicht)

Huber, Ulrich, Typenzwang, Vertragsfreiheit und Gesetzesumgehung, JurA 1970, 784ff.

ders., Die Schuldenhaftung beim Unternehmenserwerb und das Prinzip der Privatautonomie, in: FS Peter Raisch, 1995 Köln, S. 85ff. (*zitiert:* U. Huber, FS Raisch)

ders., Leistungsstörungen, Band I., Die allgemeinen Grundlagen – Der Tatbestand des Schuldnerverzugs – Die vom Schuldner zu vertretenden Umstände, Tübingen 1999 (*zitiert:* U. Huber, Leistungsstörungen Bd. I.)

ders., Savigny und das sachenrechtliche Abstraktionsprinzip, in: FS Claus-Wilhelm Canaris, Band I., München 2007, S. 471ff. (*zitiert:* U. Huber, in FS Canaris, Bd. I., S. 471ff.)

Hubmann, Heinrich, Das Recht am Unternehmen, ZHR 117 (1955), 41ff.

Hueck, Alfred, Das Recht der offenen Handelsgesellschaft, 4. Aufl., Berlin 1971 (*zitiert:* A. Hueck, Recht der OHG)

Hügel, Hans F., Gesamtnachfolge und Strukturverbesserungsgesetz, Wien 1982 (*zitiert:* Hügel, Gesamtnachfolge und Strukturverbesserungsgesetz) *ders.*, Probleme des Offenlegungsgrundsatzes bei Rechtsgeschäften im Unternehmensbereich, JBl. 1983, 449ff.

ders., Anm. zum Urt. des OGH v. 12. 12. 1984, 1 Ob 713/84, JBl. 1985, 617f.

ders., Verschmelzung und Einbringung, Wien/Köln 1993 (*zitiert:* Hügel, Verschmelzung und Einbringung)

ders., Umgründungsrechtliche Gesamtrechtsnachfolge, Dienstbarkeiten und höchstpersönliche Rechte, in: FS Hans-Georg Koppensteiner, Wien 2001, S. 91ff. (*zitiert:* Hügel, FS Koppensteiner)

Hurni, Christoph, Die Vermögensübertragung im Spannungsfeld zwischen Vermögens- und Unternehmensrecht, Vergleichende Studie zu einem neuen Institut des Fusionsgesetzes, Zürich 2008 (*zitiert:* Hurni, Vermögensübertragung)

Hüttemann, Rainer, Unternehmensbewertung als Rechtsproblem, ZHR 162 (1998), 563ff.

Ihrig, Hans-Christoph, Zum Inhalt der Haftung bei der Spaltung, in: Die Spaltung im neuen Umwandlungsrecht und ihre Rechtsfolgen, Heidelberg 1999, S. 80ff. (*zitiert:* Ihrig, in: Die Spaltung im neuen Umwandlungsrecht)

Immenga/Mestmäcker, Ulrich, Ernst-Joachim, Wettbewerbsrecht, Kommentar zum Europäischen Kartellrecht, Band I., 4. Aufl., München 2007 (*zitiert: Bearbeiter*, in: Immenga/Mestmäcker, EG-Wettbewerbsrecht)

Isay, Rudolf, Das Recht am Unternehmen, Berlin 1910 (*zitiert*: Isay, Das Recht am Unternehmen)

Jakobs, Horst Heinrich, Gibt es den dinglichen Vertrag?, SZ Rom. 119 (2002), 267ff.

ders., Julius von Kirchmann, Die Wertlosigkeit der Jurisprudenz als Wissenschaft, 1848, JZ 2006, 1115ff.

Jakobs/Schubert, Horst Heinrich, Werner, Die Beratungen des Bürgerlichen Gesetzbuchs in systematischer Zusammenstellung der Quellen, Recht der Schuldverhältnisse I., §§ 241 bis 432, Berlin 1978 (*zitiert:* Jakobs/Schubert, Beratungen SchR I.)

Jauernig, Othmar, Bürgerliches Gesetzbuch, Kommentar, 12. Aufl., München 2007 (*zitiert: Bearbeiter*, in: Jauernig)

Jessen, Jens, Unternehmen und Unternehmensrecht, ZHR 96 (1931), 37ff.

Junck, Johannes, Sind bei der Fusion (Verschmelzung) zweier Aktiengesellschaften neben der Gewährung von Aktien auch andere Leistungen zulässig?, LZ 1924, 489ff.

ders., Ueber Umwandlung von Gesellschaften, JherJb 77 (1927), 297ff.

Juris Praxiskommentar BGB, Buch 2 – Schuldrecht, 3. Aufl., Saarbrücken 2006 (*zitiert: Bearbeiter*, in: jurisPK-BGB)

Justich, Georg, Kapitalerhaltung und Gläubigerschutz bei Verschmelzungen, Wien 2005 (*zitiert:* Justich, Kapitalerhaltung und Gläubigerschutz bei Verschmelzungen)

Kallmeyer, Harald, Das neue Umwandlungsgesetz, ZIP 1994, 1746ff.

ders., Umwandlungsgesetz, Kommentar, 3. Aufl., Köln 2006 (*zitiert: Bearbeiter*, in: Kallmeyer, UmwG)

Kalss, Susanne, Handkommentar zur Verschmelzung, Spaltung, Umwandlung, Wien 1997 (*zitiert:* Kalss, Handkommentar)

dies., Ausgewählte Fragen der Haftung der sonstigen Gesellschaften gem. § 15 SpaltG, wbl. 2003, 49ff.

dies., Ausprägung und Auswirkung des Transparenzgebots im Kapitalmarkt-, Gesellschafts- und Wirtschaftsrecht, in: FS Peter Doralt, Wien 2004, S. 275ff. (*zitiert:* Kalss, FS Doralt)

Kalss/Schauer, Susanne, Martin, Die Reform des Österreichischen Kapitalgesellschaftsrecht, Gutachten, in: Verhandlungen des Sechzehnten Österreichischen Juristentag, Graz 2006, Band II/1, Wien 2006 (*zitiert:* Kalss bzw. Schauer, in: Kalss/Schauer, Gutachten, 16. ÖJT, Band II/1)

Kanzleiter, Rainer, Haftungsgefahren nach § 25 Abs. 1 HGB bei der – angeblichen – „Weiterführung" eines insolventen Gastronomiebetriebs, Anmerkung zum Urt. des BGH v. 28. 11. 2005 – II ZR 355/03, DNotZ 2006, 590ff.

Karollus, Martin, Eingeschränkter Schuldnerschutz bei Übertragung eines Handelsgeschäftes? Überlegungen zu §§ 1395 f. ABGB und § 25 Abs. 1 Satz 2 HGB, ÖJZ 1989, 202 ff.

ders., Zum Schutz des Schuldners bei unrichtiger Abtretungsanzeige, ÖJZ 1992, 677 ff.

ders., Ausgliederung, in: Kölner Umwandlungsrechtstage: Verschmelzung, Spaltung, Formwechsel nach neuem Umwandlungsrecht und Umwandlungssteuerrecht, Köln 1995, S. 117 ff. (*zitiert:* Karollus, in: Kölner Umwandlungsrechtstage)

ders., Unternehmenswechsel und Dauerschuldverhältnis, Teil 1., ÖJZ 1995, 241 ff., Teil 2, ÖJZ 1995, 292 ff.

Katzenmeier, Christian, Kapitalgesellschaften auf dem Gebiet der Heilkunde, MedR 1998, 113 ff.

Keinert, Heinz, Das neue Unternehmensrecht, Wien 2006 (*zitiert:* Keinert, Das neue Unternehmensrecht)

Kiefner, Hans, Das Rechtsverhältnis, in: FS Helmut Coing, Band I., München 1982, S. 148 ff. (*zitiert:* Kiefner, FS Coing)

Kilian, Matthias, Anm. zum Urt. des BGH v. 13. 6. 2001, VIII. ZR 176/00, WuB IV A. § 134 BGB 4.01.

Kindler, Peter, Die Begrenzung der Niederlassungsfreiheit durch das Gesellschaftsstatut, NJW 2007, 1785 ff.

Kipp, Theodor, Anm. zum Urt. des RG v. 6. 10. 1925, 52/25 VI., JW 1926, 1809 f.

Kirchmann, Julius von, Die Wertlosigkeit der Jurisprudenz als Wissenschaft, Nachdruck des in Berlin 1848 erschienen Werkes, Darmstadt 1969 (*zitert:* Kirchmann, Die Wertlosigkeit der Jurisprudenz als Wissenschaft)

Klausing, Friedrich, Gesetz über Aktiengesellschaften und Kommanditgesellschaften auf Aktien (Aktien-Gesetz) nebst Einführungsgesetz und „Amtlicher Begründung“, Berlin 1937 (*zitiert:* Klausing, AktG 1937)

Kläy, Hanspeter, Das Fusionsgesetz – ein Überblick, BN 2004, 185, 234

ders., Überblick über den Schlussbericht der Groupe des réflexion >>Gesellschaftsrecht<<, SZW/RSDA 2004, 135 ff.

Kleindiek, Detlef, Vertragsfreiheit und Gläubigerschutz im künftigen Spaltungsrecht nach dem Referentenentwurf UmwG, ZGR 1992, 513 ff.

Kleindiek/Rottschäfer, Detlef, Sylvia, Anm. zum Urt. des OLG Karlsruhe v. 25. 6. 2001, 9 U 143/00, WuB I E. 1. Kreditvertrag 1.02

Kleinschmidt, Jens, Der Verzicht im Schuldrecht, Tübingen 2004 (*zitiert:* Kleinschmidt, Der Verzicht im Schuldrecht)

Klippel, Diethelm, Der zivilrechtliche Schutz des Namens, Paderborn 1985 (*zitiert:* Klippel, Der Zivilrechtliche Schutz des Namens)

Knobbe-Keuk, Brigitte, Bilanz- und Unternehmenssteuerrecht, 9. Aufl., Köln 1993 (*zitiert:* Knobbe-Keuk, Bilanz- und Unternehmenssteuerrecht)

Koch, C.F., Allgemeines deutsches Handelsgesetzbuch, Berlin 1863 (*zitiert:* C.F. Koch, ADHGB)

Koeppen, Karl Friedrich Albert, System des heutigen römischen Erbrechts, Jena 1864 (*zitiert:* Koeppen, System des heutigen römischen Erbrechts)

Kohler, Josef, Die Fusion von Aktiengesellschaften, Archiv f. bürgl. Recht 40 (1914), 309 ff.

Köhler, Helmut, Die kommerzielle Verwertung der Firma durch Verkauf und Lizenzvergabe, DStR 1996, 510 ff.

ders., Namensrecht und Firmenrecht, in: FS Wolfgang Fikentscher, Tübingen 1998, S. 494 ff. (*zitiert:* Köhler, FS Fikentscher)

Koller/Roth/Morck, Ingo, Wulf-Henning, Winfried, Handelsgesetzbuch, 6. Aufl., München 2007 (zitiert: Bearbeiter, in: Koller/Roth/Morck)

Kölner Kommentar Aktiengesetz, Band 5/3, §§ 262-290 AktG, 2. Aufl., Köln 2004 (*zitiert: Bearbeiter,* in: KK-AktG$^{2.\,\text{Aufl.}}$)

Kommission für Rechtsfragen des Ständerates, Parlamentsdienst, Medienmitteilung, vom 30. 8. 2005 (*zitiert:* Kommission für Rechtsfragen des Ständerates, Pressemitteilung v. 30. 8. 2005)

Kothe, Wolfhard, Die Stellung des Schuldbeitritts zwischen Bürgschaft und Schuldübernahme, JZ 1990, 997ff.

Kötz, Hein, Europäisches Vertragsrecht, Band I., Abschluß, Gültigkeit und Inhalt des Vertrages, Die Beteiligung Dritter am Vertrag, Tübingen 1996 (*zitiert:* Kötz, Europäisches Vertragsrecht)

Koziol/Bydlinski/Bollenberger, Helmut, Peter, Raimund, Kurzkommentar zum ABGB, Allgemeines bürgerliches Gesetzbuch samt Ehegesetz und Konsumentenschutzgesetz, Wien 2005 (*zitiert: Bearbeiter*, in: Koziol/Bydlinski/Bollenberger, ABGB)

Krause, Hartmut, Prophylaxe gegen feindliche Übernahmeangebote, AG 2000, 133ff.

Krause, Hermann, Kaufmannsrecht und Unternehmerrecht, ZHR 105 (1938), 67ff.

ders., Unternehmer und Unternehmung, Mannheim 1954 (*zitiert:* Krause, Unternehmer und Unternehmung)

ders., Rezension, Peter Raisch, Geschichtliche Voraussetzungen, dogmatische Grundlagen und Sinneswandlung des Handelsrechts, Karlsruhe 1965, ZHR 130 (1968), 201ff.

Krejci, Heinz, Betriebsübergang und Arbeitsvertrag, Wien 1972 (*zitiert:* Krejci, Betriebsübergang und Arbeitsvertrag)

ders., Ist zur Vertragsübernahme bei Unternehmensveräußerungen Dreiparteieneinigung erforderlich?, ÖJZ 1975, 449ff.

ders., Reformbedarf im Handels- und Gesellschaftsrecht, in: FS Heinz Handler, Wien 2001, S. 263ff. (*zitiert:* Krejci, FS Handler)

ders., Unternehmensrecht mit Wertpapierrecht, 4. Aufl., Wien 2008 (*zitiert:* Krejci, Unternehmensrecht)

ders., Unternehmensgesetzbuch statt HGB, Skizze zur österreichischen Handelsrechtsreform, ZHR 170 (2006), 113ff.

ders., Zur Neuregelung des Unternehmensübergangs im österreichischen Unternehmensgesetzbuch, in: FS Claus-Wilhelm Canaris, München 2007, Band II., S. 735ff. (*zitiert:* Krejci, FS Canaris Bd. II.)

ders., § 38 UGB: Zurück ins Trockendock?, ÖJZ 2007, 841ff.

Krejci/Schmidt, Heinz, Karsten, Vom HGB zum Unternehmergesetz, 2002 (*zitiert: Bearbeiter*, in: Krejci/Karsten Schmidt, Vom HGB zum Unternehmergesetz)

Künstler, Leopold, Anm. zum Urt. des OLG München, v. 13. 5. 1929, L 253/29, JW 1929, 2365

ders., Der Bierlieferungsvertrag unter besonderer Behandlung bedeutsamer Gegenwartsfragen und des Bierverlagsvertrages, 2. Aufl., Nürnberg 1929 (*zitiert:* Künstler, Bierlieferungsvertrag$^{2. \text{Aufl.}}$)

ders., Eine aktuelle Streitfrage aus dem Recht des Bierlieferungsvertrages, Befreit die Fusion der Vertragsbrauerei den Wirt von seiner Bierabnahmeverpflichtung?, JW 1929, 1105

ders., Der Bierlieferungsvertrag und die weiteren Verträge zur Sicherung des Absatzes im Braugewerbe, 3. Aufl., 1957 Nürnberg (*zitiert:* Künstler, Bierlieferungsvertrag$^{3. \text{Aufl.}}$)

Küry, Annelies, Die Universalsukzession bei der Fusion von Aktiengesellschaften, unter besonderer Berücksichtigung der Fusion ohne Kapitalerhöhung, Basel 1962 (*zitiert:* Küry, Fusion von Aktiengesellschaften)

Laband, Paul, Rezension, Dr. Wilhelm Endemann, Prof. der Rechte und Oberappellationsgerichtsrath zu Jena, Das Deutsche Handelsrecht, Systematisch dargestellt, Erste Abtheilung, Heidelberg 1865, ZHR 8 (1865), 643ff.

ders., Die Handels-Usancen, ZHR 17 (1872), 466ff.

Ladenburg, Leopold, Rechtsfolgen der Uebernahme eines bestehenden Handelsgeschäfts, Busch's Archiv 34 (1876), 25ff.

ders., Die Uebernahme eines bestehenden Handelsgeschäfts mit Aktiven und Passiven, Busch's Archiv 36 (1877), 81ff.

ders., Haftet der Uebernehmer eines bestehenden Handelsgeschäfts in seiner Gesammtheit, d.h. mit allen Aktiven und Passiven, für die Schulden desselben, auch den Gläubigern gegenüber?, ZHR 30 (1884), 90ff.

Landwehr, Götz, Die ZHR als Organ der Handelsrechtswissenschaft, Die wissenschaftlichen Abhandlung Band 1-123 (1858-1960), ZHR 150 (1986) 39ff.

Lange, Oliver, Auswirkungen eines Kontrollwechsels (change of control) auf die D&O Versicherung, AG 2005, 459ff.

Lange/Kuchinke, Heinrich, Kurt, Erbrecht, Ein Lehrbuch, 5. Aufl., München 2001 (*zitiert:* Lange/Kuchinke, ErbR)

Larenz, Karl, Lehrbuch des Schuldrechts, Erster Band Allgmeiner Teil, 14. Aufl., München 1987 (*zitiert:* Larenz, SchuldR AT)

Larenz/Wolf, Karl, Manfred, Allgemeiner Teil des Bürgerlichen Rechts, 9. Aufl., München 2004 (*zitiert:* Larenz/Wolf, AT)

Lawson, F.H., The Law of Property, Oxford 1958 (*zitiert:* Lawson, Law of Property)

Lehmann, Heinrich, Zur Neugestaltung des Handelsrecht, in: Jahrbuch der Akademie für Deutsches Recht 1939/40, S. 96ff.

ders., Die Abtretung von Verträgen, in: Deutsche Landesreferate zum III. Internationalen Kongreß für Rechtsvergleichung in London 1950, Berlin/Tübingen 1950, S. 382ff. (*zitiert:* H. Lehmann, Die Abtretung von Verträgen)

Lehmann, Karl, Umwandlung handelsrechtlicher Unternehmungsformen, ZHR 50 (1900), 1ff.

ders., Das Recht der Aktiengesellschaft, Band II., Berlin 1904 (*zitiert:* K. Lehmann, Das Recht der Aktiengesellschaft, Bd. II)

ders., Jakob Friedrich Behrend †, ZHR 59 (1907), 445f.

ders., Lehrbuch des Handelsrechts, 2. Aufl., Leipzig 1912 (*zitiert:* K. Lehmann, HR)

ders., Schutz und Erhaltung kaufmännischer Unternehmungen im deutschen Handelsrecht, in: FS Georg Cohn, Zürich 1915, 395ff. (*zitiert:* K. Lehmann, FS Cohn)

Lehmann, Matthias, Der Begriff der Rechtsfähigkeit, AcP 207 (2007), 225ff.

Lehmann/Ring, Karl, Viktor, Das Handelsgesetzbuch für das Deutsche Reich, Band I., Berlin 1902 (*zitiert:* K. Lehmann/Ring, HGB)

Lehner, Thomas, Die Einwirkung der aktienrechtlichen Fusion auf Verträge, unter besonderer Berücksichtigung der Lizenzverträge, Zürich 1975 (*zitiert:* Lehner, Die Einwirkung der aktienrechtlichen Fusion auf Verträge)

Lettl, Tobias, Die Haftung des Erwerbers eines Handelsgeschäfts wegen Firmenfortführung nach § 25 Abs. 1 Satz 1 HGB – zugleich Besprechung von BGH WM 2006, 434, WM 2006, 2336ff.

ders., Handelsrecht, München 2007 (*zitiert:* Lettl, HR)

Lieb, Manfred, Die Haftung für Verbindlichkeiten aus Dauerschuldverhältnissen bei Unternehmensübergang, Heidelberg 1992 (*zitiert:* Lieb, Die Haftung für Verbindlichkeiten aus Dauerschuldverhältnissen bei Unternehmensübergang)

ders., Zu den Grundgedanken der §§ 25ff. HGB, in: FS Bodo Börner, Köln 1992, S. 747ff. (*zitiert:* Lieb, FS Börner)

ders., Anm. zum Urt. des BGH v. 20. 1. 1992, II ZR 115/91, JZ 1992, 1029ff.

ders., „Zufallsgeschenke, Haftungsfallen, Unternehmensvernichtung und Sanierungshindernisse", Einige Gedanken zur Reichweite der Haftung gemäß § 25 HGB, in: FS Ralf Vieregge, Berlin 1995, S. 559ff. (*zitiert:* Lieb, FS Vieregge)

ders., Verjährung im Bürgschafts- und Gesellschaftsrecht, in: GS Alexander Lüderitz, München 2000, S. 455ff. (*zitiert:* Lieb, GS Lüderitz)

ders., Rezension, Thekla Schleifenbaum, Die Unternehmenshaftung bei Unternehmenübertragungen, Berlin 2000 und Michaela Theißen, Die Schuldenhaftung nach § 25 HGB beim Erwerb von unselbstständigen Unternehmensteilen, Berlin 2000, ZHR 166 (2002), 507ff.

Limmer, Peter, Handbuch der Unternehmensumwandlung, 3. Aufl., Münster 2007 (zitiert: *Bearbeiter*, in: Limmer, Hdb. der Unternehmensumwandlung)

Löbl, Rudolf, Geltendmachung fremder Forderungsrechte im eigenen Namen, AcP 129 (1928), 257ff.

Lorenz, Stephan, Anm. zum Urt. des BGH v. 14. 1. 2002 – II ZR 354/99, LM H. 6/2002, § 812 Nr. 287

Lübtow, Ulrich von, Erbrecht, Eine systematische Darstellung, 1. und 2. Halbband, Berlin 1971 (*zitiert:* v. Lübtow, ErbR)

Luig, Klaus, Zur Geschichte der Zessionslehre, Köln 1966 (*zitiert:* Luig, Geschichte der Zessionslehre)

ders., Zession und Abstraktionsprinzip, in: Wissenschaft und Kodifikation des Privatrechts im 19. Jahrhundert, Band II., Die rechtliche Verselbstständigung der Austauschverhältnisse vor dem Hintergrund der wirtschaftlichen Entwicklung und Doktrin, Frankfurt a.M. 1977, S. 112ff. (*zitiert:* Luig, Zession und Abstraktionsprinzip)

Lutter, Marcus, Umwandlungsgesetz, 3. Aufl., Band I., §§ 1-137, Band II., §§ 138-325, SpruchG, Köln 2004 (*zitiert: Bearbeiter*, in: Lutter, UmwG)

Lutz, Johannes von, Protokolle der Kommission zur Berathung eines allgemeinen deutschen Handelsgesetzbuches, Band I., I. Theil, Protokoll I-XLV, II. Theil, Protokoll XLVI-XCVIII, Würzburg 1958, Band II., III. Theil, Protokoll XCIX-CLXXVI, Würzburg 1858, IV. Theil CLXXVII-CCXLIII, Würzburg 1860, Band V., IX. Theil, Protokoll DXLVIII-DLXXXIX, Würzburg 1861, Band VI., Beilagenband, Würzburg 1858 (*zitiert:* Lutz, Protokolle bzw. Bd. VI.)

Maier, Georg H., Iuris vinculum inter personas, Studien zum römischen und modernen Obligationenbegriff, unveröffentlichte Berliner Habilitation 1933 (zitiert nach dem Manuskript) (*zitiert:* Georg H. Maier, Iuris vinculum inter personas)

ders., Novation, in: RvHwb Band V., Berlin 1936, S. 451ff. (*zitiert:* Georg H. Maier, in: RvHwb, Bd. VII., Eintrag „Novation")

Maier-Reimer, Georg, Totgesagte leben länger! Die Unmöglichkeit aus der Sicht der Praxis, in: Das neuen Schuldrecht in der Praxis, Köln 2003, S. 291ff. (*zitiert:* Maier-Reimer, in: Das neue Schuldrecht in der Praxis)

ders., Unternehmenskauf und neues Schuldrecht, in: Reform des deutschen Schuldrechts, Baden-Baden 2003 (*zitiert:* Maier-Reimer, Unternehmenskauf)

ders., Vereinfachte Kapitalherabsetzung durch Verschmelzung? Replik auf Petersen GmbHR 2004, 728, GmbHR 2004, 1128ff.

Maier-Reimer/Gesell, Georg, Harald, Schuldenübergang und Haftung in der Spaltung, in: FS Norbert Horn, Berlin 2006, S. 455ff. (*zitiert:* Maier-Reimer/Gesell, FS Horn)

Maine, Henry Sumner, Ancient Law, Its connection with early history of society and ist relation to modern ideas, 15. Edition, London 1894 (*zitiert:* Maine, Ancient Law)

Malacrida, Ralph, Spaltung von Gesellschaften, ZSR 2004, 39ff.

Manigk, Alfred, Anm. zum Urt. des RG v. Urt. v. 23. 3. 1921, 557/20 VI., JW 1921, 1309f.

Mann, Friedrich Alexander, The New German Company Law and Its Background, J.Comp.Leg. XIX (1937), 220ff.

Marsch-Barner/Mackenthun, Reinhard, Thomas, Das Schicksal gespeicherter Daten bei Verschmelzung und Spaltung von Unternehmen, ZHR 165 (2001), 426ff.

Marx, Tanja, Auswirkungen der Spaltung nach dem Umwandlungsgesetz auf Rechtsverhältnisse mit Dritten, Berlin 2001 (*zitiert:* Marx, Auswirkungen der Spaltung auf Rechtsverhältnisse mit Dritten)

Martínez/von der Crone, Larissa Marolda, Hans Caspar, Vermögensübertragung, Anm. zur Entscheidung des Schweizerischen Bundesgerichts 4C.259/2002 vom 29. 11. 2002 (BGE 129 III 167), SZW/RSDA (2004), 297ff.

Medicus, Dieter, Allgemeiner Teil des BGB, 8. Aufl., Heidelberg 2002 (*zitiert:* Medicus, AT)

Meier, Robert, Die Rechtsnatur des Fusionsvertrages, Zürich 1986 (*zitiert:* Meier, Die Rechtsnatur des Fusionsvertrages)

Meincke, Jens Peter, Die Auswirkungen der Rechtsnachfolge auf das Steuerrechtsverhältnis, DStJG 10 (1987), 19ff.

Merkt, Hanno, Unternehmenspublizität, Offenlegung von Unternehmensdaten als Korrelat der Marktteilnahme, Tübingen 2001 (*zitiert:* Merkt, Unternehmenspublizität)

Merkt/Broichhausen, Hanno, Thomas N., Anm. zum Urt. des BGH v. 28. 11. 2006, II ZR 355/03, WuB IV. E. § 25 1.06

Mertens, Kai, Umwandlung und Universalsukzession, Heidelberg 1993 (*zitiert:* Mertens, Umwandlung und Universalsukzession)

Meyer, Herbert, Rezension, Hans Oppikofer, Das Unternehmensrecht in geschichtlicher, vergleichender und rechtspolitischer Betrachtung, Tübingen 1927, SZ Ger. Abt. 48 (1928), 540ff.

Mickel, Corinna, Die Rechtsnatur der Haftung gespaltener Rechtsträger nach § 133 Abs. 1 und 3 UmwG, Köln 2004 (*zitiert:* Mickel, Rechtsnatur der Haftung gespaltener Rechtsträger)

Mielke/Nguyen-Viet, Werner, Thanh-Mai, Änderung der Kontrollverhältnisse bei dem Vertragspartner: Zulässigkeit von Change of Control-Klauseln im deutschen Recht, DB 2004, 2525ff.

Motive zu dem Entwurfe eines Bürgerlichen Gesetzbuches für das Deutsche Reich, Band I., Allgemeiner Teil, Band II., Recht der Schuldverhältnisse, Amtliche Ausgabe, 2. Aufl., Berlin 1986 (*zitiert:* Mot. I. bzw. II)

Mugdan, Benno, Die gesammten Materialien zum Bürgerlichen Gesetzbuch für das Deutsche Reich, Band II., Recht der Schuldverhältnisse, Berlin 1899 (*zitiert:* Mugdan II.)

Mühlenbruch, Christian Friedrich, Die Lehre von der Cession der Forderungsrechte, 3. Aufl., Greifswald 1836 (*zitiert:* Mühlenbruch, Die Lehre von der Cession der Forderungsrechte)

ders., Lehrbuch des Pandekten-Rechts, Band 3, Halle 1837 (*zitiert:* Mühlenbruch, PandR Bd. III.)

Müller, Klaus J., Die gesamtschuldnerische Haftung bei der Spaltung nach §§ 133, 134 UmwG, DB 2001, 2637ff.

ders., Neues zur Spaltung: die geplante Streichung von §§ 131 I Nr. 1 S. 2, 132 UmwG, NZG 2006, 491ff.

Müller, Markus, Firmenlizenz und Konzernfirma, Köln 1996 (*zitiert:* M. Müller, Firmenlizenz und Konzernfirma)

Müller-Erzbach, Rudolf, Deutsches Handelsrecht, 2. u. 3. Aufl., Tübingen 1928 (*zitiert:* Müller-Erzbach, HR)

Münchener Kommentar zum Aktiengesetz, Band 7, §§ 222-277, München 2001, Band 8, §§ 278-328, München 2000 (*zitiert: Bearbeiter*, in: MünchKommAktG)

Münchener Kommentar zum Bürgerlichen Gesetzbuch, Band 1, Allgemeiner Teil, 1. Halbband: §§ 1-240, 5. Aufl., München 2006, Band 2, Schuldrecht Allgemeiner Teil, §§ 241-432, 5. Aufl., München 2007, Band 3, Schuldrecht Besonderer Teil I, §§ 433-610, 5. Aufl., München 2004, Band 4, Schuldrecht Besonderer Teil II, §§ 611-704, 5. Aufl., München 2005, Band 5, Schuldrecht Besonderer Teil III, §§ 705-853, 4. Aufl., München 2004, Band 6, Sachenrecht, (§§ 854-1296), 4. Aufl., München 2004, Band 9, Erbrecht, 4. Aufl., München 2004, Band 2, Schuldrecht Allgemeiner Teil, §§ 241-432, 3. Aufl., München 1994, Band 5, Besonderes Schuldrecht Teil III., §§ 705-853, München 1997 (*zitiert: Bearbeiter*, in: MünchKomm bzw. MünchKomm$^{3. \text{Aufl.}}$)

Münchener Kommentar zum Europäischen und Deutschen Wettbewerbsrecht (Kartellrecht), Kartellrecht, Missbrauchs- und Fusionskontrolle, Band 1, Euopäisches Wettbewerbsrecht, München 2007 (*zitiert: Bearbeiter*, in: MünchKommEuWettbR)

Münchener Kommentar zum Handelsgesetzbuch, Band 1, Erstes Buch, Handelsstand, §§ 1-104, 2. Aufl., München 2005, Band 2, Zweites Buch, Handelsgesellschaften und stille Gesellschaft, Erster Abschnitt, Offene Handelsgesellschaften, §§ 105-160, 2. Aufl., München 2006, Band 5, Viertes Buch, Handelsgeschäfte, Erster Abschnitt, Allgemeine Vorschriften, §§ 343-372, 1. Aufl., München 2001 (*zitiert: Bearbeiter*, in: MünchKommHGB)

Münster, Joseph, Einfluß der Fusion auf bestehende Vertragsverhältnisse, Düsseldorf 1911 (*zitiert:* Münster, Einfluß der Fusion auf bestehende Vertragsverhältnisse)

Müntefering, Michael, Zivilrechtliche Schranken der partiellen Universalsukzession, Die Grenzen umwandlungsrechtlicher Spaltungsfreiheit bei der Überleitung von Verbindlichkeiten, subjektiven Rechten Vertragsverhältnissen und Mitgliedschaften, Berlin 2003 (*zitiert:* Müntefering, Zivilrechtliche Schranken der partiellen Universalsukzession)

Muscheler, Karlheinz, Universalsukzession und Vonselbsterwerb, Die rechtstechnischen Grundlagen des deutschen Erbrechts, Tübingen 2002 (*zitiert:* Muscheler, Universalsukzession und Vonselbsterwerb)

Napokoj, Elke, Bestandschutz eingetragener Verschmelzungen, Ges aktuell 2007, 231 ff.

Nikisch, Arthur, Arbeitsrecht, Band I., Allgemeine Lehren und Arbeitsvertragsrecht, 3. Aufl., Tübingen 1961 (*zitiert:* Nikisch, ArbR Bd. I.)

Nitsche, Christian, Das neue Nachhaftungsbegrenzungsgesetz – Vertragsübergang kraft Gesetzes?, ZIP 1994, 1919 ff.

Noack, Ulrich, Anm. zum Urt. des BGH v. 18. 1. 1996, III ZR 121/95, EWiR 1996, 445 f.

Nörr, Knut Wolfgang, Zwischen den Mühlsteinen: Eine Privatrechtsgeschichte der Weimarer Republik, Tübingen 1988 (*zitiert:* Nörr, Zwischen den Mühlsteinen)

Nörr/Scheying/Pöggler, Knut Wolfgang, Robert, Wolfgang, Sukzessionen, 2. Aufl., Tübingen 1999 (*zitiert: Bearbeiter*, in: Nörr/Scheying/Pöggler, Sukzessionen)

Note, An inquiry into the nature of goodwill, Colum. L. Rev. 53 (1953), 660 ff. (*zitiert:* Note, Colum. L. Rev., 53 (1953))

Note, Voluntary and involuntary sale of good will, Harv. L. Rev. 27 (1914), 670 ff. (*zitiert:* Note, Harv. L. Rev. 27 (1914))

Nußbaum, Arthur, Zur neueren Entwicklung der Lehre vom Unternehmen, in: Beiträge zum Wirtschaftsrecht, Band II., Marburg 1931, S. 492 ff. (*zitiert:* Nußbaum, Zur neueren Entwicklung der Lehre vom Unternehmen)

Oetker, Hartmut, „Partielle Universalsukzession" und Versicherungsvertrag – Zugleich ein Beitrag zur Dogmatik der §§ 69 ff. VVG –, VersR 1992, 7 ff.

ders., Das Dauerschuldverhältnis und seine Beendigung, Tübingen 1994 (*zitiert:* Oetker, Dauerschuldverhältnis)

Oettinghaus, Susanne, Das rechtliche Schicksal von Dauerschuldverhältnissen beim Tod des Verpflichteten, Bochum 1990 (*zitiert:* Oettinghaus, Schicksal von Dauerschuldverhältnissen beim Tod)

Ohmann, Fritz-Ernst, Verschmelzung von Aktiengesellschaften und ihre Wirkung auf Dauerverträge, Bonn 1939 (*zitiert:* Ohmann, Verschmelzung von Aktiengesellschaften und ihre Wirkung auf Dauerverträge)

Ohly, Ansgar, „Volenti non fit iniuria", Die Einwilligung im Privatrecht, Tübingen 2002 (*zitiert:* Ohly, Volenti non fit iniuria)

Ohmeyer, Kamillo Edlen von, Das Unternehmen als Rechtsobjekt, Wien 1906 (*zitiert:* Ohmeyer, Unternehmen als Rechtsobjekt)

Olgiati, Lorenzo, Terminierbarkeit von Verfügungsgeschäften beim Unternehmenskauf, in: FG Peter Forstmoser, Zürich 2008, S. 65 ff. (*zitiert:* Olgiati, FG Forstmoser)

Olshausen, Eberhard von, Gläubigerrecht und Schuldnerschutz bei Forderungsübergang und Regreß, Köln 1988 (*zitiert:* v. Olshausen, Gläubigerrecht und Schuldnerschutz bei Forderungsübergang und Regreß)

Oppenländer, Frank, Die Unternehmenspacht, insbesondere das Verhältnis von Pächter und Verpächter bei der Verpachtung eines Unternehmens, Stuttgart 1974 (*zitiert:* Oppenländer, Unternehmenspacht)

Oppikofer, Hans, Das Unternehmensrecht in geschichtlicher, vergleichender und rechtspolitischer Betrachtung, Tübingen 1927 (*zitiert:* Oppikofer, Unternehmensrecht)

ders., Über den Einfluss der Unternehmensordnung auf den Fortbestand von Schuldverhältnissen, in: FS Alfred Schultze, Leipzig 1938, S. 207 ff. (*zitiert:* Oppikofer, FS Schultze)

ders., Das kaufmännische Unternehmen, in: RvHwb Band VII., Berlin 1939, S. 24 ff. (*zitiert:* Oppikofer, in: RvHwb, Bd. VII., Eintrag „Das kaufmännische Unternehmen")

Pahlow, Louis, Lizenz und Lizenzvertrag im Recht des Geistigen Eigentums, Tübingen 2006 (*zitiert:* Pahlow, Lizenzvertrag)

Palandt, Bürgerliches Gesetzbuch, 66. Aufl., München 2007 (zitiert: *Bearbeiter*, in: Palandt)

Peifer, Karl-Nikolaus, Individualität im Zivilrecht, Der Schutz persönlicher, gegenständlicher und wettbewerbsrechtlicher Individualität im Persönlichkeitsrecht, Immaterialgüterrecht und Recht der Unternehmen, Tübingen 2001 (*zitiert:* Peifer, Individualität im Zivilrecht)

Peter/Crezelius, Karl Peter, Georg, Gesellschaftsverträge und Unternehmensformen, 6. Aufl., Berlin 1995 (*zitiert: Bearbeiter*, in: Peter/Crezelius, Gesellschaftsverträge und Unternehmensformen)

Petersen, Jens, Der Gläubigerschutz im Umwandlungsrecht, München 2001 (*zitiert:* Petersen, Gläubigerschutz im Umwandlungsrecht)

ders., Der Gläubigerschutz im System des Umwandlungsrechts, Der Konzern 2004, 185ff.

Petersen/Zwirner, Karl, Christian, Unternehmensbegriff, Unternehmenseigenschaft und Unternehmensformen, Anmerkungen zu nicht kodifizierten Sachverhalten in der Rechnungslegung und Implikationen für die Prüfungspraxis, DB 2008, 481 ff.

Pfeiffer, Thomas, Handbuch der Handelsgeschäfte, Köln 1999 (*zitiert: Bearbeiter*, in: Pfeiffer, Hdb. d. Handelsgeschäfte)

Piper, Helmut, Vertragsübernahme und Vertragsbeitritt, Zugleich ein Beitrag zur Lehre vom Vertragsverhältnis, Köln 1963 (*zitiert:* Piper, Vertragsübernahme und Vertragsbeitritt)

Pisko, Oskar, Das Unternehmen als Gegenstand des Rechtsverkehrs, Wien 1907 (*zitiert:* Pisko, Unternehmen)

ders., Lehrbuch des österreichischen Handelsrechtes, Wien 1923 (*zitiert:* Pisko, HR)

Planck, Gottlieb, Planck's. Kommentar zum Bürgerlichen Gesetzbuch, nebst Einführungsgesetz, I. Band, Allgemeiner Teil (§§ 1-240), 4. Aufl., Berlin 1913, II. Band, Recht der Schuldverhältnisse, Allgemeiner Teil (§§ 241-432), 4. Aufl., Berlin 1914, V. Band, Erbrecht, 4. Aufl., Berlin 1930 (*zitiert: Bearbeiter*, in: Planck)

Pollock, Frederick, Principles of Contract: A treatise on the general principles concerning the validity of agreements in the law of England, 9th Ed., London 1921 (*zitiert:* Pollock, Principles of Contract)

Priester, Hans-Joachim, Ausgliederung von Aktiven und Passiven bei Umwandlung des Einzelhandelsunternehmens in eine GmbH, DB 1982, 1967ff.

ders., Anm. zum Urt. des BGH v. 25. 1. 2008, V ZR 79/07, EWiR § 126 UmwG 1/08, EWiR 2008, 223f.

Protokolle der Kommission für die zweite Lesung des Entwurfs, Allgemeiner Teil und Recht der Schuldverhältnisse, Band I., Berlin 1897 (*zitiert:* Prot. I.)

Puchelt, Ernst Sigismund, Kommentar zum Allgemeinen Deutschen Handelsgesetzbuch, bearbeitet von R. Förtsch, 4. Aufl., Leipzig 1893 (*zitiert:* Förtsch, in: Puchelt, ADHGB)

Puchta, Georg Friedrich, Vorlesungen über das heutige römische Recht, 4. Aufl. Erster Band, Leipzig 1854 (*zitiert:* Puchta, Vorlesungen Bd.I.)

Puck, Birgit, Der Unternehmenskauf, Gewährleistung, Schadensersatz, Irrtum, Wien 1996 (*zitiert:* Puck, Unternehmenskauf)

Raisch, Peter, Geschichtliche Voraussetzungen, dogmatische Grundlagen und Sinnwandel des Handelsrechts, Karlsruhe 1965 (*zitiert:* Raisch, Geschichtliche Voraussetzungen)

ders., Unternehmensrecht 1., Unternehmensprivatrecht: Handels- und Gesellschaftsrecht, Hamburg 1973 (*zitiert:* Raisch, Unternehmensrecht 1.)

ders., Rezension, Manfred Lieb, Die Haftung für Verbindlichkeiten bei Unternehmensübergang, Karlsruhe 1992, ZHR 156 (1992), 269ff.

Raiser, Thomas, Das Unternehmen als Organisation, Berlin 1969 (*zitiert:* Raiser, Unternehmen als Organisation)

ders., The Theory of Enterprise Law in the Federal Republic of Germany, Am.J.Comp.L. 36 (1988), 111 ff.

ders., Unternehmen und juristische Person, in: FG Zivilrechtslehrer 1934/1935, Berlin 1999, S. 489ff. (*zitiert:* Raiser, FG Zivilrechtslehrer 1934/1935)

ders., Recht der Kapitalgesellschaften, 3. Aufl., München 2001 (*zitiert:* Raiser, KaptGeslR)

Raiser, Ludwig, Das Recht der allgemeinen Geschäftsbedingung, Neuauflage des 1935 erschienen Werkes, Bad Homburg 1961 (*zitiert:* L. Raiser, Das Recht der allgemeinen Geschäftsbedingung)

Raiser/Veil, Thomas, Rüdiger, Recht der Kapitalgesellschaften, 4. Aufl., München 2006 (*zitiert:* Raiser/Veil, KaptGeslR)

Ranieri, Filippo, Die Lehre der abstrakten Übereignung in der deutschen Zivilrechtswissenschaft des 19. Jahrhundert, in: Wissenschaft und Kodifikation des Privatrechts im 19. Jahrhundert, Band II., Die rechtliche Verselbstständigung der Austauschverhältnisse vor dem Hintergrund der wirtschaftlichen Entwicklung und Doktrin, Frankfurt a. M. 1977, S. 90ff. (*zitiert:* Ranieri, Lehre der abstrakten Übereignung)

Rechtsvergleichendes Handwörterbuch, Dritter Band, Eisenbahntransportgeschäfte – Grundstück, Berlin 1931, Vierter Band, Gütergemeinschaft auf Todesfall – Kindschaftsrecht, Berlin 1933, Siebter Band, Unterhaltspflicht-Vermächtnis, Berlin 1939 (*zitiert: Bearbeiter,* in: RvHwb)

Reform-Kommentar UGB, Kommentar zu den durch das HaRÄG 2005 eingeführten Neuerungen im Unternehmensgesetzbuch und im Allgemeinen bürgerlichen Gesetzbuch, Wien 2007 (*zitiert: Bearbeiter,* in: RK-UGB)

Regelsberger, Ferdinand, Ueber die Haftung des Firmenerwerbers für die unter der Firma von einem früheren Inhaber eingegangenen Verbindlichkeiten, ZHR 14 (1870), 1 ff.

ders., Pandekten, Erster Band, Leipzig 1893 (*zitiert:* Regelsberger, PandR Bd. I)

Rehbinder, Eckard, Konzernaußenrecht und allgemeines Privatrecht, Bad Homburg 1969 (*zitiert:* Rehbinder, Konzernaußenrecht)

Reichel, Hans, Die Schuldmitübernahme (Kumulative Schuldübernahme), München 1909 (zitiert: Reichel, Schuldmitübernahme)

Reiff, Peter, Die Haftungsverfassung nichtrechtsfähiger unternehmenstragender Verbände, Tübingen 1996 (*zitiert:* Reiff, Haftungsverfassung)

Reuter, Dieter, Rechtsfähigkeit und Rechtspersönlichkeit, Rechtstheoretische und Rechtspraktische Anmerkungen zu einem großen Thema, AcP 207 (2007), 673ff.

Richardi, Reinhard, Wertpapierrecht, Heidelberg 1987 (*zitiert:* Richardi, WertpapierR)

Rieble, Volker, Verschmelzung und Spaltung von Unternehmen und ihre Folgen für Schuldverhältnisse mit Dritten, ZIP 1997, 301 ff.

Riegger, Bodo, Zum Schicksal von Beteiligungen an Drittgesellschaften bei Verschmelzungen, in: FS Gerold Bezzenberger, Berlin 2000, S. 379ff. (*zitiert:* Riegger, FS Bezzenberger)

Ritaine, Elenor Cashin, Obligatory and Proprietary Rights: Where to Draw the Dividing Line – If at all?, in: Rules for the Transfer of Movables, A Candidate for European Harmonisation or National Reforms?, München 2008, S. 197ff. (*zitiert:* Ritaine, Obligatory and Proprietary Rights)

Rittner, Fritz, Unternehmen und freier Beruf als Rechtsbegriffe, Tübingen 1962 (*zitiert:* Rittner, Unternehmen und freier Beruf)

ders., Die werdende juristische Person, Tübingern 1973 (*zitiert:* Rittner, Die werdende juristische Person)

ders., Wirtschaftsrecht, 2. Aufl., Heidelberg 1987 (*zitiert:* Rittner, Wirtschaftsrecht)

ders., Unternehmensfreiheit und Unternehmensrecht, Zwischen Kapitalismus, Sozialismus und Laborismus, München 1998 (*zitiert:* Rittner, Unternehmensfreiheit und Unternehmensrecht)

Rittner/Dreher, Fritz, Meinhard, Europäisches und deutsches Wirtschaftsrecht, Eine systematische Darstellung, 3. Aufl., Heidelberg 2008 (*zitiert:* Rittner/Dreher, Europ. und deutsches Wirtschaftsrecht)

Röhricht/Westphalen, Volker, Friedrich Graf von, Handelsgesetzbuch, 2. Aufl., Köln 2001 (*zitiert: Bearbeiter,* in: Röhricht/v. Westphalen)

Roth, Wulf-Henning, Das neue Firmenrecht, in: Die Reform des Handelsstandes und der Personengesellschaften, München 1999, S. 31 ff. (*zitiert:* W.H. Roth, Firmenrecht)

Roth/Fitz, Günther H., Hanns, Unternehmensrecht, Handels- und Gesellschaftsrecht, 2. Aufl., Wien 2006 (*zitiert:* Roth/Fitz, UR)

Rückert, Joachim, Savignys Dogmatik im „System“, FS Claus-Wilhelm Canaris, Band II., München 2007, S. 1263ff. (*zitiert:* Rückert, FS Canaris)

Ruggli/Vischer, Monika, Markus, Konkurrenzverbot in Unternehmenskaufverträgen, SJZ 102 (2006), 294ff.

Rümker, Dietrich, Anmerkungen zum Gläubigerschutz nach dem Regierungsentwurf zur Bereinigung des Umwandlungsrechts, in: WM-Festgabe für Thorwald Hellner, WM Sonderheft, 1994 (*zitiert:* Rümker, FG Hellner)

Rünger, Carl Ludwig Ernst, Haben der Erwerb und die Fortführung einer Firma den Uebergang der Schulden und Forderungen zur Folge?, Greifswald 1881 (*zitiert:* Rünger, Schulden und Forderungsübergang durch Firmenfortführung?)

Ruppietta, Dirk, Die bereicherungsrechtliche Rückabwicklung unwirksamer Unternehmensverträge, Lohmar 2001 (*zitiert:* Ruppietta, Rückabwicklung unwirksamer Unternehmensverträge)

Ruth, R., Rezension, Hans Oppikofer, Das Unternehmensrecht, Tübingen 1927, AcP 129 (1928), 106ff.

Saacke, Herbert, Die Gesamtrechtsnachfolge bei der eigentlichen Fusion von Aktiengesellschaften (§ 306 HGB), Pritzwalk 1932 (*zitiert:* Saacke, Gesamtrechtsnachfolge bei der Fusion)

Säcker, Franz Jürgen, Das Sachenrecht – Sinneinheit übergreifender Leitideen und Funktionsprinzipien oder Relikt verfehlter Systematik?, in: Festschrift Mark Moiseevič Boguslavskij, Berlin 2004, S. 805ff. (*zitiert:* Säcker, FS Boguslavskij)

Savigny, Friedrich Carl von, Vom Beruf unsrer Zeit für Gesetzgebung und Rechtswissenschaft, Heidelberg 1814 = Thibau und Savigny, Ihre programmatischen Schriften, herausgegeben von Hans Hattenhauer, 2. Aufl., München 2004 (*zitiert*: Savigny, Beruf = Hattenhauer)

ders., System des heutigen römischen Rechts, Erster Band 1840, Zweyter Band, Berlin 1840, Dritter Band, Berlin 1840 (*zitiert:* Savigny, System Bd. I., II., bzw. III.)

ders., Das Obligationenrecht als Theil des heutigen Römischen Rechts, Erster Band, Berlin 1851, Zweiter Band, Berlin 1853 (*zitiert:* Savigny, Obligationenrecht, Bd. I. bzw. II.)

ders., Pandekten, Obligationenrecht, Allgemeiner Teil, nach Savignys Vorlesungsmanuskripten herausgegeben von Martin Avenarius, Band 8 Savignyana, Frankfurt a. M. 2008 (*zitiert*: Savigny, Pandektenvorlesung, Obligationenrecht AT, *Foliierung* = Avenarius, Savignyana Bd.8)

Schäfer, Carsten, Die Lehre vom fehlerhaften Verband, Tübingen 2002 (*zitiert:* Schäfer, Die Lehre vom fehlerhaften Verband)

ders., Höchstpersönliche Rechte (Gegenstände) in der Aufspaltung, in: Die Spaltung im neuen Umwandlungsrecht, Heidelberg 1999, S. 114ff. (*zitiert:* Schäfer, in: Die Spaltung im neuen Umwandlungsrecht)

Schall/Horn, Alexander/Michael, Der Übergang öffentlich-rechtlicher Polizeipflichten in der Spaltung am Beispiel der abstrakten Polizeipflicht, ZIP 2003, 327ff.

Schmalenbach, Eugen, Finanzierungen, 5. Aufl., Leipzig 1932

Schmidt, Karsten, Zur Stellung der OHG im System der Handelsgesellschaften, Bonn 1972 (*zitiert:* Karsten Schmidt, Zur Stellung der OHG im System der Handelsgesellschaften)

ders., Haftungskontinuität als unternehmensrechtliches Prinzip, Plädoyer für ein neues Verständnis der §§ 25 und 28 HGB, ZHR 145 (1981), 2ff.

ders., Das HGB und die Gegenwartsaufgaben des Handelsrechts, 1983 (*zitiert:* Karsten Schmidt, Das HGB und die Gegenwartsaufgaben des Handelsrechts)

ders., Anm. zum Urt. des BGH v. 16. 1. 1984, II ZR 114/83, NJW 1984, 1187

ders., Einhundert Jahre Verbandstheorie im Privatrecht, Hamburg 1987 (*zitiert:* Karsten Schmidt, Verbandstheorie)

ders., Offene Stellvertretung, JuS 1987, 426ff.

ders., Die Handels-Personengesellschaft in Liquidation, ZHR 153 (1989), 270ff.

ders., Was wird aus der Haftung nach § 419 BGB?, ZIP 1989, 1025ff.

ders., Gesetzliche Gestaltung und dogmatisches Konzept eines neuen Umwandlungsgesetzes, ZGR 1990, 580ff.

ders., Fehlerhafte Verschmelzung und allgemeines Verbandsrecht, Eine Analyse nach geltendem und kommenden Recht, ZGR 1991, 373ff.

ders., Universalsukzession kraft Rechtsgeschäft, AcP 191 (1991), 495ff.

ders., Unternehmenskontinuität und Erwerberhaftung nach § 25 Abs. 1 HGB, Besprechung der Entscheidung BGH NJW 1992, 911, ZGR 1992, 621ff.

ders., Gläubigerschutz bei Umstrukturierungen, ZGR 1993, 366ff.

ders., Bemerkungen und Anmerkungen zur Überarbeitung des Handelsgesetzbuchs, DB 1994, 515ff.

ders., Vermögensveräußerung aus der Personengesellschaft: Ein Lehrstück am Rande des neuen Umwandlungsrechts, Besprechung der Entscheidung BGH NJW 1995, 596, ZGR 1995, 675ff.

ders., HGB-Reform im Regierungsentwurf, ZIP 1997, 909ff.

ders., Unternehmensexekution, Zubehörbegriff und Zwangsvollstreckungsrecht, FS Hans Friedhelm Gaul, Bielefeld 1997, S. 691ff. (*zitiert:* Karsten Schmidt, FS Gaul)

ders., Unternehmensfortführung ohne Firmenfortführung, JuS 1997, 1069ff.

ders., Zum Analogieverbot des § 1 Abs. 2 UmwG, Denkanstöße gegen ein gesetzliches Denkverbot, in: FS Bruno Kropff, Düsseldorf 1997, S. 261ff. (*zitiert:* Karsten Schmidt, FS Kropff)

ders., § 25 Abs. 1 Satz 2 (§ 28 Abs. 1 Satz 2) HGB zwischen relativem Schuldnerschutz und Legalzession, AcP 198 (1998), 516ff.

ders., Redebeitrag, in: 100 Jahre BGB – 100 Jahre Staudinger, Beiträge zum Symposium vom 18.-20. 6. 1998 in München, Berlin 1999, S. 128f. (*zitiert:* Karsten Schmidt, Redebeitrag, in: 100 Jahre BGB – 100 Jahre Staudinger)

ders., HGB-Reform und gesellschaftsrechtliche Gestaltungspraxis, DB 1998, 61ff.

ders., Handelsrecht, 4. Aufl., Köln 1994, 5. Aufl., Köln 1999 (*zitiert:* Karsten Schmidt, $HR^{4. Aufl.}$ bzw. HR)

ders., Übergang von Vertragsverhältnissen nach §§ 25, 28 HGB?, in: FS Dieter Medicus, Köln 1999, S. 555ff. (*zitiert:* Karsten Schmidt, FS Medicus)

ders., „Deklaratorische" und „konstitutive" Registereintragungen nach §§ 1ff. HGB, ZHR 163 (1999), 87ff.

ders., § 673 BGB bei Verschmelzungsvorgängen in Dienstleistungsunternehmen – oder: Geisterstunde im Umwandlungsrecht?, DB 2001, 1019ff.

ders., Die BGB-Außengesellschaft: rechts- und parteifähig – Besprechung des Grundlagenurteils II ZR 331/00 vom 29. 1. 2001, NJW 2001, 993ff.

ders., Zum Verständnis des § 26 HGB, Eine Skizze zur Nachhaftungsbegrenzung, in: FS Heinz Krejci, Wien 2001, Band I., S. 325ff. (*zitiert:* Karsten Schmidt, FS Krejci)

ders., Gesellschaftsrecht, 4. Aufl., Köln 2002 (*zitiert:* Karsten Schmidt, GeslR)

ders., Fünf Jahre „neues Handelsrecht", JZ 2003, 585ff.

ders., Integrationswirkung des Umwandlungsgesetzes, Betrachtungen zur Dogmengeschichte und Rechtsfortbildung im Gesellschaftsrecht, in: FS Peter Ulmer, Berlin 2003, S. 557ff. (*zitiert:* Karsten Schmidt, FS Ulmer)

ders., Unternehmensbezogenes Mietverhältnis, Unternehmensumstrukturierung und Unternehmensveräußerung, in: GS Jürgen Sonnenschein, Berlin 2003, S. 497ff. (*zitiert:* Karsten Schmidt, GS Sonnenschein)

ders., Der Entwurf eines Unternehmensgesetzbuchs – eine rechtspolitische Analyse, JBl. 2004, 31ff.

ders., Das Gemeinschaftskonto: Rechtsgemeinschaft am Rechtsverhältnis, eine rechtsdogmatische Skizze zu den §§ 421, 427, 428, 432, 705 und 741 BGB, in: FS Walther Hadding, Berlin 2004, S. 1093ff. (*zitiert:* Karsten Schmidt, FS Hadding)

ders., „Anwachsung": Was ist das, und ... gibt es das noch?, Gedanken zu § 738 Abs. 1 Satz 1 BGB vor dem Hintergrund der „Gesamthandsdiskussion", in: FS Ulrich Huber, Tübingen 2006, S. 969ff. (*zitiert:* Karsten Schmidt, FS Huber)

ders., Zerfällt das Handelsgesetzbuch?, in: FS Norbert Horn, Berlin 2006, S. 557ff. (*zitiert:* Karsten Schmidt, FS Horn)

ders., Morgenröte des Unternehmensrechts? Ein Streifzug durch Wielands «Handelsrecht» von 1921 und 1931, BJM 2008, 61ff.

Schmidt/Schneider, Karsten, Christian, Haftungserhaltende Gläubigerstrategien beim Ausscheiden von Gesellschaftern bei Unternehmensübertragungen, Umwandlung und Auflösung, BB 2003, 1961ff.

Schmitt/Hörtnagel/Stratz, Joachim, Robert, Rolf-Christian, Umwandlungsgesetz, Umwandlungssteuergesetz, 4. Aufl., München 2006 (*zitiert: Bearbeiter,* in: Schmitt/Hörtnagel/Stratz, UmwG)

Schneider, Uwe H., Die Anpassung von langfristigen Verträgen bei Gesellschafterwechsel oder bei Änderung der Konzernlage, in: FS Wolfgang Zöllner, Band I., Kön 1998, S. 539ff. (*zitiert:* Uwe H. Schneider, FS Zöllner)

Scholz, Kommentar zum GmbH-Gesetz, II. Band, §§ 45-87, 9. Aufl., Köln 2002 (*zitiert: Bearbeiter,* in: Scholz, GmbHG)

Schön, Wolfgang, Der Nießbrauch an Sachen, Köln 1992 (*zitiert:* Schön, Nießbrauch)

ders., Die vermögensverwaltende Personenhandelsgesellschaft, Ein Kind der HGB-Reform, DB 1998, 1169ff.

Schöne, Thorsten, Die Spaltung unter Beteiligung von GmbH-Grundlagen, Anteilsgewährung, Beschlußfassung, Informationspflichten, Köln 1998 (*zitiert:* Schöne, Spaltung unter Beteiligung von GmbH)

ders., Das rechtsgrundlos erlangte Unternehmen – Herausgabe oder Wertersatz?, ZGR 2000, S. 86ff.

Schröder, Jan, Zum Übergang variabler Verpflichtungen auf den Erben, JZ 1979, 379ff.

Schubert, Werner, Akademie für Deutsches Recht 1933-1945, Protokolle der Ausschüsse, Band I, Ausschuss für Aktienrecht, Berlin 1986 (*zitiert:* Schubert, Akademie für Deutsches Recht, Ausschuss für Aktienrecht)

ders., Akademie für Deutsches Recht, Protokolle der Ausschüsse, Band V, Ausschuß für das Recht des Handelsstandes und der Handelsgeschäfte (1937-1942), Frankfurt a.M. 1997 (*zitiert:* Schubert, Ausschuß für das Recht des Handelsstandes und der Handelsgeschäfte)

ders., Quellen zur Aktienrechtsreform der Weimarer Republik (1926-1931), Band 1. und 2., Frankfurt a.M. 1999 (*zitiert:* Schubert, Quellen zur Aktienrechtsreform der Weimarer Republik)

Schubert/Hommelhoff, Werner, Peter, Die Aktienrechtsreform am Ende der Weimarer Republik, Berlin 1987 (*zitiert:* Schubert/Hommelhoff, Die Aktienrechtsreform am Ende der Weimarer Republik)

Schubert/Schmiedel/Krampe, Werner, Burkhard, Christoph, Quellen zum Handelsgesetzbuch von 1897, Band I., Gesetze und Entwürfe, Frankfurt a.M. 1986, Band II., Denkschrift, Beratung, Berichte, Erster Halbband, Frankfurt a.M. 1987, Zweiter Halbband, Frankfurt a.M. 1988 (*zitiert:* Schubert/Schmiedel/Krampe, I., II/1 bzw. II/2)

Schultze-von Lasaulx, Hermann-Arnold, Rezension, Harry Westermann, Lehrbuch des Sachenrechts, 1951, AcP 151 (1950/51), 449ff.

Schulz, Fritz, Roman Classical Law, Oxford 1951 (*zitiert:* Schulz, Roman Classical Law)

Schumacher, Reto T., Die Vermögensübertragung nach dem Fusionsgesetz, Zürich 2005 (*zitiert:* R.T. Schumacher, Vermögensübertragung)

Schumacher, Wolfgang, Firmenrecht, Übergang von Rechtsverhältnissen bei Unternehmensfortführungen, in: Die HGB-Reform in Österreich, Wien 2005, S. 25ff. (*zitiert:* W. Schumacher, in: Die HGB-Reform in Österreich)

Schummer/Kriwanek, Gerhard, Sabine, Das neue Unternehmensgesetzbuch, Aus HGB wird UGB, Wien 2006 (*zitiert:* Schummer/Kriwanek, Aus HGB wird UGB)

Schürnebrand, Jan, Der Schuldbeitritt zwischen Gesamtschuld und Akzessorietät, Berlin 2003 (*zitiert:* Schürnebrand, Schuldbeitritt)

Prütting, Hanns, Sachenrecht, 33. Aufl., München 2008 (*zitiert:* Prütting, SaR)

Schwarz, Andreas Bertalan, Zur Entstehung des modernen Pandektensystems, SZ Rom. Abt. 42 (1921), S. 578ff. = Rechtsgeschichte und Gegenwart, Gesammelte Schriften zur Neueren Privatrechtsgeschichte und Rechtsvergleichung, Karlsruhe 1960, S. 1ff. (*zitiert:* A.B. Schwarz = GSchr)

Semler/Stengel, Johannes, Arndt, Umwandlungsgesetz, 2. Aufl., München 2007 (*zitiert: Bearbeiter,* in: Semler/Stengel)

Siber, Heinrich, Die schuldrechtliche Vertragsfreiheit, JherJb 70 (1921), 223ff.

ders., Grundriß des Deutschen bürgerlichen Rechts, Schuldrecht, Leipzig 1931 (*zitiert:* Siber, Schuldrecht)

Simitis, Spiros, Umwandlungen: ein blinder Fleck im Datenschutz?, ZHR 165 (2001), 453ff.

Simon, Stefan, Gläubigerschutz im Umwandlungsrecht, Der Konzern 2004, 191ff.

Simon, Herman Veit, Ueber die Haftung des Erwerbers eines Einzelgeschäfts für die vor Erwerb desselben entstandenen Handlungsschulden, ZHR 24 (1879), 91ff.

Sintenis, Carl Friedrich Ferdinand, Das practische gemeine Civilrecht, Erster Band, Die allgemeinen Lehren und das Sachenrecht, Leipzig 1844, Dritter Band, Das Familienrecht und das Erbrecht, Leipzig 1851 (*zitiert:* Sintenis, Das practische gemeine Civilrecht Bd.I. bzw. III.)

Soergel, Bürgerliches Gesetzbuch mit Einführungsgesetz und Nebengesetzen, Band 2, Allgemeiner Teil 2, §§ 104-240, 13. Aufl., Stuttgart 1999, Band 14, §§ 854-984, 13. Aufl., Stuttgart 2002, Band 21, Erbrecht 1, §§ 1922-2063, 13. Aufl., Stuttgart 2001 (*zitiert: Bearbeiter,* in: Soergel)

Sohm, Rudolph, Instiutionen des Römischen Privatrechts, 4. Aufl., Leipzig 1891 (*zitiert:* Sohm, Institution röm PR)

ders., Der Gegenstand, in: Drei Beiträge zum bürgerlichen Recht, Heinrich Degenkorb zum fünfzigjährigen Doktorjubiläum, Leipzig 1905, S. 5ff. (*zitiert:* Sohm, Gegenstand)

ders, Vermögensrecht, Gegenstand, Verfügung, Archiv f. bürgl. Recht 28 (1906), 173ff.

ders., Noch einmal der Gegenstand, JherJb 53 (1908), 373ff.

Sombart, Werner, Der moderne Kapitalismus, Zweiter Band, Das Wirtschaftsleben im Zeitalter des Hochkapitalismus, Erster Halbband, München 1928, Dritter Band, Das europäische Wirtschaftsleben im Zeitalter des Frühkapitalismus, Erster Halbband, München 1928 (*zitiert:* Sombart, Der Moderne Kapitalismus, II/1., III/1.)

Stadler, Astrid, Gestaltungsfreiheit und Verkehrsschutz durch Abstraktion, Tübingen 1996 (*zitiert:* Stadler, Gestaltungsfreiheit und Verkehrsschutz durch Abstraktion)

Staub, Hermann, Kommentar zum Allgemeinen Deutschen Handelsgesetzbuch, 2. Aufl., Berlin 1894, 5. Aufl., Berlin 1897 (*zitiert:* Staub, ADHGB[2. Aufl.] bzw. [5. Aufl.])

ders., Kommentar zum Handelsgesetzbuch, 6. u. 7. Aufl. Berlin 1900 (*zitiert:* Staub, HGB[6./7. Aufl.])

Staub, Staub's. Kommentar zum Handelsgesetzbuch, Erster Band, §§ 1-177, Berlin 1932, Zweiter Band, §§ 178-342, Berlin 1933, Dritter Band, §§ 343-375, 14. Aufl., Berlin 1933 (*zitiert: Bearbeiter,* in: Staub[14. Aufl.])

Staub, Handelsgesetzbuch, Großkommentar, Erster Band, Einleitung, §§ 1-104, 4. Aufl., Berlin 1995, Zweiter Band, §§ 105-237, Berlin 2004 (*zitiert: Bearbeiter,* in: Staub) Erster Band, §§ 1-104, 3. Aufl., Berlin 1967, Zweiter Band, 1. Halbband, §§ 105-144, 3. Aufl., Berlin 1973, 2. Halbband, §§ 145-177, §§ 335-342, 3. Aufl., Berlin 1970 (*zitiert: Bearbeiter,* in: Staub[3. Aufl.])

Staub/Pisko, Hermann, Oskar, Staub's. Kommentar zum Allgemeinen Deutschen Handelsgesetzbuch, Ausgabe für Österreich, 3. Aufl., Band I., Wien 1935 (*zitiert: Bearbeiter,* in: Staub/Pisko, AHGB)

Staudinger, Kommentar zum Bürgerlichen Gesetzbuch mit Einführungsgesetz und Nebengesetzen, Buch 1, Allgemeiner Teil, §§ 90-133, §§ 1-54, 63 BeurkG, Bearbeitung, Berlin 2004, Allgemeiner Teil 4, §§ 134-163, Neubearbeitung, Berlin 2003, Allgemeiner Teil 5, §§ 164-240, Neubearbeitung, Berlin 2004, Buch 2, Recht der Schuldverhältnisse, §§ 241-243, 13. Aufl., Berlin 1995, §§ 397-432, Neubearbeitung, Berlin 2005, §§ 611-645, Dienstvertragsrecht 1, Neubearbeitung, Berlin 2005, §§ 652-704, 13. Bearbeitung, Berlin 1995, §§ 705-740, 13. Bearbeitung, Berlin 2003, §§ 741-764, Neubearbeitung, Berlin 2002, Drittes Buch Sachenrecht, Einleitungen zum Sachenrecht, §§ 854-882, Neubearbeitung, Berlin 2000, §§ 925-984, Anhang zu §§ 929 ff: Sonderformen der Übereignung, Neubearbeitung 2004, Fünftes Buch, Erbrecht, Einleitung, §§ 1922-1966, Neubearbeitung, Berlin 2008 (*zitiert: Bearbeiter,* in: Staudinger), Band I, Allgemeiner Teil, 11. Aufl., Berlin 1957, Band II, Recht der Schuldverhältnisse, §§ 414-432, 10./11. Aufl., Berlin 1978, §§ 433-534, Neubearbeitung 1995, Band

V, Erbrecht, 1. Teil, 11. Aufl., Berlin 1954 (*zitiert: Bearbeiter*, in: Staudinger[11. Aufl., 1995] bzw. [10./11.Aufl.])

Steinbeck, Anja Verena, Konvergenz zwischen Firmen- und Kennzeichenrecht, in: FS Nobert Horn, Berlin 2006, S. 589ff. (*zitiert:* Steinbeck, FS Horn)

Straube, Manfred, Kommentar zum Handelsgesetzbuch mit einschlägigen Rechtsvorschriften in zwei Bänden, 1. Band, §§ 1-188, §§ 343-453, 3. Aufl., Wien 2003 (*zitiert: Bearbeiter*, in: Straube)

Streitgespräch, Wovon handelt das Handelsrecht?, Gegenstand und Zukunft des Handelsgesetzbuches, Bucerius Law Journal 2008, 36ff., abrufbar unter: www.law-journal.de (Stand: August 2008)

Suter, Jürg, Die Fusion von Aktiengesellschaften im Privatrecht und im Steuerrecht, Zürich 1966 (*zitiert:* Suter, Fusion von Aktiengesellschaften)

Szamatolski, Hans, Der Einfluß der Verschmelzung (liquidationslosen Fusion) auf elastische Dauerverpflichtungen, Ohlau i. Schl. 1931 (*zitiert:* Szamatolski, Der Einfluß der Verschmelzung auf elastische Dauerverpflichtungen)

Teichmann, Arndt, Die Spaltung von Rechtsträgern als Akt der Vermögensübertragung, ZGR 1993, 396ff.

Teichmann/Kiessling, Arndt, Erik, Datenschutz bei Umwandlungen, ZGR 2001, 33ff.

Thiele, Wolfgang, Die Zustimmung in der Lehre vom Rechtsgeschäft, Köln 1966 (*zitiert:* Thiele, Zustimmung)

Thöl, Heinrich, Praxis des Handelsrechts und Wechselrechts, Erstes Heft, Leipzig 1874 (*zitiert:* Thöl, Praxis des Handelsrechts und Wechselrechts)

ders., Das Handelsrecht in Verbindung mit dem allgemeinen deutschen Handelsgesetzbuch, Erster Band, 6. Aufl., Leipzig 1879 (*zitiert:* Thöl, HR)

Tiedemann, Stefan, Die Haftung aus Vermögensübertragung im internationalen Recht, Tübingen 1995 (*zitiert:* Tiedemann, Die Haftung aus Vermögensübertragung im internationalen Recht)

Tiedtke, Klaus, Universalsukzession und Gütergemeinschaft, FamRZ 1976, 510ff.

Torggler, Ulrich, §§ 38f. UGB: Unternehmenserwerb de lege lata et ferenda, JBl. 2008, 137ff.

Tregoning, Ian, Lord Eldon's Goodwill, K.C.L.J. 15 (2004), 93ff.

Treitel, Guenter, The Law of Contract, 11. Aufl., London 2003 (*zitiert:* Treitel, Law of Contract)

Trinidade/Cotti, Rita Trigo, Annie Griessen, FusG – Echo aus der Praxis, GesKR 2007, 144ff.

Tschäni, Rudolf, Vermögensübertragung, ZSR 2004, 83ff.

ders., Vermögensübertragung nach Fusionsgesetz und auf anderen Wegen, GesKR 2007, 170ff.

Tuhr, Andreas von, Der Allgemeine Teil des Deutschen Bürgerlichen Rechts, Erster Band, Allgemeine Lehre und Personenrecht, Leipzig 1910, Zweiter Band, Erste Hälfte, Berlin 1914, Zweite Hälfte, Berlin 1918 (*zitiert:* v. Tuhr, AT I., II./1. bzw. II./2.)

Ulmer, Peter, Der Unternehmensbegriff im Vertrag der Europäischen Gemeinschaft für Kohle und Stahl, Heidelberg 1960 (*zitiert:* Ulmer, Unternehmensbegriff)

ders., Der Vertragshändler, Tatsachen und Rechtsfragen kaufmännischer Geschäftsbesorgung beim Absatz von Marktwaren, München 1969 (*zitiert:* Ulmer, Vertragshändler)

ders., Die Lehre von der fehlerhaften Gesellschaft – gesicherter Bestand des Gesellschaftsrechts oder methodischer Irrweg?, in: FS Werner Flume, Band II., Köln 1978, S. 301ff. (*zitiert:* Ulmer, FS W. Flume)

ders., Die höchstrichterlich „enträtselte" Gesellschaft bürgerlichen Rechts, ZIP 2001, 585ff.

Unger, Joseph, System des österreichischen allgemeinen Privatrechts, 5. Aufl., Zweiter Band, Leipzig 1892 (*zitiert:* Unger, System des österreichischen allgemeinen Privatrechts, Bd. II.)

Vetter, Jochen, Altschuldenhaftung auf fehlerhafter Vertragsgrundlage, Baden-Baden 1995 (*zitiert:* Vetter, Altschuldenhaftung)

Vischer, Markus, Auswirkung des Fusionsgesetzes auf Share und Asset Deal – zugleich ein Beitrag zur Vermögensübertragung, in: Merger & Acquisitions, Band VII., Zürich 2005, S. 211ff. (*zitiert:* M. Vischer, in: Merger & Acquisitions VII.)

Veil, Rüdiger, Umwandlungen, in: Aktienrecht im Wandel, Band II., Grundsatzfragen des Aktienrechts, Tübingen 2007, Kapitel 24. (*zitiert:* Veil, in: Aktienrecht im Wandel)

Voigt, Annette, Umwandlung und Schuldverhältnis, Heidelberg 1997 (*zitiert:* Voigt, Umwandlung und Schuldverhältnis)

Volmer, Michael, Vollzugsprobleme bei Spaltungen, Grundbuchvollzug und vollstreckbare Urkunde, WM 2002, 428 ff.

Vrbaski, Rastko, Forderungszuständigkeit und Insolvenzschutz beim Handel in Kommission, Bielefeld 2005 (*zitiert:* Vrbaski, Forderungszuständigkeit und Insolvenzschutz beim Handel in Kommission)

Wächter, Karl Georg von, Pandekten, Band 1, Allgemeiner Theil, Leipzig 1880, Band 2, Besonderer Theil, 1. Sachenrecht, 2. Obligationenrecht, 3. Familienrecht, 4. Erbrecht, Leipzig 1881 (*zitiert:* Wächter, PandR Bd. I. bzw. II.)

Wacke, Andreas, Erbrechtliche Sukzession als Persönlichkeitsfortsetzung?, SZ Rom. Abt. 123 (2006), 197 ff.

Waskönig, Peter H., Rechtsgrund und Tragweite der §§ 25, 28 HGB, Bonn 1979 (*zitiert:* Waskönig, Rechtsgrund und Tragweite der §§ 25, 28 HGB)

Watter/Büchi, Rolf, Raffael, Die Spaltung nach Fusionsgesetz als Mauerblümchen der Praxis?, GesKR 2007, 165 ff.

Watter/Kägi, Rolf, Urs, Der Übergang von Verträgen bei Fusionen, Spaltungen und Vermögensübertragungen, SZW/RSDA 2004, S. 231 ff.

Weller, Marc-Phillippe, Die Vertragstreue, Vertragsbindung – Naturalerfüllungsgrundsatz – Leistungstreue, Köln Dezember 2007 (zitiert nach dem Manuskript) (*zitiert:* Weller, Vertragstreue)

Wendehorst, Christiane, Rechtsobjekte, in: Juristische Grundlagenforschung, Stuttgart 2005, S. 71 ff. (*zitiert:* Wendehorst, Rechtsobjekte)

Wengert/Widmann/Wengert, Georg, Andreas, Katharina, Bankenfusionen und Datenschutz, NJW 2000, 1289 ff.

Wening-Ingenheim, Johann Nepomuk von, Lehrbuch des gemeinen Civilrechtes, Zweiter Band, 4. Aufl., München 1831 (*zitert:* Wening-Ingenheim, Lehrbuch des gemeinen Civilrechtes)

Werhahn, Nikolaus, Der Kreditvertrag in der Umwandlung, Berlin 2007 (*zitiert:* Werhahn, Der Kreditvertrag in der Umwandlung)

Werner, Hans-Helmut, Barzahlung an Aktionäre bei Fusion von Aktiengesellschaften, Göttingen 1932 (*zitiert:* Werner, Barzahlung an Aktionäre bei der Fusion)

Westermann, Harry, Sachenrecht, Ein Lehrbuch, 5. Aufl., Karlsruhe 1966 (*zitiert:* H. Westermann, SaR)

ders., Sachenrecht, Ein Lehrbuch, 7. Aufl., Heidelberg 1998 (*zitiert: Bearbeiter,* in: H. Westermann, SaR)

Westermann, Harm Peter, Vertragsfreiheit und Typengesetzlichkeit im Recht der Personengesellschaften, Berlin 1970 (*zitiert:* H.P. Westermann, Vertragsfreiheit und Typengesetzlichkeit)

ders., Anm. zum Urt. des BGH v. 14. 1. 2002 – II ZR 354/99, EWiR 2002, 515 f.

ders., Der Bestimmtheitsgrundsatz im Sachen- und Gesellschaftsrecht: Rechtstechnisches Prinzip oder Instrument der Inhaltskontrolle von Vereinbarungen?, in: FS Apostolos Georgiades, München 2006, S. 479 ff. (*zitiert:* Westermann, FS Georgiades)

Widmann/Mayer, Siegfried, Dieter, Umwandlungsrecht, Loseblattkommentar, Stand Bonn 2005 (*zitiert: Bearbeiter,* in: Widmann/Mayer)

Wieacker, Franz, Zum System des deutschen Vermögensrechts, Erwägungen und Vorschläge, Leipzig 1941 = Franz Wieacker, Zivilistische Schriften (1934-1942), herausgegeben von Christian Wollschläger, Frankfurt a. M. 2000, S. 357 ff. (*zitiert:* Wieacker, System des deutschen Vermögensrechts = Zivilistische Schriften (1934-1942))

ders., Die Forderung als Mittel und Gegenstand der Vermögenszuordnung, Ein Beitrag zur Kritik der Unterscheidung zwischen Schuldrecht und Sachenrecht, DR 1941, 49 ff. = Franz Wieacker, Zivilistische Schriften (1934-1942), herausgegeben von Christian Wollschläger, Frankfurt a. M. 2000, S. 333 ff. (*zitiert:* Wieacker, DR 1941 = Zivilistische Schriften (1934-1942))

ders., Sachbegriff, Sacheinheit und Sachzuordnung, AcP 148 (1943), 57 ff.

Wiedemann, Herbert, Gesellschaftsrecht, Ein Lehrbuch des Unternehmens- und Verbandsrechts, Band I., Grundlagen, München 1980, Band II., Recht der Personengesellschaften, München 2004 (*zitiert:* Wiedemann, GeslR I. bzw. II.)

Wiegand, Wolfgang, Numerus clausus der dinglichen Rechte, Zur Entstehung und Bedeutung eines zentralen zivilrechtlichen Dogmas, in: FS Karl Kroeschell, Frankfurt a.M. 1986, S. 118ff. (*zitiert:* Wiegand, FS Kroeschell)

ders., Die Entwicklung des Sachenrechts im Verhältnis zum Schuldrecht, AcP 190 (1990), 112ff.

ders., Funktion und systematische Stellung des Sachenrechts im BGB, in: 100 Jahre BGB – 100 Jahre Staudinger, Berlin 1999, S. 107ff. (*zitiert:* Wiegand, Funktion und systematische Stellung des Sachenrechts im BGB)

ders., Die Entwicklung der Übereignungstatbesände einschließlich der Sicherungsübereignung, in: 50 Jahre Bundesgerichtshof, Festgabe aus der Wissenschaft, Band I. Bürgerliches Recht, S. 753ff. (*zitiert:* Wiegand, FG 50 Jahre BGH)

Wiegand/Wichtermann, Wolfgang, Jürgen, Die Überleitung von Rechtsverhältnissen, Bern 1997 (*zitiert:* Wiegand/Wichtermann, Überleitung von Rechtsverhältnissen)

Wieland, Karl, Handelsrecht, Erster Band, Das kaufmännische Unternehmen und die Handelsgesellschaften, München 1921, Zweiter Band, Die Kapitalgesellschaften, München 1931 (*zitiert:* Wieland, HR I. bzw. HR II.)

Wieling, Hans Josef, Sachenrecht, Band 1., Sachen, Besitz und Rechte an beweglichen Sachen, 2. Aufl., Berlin 2006 (*zitiert:* Wieling, SaR I.)

Wiener, Heinrich, Umwandlung und Fusion von Gesellschaften, ZHR 27 (1882), 333ff.

Wiesner, Georg, Dauerschuldverhältnisse in der Aufspaltung, in: Die Spaltung im neuen Umwandlungsrecht und ihre Rechtsfolgen, Heidelberg 1999, S. 168ff. (*zitiert:* Wiesner, in: Die Spaltung im neuen Umwandlungsrecht)

Wilhelm, Jan, Rechtsform und Haftung bei der juristischen Person, Köln 1981 (*zitiert:* Wilhelm, Rechtsform und Haftung)

ders., Anm. zum Urt. des BGH v. 20. 1. 1992, II ZR 115/91, WuB IV D. § 25 HGB 2.92

ders., Sachenrecht, 3. Aufl., Berlin 2007 (*zitiert:* Wilhelm, SaR)

ders., Anm. zum Urt. des BGH v. 25. 1. 2008 – V ZR 79/07, LMK 2008, 259885

Wilhelm, Walter, Begriff und Theorie der Verfügung, in: Wissenschaft und Kodifikation des Privatrechts im 19. Jahrhundert, Band II., Die rechtliche Verselbstständigung der Austauschverhältnisse vor dem Hintergrund der wirtschaftlichen Entwicklung und Doktrin, Frankfurt a.M. 1977, S. 144ff. (*zitiert:* W. Wilhelm, Begriff und Theorie der Verfügung)

Wilutzky, Die Verfügung des BGB, Archiv f. bürgl. Recht 28 (1906), 53ff.

Windel, Peter A., Über die Modi der Nachfolge in das Vermögen einer natürlichen Person beim Todesfall, Heidelberg 1998 (*zitiert:* Windel, Modi der Nachfolge)

Windscheid, Bernhard, Lehrbuch des Pandekenrechts, Pandektenrecht, Erster und Zweiter Band, Frankfurt a.M. 1887 (*zitiert:* Windscheid, PandR Bd.I. bzw. Bd. II.)

Wolf, Ernst, Lehrbuch des Sachenrechts, 2. Aufl., Köln 1979 (*zitiert:* E. Wolf, SaR)

Wolf, Manfred, Interessenkonflikte bei der Unternehmensteilung durch Spaltung, Der Konzern 2003, 675ff.

ders., Sachenrecht, 22. Aufl., München 2006 (*zitiert:* M. Wolf, SaR)

Wolff, Martin, Ueber einige Grundbegriffe des Handelsrechts, in: FS für Otto Gierke, Breslau 1910, S. 171ff. (*zitiert:* M. Wolff, FS Gierke)

ders., Commercial Law, in: Manual of German Law, Foreign Office (Hrsg.), Volume I., General Introduction, Civil and Commercial Law, London 1950 (*zitiert:* M. Wolff, in: Manual of German Law I.)

Wolff/Raiser, Martin, Ludwig, Sachenrecht, 10. Aufl., Tübingen 1957, (*zitiert:* Wolff/Raiser, SaR)

WP Handbuch 2008, Wirtschaftsprüfung, Rechnungslegung, Beratung, Band II., Düsseldorf 2007 (*zitiert: Bearbeiter*, in: WP Handbuch 2008, Bd. II.)

Zimmermann, Reinhard, Das römisch-holländische Recht in Südafrika, Darmstadt 1983 (zitiert: R. Zimmermann, Das römisch-holländische Recht in Südafrika)

ders., The Law of Obligations, Roman Foundations of the Civilian Tradition, Cape Town 1990 (*zitiert:* Zimmermann, Law of Obligations)

ders., Schuldrechtsmodernisierung ?, in: Zivilrechtswissenschaft und Schuldrechtsreform, Tübingen 2001, S. 3ff. (*zitiert:* R. Zimmermann, in: Zivilrechtswissenschaft und Schuldrechtsreform)

ders., The civil law in European codes, in: Reginal Private Laws and Codifications in Europe, Cambridge 2003, S. 18ff. (*zitiert:* R. Zimmermann, The civil law in European codes)

ders., Vertrag und Versprechen, in: FS Heldrich, München 2005, S. 467ff. (*zitiert:* R. Zimmermann, FS Heldrich)

Zimmermann/Hellwege, Reinhard, Phillip, Belohnungversprechen: „pollicitatio", „promise" oder „offer"?, ZfRV 39 (1998), 133 ff

Zöllner, Wolfgang, Wovon handelt das Handelsrecht?, ZGR 1983, 82ff.

ders., Aktienrechtsreform in Permanenz – Was wird aus den Rechten des Aktionärs?, AG 1994, 336ff.

ders., Grundsatzüberlegungen zur umfassenden Umstrukturierbarkeit der Gesellschaftsformen nach dem Umwandlungsgesetz, in: FS für Carsten Peter Claussen, Köln 1997, S. 423ff. (*zitiert:* Zöllner, FS Claussen)

ders., Umwandlung und Datenschutz, ZHR 165 (2001), 440ff.

Züricher Kommentar, Kommentar zum Schweizer Zivilgesetzbuch, Teilband V 1k, Die Abtretung von Forderungen und die Schuldübernahme, 3. Aufl., 1994 Zürich (*zitiert:* Spirig, in: ZK-OR)

Entscheidungsregister

* Abrufbar unter www.bger.ch.

England

EuGH

Stichwortverzeichnis

Kolibri 360 GmbH
Ferdinand-Jühlke-Straße 7
99095 Erfurt, Deutschland
produktsicherheit@kolibri360.de